모든 것이 전쟁이다

amazon

전 세계를 집어삼킨 **아마존**의 단 하나의 원칙

모든 것이
전쟁이다

다나 마티올리 지음
이영래 옮김 | 최재홍 감수

The Everything War

21세기북스

내 아들 베케트 워커Beckett Walker,
그리고 내가 아는 가장 강한 사람인 내 어머니
다이앤 마티올리Dianne Mattioli에게 바칩니다.

차례

─────── [1부] ───────

비대한 힘의 구축

─────── [2부] ───────

전쟁 놀이

—————— [3부] ——————

결전

감수의 글

최재홍(가천대학교 스타트업 칼리지 교수)

모든 것이 전쟁인가? 책의 제목에서 뿜어져 나오는 분위기는 아마존의 모든 영역에서 일어나는 일들을 전쟁으로 표현한다. 저자인 다나 마티올리는 수년간 아마존을 취재한《월스트리트 저널Wall Street Journal》의 기자이다. 지금까지 기업들이 성장을 위한 전략 바이블로 삼아온 아마존을 다른 시각에서 가장 혹독하게 서술하고 있다.

최근 들어 아마존은 사람들에게 기존에 없던 비즈니스로 시장을 개척하고 놀라울 정도의 성장과 투자자에게 수익 극대화를 안겨준 기업으로 인식되기보다는 아마존이 진입한 영역의 경쟁사업자는 모두 망할 운명이 된다는 의미의 '아마존드Amazoned'라는 말로 더 유명해져 있다. 이런 시선 변화를 추적하며 저자는 600명이 넘는 사람들을 인터뷰했다. 아마존과 함께하던 동반 기업, 경쟁기업 등 외부뿐 아니라 어렵게 인터뷰했을 내부 구성원까지, 책장을 넘길 때마다 지금까지 하소연할 곳이 없던 사람들이 그동안 아마존에게 당한 부당함과 억울함을 봇

물 쏟듯이 피력한다.

아마존의 '가젤 프로젝트'를 보면 아마존을 바라보는 시각의 변화가 어디서 기인했는지 어렴풋이 느낄 수 있다. 상대 경쟁사나 자신들의 상점을 가젤이라고 상정하고, 아마존이 마치 치타인 것처럼 협력 파트너 상품의 단가를 내리고, 풀필먼트 센터의 직원들을 혹사하고, 임직원들의 자원을 짜내며, 고객들이 빠져나가지 못하게 만드는 전략인데, 어떤 평론가는 이를 두고 아마존의 제3자 판매자의 수익을 줄이라는 압박이 결국 부당한 대우, 기업 정보의 약탈, 낮은 임금과 혁신기업의 억제, 기업 해체를 일으켜, 종국에는 민주주의까지 위협할 것이라고 경고하기도 한다. 미국의 시장조사기관은 한때 아마존과 협력했고 강렬하게 이별하며 파산한 토이저러스를 아마존 때문에 파산한 27번째 기업이라고 기술한다. 그리고 보니 너무도 잘나가던 책방 보더스나 유통의 명가 시어스의 몰락은 아마존의 성장 중에 벌어진 일이며 아마존의 진입이 모든 책임이라 돌리기는 어려워도 가장 큰 영향을 받은 것임에는 분명하다.

그러나 아마존은 초기부터 지금까지 이러한 항변을 강력하게 부인하거나, 일관되게 묵묵부답으로 대응해왔다. 이는 피해 당사자들뿐 아니라 이에 미국 행정부, 그리고 더 나아가 아마존의 무시 대상이었던 정치권까지 가리지 않는다. 이러한 처신은 다른 빅테크 기업과도 구별되는데 이것이 진정 '고객 우선주의Customer First'를 구현하는 기업으로의 자신감에서 나온 것인지 아니면 '해볼 테면 해보시오'라는 막가파식 대응인지 쉽게 판단할 수 없다. 왜냐하면 연방거래위원회의 이야기처럼 아마존이 독점을 통해 고객과 힘없는 기업의 생사여탈권을 쥐고

휘둘렀는지, 아니면 아마존이 스스로 주장하듯이 지금까지 취한 전략으로 많은 일자리를 만들고, 고객에게 양질의 제품을 저렴하게 공급한 결과를 낳았는지 어느 한쪽을 지지하기에 심증은 있으나 확실한 물증이 아직은 보이지 않기 때문이다.

외부의 이런 시선 변화에도 아마존은 이 세상에 나온 이후로 한 번도 성장을 멈추지 않았다. 그리고 단 한 번도 '고객 우선주의'의 원칙을 벗어나지 않고 있다. 여전히 '장기적으로 생각하기A long term view'를 고수한다. 이는 아마존의 비즈니스가 성공하는 데 있어 가장 주효했다고 평가받는 대표적인 기업 철학과 고객을 위한 원칙이다. 하지만 그 이면에 경쟁 상대를 치기 위한 치밀한 속셈으로 채워져 있다는 저자의 서술에는 놀라움을 금할 수 없다. 언론들은 아마존이 해당 지역의 일자리를 만들고, 중소기업의 판매자를 후원하며, 혁신적인 미래를 꿈꾸는 기업으로 포장하였지만 실제로는 "미국의 소규모 의류, 장난감, 스포츠용품 제조업체의 약 40%가 사라졌고 소규모 출판사의 약 3분의 1이 사라졌다"라고 혹독한 비평을 서슴지 않는다. 젊은 리나 칸 연방거래위원장은 아마존이 부당한 경쟁과 소기업에 대한 부적절한 압력, 기술 탈취 등을 자행해왔음을 시사하는 논문을 발표하고, 베이조스를 국회 청문회로 불러들였다.

이러한 태풍 속에 아마존이라는 배는 좌초하지 않고 있다. 베이조스는 연방거래위원회의 고발에 대담하게 대응했으며 중앙 정부와 대통령을 비롯한 정치가들로부터 반독점 조사와 판매세 문제, 강력하고 부정적인 언론들을 용케도 피해 왔다. 저자는 수많은 조사와 고발에도 아마존의 지배력은 끄떡없을 뿐 아니라 여전히 더 큰 힘을 발휘하고 있다고 말한다.

아마존은 기업의 범주와 기능은 물론, 정의까지도 새로 써나가는 중이다. 아마존은 전 세계적으로 2억 명이 넘는 멤버십, 수백만에 이르는 쇼핑객에게 제품을 파는 판매자 군단을 거느리고 있다. 온라인 소매로 시작된 사업 분야 또한 플랫폼, 배송과 물류, 결제서비스에서 대출, 경매나 출판, 언론과 영상 제작, 패션과 클라우드까지, 경계 없이 확장 중이다. 하물며 우주산업까지 그들의 영역에 있으니, 이런 아마존의 비즈니스를 두고 '모든 것의 전쟁The Everything War'이라는 말이 나오는 것이다.

이제 아마존은 기존의 비즈니스 상식으로 판단하기 어려운 새로운 유형의 기업이 되었다. 저자의 말처럼 미래를 생각할 때 아마존이 여러 산업에서 달성한 것들이 우리에게 의미하는 바를 무시하는 것은 불가능하다. 저자는 최악의 경우 연방거래위원회의가 원하는 바대로 아마존이 해체된다 해도 그 기업들은 다시 새로운 시장을 형성할 것이고 시장을 선도할 것을 예상하고 있다. 이 과정에서 확실하게 알 수 있는 것은, 아마존이 지금껏 철저하게 지켜온 '고객 우선주의'라는 기업 철학이 아마존을 반독점 기업의 굴레에서 빠져나갈 수 있게 했으리라는 점이다.

아마존에게는 지금까지 누구도 가보지 않은 새로운 세계를 선도하고, 처절한 전쟁에서 살아남고 승리하는 DNA가 존재하며, 앞으로 더 큰 전쟁이 와도 발휘될 것이라고 장담한다. 좋든 나쁘든 아마존이라는 기업을 이해하는 것은 새로운 비즈니스 생태계를 이해하는 것이 되리라고 감히 말하고 싶다.

작가의 말

　이 작품은 액세스 저널리즘access journalism[*]의 산물이 아니다. 나는 몇 개월에 걸쳐 아마존 홍보팀에 보도 내용을 공유하고 그들의 논평, 전후 관계, 수정을 요청하면서 철저한 사실 확인을 거쳤지만, 이 회사가 승인한 것은 아마존의 최고위 경영진, 에스팀의 구성원이 아닌 고위직 직원과의 배경 정보를 확인하는 정도의 간략한 전화 통화뿐이었다. 제프 베이조스는 인터뷰 요청을 거절하고 대신 아마존의 대리인들을 통해 피드백을 제공했다.

　이런 비협조적인 태도에도 불구하고 나는 이 이야기의 본질을 조사하기 위해 다양한 영역에서 열심히 노력했다. 아마존 전·현직 직원, 경쟁사, CEO, 판매자, 영세업자, 기타 이 회사의 영향력 범위 안에서 직, 간접으로 영향을 받은 사람들을 비롯한 600명 이상의 사람들과 이야기를 나눴다. 정부 관리들과 공식 또는 비공식적인 인터뷰는 아마존이 현재 미국과 해외에서 자리하고 있는 위치를 파악하는 데 도움을 주었다. 이 책은 17명의 전·현직 에스팀 구성원과의 수십 시간에 걸친 인터뷰(모두는 회사가 알지 못하게 이루어졌다.)와 5명의 전·현직 이사회 구성원과의 인터뷰도 담고 있다. 인터뷰 외에 여러 정보원

---

[*]　취재 대상과 긴밀한 관계를 유지하면서 독점적 정보, 인터뷰, 자료를 얻는 저널리즘 유형. 이런 관계를 잃지 않기 위해 편향되거나 비판이 약한 보도가 나올 수 있다.

들이 수백 페이지에 달하는 내부 문서, 이메일, 식스 페이저six-pager**,
사업 기획서, 전략 제안서를 제공했고 이것들은 책 전체에서 내용을
뒷받침하는 데 이용되었다.

이 책에서 출처를 밝히지 않은 부분은 출처를 밝히지 않는 조건으
로 이루어진 특정 정보원과의 인터뷰 결과다. 아마존의 직원과 파트너
는 민감한 사안에 대해 공개적으로 발설할 경우 법적 강제가 가능하다
는 데 동의하는 기밀 유지 계약서에 서명해야 하기 때문이다. 나는 아
마존이 얼마나 많은 산업에서 광범위한 힘을 가졌는지를 고려해 아마
존으로부터 피해당하였던 수많은 사람들과 이야기를 나누었으며, 그
들의 이야기와 경험은 이 작업에서 매우 중요한 것이었다. 이 자리를
빌려, 나와 이야기를 나누고 자신의 이야기를 전할 수 있게 허락한 모
든 분들께 감사의 인사를 전한다.

2019년, 나는《월스트리트 저널》의 아마존 담당 기자가 되었다. 아
마존은 내가 그 신문사에서 6년 동안 인수합병에 관한 기사를 다루면
서 끊임없이 모색했던 보도 영역이었다. 그동안 여러 산업계의 기업들
이 아마존을 공포의 대상으로 언급했다. 일부 기업들은 아마존의 맹공
을 피해 합병을 단행하기도 했다. 나는 아마존을 취재하며 보도 범위
를 아마존의 사업 관행으로 집중했고, 이 책의 일부는 그 작업을 기반
으로 했다. 하지만 취재 과정에서 나는 이 이야기가 기사로는 전달하
기 힘든 훨씬 더 의미심장하고 깊이 있는 것임을 깨달았다. 이 책은 그
더 큰 이야기를 전하기 위한 노력의 결과다.

** 아마존 고유의 사업 제안서.

독점을 향한 행진

2017년 1월, 27세의 법학대학원 학생이《예일 로 저널Yale Law Journal》
에 세계에서 가장 큰 영향력을 가진 기업에 대한 논문을 발표했다. 그
논문은 주목할 만한 주장으로 시작되었는데 이는 다음과 같다.

아마존은 21세기 상거래 업계의 거인이다.[1] 아마존은 소매업체를 넘어
서 이제는 마케팅 플랫폼, 배송·물류 네트워크, 결제 서비스, 신용 대
출 업체, 경매 업체, 대규모 출판사, TV 프로그램·영화 제작사, 패션
업체, 하드웨어 제조업체, 선도적인 클라우드 서버 호스트가 되었다. 아
마존은 믿기 어려운 성장을 보였지만, 원가 이하의 가격 책정과 공격적
인 확장 정책을 선택해 많은 이윤을 남기지는 못했다. 아마존은 이런 전
략을 통해 스스로를 전자상거래의 중심으로 자리매김하고 현재는 아마
존에 의존하는 수많은 다른 기업의 필수 인프라 역할을 수행하고 있다.
이 회사의 구조와 경영의 요소들은 반경쟁적이라는 우려를 부르지만,

아마존은 지금까지 반독점 조사를 피해 왔다.

'아마존의 반독점 역설Amazon's Antitrust Paradox'이라는 제목이 붙은 리나 칸Lina Khan의 주장에서 가장 중요한 부분은 이 전자상거래 대기업이 "독점을 향한 행진"을 할 정도의 규모와 힘을 가질 만큼 성장했다는 점이다. 급속한 성장은 벼락부자가 된 많은 테크 기업들과 마찬가지였지만, 아마존의 영향력 범위와 성장의 성격은 견줄 만한 데가 없다.

아마존은 거의 25년 동안 호기심을 불러일으키는 회사에서 의심스러운 성장주로, 이어 세계에서 가장 유명한 기업으로 진전해 왔다. 하지만 칸의 선언은 널리 퍼져 있던 정서를 정조준했다. 법학 논문은 독자층이 소수 학계 인사로 제한되는 것이 보통이지만, 칸의 논문은 전례 없는 일을 해냈다. 입소문을 탄 것이다. 매사추세츠주 상원의원 엘리자베스 워런Elizabeth Warren과 같은 정치인들은 96페이지짜리 이 보고서를 단숨에 읽은 후 이 전자상거래 대기업을 달리 보기 시작했다. 미국 온라인 쇼핑의 3분의 1이 아마존에서 이루어지는 것이 건전한 일일까?[2] 아마존이 세계 최대의 온라인 판매자 마켓플레이스를 운영하는 동시에 그 판매자들과 경쟁하는 것은 그 힘을 남용하는 일이 아닐까? 아마존이 소매업, 클라우드 컴퓨팅, 광고, 스트리밍, 물류, 식료품 등 이루 다 나열하기 힘든 여러 분야를 망라하는 사업망으로부터 비즈니스 의사결정에 도움이 되는 데이터를 얻는 것은 불공정한 상황이 아닐까?

리나 칸은 우연히 아마존에 대해 연구하게 된 것이 아니었다. 기회가 그녀를 찾아왔다. 2011년 봄 그녀는 새롭게 만들어진 DC-기반 싱크 탱크, 오픈 마켓 인스티튜트Open Markets Institute의 소장을 인터뷰하게 되었다. 이 기관은 기업 통합과 현대의 독점 권력이 내놓는 위협에 대해서 연구하고 있었다. 이들은 독점 기업 혹은 시장 지배력을 이용해 경쟁을 억누르는 기업들이 민주주의를 위협하고 있으며, 이는 낮은 임금, 혁신 억제, 일자리 감소로 이어진다고 생각했다. 오픈 마켓 인스티튜트는 이 문제에 대중의 관심을 끌어들여 더 광범위한 반독점 운동에 불을 붙이고자 했다.

칸은 이런 계획을 본격적으로 진행하기 얼마 전 윌리엄스 칼리지를 졸업했다.(그녀는 학생 신문 편집자로 활동했다.) 그녀는 사전 교육을 받지 않았고 이 연구소가 조사하고 있던 사안을 검토한 적도 없었다.

오픈 마켓 창립자 베리 린Barry Lynn에게는 그것이 플러스 요소였다. 그는 그녀가 그 사안에 대해서 알지 못하는 것을 신경 쓰지 않았다. 자신이 가르치면 될 일이었기 때문이었다. 또한 그는 그녀가 글을 쓸 줄 알았고 똑똑하다는 것이 마음에 들었다. 그녀가 할 일에는 독점 권력을 중심으로 하는 사안을 조사하고 그 내용을 주류 잡지와 신문을 통해 대중에게 공개하는 것이 수반되므로 그녀가 갖고 있는 저널리스트로서의 배경은 분명한 장점이었다. 그는 그녀에게 첫 번째 직원 자리를 제안했다. 칸의 일은 자신의 저널리스트적 기술을 이용해 보통의 독자들이 소화할 수 있는 방식으로 기업 권력이라는 주제를 조사하고 분석하는 것이었다. 린은 칸의 기사가 독점의 위험을 드러내기를 바랐다.

칸이 처음으로 맡은 과제는 아마존이 출판 업계에 미친 영향을 계산하는 것이었다. 린은 칸에게 이렇게 말했다.

"우리는 출판 사업의 역사에 대해, 출판계가 지난 50년 동안 어떻게 규제되었는지, 아마존의 비즈니스 모델에 대해서 가능한 모든 것을 알아내야 해."

그는 그녀에게 2000년에 출간된 책 한 권을 건넸다. 판테온 출판사 Pantheon Books의 전 편집장이 쓴 『출판업: 세계적 대기업은 어떻게 출판을 장악하고 우리가 읽는 방식을 바꾸었는가The Business of Books: How the International Conglomerates Took Over Publishing and Changed the Way We Read』라는 책이었다. 반독점에 대한 칸의 공부는 이렇게 시작되었다.

그녀는 법률 문서, 반독점 소송, 출판 관련 서적 등 찾을 수 있는 모든 것을 흡수했다. 두 달 후 그녀는 아마존이 출판업에서 사용하는 사업 관행과 1950년대까지 거슬러 올라가는 미국 출판의 역사를 정리한 보고서를 린에게 제출했다.

칸은 반독점 정책에 대해서 공부하면서 1970년대 말 이 법률 해석의 변화가 법률의 시행 방식에 극적인 영향을 미쳤다는 것을 알게 되었다. 시카고 학파Chicago school로 알려진 운동, 즉, 정부 개입의 축소를 옹호하고 보다 효율에 집중한 운동이 이 시기에 힘을 얻은 것이다. 그 운동의 옹호자인 로버트 보크Robert Bork는 1978년 출간된 자신의 책 『반독점 역설: 자신과 싸우는 정책The Antitrust Paradox: A Policy at War with Itself』에서 반독점법은 경쟁을 촉진하기보다는 억제하고 있다고 주장하며 이 운동이 어떤 것인지 요약해 보여주었다. 그는 "반독점법 해석의 지침이 되어야 할 유일한 목표는 소비자 후생"이라고 주장했다.[3]

보크의 책은 반독점계의 전환점이 되었다. 법원은 그의 견해를 채택하기 시작했고 그것은 이후 수십 년 동안 반독점이 시행되는 방식에 있어 엄청난 변화로 이어졌다.

이런 변화의 결과로, 기업이 차지하는 시장이 크다는 것이 반드시 나쁜 것은 아니라고 생각하고, 기업이 경쟁하는 방식은 경쟁자에 대한 영향보다는 고객 입장에서 효율과 가격에 주는 영향을 근거로 판단하게 되었다. 오픈 마켓은 기업 권력 강화의 실제 피해자와 사례를 부각하며 느슨한 반독점 시행의 파급 효과를 보여주는 데 초점을 맞췄다.

칸은 업계의 구조와 미국 기업의 대규모 통합을 파악하기 위해 이후 3년 동안 항공에서 금속, 양계까지 다양한 산업들을 몇 개월씩 상세히 조사했다. 그녀는 자신의 조사 결과를《워싱턴 먼슬리Washington Monthly》, CNN 등 미디어에 기사로 발표했다. 이 기사들은 규제 완화, 기업 통합, 반독점에 대한 자유방임 접근법, 이런 것들이 어떻게 대기업들의 배를 불리는지, 또 한편으로 일반 대중에게는 어떤 실질적 피해를 유발하는지를 중심으로 다루었다.

그녀는 이 싱크 탱크에서 일하는 동안 석유왕, 역사상 가장 부유한 미국인인 존 D. 록펠러John D. Rockefeller가 운영한 대호황 시대의 독점 기업, 스탠더드 오일Standard Oil의 사업 관행에 대해 광범위한 자료를 읽었다.

스탠더드 오일은 1870년 석유 정제 업체로 만들어진 후, 악덕 자본가들이 철도와 설탕 같은 큰 시장에서 트러스트trust*와 기업 통합에 열을 올리던 19세기 말에 크게 성장했다. 1880년대 말에 이르자 스탠

---

* 업계 내 경쟁을 줄이고 가격을 통제하려는 목적으로 단일 이사회가 여러 회사를 통제하는 법적 계약.

더드 오일은 미국 원유 정제 능력의 90%를 장악했다.[4]

1890년, 의회는 독점적 사업 관행을 불법화하는 셔먼 반독점법 Sherman Antitrust Act 을 통과시켰다. 대중이 이들 트러스트가 휘두르는 힘을 경계의 눈초리로 보게 된 시점이었다.

이 대규모 정유 기업은 1911년 셔먼 반독점법을 위반했다는 대법원 판결에 의해 해체되었다. 록펠러는 경쟁사를 협박해 스탠더드 오일이 그들을 합병할 수 있게 하고, 약탈적 가격을 책정하고, 경쟁사들이 경쟁에 나설 수 없도록 철도 회사와 낮은 요금을 받는 계약을 체결해 스탠더드 오일의 지배력을 강화했다는 혐의로 기소되었다. 경쟁사에 대한 스파이 활동을 했다는 혐의도 있었다.[5]

칸은 스탠더드 오일에 대한 자료들을 읽을수록 아마존 창립자 제프 베이조스와 록펠러 사이에 중요한 공통점이 있다고 생각하게 되었다. 그녀는 아마존의 사업 관행과 스탠더드 오일의 사업 관행이 묘하게 닮아 있는 것을 발견했다. 약탈적인 가격 책정은 스탠더드 오일 사례의 초점 중 하나였는데, 아마존 역시 이 거대 정유 기업과 마찬가지로 특정 제품의 가격을 비용보다 낮게 책정해 경쟁사들이 무릎을 꿇게 한 것으로 유명했다. 아마존이 매우 다양한 부문에 진출해 있다는 것은 그들의 경쟁자가 그들의 서비스에 의존하는 고객일 수도 있다는 의미이며, 이런 이중 관계로 아마존은 더 큰 영향력을 갖게 된다.

스탠더드 오일은 스파이 활동도 했었다. 스탠더드 오일은 철도와 증기선 업체들로부터 경쟁사가 운송한 원유에 대한 정보가 상세하게 담긴 보고서를 받았다. 이 보고서에는 정유의 양과 종류, 수령인의 이름과 주소 등이 자세히 적혀 있었다. 이 거대 정유 업체는 운송 정보의 대가로 철도 업체 관리자와 경쟁사 직원에게 뇌물을 주고 직접 경쟁사를 감시하는 등의 방법으로 석유 산업 현황에 대한 중요한 정보를 확보해 고객을 빼앗고 약점이 있는 경쟁자를 위협했다.[6] 또한, 경쟁자가 고객에게 주문 제품을 배송한다는 것을 알게 되면 직원을 해당 고객에게 보내 배송을 거절하라고 요구했다. 자신들의 요구를 거절하면 스탠더드 오일의 직원은 그 쪽에 대한 기름 판매를 중단하겠다고 위협하거나 가격 전쟁에 들어가 경쟁사가 회사 문을 닫게끔 했다.

아마존 역시 데이터에 대한 접근권에서 견줄 데가 없었다. 이것이야말로 그들이 사업을 운영하고 성장시킨 기반이었기 때문이다. 판매자들은 아마존이 아마존닷컴의 데이터를 이용해 자신들의 제품을 베껴 그들과의 경쟁에서 우위에 선다고 비난했다.

이 과정에서 칸에게 이상하게 보인 것이 있었다. 스탠더드 오일은 독점으로 간주된 반면, 아마존의 지배에 이의를 제기하는 사람은 많지 않았다는 점이다.

스탠더드 오일에 대한 판결이 있고 3년 후, 불공정한 경쟁을 몰아내기 위해 연방거래위원회Federal Trade Commission가 만들어졌다. 100여 년 후에 만들어진 반독점법도 같은 목적이다. 하지만 1980년대 이래 이 모호한 법에 대한 해석 변화로 경쟁 행동을 소비자에게 낮은 가격으로 제품을 제공하느냐는 렌즈를 통해 판단하게 되었다. 그런 정의 하에서, 아마존은 면밀한 조사 없이 성장할 수 있었다. 칸은 반독점에 대한 보크의 왜곡 때문에 반독점법이 독점을 막지 못하게 되었을 뿐아니라 사실상 독점을 사회의 선으로 보도록 하는 역설을 만들었다고 주장했다.

칸이 스탠더드 오일과 아마존의 유사성을 알아차리기 시작한 2014년, 아마존의 시장 가치는 약 1,400억 달러였다. 이는 포드 자동차Ford Motor Company 시장 가치의 두 배가 넘는 액수였다. 하지만 그해 아마존은 2억 4,100만 달러의 적자를 기록했다. 더 놀라운 점은 월 스트리트가 아마존의 이 형편없는 수익에 매긴 가치였다. 아마존의 주가는 현실과 괴리되어 있었다. 월마트와 애플 같은 동종업체 주식의 주가수익비율이 각각 16, 14로 거래되는 상황에서 아마존의 주가수익비율은 372에 달했다.[7] 투자자들은 기업의 가치를 매길 때 사용되는 정상적인 재무 지표를 완전히 무시했고, 이 시애틀 기반 기업에 월 스트리트에서는 흔치 않은 관대함을 보였다.

《하버드 비즈니스 리뷰Harvard Business Review》는 2014년의 주주 수익률 기준으로 베이조스를 세계 최고의 실적을 보인 CEO로 평가했다. 《하버드 비즈니스 리뷰》는 베이조스가 회사의 IPO 이후 1,400억 달러 이상의 시장 가치를 창출하며 투자자들에게 총 15,189%의 수익을 안겨 주었다고 말했다.[8] 1997년의 IPO부터 2014년까지 아마존이 발표한 순이익의 총액은 20억 달러에도 못 미쳤다.

이런 손실에도 불구하고 가치 평가의 역설은 오래도록 지속되었다. 이 상황을 더 깊이 파고든 칸은 아마존이 현대 전자상거래의 대부분을 지배하고 있다는 것을 알게 되었다. 이는 빈약한 수익을 올리는 회사가 분석가들에게 어떻게 그런 높은 가치로 평가받을 수 있는지에 대한 실마리를 제공했다. 아마존이 현대 전자상거래를 지배하고 있다는 데에는 논란의 여지가 없다. 첫째, 아마존의 웹사이트는 온라인 판매자가 고객에게 이를 수 있는 가장 강력한 플랫폼이다. 거기에는 브래드 스톤Brad Stone이 붙인 "에브리씽 스토어the everything store"라는 말에 걸맞게 양말부터 컴퓨터, 가구, 드릴 날에 이르기까지 거의 모든 제품이 있다. 출판사에서 의류 회사에 이르기까지 거의 모두가 이 회사의 웹 사이트에 제품을 내놓음으로써 엄청난 양의 비즈니스를 창출하고 있다. 더욱이 아마존은 수백만 개의 기업과 정부 기관을 뒷받침하는 기술 인프라를 창출하는 데에서 선구적인 역할을 해 왔다. 아마존 웹 서비스AWS 사업은 대단히 성공적인 사업 부문 중 하나다. 아마존은 미국 최대 규모 물류 사업체 중 하나이기도 하다. 이는 제품을 전례 없는 속도로 효율적으로 배송, 보관, 이동하는 방법을 알아냈다는 것을 의미한다. 주문 후 며칠 내에 제품을 배송할 수 있는 능력은 아마존이 인기를 누릴 수 있었던 이유 중 하나다. 칸이 발견하기 시작한 것처럼 아마존의 지배력, 그 진정한 본질과 규모는 보기 드문 것이었다. 쉽게 말해, 이 회사는 전기, 물, 가스처럼 현대의 누구도 무시할 수 없는 필수 서비스로 자리매김한 것이다. 많은 소비자들이 아마존 없이 살 수 없게 되었다.

칸은 헤지펀드 매니저들과의 전화 통화를 통해 금융가들이 마치 아마존이 발을 들이는 모든 부문을 지배할 수 있는 무적의 독점 기업인 것처럼 생각하고 아마존의 주식 가치를 평가하고 있다는 것을 알게 되었다. 그들은 시장 점유율을 계속 늘려 나가는 과정에서 이 회사가 수익을 내지 못하거나 미미한 수익을 내는 분기를 기꺼이 못 본 체했다. 이런 행동은 금융계의 관습법을 거역하는 것이었다. 투자자들은 전통적으로 알찬 수익을 내는 기업을 찬양했다. 하지만 아마존의 주식은 계속 상승세를 이어갔다. 아마존의 주식은 다른 대우를 받고 있었다.

칸은 제3자 판매자third-party seller*들과 이야기를 나누면서 석연치 않은 점을 발견했다. 이 판매자들은 아마존이 그런 거대한 규모로 운영될 수 있는 주된 원인이었다. 하지만 아마존은 직접 제작한 제품도 웹사이트에서 판매하고 있었다. 즉, 아마존 플랫폼에 있는 업체들과 경쟁하고 있었다. 제3자 판매자들은 아마존에 종속되어 있는 자신들의 입장을 설명했다. 그들은 종종 아마존으로부터 이윤을 줄이라는 압력과 아마존의 값비싼 서비스에 자신들을 가두는 등의 부당한 대우를 받는다고 느끼곤 했다. 하지만 그들은 진퇴양난의 상황에 있다. 미국 온라인 상거래의 대부분이 아마존 사이트에서 이루어지기 때문에 아마존 플랫폼에서 판매하는 것 외에는 다른 선택지가 없는 것이다. 그들의 수익이 아마존에 달려 있기 때문에 아마존과 맞서기 위해 할 수 있는 일은 극히 적다.

칸은 6개월에 걸쳐 아마존의 행동에 대해 기록하고 인터뷰하고 녹음하는 일을 한 후 로스쿨에 입학했다. 예일대에 다니는 동안 그녀는 논문의 초안을 작성했다. 2017년 1월, 예일 법학대학원의 학술지에 반독점에 대한 지배적인 견해를 공격하는 자극적인 논문을 발표했다. 그녀는 아마존이 지나친 권력을 축적했고 기존의 독점 금지법은 아마존을 저지할 수 있는 준비를 갖추지 못했다고 주장했다.

그것은 행동 개시를 요구했다. 아마존이나 그와 같은 기업을 더 잘 규제하기 위해서는 독점 금지법을 원래의 해석대로 되돌리거나, 아마존과 같은 기업들에 공익 기업처럼 더 엄격한 규제를 가해야 한다고

---

* 아마존 플랫폼에서 제품을 판매하지만 아마존이 소유하거나 운영하지 않는 독립 기업 또는 개인.

말이다. 그녀는 "마치 베이조스가 먼저 독점 금지법의 청사진을 그려 두고 이를 우회할 수 있는 경로를 고안해 회사 성장의 계획을 세운 것 같은 모습이다. 아마존은 고객을 끌어들이겠다는 목표로 독점 금지법의 허점에 편승해 독점을 향한 행진을 계속해 왔다."라고 적었다.

이 논문이 입소문을 타면서, 단 몇 년 만에 칸의 삶은 극적으로 변했다. 2021년, 그녀는 서른두 살의 나이로 연방거래위원회 역사상 최연소 위원장이 되었다. 그녀는 "40세 미만 40인40 Under 40" 목록에 이름을 올렸고, 가수 두아 리파Dua Lipa, 배우 플로렌스 퓨Florence Pugh와 함께 "미래를 만드는 신흥 리더"를 소개하는 《타임Time》의 "타임 100 넥스트Time 100 Next"에도 선정되었다. 《뉴욕 타임스New York Times》는 반독점법의 시행, 해석 관여하는 개인, 조직, 기관에 맞서고 있는 이 신동에 대해 매우 호의적인 기사를 내보냈다.

그녀의 견해가 들불처럼 확산되면서 그녀는 현대 반독점 운동의 선도적 인물이 되었다. 가장 중요한 점은 그녀가 특히 아마존에서 거의 포착한 사람이 없는 무엇인가를 발견했다는 것이다. 2023년 9월 26일, 칸이 위원장으로 있는 연방거래위원회는 불법적인 독점 유지를 이유로 아마존을 제소했다.

사실 이 중 어떤 것도 우연에 의한 것은 아니었다. 베이조스와 아마존은 난데없이 나타나거나 우연히 지배적 위치에 오른 것이 아니다. 처음부터 베이조스는 시장의 미래를 인식하고 있었고 승리에 대한 탐욕스런 갈망을 갖고 있었다. 그는 자신이 그린 그림대로 회사와 문화를 만들고 어떤 대가를 치르더라도 성공을 향해 나아가도록 프로그래밍했다. 회사의 기본 원칙인 "고객 집착customer obsession"(회사의 지도 원리)이라는 슬로건 하에 마키아벨리식 성장 추구*가 있었다. 이것은 아마존의 규모, 영향력, 여러 산업의 데이터에 대한 접근권을 이용해 크고 작은 경쟁자들의 목을 조이는 것을 의미한다.

하지만 어떻게 이 순간에 도달했는지 이해하기 위해서는 우선 베이조스의 킬러 본능이 어떻게 형성되었고, 아마존이 어떻게 그의 비즈니스 방식과 분리할 수 없는 행동 패턴을 개발했는지부터 살펴봐야만 한다. 이 책은 그동안 아마존과 그 리더에게 전혀 드러나지 않았던 측면, 즉 전술적(그리고 전략적)으로 단일 산업뿐 아니라 가능한 한 많은 산업을 장악하기 위해 필요한 모든 수단을 동원하는 가차 없는 진상을 밝힌다. 아마존은 그 어느 때보다 많은 산업으로 촉수를 뻗어 그 힘을 한데 모아, 현대 기업으로서는 거의 달성하기 힘든 유형의 영향력을 얻었다. 그 여파로 아마존이 지나간 길에는 라이벌들의 시체가 남았다. 베이조스와 아마존을 움직이는 동력은 어떤 일도 서슴지 않는 경쟁 우위다. 세계를 손에 넣을 수 있다면, 당신 집 안을 비롯한 어디에나 존재할 수 있다면, 그들은 무슨 짓이든 할 것이다. 아마존을 이해하는 유일한 방법은 아마존을 살피는 것이며, 그렇게 함으로써 1990년대부터 현재까지 미국 경제와 기업 풍토에 어떤 일이 일어났는지에 대해 아마존이 얼마나 명확한 통찰력을 가지고 있었는지 이해할 수 있다.

---

* 이탈리아 르네상스 정치 철학자 니콜로 마키아벨리Niccolò Machiavelli의 이름을 딴 것으로 교활하고 전략적인 사고, 때로는 무자비한 방법을 통해 목표 달성과 영향력 확대를 우선시하는 전략이나 접근 방식을 의미한다.

THE EVERYTHING WAR

1부

비대한 힘의 구축

1장

메인 스트리트가
미처 보지 못한 것

1994년이었다. 음악 차트 1위는 에이스 오브 베이스Ace of Bace의 싱글 〈더 사인The Sign〉이 차지하고 있었고 시청률 1위의 TV 프로그램은 〈홈 임프루브먼트Home Improvement〉였다. 미국 전역의 가족들은 주말마다 인근의 쇼핑몰로 몰려 가 케이비 토이스KB Toys에서 생일 선물을, 홀마크Hallmark 매장에서 선물용 가방을, 미국 최대 서점 체인 월든북스Waldenbooks에서 학교의 독서 과제를 위한 책을 샀다. 10대 청소년들도 여러 이유로 쇼핑몰에 모였다. 쇼핑몰은 아르바이트로 번 돈으로 클레어스Claire's의 귀걸이나 스펜서 기프트Spencer Gifts 포스터를 사는 곳이었다. 쇼핑몰은 "몰 랫mall rat(떼를 지어 쇼핑몰에서 시간을 보내는 청소년)"이라는 별명이 생길 정도로 학생들의 사교 생활에서 중요한 배경이기도 했다.

미국에 실내 쇼핑몰이 처음 생긴 것은 1956년이었다. 주와 주 사이에 고속도로가 놓이면서 미국인들은 도심에서 교외로 더 멀리 이동할 수 있게 되었다. 도시 개발자들이 급증하는 인구의 구미에 맞게 수십 개의 매장이 모여 있는 대형 실내 쇼핑몰을 짓자, 소매업이 교외로 진출했다.

카파로 컴퍼니Cafaro Company의 공동 대표 앤터니 카파로 주니어Anthony Cafaro Jr.는 쇼핑몰 확산을 전국으로 이끈 집안에서 태어났다. 그의 할아버지는 1949년 카파로 컴퍼니를 설립해 중서부의 여러 도심에 스트립 몰strip mall*과 쇼핑센터를 만들었다. 스트립 몰에는 공식이 있었다. 먼저 식료품점이 들어올 매장을 짓고, 다음 약국, 신발 가게, 세탁소가 입주할 공간을 추가하는 것이다. 그리고 이 공간들을 임대했다. 미국 중산층이 교외로 이주하면서 카파로는 쇼핑몰 건설에 착수했다.

실내 쇼핑몰에도 공식이 있었다. 원스톱 쇼핑, 주차장, 레스토랑. 보통 시어스Sears, 제이시 페니JC Penney와 같은 대형 백화점이 터를 잡고 있었다. 백화점은 쇼핑몰 내 10만 제곱피트(약 9,290㎡)에 이르는 공간을 시세보다 저렴하게 빌렸다. 백화점은 많은 쇼핑객을 끌어들였다. 이 쇼핑객들은 푸드 코트와 쇼핑몰의 다른 작은 상점에서 돈을 쓰기 때문에 개발자들은 백화점의 임대 비용을 대폭 인하해 주었다.

앤터니 카파로 주니어는 3대째 가업인 쇼핑몰 사업을 이어갔다. 그는 열두 살 여름 방학에 회사에서 주차장에 노란색 페인트로 주차 공

---

* 상점과 식당들이 일렬로 늘어서 있는 곳.

간을 표시하고 쇼핑몰 중앙에 있는 분수대를 관리하는 일을 시작했다. 그는 쇼핑몰이라는 공간이 아기가 산타와 처음으로 사진을 찍고 엄마들이 신학기 학용품을 구입하기 위해 아이들을 데려오는 등 만남의 장소였던 즐거운 시절이었다고 회상한다. 1980년대부터 1990년대까지 소매 산업의 이 분야는 전성기를 맞았다. 카파로는 새 쇼핑몰을 개장할 때마다 소매업체들이 입점 허가를 받기 위해 경쟁을 벌이던 때를 떠올렸다.

"소매업체들이 쇼핑몰에 입점하기 위해 입찰을 하는 것이 보통이었습니다. 매장을 임대하는 것은 전혀 어렵지 않았습니다. 사람들이 줄을 섰으니까요."

당시에는 쇼핑몰 개장이 붐을 이뤘고 개발자들이 개발을 따내기 위해 치열하게 경쟁했다. 대개 교외에는 대형 쇼핑몰 하나면 족했기 때문에, 카파로의 할아버지는 주요 입점 업체를 정하기도 전에 부지 건설을 시작해 다른 개발업체가 시장 들어오는 것을 막았다고 한다.

"그들은 영역을 표시하기 위해 땅부터 파기 시작했습니다."

국제쇼핑센터협의회International Council of Shopping Centers에 따르면, 1970년부터 2000년 사이에 미국 내 쇼핑몰 수는 276개에서 1,017개로 증가했다고 한다.[1]

쇼핑몰은 인근 도시들과 공생 관계에 있었다. 사무원, 판매원, 공급업체를 고용하는 입점 업체를 거느린 쇼핑몰은 대규모 고용주였으며 그들이 창출하는 판매세는 공립학교, 도로, 기타 인프라 프로젝트의 자금이 됐다.

1994년에는 쇼핑몰만 아니라 소매업 대부분이 번성했다. 메인 스트리트에는 주민들이 일용품을 구하러 들르는 동네 장난감 가게, 양품점, 각종 전문점으로 가득했다. 당시 교외의 스트립 몰은 서킷 시티 Circuit City, 보더스Borders, 토이저러스Toys "R" Us, 린넨스 앤 씽스Linnens 'n Things 등 다양한 대형 할인점(지금은 모두 사라졌거나 파산한)들로 넘쳐 났다.

미국 전역에 무분별하게 뻗어 나간 매장들의 수는 매장의 크기만큼 이나 대단했다. 슈퍼 스토어의 시대였다. 1980년대 후반부터 1990년 대 내내, 소매 체인은 이런 체제로 전환해 선택지를 무제한으로 제공 하는 4만 제곱피트(약 3,716㎡)가 넘는 거대한 할인점을 열었다. 이 게임의 이름은 확장이었다. 미국 내 최고의 소매업체들은 고객이 사는 곳에 더 가까이 다가가 매출을 높이기 위해 매주 더 큰 새 매장을 내놓는 것 같았다.

1990년대 소매업 분석가인 피터 쉐퍼Peter Schaeffer는 "베드 바스 앤 비욘드Bed Bath & Beyond와 같은 매장이 오픈하면 바로 린넨스 앤 씽스가 그 뒤를 따랐습니다. 거의 모든 사업에 그것과 경쟁하는 똑 닮은 사업 이 있었고, 이것은 소비자들에게 좋은 일이었습니다."라고 회상한다. 유행을 포착하고 고객을 이해하는 능력으로 "대상인merchant prince"이 라는 별명까지 얻은 전설의 소매업자, 미키 드렉슬러Mickey Drexler는 이 렇게 말한다.

"1990년대에 우리는 로켓과 같았습니다."

드렉슬러는 1990년대 동안 갭Gap Inc.의 CEO였고, 1994년에는 올 드 네이비Old Navy라는 브랜드를 출시해 극찬을 받았다. 올드 네이비는 좀 더 가격에 민감한 사람들의 요구에 부응함으로써 모기업인 갭에 신규 고객을 유치해 매출을 올릴 수 있게 했다. 이후 그는 제이크루J.Crew 의 CEO가 되었다. 갭은 1990년대 동안 다른 모든 기업과 마찬가지로 확장에 집중했다.

월 스트리트는 소매업체의 성장에 보답했다. 당시 골드만 삭스 Goldman Sachs의 소매업 분석가였던 리처드 바움Richard Baum은 "1980년 대와 1990년대에는 주식이 날아올랐습니다. 그런데도 성장의 여지가 한참 남아 있었죠."라고 회상한다.

직접 쇼핑하는 행위는 지역 내 커뮤니티를 형성했다. 메인 스트리 트의 상점 주인들은 단골의 이름을 알았고, 지역 어린이 야구팀과 각 종 행사를 후원했으며, 지역 사회 구성원을 고용했다. 손님이 많이 오 가고 매출이 높은 이 상점들은 지역 부동산 개발업체와 임대주에게 힘 을 실어 주었다. 돈은 지역 상인들을 통해 마을과 도시 내에서 계속 순 환되었고, 지역 프로젝트와 학교 시스템에 쓰이는 판매세도 창출해 냈 다. 그들의 관계는 공생적이었다.

캐시 맥코슬린-카듀Kathy McCauslin-Cadieux와 같은 사연은 아주 흔했 다. 그녀는 1989년 펜실베이니아주 스트라스버그에 처음으로 양품점 을 열었다. 그녀는 도심에 있는 유서 깊은 건물에 월세 500달러를 내 고 상점을 임차했다. 그녀와 남편은 지붕을 수리하고 거미줄을 치운 후 여성 의류와 액세서리를 판매했다. 그녀가 이름을 지은 이 매장, '크 리에이티브 엘레강스Creative Elegance'는 이 도시의 터줏대감이 되었다.

맥코슬린-카듀는 매일 같은 인사로 고객을 맞았다. 그녀는 종종 부 티크를 가로질러 달려가 단골손님들을 끌어안으며 이렇게 외쳤다. "행복하고 싶으세요?" 맥코슬린-카듀는 고객들을 "숙녀분들"이라고 불렀고 재킷, 원피스, 액세서리를 고르는 고객들을 도와주면서 큰 기쁨을 얻었다.

"저는 고객의 옷장 사정을 그들보다 더 잘 알고 있었습니다. 우리 가게에 온 여성들이 자신을 아름답다고 느끼게 하는 것을 좋아했죠."

맥코슬린-카듀의 크리에이티브 엘레강스 부티크는 인기를 얻었고 덕분에 그녀는 펜실베이니아에 매장을 두 개 더 열 수 있었다. 성공한 그녀는 20여 명의 직원을 고용할 수 있었고, 매장의 매출은 150만 달러가 넘었다. 그녀는 충성도 높은 고객들과 번화한 시내의 유동 인구 덕분에 재정 목표를 초과 달성할 수 있었다.

지금보다 단순한 시대였다. 그때는 지금처럼 어디를 가든 휴대전화를 들고 다니지 않았다. 1993년에는 컴퓨터를 보유한 미국인의 비율은 23%에 못 미쳤다.[2] 대부분 사람들은 인터넷에 쉽게 접근할 수 없고, 곧 인터넷이 발휘할 힘을 이해하지도 못했다. 이 시기에는 컴퓨터가 사람들이 동네 제이시 페니 매장으로 쇼핑하러 오는 것을 중단시키거나 눈을 크게 뜨고 토이저러스 문으로 뛰어 들어가는 아이의 경험을 대체할 수 있다는 생각은 환상에 가까웠다.

1994년 맥코슬린-카듀는 한 전직 헤지펀드 직원이 시애틀에서 컴퓨터를 이용해 자신의 사업과 메인 스트리트 전체를 공격할 계획을 세우고 있다는 것을 짐작도 하지 못했다. 그해 여름, 서른 살의 제프 베이조스와 그의 아내 맥켄지Mackenzie는 월 스트리트의 좋은 직장을 떠나 인터넷 속에 무한한 기회가 있다는 위험한 아이디어에 도박을 걸었다. 그들은 인터넷으로 이윤을 낼 수 있는 방법을 알아내고자 했다.

두 사람 모두 퀀트 투자 헤지펀드 그룹 디이 쇼D.E. Shaw에서 일하고 있었다. 이곳은 컴퓨터로 생성된 모델을 이용해 투자 결정을 내림으로써 트레이딩에 혁명을 일으킨 것으로 유명하다. 전설적인 투자자 데이비드 쇼David Shaw는 이 헤지펀드 회사에 입사한 지 4년 차인 기대주 베이조스에게 신생 기술인 인터넷이 가진 가능성을 조사하라고 했다. 당시 인터넷을 사용하는 사람은 소수의 과학자나 학자 정도였다. 선구안을 지닌 데이비드 쇼의 직원은 대부분 전통적인 헤지펀드 매니저 출신이 아닌 컴퓨터 전문가로 인터넷을 사용했다. 베이조스 역시 이런 타입이었다. 그는 프린스턴대학교에서 컴퓨터 과학과 전기 공학을 전공했고, 디이 쇼에 입사하기 전에는 통신 스타트업과 뱅커스 트러스트 Bankers Trust에서 일했다.

쇼는 인터넷에 그때까지 생각하던 작은 사회를 넘어서는 잠재력이 있다고 판단했다. 그는 알고리즘을 트레이딩에 적용해 주식 시장 전체의 평균 수익률을 웃도는 성과를 거뒀다. 컴퓨터 연산 능력을 이런 용도로 사용하는 길을 개척하는 데 한몫을 한 것이다. 하지만 거기에는 분명 더 많은 기회가 있었다.

당시 인터넷은 쇼와 같은 컴퓨터 전문가나 학계 등의 얼리어답터를 넘어 일반 대중의 선택을 받기 직전이었다. 쇼는 베이조스와 다른 직원들에게 인터넷이 주류가 되면서 큰 기회가 생길 것이라고 말했다.

이 헤지펀드사는 인터넷으로 일상을 완전히 변화시킬 수 있는 방식을 연구하기 시작했다. 쇼는 베이조스에게 인터넷에서 물건을 판매하는 방법을 연구하는 임무를 맡겼다. 또 동료 데이비드 시겔David Siegel에게는 웹의 금융 서비스 이용 사례를, 다른 직원인 찰스 아르다이Charles Ardai에게는 이 새로운 기술이 적용될 수 있는 다른 영역을 조사하게

시켰다. 성공할 가능성이 있는 영역이 있다면 디이 쇼가 상업화에 앞장을 선다는 생각이 깔려 있었다.

쇼는 전자상거래 분야의 첫 주자가 될 수 있다는 가능성에 특히 관심이 많았다. 그는 직원들과 대화를 나누면서 고객이 인터넷을 통해 정원용 호스를 사서 집으로 배달시킨 뒤 다른 구매자를 위해 제품에 대한 피드백을 남기는 가상의 시나리오를 설명했다. 당시의 직원들은 이것이 훗날의 온라인 제품 사용 후기에 대한 아이디어가 즉흥적으로 도출된 순간이었다고 회상했다.

베이조스는 몇 달 동안 이 프로젝트를 조사했다. 인터넷 사용 증가에 대한 추정치는 충격적이었다.[3] 가능성을 조사하면 할수록 그의 기대감은 커졌다.

쇼의 온라인 상거래 진입 가능성을 조사하던 베이조스는 웹으로 전송되는 바이트byte 증가에 관한 엄청난 통계를 발견했다. 베이조스는 이후 사모펀드 회사의 경영진인 데이비드 루벤스타인David Rubenstein과의 인터뷰에서 이렇게 말했다.

"기준치가 낮다는 것을 고려하더라도 그렇게 빨리 성장한다면 분명 비범한 것이 됩니다. 그 통계를 보면서 저는 '인터넷을 기반으로 인터넷의 성장에 따라 진화하고 확장할 수 있는 비즈니스 아이디어를 만들어야겠다.'라고 생각했습니다."[4]

그리고 인터넷을 상업화하는 일을 직접 하기로 마음먹었다.

베이조스는 업체들이 어떤 제품을 재고로 비축했다가 고객들에게 배송하는지 파악하기 위해 수많은 우편 주문 카탈로그를 연구했다. 그 결과 그가 조사한 20개의 제품 중 책이 시작하기에 가장 좋아 보였다.

책은 그 종류가 너무 다양해서 카탈로그에 담기에는 무리가 있었고, 부피가 작아 배송 비용이 많이 들지 않았다.

베이조스와 맥켄지는 한번 해 보기로 결정했다. 우선 쇼에게 이 소식을 전했다.

"제프, 정말 좋은 생각이야. 하지만 아직 좋은 직장이 없는 사람에게 더 좋은 아이디어일 것 같은데."[5] 뉴욕 센트럴파크를 두 시간 동안 걸으면서 쇼가 베이조스에게 말했다.

쇼는 베이조스를 단념시키기 위해 애를 썼다. 디이 쇼가 경쟁업체로 그 분야에 진입할 수 있다는 이야기도 했다.[6] 그것은 원래 쇼의 아이디어였고, 베이조스의 조사도 쇼의 돈으로 한 것이었다.

"누군가는 중개자로서 이익을 얻을 수 있다는 생각은 언제나 존재했습니다. 문제는 누가 그 중개자가 될 것인가죠."[7]

쇼는《뉴욕 타임스》와의 인터뷰에서 이렇게 말했다. 그는 자신의 회사를 그 중개인으로 만들 작정이었다.

1994년 여름, 베이조스는 자신의 야망을 실현하기 위해 디이 쇼를 떠났다. 쇼는 베이조스가 회사를 떠나 아마존을 설립하도록 아량을 베풀었다. 베이조스와 디이 쇼에서 일했던 때 한 동료는 "당시에는 그의 아량이 얼마나 큰 것이었는지 아무도 몰랐습니다."라고 말했다. 각 분야에 대한 쇼의 직감은 현실이 되었다. 쇼로부터 시작된 다른 두 가지 아이디어도 성공으로 드러나, 디이 쇼는 이득을 보게 됐다. 아르다이가 맡았던 프로젝트는 이메일 서비스인 주노Juno가 되어 상장된 후 넷제로NetZero와 합병되었다. 또 시겔의 프로젝트였던 온라인 중개 기술 부문은 메릴 린치Merrill Lynch에 매각했다. 쇼는 영리했고 뛰어난 직관을 갖추고 있었다. 하지만 베이조스가 회사를 떠나도록 허락한 것이 미국 비즈니스의 길을 바꾸게 되리라고는 생각지 못했다.

이 신혼부부는 회사를 나온 뒤 맨해튼의 편안한 삶도 등졌다. 그들은 어퍼 웨스트 사이드의 아파트를 정리하고, 둘이 합쳐 100만 달러에 달하는 봉급(대부분이 제프의 봉급)을 버리고, 확실한 것과는 거리가 먼 아이디어에 모든 것을 걸었다. 사업 초기, 베이조스는 부모님이 평생 모은 자금 중 10만 달러(이후 24만 5,000달러로 늘어났다.)를 투자해 자체적으로 자금을 조달했다. 그는 부모님께 투자금을 잃을 확률이 70%라고 경고했다.[8] 위험이 몹시 컸고 성공할 것이라는 보장은 전혀 없었다.

그들은 텍사스로 날아가 낡은 쉐보레 블레이저를 사서, 구체적인 목적지도 없이 서쪽으로 운전했다. 맥켄지가 운전을 하는 동안 베이조스는 노트북에 30페이지 분량의 사업계획서 초안을 쓰고, 새 보금자리 후보를 오리건주 포틀랜드나 워싱턴주 시애틀로 좁혔다.[9]

베이조스는 처음부터 상황 판단이 빨랐다. 더구나 그에게는 월 스트리트식 사고방식이 있었다. 우선 자신의 스타트업에서 일할 직원을 구하기 쉬운 도시를 찾고, 잘 알고 있는 금융계 시스템을 활용하고자 했다. 치열한 헤지펀드의 세계에서는 항상 "차익거래전략*"라는 것을 추구한다. 베이조스도 다르지 않았다. 그의 새 회사는 오프라인 소매업체에 비해 이점이 상당히 많았다. 중요한 것 중 하나가 바로 세금이

---

* 서로 다른 시장의 가격 차이를 이용해 수익을 내는 거래.

었다. 워싱턴주는 인구가 많지 않았으며, 당시 세법에 따라 회사가 위치한 지역에 사는 고객만 판매세를 내고 나머지 지역의 고객은 면세로 책을 배송받을 수 있었다. 마이크로 소프트에서 근무하는 기술 전문가들 덕분에 인력을 구하기도 쉬웠고, 게다가 인근에는 대형 서적 유통업체가 있었다. 그들은 시애틀로 향했다.

당시 소매업과 메인 스트리트의 환경을 생각하면, 베이조스와 그의 스타트업은 승산이 없었다. 게다가 당시 인터넷은 오리건 트레일Oregon Trail**과 다름없었다. 개척자들이 오리건 트레일을 따라 길을 찾았듯, 이 개척자도 인터넷을 이해하고 사용하는 것은 물론 그것으로 수익을 창출할 수 있다고 믿고 그 방법을 찾아야 했다. 1994년 월드와이드웹에 로그인한 적이 있는 미국인은 전체의 3%에 불과했다.[10] 베이조스는 전체 사업의 근거를 사람들이 곧 떼 지어 올 것이라는 자신의 믿음에 두었다.

당시 대부분의 미국인은 컴퓨터를 갖고 있지 않았다. 컴퓨터를 갖고 있어도 사용을 위해 익혀야 할 정보와 기술이 많았다. 인터넷 연결은 전화 접속 모뎀을 통해야 했다. 또한 그들은 컴퓨터를 전혀 신뢰하지 않아, 쇼핑몰에서 쉽게 구할 수 있는 물건을 굳이 인터넷에서 사기 위해 이 알 수 없는 심연에 신용카드 번호를 입력할 생각이 없었다. 대부분의 평범한 미국인들은 이 새로운 기술의 호칭에서부터 혼란을 느꼈다. 신문에서는 "정보의 고속도로", "아이-웨이I-Way"를 운운하며 인

** 19세기 개척자들이 미국을 횡단해 서부로 이주하기 위해 택한 도전적이고 위험한 길.

터넷을 "글로벌 컴퓨터 네트워크"로 규정했다. 선택은 빠르게 늘어갔지만 미국인들은 여전히 가파른 학습 곡선과 씨름하고 있었다.

1996년 베이조스를 소개하는 《월스트리트 저널》의 기사에서는 전자상거래를 "현대의 가장 불확실한 사업 제안 중 하나가 인터넷 소매업"이라고 묘사했다.[11] 하지만 그런 것들은 베이조스를 위협하지 못했다. 그는 어린 시절부터 능숙한 발명가였으며 임시변통에 능했다. 그는 문제 해결 능력을 타고났으며, 미약한 시작에도 불구하고 마음먹은 것은 대부분 해냈다.

그는 뉴멕시코주 앨버커키에 살던 열일곱 살의 고등학생, 재클린 자이스Jacklyn Gise와 열아홉 살인 테드 요르겐센Ted Jorgensen 사이에서 태어났다. 생물학적인 아버지는 성장기에 그와 함께 하지 못했지만, 대신 외할아버지가 베이조스라는 사람의 인격 형성에 지울 수 없는 큰 영향을 주었다. 그의 어머니는 이후 허레이쇼 앨저Horatio Alger* 식 성공 스토리를 가진 쿠바 이민자와 결혼했고, 그는 제프를 아들로 입양해 자신의 이름을 물려주었다.

베이조스는 직접 부딪치면서 일을 배우는 스타일이었다. 그는 몬테소리 교육을 받았고 어릴 때부터 조숙했다. 베이조스는 청소년기에도 발명을 계속했다. 시멘트를 채운 타이어를 이용해 자동으로 문을 닫는 기구를 만들고 베이킹 팬을 이용한 장치로 동생들을 놀리기도 했다.[12] 이런 성향은 일찍부터 보였다. 심지어 유아기에 십자드라이버로 자신의 유아용 침대를 분해했다.[13] 이후 그의 어머니는 공개적인 자리에서

---

* 성공담 형식의 소설로 유명한 아동 문학가.

이 일로 그가 남다르다는 생각을 굳히게 되었다고 말하기도 했다.

그는 공부도 발명할 때처럼 집요하게 접근해 플로리다주의 마이애미 팔메토고등학교를 수석으로 졸업했다. 프린스턴대학교에서는 학교의 상급 코스를 최우등으로 졸업했다.

베이조스는 늘 투철한 자립정신을 갖고 있었으며 도전적인 문제 앞에서 물러서지 않고 해결 방안을 찾기 위해 노력했다. 1994년 소박한 목장식 집에 정착해 새로운 회사를 시작할 계획을 세우던 서른 살의 베이조스에게 가장 흥미롭고 큰 문제는 고객이 온라인 쇼핑을 하도록 만들 방법을 알아내는 것인 듯했다.

베이조스는 많은 테크 기업가가 택하는 전형적인 방식으로 사업을 시작했다. 차고에서 사업을 시작한 것이다. 시애틀에서 멀지 않은 벨뷰라는 도시에서였다. 그는 온라인 서점 사업을 위해 직원들을 고용했다.

처음에는 회사를 카다브라Cadabra라고 불렀다. 인터넷으로 주문한 책이 문 앞에 나타나게 하는 일을 신비롭게 표현하기 위해 마법 주문인 "아브라카다브라"를 줄인 말이었다. 하지만 "카다브라"가 시체라는 뜻의 "카데바cadaver"와 너무 비슷하게 들려, 1995년 초 아마존이라는 이름으로 회사를 다시 설립했다. 베이조스는 아마존이 세계에서 최고를 다투는 긴 강이며 광대한 이미지 전달한다는 데 끌렸다. 게다가 알파벳의 첫 글자로 시작하기 때문에 디렉토리에서 앞쪽을 보장받을 수 있었다.[14]

이 사업은 확실한 성공과는 거리가 멀었다. 베개와 이불을 제조하는 가업을 잇고 있던 시애틀 시민 닉 하나우어Nick Hanauer는 디이 쇼에서 일하던 베이조스를 만난 적이 있었다. 하나우어와 오랜 친구였던 디이 쇼 직원 앤 디닝Anne Dinning이 그와 사귀고 있었기 때문이다.(디닝은 이후 디이 쇼의 중역이 되었고 현재 월 스트리트에서 가장 높은 지위에 있는 여성 중 하나다.) 초기 인터넷 사업의 기회에 공감한 하나우어와 베이조스는 디닝과 베이조스가 헤어진 후에도 연락을 이어갔다. 하나우어는 "이유는 달랐지만, 그와 저는 매우 일찍부터 전자상거래에 관심을 가졌습니다."라고 회상했다.

하나우어는 아마존에 투자하겠다고 먼저 제안하며 4만 5,000달러를 건네 초기 투자자 중 한 명이 되었다. 하나우어는 "말 그대로 제가 가진 돈을 탈탈 털어 전부 투자했죠."라고 말했다. 아마존에 투자하려는 열정과 베이조스의 비전에 대한 이해는 절대 평범한 것이 아니었다. 베이조스가 자금을 조달하기 위해 만난 투자자들에게 가장 많이 받은 질문은 "인터넷이 뭔가요?"였다. 하나우어의 아버지와 형도 아마존 초기 투자를 거절했다.

"아버지는 '난 서점에 가는 게 너무 좋은데. 굳이 왜 온라인 서점에 가지? 서점이 얼마나 많은 즐거움을 주는데. 쇼핑이 이렇게 재밌는데 누가 온라인으로 쇼핑을 하겠니?'라고 말씀하셨죠."

하나우어의 회상이다.

시애틀에 기반을 둔 테크 기업의 경영자이자 벤처 캐피탈 업체 마드로나 벤처 그룹Madrona Venture Group을 공동 설립한 톰 알버그Tom Alberg는 베이조스가 초기 자금 조달 과정에서 만난 사람 중 하나다. 그는 베이조스와 베이조스의 사업 계획에 깊은 인상을 받았지만 투자 실행에 대해서는 생각할 시간이 필요했다. 1995년 8월, 그는 베이조스에게 그가 필요하다는 100만 달러의 자금 중 자신의 투자분을 제외한 자금을 모두 확보하면 투자하겠다고 말했다. 베이조스는 첫 100만 달러의 자금을 모으기까지는 60번의 미팅이 필요했고, 그 대부분의 결과는 투자 거절이었다. 엔젤 투자자들은 대개 5만 달러만을 투자했다.[15] (불과 몇 년 후, 베이조스가 한몫한 인터넷 열풍으로 기업가들은 전화 한 통만으로 1,000만 달러의 수표를 받게 되었다. 인터넷 기업가들은 무엇을 해야 할지 알지도 못할 정도로 많은 돈이 투자자들로부터 쏟아져 들어오는 경험을 했다.) 11월, 베이조스는 알버그에게 전화를 걸어 100만 달러를 확보했다고 전했고, 알버그는 5만 달러의 투자금을 내주었다.[16] 이후 알버그는 20년 동안 아마존 이사회에서 활동하며 이 CEO와 절친한 친구가 되었다.

시애틀의 로펌 퍼킨스 코이Perkins Coie LLP의 파트너 찰스 카츠Charles Katz는 베이조스가 차고에서 일하던 초창기에 그를 만났다. 그가 도착했을 때 베이조스는 나무 조각 네 개 위에 문을 얹어 만든 책상(사는 책상의 허접하고 값싼 대안이었다.) 앞에 앉아 있었다. 베이조스는 기업 변호사가 필요했고, 카츠와 자신의 사업 계획을 공유했다. 카츠는 이 젊은 기업가의 에너지와 근면한 천성에 깊은 인상을 받았다. 아이디어는 설득력이 없어 보였지만 베이조스는 자신이 있어 보였다. "제프가 저에게 '아시겠지만 책이 중요한 게 아니에요.'라고 말했던 게 기억납니다."라고 카츠는 회상했다. 베이조스는 카츠에게 책은 시작하기 가장 쉬운 분야일 뿐이라면서 "우리는 단연코 다른 분야로 확장해나갈 것"이라고 설명했다.

2장

이익보다 성장

매일 아침, 아마존의 직원들은 시애틀, 헤로인 바늘 교환소*와 같은 구역에 있는 얼룩진 카펫이 깔린 허름한 사무실로 출근했다. 당시의 직원들은 저녁 늦게까지 일하고 사무실을 나설 때면 경찰차 뒤에 엎드린 채 몸수색을 당하는 범죄자들을 마주치곤 했다고 한다. 사무실이 너무 비좁아 직원들이 점심을 데우고 차를 끓이는 탕비실조차 누군가가 업무 공간으로 사용할 정도였다. 청소도구함에서 일하는 사람도 있었고, 몇몇 직원은 복도에 책상을 두었다. 하지만 그들은 자신들이 세

---

* 정맥 주사 약물 사용자가 사용한 바늘을 깨끗한 바늘로 교환할 수 있는 시설. 마약 사용자에게 멸균 바늘을 제공하고 안전한 주사 관행을 장려함으로써 HIV/AIDS, 간염 등의 질병 확산을 줄이기 위해 만들어진 시설이다.

상을 바꾸고 있다고 믿었다. 일반의 틀에서 벗어난 이 초기 직원들은 이런 열악한 근무 환경이나 주 70시간의 근무 시간을 크게 개의치 않고 받아들였다.

아마존닷컴을 뒷받침하는 기술을 개발한 첫 직원인 쉘 카판Shel Kaphan은 애플과 IBM의 조인트 벤처, 칼레이다 랩Kaleida Labs에서 아마존으로 옮겨왔다. 그에게는 전형적인 이력서는 없었지만(그는 10년에 걸쳐 대학을 졸업했고 대학을 다니면서 엠아이티MIT 스핀오프**에서 근무했다.), 어느 면에서 보나 뛰어난 엔지니어였다. 카판은 아마존이 베이조스의 차고에서 운영되던 1994년, 워싱턴대학교에서 일했던 영국인 프로그래머 폴 데이비스Paul Davis와 함께 일을 시작했다.

초기 직원 중에는 시애틀 출신이 많았다. 그리고 1990년대 초 그 지역은 너바나, 펄 잼 같은 밴드를 탄생시켰을 정도로 그런지 스타일***이 유행했다. 플란넬, 찢어진 청바지, 보디 피어싱이 흔했다. 아마존의 초기 직원들은 보헤미안 감성을 갖고 있었다. 일부는 음악과 예술에 관심이 많은 타고난 히피였다. 학계에서 일했던 사람들도 많았다. 기후 변화를 연구한 배경을 갖고 있는 사람이 있는가 하면 문예 창작 석사 학위가 있는 사람도 있었다. 목수였다가 아마존의 창고를 관리하는 고위직에 채용된 이도 있었다. 많은 아마존 직원들이 늦게까지 일을 하지 않을 때는 알이엠R.E.M. 같은 밴드가 공연하는 시애틀의 유명한 록 나이트클럽 크로커다일을 찾았다.

** MIT에서 개발된 기술, 연구, 지적 재산을 기반으로 설립된 회사 또는 조직.
*** 1980년대 부유층과 일부 특권층이 즐기는 명품 패션에 대한 회의에서 출발했으나 차츰 편안함과 자유스러움을 추구하는 패션 스타일로 자리매김했다.

초기 많은 직원이 "독서의 민주화"라는 사명에 공감했다.

"저 같은 사람들은 '인터넷은 교육에 큰 도움이 될 거야. 전 세계 모든 사람이 모든 책을 접할 수 있게 하는 데 아주 큰 몫을 하겠지.'라고 생각했습니다. 아마존의 초기 직원 중에는 재정적인 동기에 이끌린 사람이 거의 없었습니다."

아마존 초기 직원이었던 조나단 코흐머의 회상이다. 하지만 그는 베이조스의 경우 "아마존이 엄청난 수익을 만들어낼 것이란 완벽한 확신을" 갖고 있었다고 인정했다.

1995년 7월 16일, 아마존닷컴의 서비스가 시작되었다. 웹사이트는 볼품이 없었다. 투박한 하이퍼링크와 이상한 글꼴이 많은 회색과 파란색 위주의 사이트였다. "100만 종의 책, 지속적인 저렴한 가격"이라고 장점을 내세우고 있었다.

처음의 전략은 세련되지 못했다. 아마존은 미국 최대 서적 유통업체인 잉그램Ingram과 베이커 앤 테일러Baker & Taylor, 두 곳이 가진 책들을 등록했다. 고객이 그 책 중 하나를 주문하면 아마존은 유통업체에 그 책을 주문한 뒤 자사 창고에서 다시 포장해 고객에게 배송했다. 신생 기업이 값비싼 재고를 많이 보유하지 않고도 사업 모델을 테스트해볼 수 있는 자산 경량화asset-light 전략이었다. 아마존이 계속 구입해 두는 것은 수요가 많은 베스트셀러뿐이었다. 일과가 끝나면 베이조스와 맥켄지를 비롯한 중역들은 창고에 들어가 직원들이 그날의 책을 정리하고 포장해 우체국으로 가져가는 일을 돕곤 했다.

아마존은 매장과 매장을 관리할 직원에 들어가는 간접비가 없으므로 오프라인 서점보다 책 가격을 더 낮게 책정할 수 있었다. 부동산 임대료와 수백 명의 급여를 지급할 필요가 없는 데에서 절감한 비용으로 고객에게 더 저렴한 가격에 책을 팔 수 있었다.

전자상거래에 대한 베이조스의 직감(당시에는 가능성이 희박해 보였지만)은 정확했던 것으로 밝혀졌다. 그것도 그의 야망을 훨씬 넘어서는 정도로 말이다. 영업을 개시한 첫 주에 아마존은 1만 2,438달러의 매출을 올렸다.[1] 1995년 말, 아마존 매출은 51만 1,000달러를 기록했다. 5년간 아마존 이사회 고문으로 일했던 하나우어는 "초기에는 상, 중, 하 세 가지 시나리오가 있었습니다. 우리는 시작한 지 몇 달 만에 가장 긍정적인 시나리오를 넘어섰습니다. 기획서와 자금 조달을 위한 서류에 적힌 야심에 찬 예측을 모두 뛰어넘는 성과였습니다."라고 회상했다.

초기 사업 계획에서 회사가 과소평가했던 부분은 회사로 걸려 오는 전화의 수였다. 당시 전자상거래는 초창기였고, 사람들은 컴퓨터에 신용카드 번호를 입력한 뒤 며칠 후면 물건이 문 앞에 도착할 것이라는 것을 신뢰하기 어려웠다. 아마존의 법인 설립을 돕고 처음 몇 년간 법률 자문을 했던 변호사 토드 타버트는 온라인 결제 단계에 이른 고객들은 고객 서비스 번호로 전화를 걸어 "신용카드 번호를 넣어야 하네요. 마음이 놓이지 않는데, 전화로 알려드리면 안 될까요?"라고 물었다고 회상한다. 신용카드 정보를 입력하는 방법을 안내받은 고객들은 다시 고객 서비스에 전화를 걸어 이번에는 회사가 제대로 주문을 받았는지 확인했다. 다음으로는 주문한 책이 언제 도착할지 묻는 고객들의 전화를 접수하고 처리해야 했다.

아마존의 초기 직원들은 연약한 갓난아기를 돌보듯 사업을 돌봤다.

하루 종일 일하고 나서도 밤에 사이트에 로그인해 제대로 작동하는지 확인하곤 했다. 문제가 포착되면 한밤중에 사무실로 가 문제를 해결하기도 했다. 한 전직 직원은 웹사이트 초기를 로켓에 손톱을 박고 간신히 매달려 있는 것과 같았다고 묘사했다.

　모두의 손을 모아야 하는 상황이었기 때문에 사업을 유지하기 위해서는 모두가 모든 일에 만능이 되어야 했다. 베이조스는 직원들 옆에서 일을 하며 일상적인 운영과 활동에 적극적으로 참여했다. 한동안은 협력적이고 우호적인 분위기가 유지되었다. 베이조스가 회사 야유회에서 덩크 탱크dunk tank*에 앉아 그를 물에 빠뜨리기 위해 직원들이 던지는 공을 맞고 있었을 정도였다. 하지만 베이조스는 자신의 생각을 증명하기 위해 고용한 직원들과는 다른 장기적인 목표를 가지고 있었고, 협력적인 분위기도 곧 사라졌다. 어느 날 오후 아마존 사무실에서 카판을 비롯한 몇몇 직원이 베이조스와 이야기를 나누고 있었다. 베이조스가 "자네들의 문제는 킬러 본능이 없다는 거야."라고 조롱조로 말했다. 전 월 스트리트 중역의 야망과 초창기 직원들의 이상주의적 사고방식과의 뚜렷한 단절이 어렴풋이 드러난 순간이었다.(아마존은 베이조스가 이렇게 이야기했다는 데 이의를 제기했다.)

　회사의 도메인 이름을 찾던 베이조스는 아마존으로 결정하기 전 리렌트레스닷컴(Relentless.com, 아마존이 여전히 소유하고 있는 웹사이트로 이 웹사이트에 접속하면 아마존닷컴으로 리디렉션된다.)을 등록했다. 저널리스트 브래드 스톤에 따르면, 친구들이 '리렌트레스rlentless(가차 없

---

* 위쪽에 좌석이 있는 대형 물탱크. 공을 던져 좌석에 앉은 사람을 맞춰 아래 물탱크에 빠트리는 게임이다.

는)'에 악의적인 뜻이 담겨 있다고 지적했다고 한다.[2] 그는 리렌트레스라는 이름을 버렸지만, 어떤 대가를 치르더라도 승리하겠다는 투지는 그의 제2의 천성이었고 이는 초반부터 분명하게 드러났다.

아마존의 두 번째 직원으로 독서의 민주화라는 사명을 업무의 기반으로 삼은 직원이기도 했던 데이비스는 "분명 우리에겐 킬러 정신이 없었습니다."라고 말했다. 데이비스는 차고에서 일하던 시절 아마존에 합류해 카판과 함께 아마존 웹사이트를 프로그래밍했다. 그는 자신과 카판 모두 회사와 회사가 고객에게 서비스를 제공하는 목적에 대해 다소 이상주의적이었다고 말했다. 사이트가 론칭된 후 초창기에는 전국의 고객들이 보낸 감사 이메일을 넘쳐났다. 메일에는 "서점에 가려면 왕복 200마일(약 322㎞)을 운전해야 하는데, 이런 사업을 해주시니 너무 좋습니다."라고 적혀 있었다. 데이비스는 그런 메일을 읽는 것을 좋아했다.

출시 전에는 그들이 만든 것이 성공하리라는 보장이 전혀 없었다. 하지만 아마존은 론칭 후 빠르게 성공 가도에 들어섰고, 이는 아마존의 일부 초기 직원들에게 실존적 의문을 주었다. 한 달이 지나자 모든 주에서 주문이 들어왔다.[3] 데이비스는 베이조스를 불렀다. 데이비스는 책을 무척 좋아했고 1973년부터 시애틀의 명물이었던 엘리엇 베이Elliott Bay라는 독립 서점을 자주 찾았었다. 데이비스는 베이조스에게 이렇게 물었다. "우리가 하는 일이 엘리엇 베이를 문 닫게 만들면 어쩌죠?" 베이조스는 "난 엘리엇 베이를 정말 좋아해. 우리는 절대 엘리엇 베이 같은 곳이 문을 닫게 만들지 못해."라고 답했다. 데이비스는 이후 베이조스의 그 말이 진심이었는지 판단하기는 어렵지만, 본인은 진심으로 받아들였다고 회상했다. 데이비스는 "회사의 성공이 베이조스에게 얼마간은 충격이었던 것 같습니다."라고 말했다.(시애틀에서 이 서점이 얼마나 사랑받는지를 보여주는 증거로, 엘리엇 베이는 아직 건재하다.)

사실 론칭 전 베이조스는 손님이 있을 지에 대해 회의적이었다. 그는 "시작할 때는 기대치가 매우 낮았습니다. 우린 소비자들이 온라인 구매를 선택하는 습관을 들이기까지 아주 긴 시간이 걸릴 것이라고 생각했어요."라고 말했다.[4] 당시 대부분의 미국인은 쇼핑몰을 모든 것을 한 번에 구매할 수 있는 곳으로 생각했다. 베이조스가 장기적으로 달성하고자 했던 것(소파에서 일어서지 않고도 무엇이든 살 수 있는 능력)에 가장 가까운 비교 대상은 시어스 카탈로그나 홈쇼핑 방송이었다. 1995년에 론칭한 이베이eBay도 있었지만, 이베이 사업은 개인들 사이의 매매로 전자상거래라기보다는 온라인 벼룩시장에 가까웠다.

데이비스는 결국 1996년에 회사를 떠났다.

"제가 그곳을 떠난 큰 이유 중 하나는 1년을 일한 후, 제프가 구축하고자 하는 기업 문화가 어떤 것인지 감지할 수 있었기 때문입니다. 우리가 성공할 수 있는 유일한 방법은 믿을 수 없을 정도의 영리함과 무자비함의 조합이었습니다."(아마존은 자사의 문화가 무자비하다는 데 이의를 제기했다.)

같은 해 스콧 립스키Scott Lipsky가 비즈니스 확장 담당 부사장으로 아마존에 합류했다. 그는 베이조스와 많은 시간을 보냈고, 둘은 종종 점심을 함께 먹으며 일과 개인 생활에 관해 이야기 나눴다. 립스키는 자신을 공감 능력이 뛰어난 사람이라고 평가한다. 다른 사람의 감정을 읽을 수 있다고 말이다. 그는 베이조스가 자신의 이런 능력에 마음을 빼앗겼다고 회상했다.

"제프는 자신에게 공감 능력이 없다는 것을 알고 있었습니다. 그는 비전에 집중하는 추진력이 강한 CEO였습니다. 저는 그가 다른 사람들을 깊이 이해해야 한다는 데 집착을 가지고 있다는 느낌을 계속해서 받았습니다."

하나우어는 베이조스가 공감 능력이 부족하다는 징후를 직접 목격하기도 했다. 스타트업 내부는 부산하게 돌아가고 있었다. 본사를 둘러보면 직원들의 책상 밑에 처박혀 있는 침낭을 흔히 발견할 수 있었다. 코치머는 한 달 내내 사무실을 떠나지 않았던 시간을 회상했다. 그는 책상 밑에서 잠을 잤다. 아마존의 초기 대변인이었던 케이 단가드 Kay Dangaard는 건물에 활기가 넘쳤고 프로그래머들은 종종 밤을 새웠다고 말했다. "냄새가 끔찍했죠." 그녀의 말이다.

회사 초기, 사외에서 열린 회의에서 엔지니어들은 업무를 소화하기 위해 새벽까지 쉬지 않고 일하고 종종 책상 밑에서 잠을 잤다고 한다. 하나우어가 기억하는 것처럼, 그들은 야근 때, 사무실로 배달시킨 피자 비용을 회사가 지급하지 않는다고 불평했다. 베이조스는 이런 불평을 듣고도 그 요청을 거절했다. 베이조스는 고객에게 이익이 되는 것들에 돈을 쓰는 것만 동의하는 극도의 검약 문화를 도입했다. 이것은 돈 한 푼에 벌벌 떠는 종류의 구두쇠 짓과는 다른 느낌이었다. 이에 대해 하나우어는 이렇게 말했다. "'배고프면 네 돈으로 사 먹으면 되지 않느냐'라는 식이었죠." 이는 베이조스가 그들의 상황을 전혀 공감하지 못했다는 것을 보여주었다. "어처구니가 없었습니다. 저뿐 아니라 모두가 그런 느낌을 받았죠."

이런 식의 공감 결여는 오랫동안 지속되었고, 회의에 참석한 직원들의 복장, 즉 그가 생각하기에 준비가 되지 않았거나 직무에 적합하지 않다고 판단되는 옷차림에 대한 태도에서 명백하게 드러났다.

"아마존의 첫 번째 사이클 동안 베이조스는 그런 행동이 사람들을 질책하는 것이라고 생각하지 않았습니다. 더 심각한 문제는 베이조스의 지적은 받아들이는 사람에게 '사람들 앞에서 나를 멍청이로 본다는 것을 노골적으로 드러냈다'라고 생각하게 만들었다는 점입니다."

아마존 고위 관계자의 말이다. 하지만 베이조스에게는 모든 것이 일일 뿐이었다.

"제프는 자신이 누구에게든 고의로 못되게 굴었다고 생각한 적은 한 번도 없었을 겁니다." 그는 이렇게 덧붙였다. "어리석음에 대한 관용이 전혀 없는 사람이었죠."

베이조스의 야망은 곧 명백하게 드러나게 된다. 1996년, 아마존의 매출은 폭발적으로 증가했다. 그해를 시작할 때 아마존의 직원은 십여 명이었지만 연말에는 주문을 처리하기 위해 직원을 150명으로 늘렸다.[5]

아마존의 매출이 로켓처럼 날아오르자, 베이조스는 아마존을 상장할 생각에 들떴다. 기업공개에서 자금이 조달되면 확장 계획에 현금이 유입되고, 회사 웹사이트에 대한 인지도를 높이는 동시에 도서 판매업체들 가운데에서 선두 자리를 지키는 데에도 도움이 될 것이었다. 반즈 앤 노블Barnes & Noble은 온라인 서적 판매를 위한 웹사이트를 준비 중이었고, 월 스트리트는 보더스와 같은 다른 도서 판매 업체들이 선례를 따르지 못할 이유가 없다고 생각했다.

IPO는 책 이외의 다른 범주에서도 비슷한 와해적 혁신을 추구할 자금을 제공할 것이다. 아마존은 투자 은행 도이치 모건 그렌펠Deutsche Morgan Grenfell과 로펌 퍼킨스 코이, 윌슨 손시니 굿리치 앤 로사티Wilson Sonsini Goodrich & Rosati 등을 고용해 IPO 작업을 진행했다. 이들은 실리콘 밸리에 비밀리에 모여 밤을 새워가며 아마존의 IPO 투자 설명서의 초안을 잡았다. 퍼킨스 코이의 아마존 IPO 담당 수석 변호사였던 찰스 카츠는 "밤낮 없이 일을 했다"고 회상한다. 베이조스는 투자 설명서의 모든 세부 사항을 일일이 챙겨가며 일 전체를 세세히 관리했다.

처음에 아마존은 기업공개를 통해 아마존 주식 250만 주를 주당 13달러에 판매해 약 3,700만 달러의 자금을 조달하기를 원했다. 이런 그림이라면 회사의 시가 총액은 3억 달러를 기록하게 된다. 당시《와이어드Wired》의 기사는 이 기업 가치 액수를 보고 "지난해 약 600만 달러의 손실을 낸 회사로서는 상당히 큰 금액이다. 게다가 아마존닷컴의 투자 설명서는 손실이 더 커질 수 있다고 말하고 있다."라고 논평했다.[6]

수익이 없는 것이 당시 기업을 공개하는 기업으로서 새로운 일은 아니었다. 2년 전 소프트웨어 제조업체 넷스케이프Netscape의 기업공개는 월 스트리트를 광란으로 몰아간 사건 중 하나였다. 수익이 없던 이 회사의 주식은 시장에 데뷔하자마자 150% 이상 급등했고, 투자자들은 이 인터넷 열풍의 한 조각을 차지하기 위해 몰려들었다. 상장하는 대다수의 기업들은 탄탄한 수익을 내고 있었다.

IPO 과정의 일환으로 경영진은 잠재 투자자들을 만나 회사에 대해 설명하고 회사의 비즈니스 모델을 설명했다. 베이조스와 당시 CFO였던 조이 코비Joy Covey는 투자자 로드쇼*에서 잠재 주주들을 만났다. 베이조스는 낙관적이었다. 자신의 비즈니스 모델을 증명했고 완전히 새로운 산업을 만들어내는 것에서 상당한 진전을 이루고 있었기 때문이다. 하지만 투자자들은 회의적이었다.

이어진 비공개 회의에서 잠재 투자자들은 두 경영진을 잇달아 공격했다. 아마존은 적자를 내고 있었고, 표준적인 방식으로는 이전 해에 거의 600만 달러의 손실을 본데다 눈에 보이는 수익이 전혀 없는 회사에 가치를 부여할 수가 없었다. 더구나 아마존은 상장을 준비하는 거의 최초의 전자상거래 업체였기 때문에 비교 대상이 많지 않았다. 신중한 입장을 취하는 투자자들은 자체 웹사이트를 론칭시킬 수 있는 대규모 소매 업체들과의 경쟁 가능성을 들면서 베이조스에게 사업 계획에 더 상세히 공개하라고 압력을 가했다.[7]

그해의 다른 기업공개는 매우 다양한 양상을 보였다. 반도체 업체 램버스Rambus는 아마존보다 하루 앞서 상장했고, 상당 당일 주가는 거의 두 배로 뛰었다. 램버스는 상장을 불과 2분기 앞두고 수익으로 전환한 바 있었다. 시대의 흐름에 따라, 그해 최대 기업공개 중 하나는 전통적인 의류 기업이었다.[8] 랄프 로렌Ralph Lauren은 IPO 이전 한 해 동안 1억 1,730만 달러의 수익을 냈고, 7억 6,700만 달러라는 막대한 자금을 조달했다.

카츠는 아마존 내부의 생각이 "손해를 보는 것은 문제가 아니다. 시

---

* 회사 경영진이 기업공개 전에 잠재 투자자와 진행하는 일련의 회의.

장을 점유하는 것이 먼저다. 아마존은 곧 반즈 앤 노블의 도전에 직면하게 된다."였다고 회상한다.

아마존은 수익 부족을 매출 성장으로 만회했다. 윌슨 손시니의 아마존 담당 변호사였던 마크 버텔슨Mark Bertelsen은 그 기준에서 본다면 아마존의 수치는 눈이 튀어나올 정도였다고 말한다. 아마존의 IPO 투자 설명서에는 이 회사의 매출이 최근 4분기 동안 분기별로 두 배씩 증가했다고 적혀 있었다.

투자자 로드쇼에도 베이조스는 겁을 먹지 않았다. 상장 하루 전, 아마존의 상장 주관사들은 투자자들과 가격 책정 회의를 가졌다. 이 중요한 온도 확인은 모든 기업이 상장 전 거치는 과정으로 섬세한 춤과 같다. 은행가들은 회사 주식에 대한 투자자들의 수요를 타진하고, 골디락스 이야기처럼 너무 높지도 낮지도 않게, 적정한 주식 가격을 책정하려고 노력한다. 주식 가격을 지나치게 높게 책정하면 회사가 책정된 가격 이하로 거래되면서 월 스트리트에서의 평판을 손상시켜 잠재 투자자들의 신뢰를 잃는 결과를 낳을 수 있다. 또 가격이 낮게 책정되면 회사가 조달할 수 있는 자금이 줄어들면서 자본 획득의 기회를 잃게 된다. 가격 책정은 과학이자 예술이며, 월 스트리트의 유명 은행가들은 가능한 최고 가격에 근접하는 가격 책정에 자부심을 느낀다.

수익성이 의심스러웠음에도 불구하고 로드쇼의 투자자들은 결국 베이조스의 비전을 믿어 주었다. 이 기업공개를 맡은 주관사들은 투자자 측의 높은 수요를 확인했으며, 아마존 주식에 대한 예비 주문은 회사가 판매하려는 주식의 수를 넘어섰다.

대표 주관사인 도이치 모건 그렌펠팀을 이끌었던 프랭크 쿼트론

Frank Quattrone은 월 스트리트의 전설이다. 콧수염을 기른 이 협상가는 얻어낼 수 있는 돈은 한 푼도 놓치지 않고 고객에게 가져다준다는 평판을 갖고 있었다. 콰트론은 베이조스에게 아마존의 주가를 아마존이 확인한 가격대의 최상단인 16달러로 책정해야 한다고 말했다.[9]

아마존의 이사를 역임한 존 도어John Doerr는 CNBC에 베이조스가 그 이상을 원했다고 전했다. 베이조스는 IPO에서 가능한 모든 가치를 끌어내려 했다. 그는 콰트론에게 왜 17달러는 안 되냐고 물었다. 거기에서 더 나아가 주당 18달러로 시도한다면 실패하겠느냐고 물었다. 실패할 것이라고 확정적으로 말할 수는 없었던 콰트론은 주관사들이 투자자들로부터 얻은 수요 정보를 기반으로 하는 섬세한 가격 책정 과정을 설명하려고 애를 썼다. 그러나 결국은 베이조스가 승리했다. 아마존은 주가를 18달러로 책정했다.[10]

변호사들이 아래층으로 내려와 알려준 가격을 들은 단가드는 잠시 사무실에 혼자 앉아 있었다. 곧 시초가가 공개되자 사무실에서 고함이 터져 나왔다. 그녀는 이렇게 회상했다.

"문이 열리고 모두들 '18달러, 18달러'를 외치며 뛰어다녔습니다."

1997년 5월 15일, 아마존은 주당 18달러에 상장되었다. 직원들은 스크린에 시선을 고정하고 아마존의 주가가 오르는 것을 지켜봤다. 회사 가치가 몇백만 달러가 되었다며 흥분에 들뜬 사람들도 있었다.

회사는 5,400만 달러를 조달했다. 상장 당일 종가는 23.50달러까지 올라 아마존의 기업 가치는 5억 6,000만 달러를 넘어섰고, 이로써 베이조스(가족이 아마존 지분의 50% 이상을 소유하고 있었다.)는 서류상 억만장자로 등극했다.

베이조스가 투자자들과의 회의를 앞두고 있을 때면, 단가드는 베이조스를 따로 불러 청하지 않은 조언을 건넸다. "재산이 계속 늘어갈 당신에게 꼭 하고 싶은 말이 있다면 겸손하라는 것입니다."

투자자와 만나기 위해 회의실에 들어섰을 때 베이조스의 노트에는 대문자로 이 단어가 적혀 있었다.

"HUMBLE. HUMBLE. HUMBLE.(겸손하라. 겸손하라. 겸손하라.)"

베이조스와 그의 회사는 웹사이트를 론칭하고 단 2년 만에, 단 한 푼의 수익도 없는 상태로, 기업공개에서 큰 성공을 거뒀다.

성공을 맛본 베이조스는 그것을 지키기 위해 전력투구했다. 아마존의 상장은 세계의 눈길을 끌었지만, 그로 인해 비판과 경쟁의 대상이 되기도 했다.

아마존의 IPO 며칠 전, 반즈 앤 노블은 웹사이트를 론칭했다. 베이조스와 반즈 앤 노블의 CEO 레너드 리지오Leonard Riggio는 라이벌 관계에 가까웠다. 베이조스는 반즈 앤 노블이 새로운 전자상거래 사이트를 만들 것이란 낌새를 채고 이들보다 앞서기 위해 노력했다. 반즈 앤 노블의 대대적으로 사이트를 공개하기 몇 달 전, 아마존은 베스트셀러의 40% 할인 판매를 시작하고 책의 종류를 250만 권으로 두 배 늘린다는 발표를 했다. 베이조스는 성명을 통해 "선택지의 수와 가격이 중요합니다. 우리는 그 하나는 두 배 늘리고 다른 하나는 대폭 낮췄습니다." 라고 말했다.[11]

실제로 아마존 직원들이 반즈 앤 노블의 온라인 진출에 대해 너무 걱정해서, 베이조스가 직원들을 모두 모아 놓고 달랬을 정도였다. 악셀 스프링거Axel Springer는 몇 년 후의 한 인터뷰에서 "드디어 엄청난 경쟁자가 나타났다는 생각에 모두가 정말 겁을 먹었습니다. 말 그대로 모든 직원의 부모님이 전화를 걸어 '괜찮니?'라고 물었죠."라고 말했다.[12]

상장 기업이 된 첫 해 말, 아마존의 시장 가치는 13억 달러로 치솟았다. 매출은 거의 1억 4,800만 달러에 달했고, 고객은 18만 명에서 150만 명 이상으로 늘어났다. 한편 회사의 손실액은 2,760만 달러였다.

아마존 직원들은 이런 손실이 계획에 의한 것이었다고 말한다. 데이비스는 "그는 당분간 회사가 흑자를 내서는 안 된다는 점에 있어서는 대단히 공격적이었습니다. 그는 지속적인 확장과 재투자만이 성공으로 가는 유일한 길이라고 생각했습니다."라고 말했다.(아마존은 베이조스가 "공격적"이었다는 것을 부인했다.) 1999년에 아마존에 합류한 에리히 링게발트Erich Ringewald는 베이조스가 서적과 같은 기존 사업에서 발생하는 잉여 현금 흐름을 회사에 재투자해야 한다는 데 대해서 대단히 확고한 입장이었다고 말했다.

"그는 이익을 보여주는 것을 원치 않았습니다. 그는 잘해야 본전치기할 수 있는 정도로만 회사를 경영했습니다."

당시 베이조스를 알고 있던 사람들은 앞서 나가고 최초 진입자로서의 우위를 잃지 않으려는 그의 노력에서 베이조스가 가진 마키아벨리적인 성향이 종종 드러났다고 말했다.

아마존은 단기간에 도서 판매 업계에 와해적인 변화를 불러왔고, 베이조스와 그의 팀은 기존 업체들이 이 신생 업체를 얼마나 두려워하는지 알고 있었다. 하지만 베이조스가 카츠에게 말했듯이, 여기에서 중요한 것은 책이 아니었다. 이런 역학을 소매업 전반에서 대대적으로 복제할 수 있다면?

아마존은 고객 1,000명을 선정해 간단한 질문을 담은 이메일을 보냈다. 책 이외에 아마존에서 판매했으면 하는 다른 제품이 무엇인지 묻는 질문이었다. 열렬한 반응이 나왔다. 이는 사람들이 그 순간에 필요로 하는 모든 것을 이 웹사이트를 통해 구입할 의향이 있음을 보여주었다. 베이조스에게 강한 인상을 남긴 것은 아마존에서 자동차 와이퍼 날을 판매해 달라는 요청이었다.[13]

당시 아마존의 전략 분석가로 회의에 참석했던 유진 웨이Eugene Wei는 1998년 시애틀의 한 호텔 회의실에서 열린 사외 경영진 회의에서 경영진이 미래 범주들로의 체계적인 진출 계획을 세웠다고 회상한다.

각 부사장은 특정 업종에 대해 제품의 경쟁 분석, 마진, 전체 시장 규모, 아마존이 시장을 얼마나 점유할 수 있을지 등을 조사해 발표했다. 한 사람은 음악과 콤팩트디스크를 내세웠다. 다른 한 명은 VHS 테이프와 DVD를 추천했다. 그들은 컴퓨터 소프트웨어와 잡지 구독 판매에 진출하는 것에 대해서 논의했고 심지어는 미국 밖으로 나가 해외 소비자에게 접근하는 방안까지 검토했다. 그해 말, 아마존은 음악과 영화로 서비스를 확장하기 시작했다. 도서에서 잉그램과 베이커 앤 테일러에 의존했던 것처럼, 새로운 제품에 접근하기 위해 밸리 미디어Valley Media라는 유통업체와 손을 잡았다.

아마존의 초기 직원들은 새로운 카테고리 각각에 대한 체계적인 공세에 깊은 인상을 받았다. 베이조스가 손대는 모든 것이 황금으로 변하는 것 같았다. 그는 온라인 서점을 만들어 독립 서점들은 물론 단단히 자리를 잡고 있는 반즈 앤 노블과 같은 도서 판매 업체에 맞섰고 성공을 거뒀다. 이후 1998년 6월에는 음반을 판매하며 음반 판매장을 추격했다. 이 역시 성공이었다.

한편 엔지니어링팀은 아마존의 도서 수요를 충족시키느라 극도로 어려운 상태였다. 1997년부터 아마존에서 소프트웨어 엔지니어로 일한 그렉 린덴Greg Linden은 "현상 유지도 간신히 할 수 있을 정도였습니다."라고 회상한다.

"고객이 너무 많고, 주문도 너무 많았습니다. 그 와중에 제프는 음악에, 영화에, 그 뭐더라 철물까지 판매하겠다는 겁니다. 농담이겠지? 또 뭘 하자고? 그걸 일본어와 독일어로 해야 한다고? 고양이 손도 빌려야 할 지경이었습니다. 갑자기 책 이외의 다른 물건을 파는 코드가 필요해졌죠. 갑자기 영어 이외의 언어를 처리하는 코드도 필요해졌습니다."

새로운 범주로 확장하는 동안에도 베이조스는 서적 부문에서 선두를 유지하기 위해 노력했다. 1998년 11월, 반즈 앤 노블은 서적 유통 업체 잉그램 인수를 발표했다. 이 인수로 반즈 앤 노블은 책이 가득한 유통 센터에 쉽게 접근해 아직 미숙한 단계에 있던 전자상거래 사업을 활성화할 수 있을 터였다. 더구나 잉그램은 1998년 아마존의 단일 최대 공급업체로, 아마존 재고의 약 40%를 공급하고 있었다.[14]

아마존은 이 인수 계획에 대한 성명을 발표했다. "이 거래는 업계 전반의 우려를 불러일으킬 것이 분명하다."는 이 성명은 반독점 규제 기관의 관심을 끌기 위해서였다. 그러나 마지막 줄은 사람들의 눈썹을 찌푸리게 했다. 베이조스가 쓴 마지막 문장은 "걱정할 필요는 없습니다… 골리앗은 항상 좋은 새총의 사정거리 안에 있습니다."였다. 베이조스는 아마존을 골리앗에 맞서는 다윗으로 묘사하며 아마존이 반즈 앤 노블에 도전할 것이라고 위협하고 있었다. 기업 성명으로는 매우 이례적이고 파격적인 이 글 곳곳에는 베이조스 특유의 마이크로매니징 스타일micromanagerial style* 이 묻어났다. 언론의 주목을 받을 수 있는 간결하고 함축적인 인용문도 간간이 끼어 있어 언론의 관심을 끌 가능성이 높은 보도 자료였다.

현실과 동떨어진 성명이기도 했다. 아마존은 웹사이트를 론칭하고 단 몇 년 만에 시가 총액을 기반으로 도서 판매 업계의 골리앗이 되어 있었다. 1998년 매출은 아직 반즈 앤 노블보다 작았지만, 그 격차를 좁히고 있었다. 이전 해부터 아마존의 매출은 4배 증가해 6억 1,000만 달러를 기록했고 같은 기간 반즈 앤 노블의 매출은 30억 달러였다. 전례가 없는 성장 속도였다. 따라서 매출은 여전히 반즈 앤 노블보다 작았지만, 월 스트리트는 이런 급속한 성장을 기반으로 이 회사의 가치를 평가하고 있었다. 실제로 반즈 앤 노블은 이 성명에 대한 대응으로 다음과 같은 지적을 했다.

"베이조스 씨, 골리앗을 보면 알아보실 수는 있으신 거죠? 시가총액이 60억 달러에 달하고 400만 명이 넘는 고객을 거느린 존재는 무엇일까요? 당신 회사는 반즈 앤 노블, 보더스, 그리고 모든 독립 서점을 합친 것보다 높은 가치를 가지고 있습니다. 새총이나 생각 없는 비

---

* 소소한 것까지 일일이 통제하는 관리 스타일.

판은 넣어두시죠."[15]

　이후 연방거래위원회는 반즈 앤 노블에 잉그램 인수 거래의 중단을 권고했다. 반즈 앤 노블은 거래에서 손을 뗐고, 온라인에서 아마존을 따라잡을 수 있는 능력은 약화되었다.(이 일로 연방거래회원회는 아마존에게 어느 정도의 안도감을 선사했다. 아마도 아마존을 다윗이라는 약자로 인식했던 것 같다. 하지만 아마존은 반박할 수 없는 골리앗이 되어 있었다. 서적에만 한정된 이야기도 아니었다. 수십 년 후, 연방거래위원회는 비교할 수 없는 규모의 골리앗인 아마존을 다루어야 하는 훨씬 더 큰 위협에 직면한다.)

　1998년, 아마존은 시가총액을 기준으로 도서 판매 업계의 모든 경쟁 업체를 합친 것보다 더 큰 기업이 되었다. 베이조스는 천문학적인 규모의 부를 얻었다. 재산은 16억 달러로 평가되었고 《포브스Forbes》의 미국에서 가장 부유한 사람들 명단에 올랐다.[16] 하지만 아마존은 여전히 적자를 보고 있었다.(1998년의 손실은 1억 2,400만 달러.) 수익은 눈에 보이지 않았다. 매출이 늘어남에 따라 아마존은 계속해서 성장 자금을 조달하는 데 집중했다. 지속적으로 인력을 늘리고 더 많은 창고를 지어 제품군을 확장하는 데 투자를 해나갔다. 고객을 끌어들이기 위해 제품 가격을 낮췄으며 이는 아마존의 이윤 폭이 대단히 낮았다는 것을 의미한다. 이 모든 일에는 대가가 따랐다. 그것은 아마존의 수익성을 계속 낮추는 도박이었다. 그런데도 그 도박은 성공했다. 월 스트리트는 신경을 쓰지 않는 듯했기 때문이다. 주가는 상승세를 이어갔다.

　베이조스와 CFO 코비는 주주들이 소매업체의 가치를 판단하는 방식을 완전히 뒤바꿔 그들이 수익과 같은 일반적인 지표를 유예하도록 만들었다. 그 영향은 이후 수십 년 동안 월 스트리트와 메인 스트리트에 반향을 불러일으켰다.

베이조스는 주주들에게 보낸 첫 연례 서한에서 분기별 수익을 기대해서는 안 되며, 수익을 기대하는 사람이라면 그들이 투자하기에 적합한 회사가 아닐 수도 있다고 인정했다. 이 CEO는 월 스트리트를 염두에 둔 단기적 경영을 할 마음이 없었다. 그는 이렇게 적었다.

"우리는 성공의 핵심 척도는 장기적으로 우리가 창출하는 주주 가치라고 믿습니다. 이 가치는 시장을 선도하는 기존의 입지를 확장하고 공고히 하는 우리 능력의 직접적인 결과일 것입니다."

이후 그는 글머리 기호를 붙인 목록으로 경영에 대한 자신의 접근법을 이야기했다.

"투자 결정은 단기 수익에 대한 고려나 단기적인 월 스트리트의 반응보다는 장기적인 시장 선도의 측면에서 내려질 것입니다."[17]

투자자들은 이런 주장에 마음을 빼앗겼다. 2000년대 초반 테크 거품이 터지면서 수많은 닷컴 기업이 쓰러졌고 아마존을 포함한 테크 기업의 주식 시장 가치가 크게 훼손되기는 했지만(아마존의 주가는 90% 이상 하락했다.[18]), 그런데도 투자자들은 그들에게 놀라운 인내심을 보여주었다. 그들은 아마존이 성장을 추구하는 과정에서 손실을 보는 것을 허용했다.

하지만 투자자들은 아마존 경쟁업체의 손실에 대해서는 그런 관대함을 보여주지 않았다.

아마존이 고객에게 배송할 더 많은 제품을 보유하기 위해 창고를 확장해 나감에 따라 기자와 분석가들은 이 회사가 와해적 혁신을 일으킬 다음 업계가 어디인지 먼저 알아내기 위해 다투었다. CFO 코비는 1999년 3월 샌프란시스코에서 애널리스트들과 가진 회의에서 아마존이 판매하지 않을 품목이 있느냐는 질문을 받았다. 기술 저널리스트 카라 스위셔_{Kara Swisher}의 보도에 따르면 그녀는 "시멘트입니다. 배송 비용이 너무 많이 들거든요."라고 답했다고 한다.[19]

불과 몇 달 후, 아마존은 판매 제품의 범주를 장난감과 전자제품 등으로 늘렸고, 아마존 사무실은 흥분으로 들떠 있었다. 아마존의 확장은 들어본 적이 없는, 위험할 정도로 빠른 속도였다. 첫 홍보 담당자였던 폴 카펠리_{Paul Capelli}는 "맨땅에서부터 장난감 가게를 시작하자면 3년이 걸립니다. 하지만 우리는 4~6개월마다 새로운 사업을 시작했죠."라고 회상한다.

같은 패턴이 몇 번이고 반복됐다. 카펠리는 확장하는 사업 영역을 발표하는 보도 자료를 작성하곤 했다. 그는 보도 자료의 초안을 미리 나스닥에 보냈다. 뉴스 제공 서비스에 보도 자료가 배포되면 필연적으로 거래가 급증하기 때문이었다. 카펠리는 "보도 자료를 낼 때마다 주가가 수백 포인트씩 뛰리라는 것을 예상하고 있었죠."라고 말했다.

1999년 7월 13일, 카펠리가 아마존이 장난감과 전자제품 판매 분야로 사업을 확장한다는 보도 자료를 보낸 후 전화벨이 쉴 새 없이 울리기 시작했다. 월 스트리트는 아마존의 이 "무한 반복" 확장 접근법을 좋아했다. 새로운 범주로 확장할 때마다 아마존은 수익보다는 성장을 선택했다. 이런 성장은 종종 경쟁업체의 희생 위에서 이루어졌다. 제로섬 게임으로 보였다. 아마존이 진입한 새로운 범주에 판매하는 모든 품목은 그 품목을 판매하는 오프라인 매장의 손실을 의미했다.

"사실 우리는 오프라인 소매점과 경쟁하고 있던 것입니다."

카펠리의 말이다.

"당시에는 시장에 우리 같은 업체가 전혀 없었죠."

이런 모든 범주에 대한 와해는 아마존에게 더 야심 찬 비전을 보여주었다.

"당시 우리는 어떻게 월마트를 정복할 것인가에 대해 이야기했습니다."

일부 초기 직원들은 투자계가 이런 자유재량을 허락하지 않았다면 아마존이 지금과 같은 거대 기업이 되기 힘들었을 것이라고 생각한다. 카펠리는 이렇게 말한다.

"돌이켜보면 가장 인상 깊은 점은 월 스트리트를 다루고 모든 돈이 회사에 다시 투자되어야 한다는 보다 장기적인 비전을 계속 지켜낸 조이(코비)와 제프의 능력입니다."

그는 월 스트리트가 눈에 보이는 수익을 요구했더라면 아마존은 낙오했을 것이라고 말한다.

"우리는 경주 중이었습니다."

전체 소매업계를 뒤집은 아마존의 능력은 미국 기업 전체에 경고를 보냈다. 아마존이 아직 체계적 확장에 들어가지 않은 범주의 소매업체들은 진입 가능성에 대비해 웹사이트와 유통 센터에 투자하기 시작했다.

하지만 문제는 아마존의 부상이 오프라인 소매업체들이 대규모 슈퍼마켓에 투자한 시기와 맞물렸다는 점이었다. 1988년부터 2006년까지 린넨스 앤 씽스의 CEO였던 노먼 액셀로드는, 짓고 물건을 채우고, 직원을 고용하는 데 엄청난 비용이 필요한 이 4만~10만 제곱피트(약 3,716~9,290㎡) 규모의 매장이 최대한의 선택지를 제공하는 소매업체의 방식이었다고 말한다. 이후 진열 공간의 제약을 받지 않아 선택지가 거의 무한대에 가까운 아마존이 등장했다. 소비자에게 다가가기 위해 전국에 수백 개의 매장을 둘 필요가 없었다. 아마존에게 필요한 것은 알맞은 위치의 창고 몇 개뿐이었다. 규모의 경제가 완전히 다르게 적용되었다.

다른 많은 소매업체 CEO와 마찬가지로 액셀로드는 린넨스 앤 씽스의 웹사이트를 론칭했다. 하지만 적지 않은 비용이 필요했다. 웹사이트와 유통 센터를 위한 자금 외에도 수백 개 매장의 간접비를 감당해야 했다. 그리 너그럽지 못한 주주들도 있었다. 그들은 아마존의 주주들과 달리 손실을 경영 전략의 일부로 받아들이지 않았다. 월 스트리트의 기대와 요구에 영향을 받는 아마존의 경쟁업체들은 아마존과 같은 자유를 누리지 못했다. 실적 손실을 보고한 소매업체가 투자자들로부터 찬사를 듣는다는 것은 상상도 할 수 없는 일이었다. 그들은 월 스트리트의 압력 때문에 자원을 어디에 어떻게 쓸지에 대해 신중해질 수밖에 없었다.

액셀로드는 "상장 기업에게 전자상거래에 올인하는 투자를 한다는 것은 정말 어려운 일이었습니다."라고 말한다. 린넨스 앤 씽스가 경쟁 우위를 갖기 위해서는 온라인 사업 운영에 1억 달러의 투자가 필요했지만 그는 2,500만 달러에 못 미치는 투자를 택했다. 그는 "대규모 투자는 단기적으로 수익을 떨어뜨렸을 것"이라고 말했다.

소매 업계 전체에서 이런 시나리오가 펼쳐졌다. 1990년대 후반, 타 겟Target의 고위 임원이었던(그는 이후 토이저러스를 경영하게 된다.) 제리 스토치Jerry Storch 는 타겟닷컴Target.com 이란 도메인을 구입하는데 1만 달 러를 쓴 뒤 동료들과 그 비용에 대한 약간의 언쟁을 벌였다. 그는 "그들 은 '왜 그런 데 돈을 낭비하는 거지? 우리는 타켓스토어스닷컴Targetstores. com 을 갖고 있잖아'라는 식이었죠."라고 회상했다.

스토치는 "기술 개발에 10억 달러를 투자할 수 있고, 손실도 얼마 를 보든 월 스트리트가 영웅처럼 대하는 사람과 어떻게 경쟁하겠습니 까?"라고 묻는다. 타겟의 경우에는 전자상거래에 투자하고 매출을 늘 리면서도 수익을 훼손하면 안 된다는 압력이 있었다는 것이 스토치의 말이다.

"투자자들은 손실을 참아주지 않았습니다. 분기별로 성과를 보여 줘야만 했습니다."

상장 소매업체가 매 분기 계속 적자를 보고했다면 어떻게 되었을 까? 골드만 삭스의 소매업 애널리스트인 리처드 바움은 "아마 문을 닫 았을 것"이라고 말한다.

"월 스트리트가 절대 참지 않았을 것입니다."

하지만 현실은 더 복잡했다. 월 스트리트는 기업을 평가하는 방식 을 바꾸고 있었고, 웹을 이용하는 선도자들에게는 훨씬 더 관대했다. 다른 회사들도 온라인에 진출하기 시작했지만, 그들은 인터넷 기업이 아니었다. 그들은 핵심이 되는 오프라인 사업의 폭을 넓히기 위한 방 편으로 어색함을 무릅쓰고 웹을 사용하려 애쓰고 있었다.

온라인 판매에 있어서라면 아마존은 이미 경쟁업체들보다 앞서 있었고, 월 스트리트의 관대한 입장 덕분에 수익에 얽매인 경쟁 업체를 상대로 우위를 강화하고 있었다.

점점 더 많은 범주로 확장함에 따라 매출도 증가했다. 1999년에는 신규 고객이 약 1,100만 명 늘어났고 시가총액은 300억 달러를 돌파했다. 심지어 베이조스는 1999년《타임》이 선정한 올해의 인물이 되었다.《타임》이 소개한 그의 프로필은 온라인 쇼핑이 단기간에 얼마나 성장했는지, 사람들이 실현 가능성을 믿기 훨씬 전부터 베이조스가 전자상거래 분야를 개척하는 데 얼마나 큰 기여를 했는지 압축해서 보여주었다.[20]

그러나 이후 아마존에 일어난 일은 이런 베이조스의 화려한 배경 덕분에 생긴 기대감을 충족시키지 못했다.

1999년에 아마존 직원들 사이에 기밀 프로젝트가 진행 중이라는 소문이 퍼지기 시작했다. 경영진은 이베이와 정면으로 맞설 경매 사이트를 만들기 위해 12명의 엔지니어를 뽑았다.

소매업계는 천천히 온라인 판매를 받아들이고 있었지만 이베이는 1995년에 사업을 시작한 얼리어답터였다. 데이비스는 이베이가 론칭했을 때 "제프도 몹시 겁을 먹었다."고 말한다.

"그들이 온라인 사업을 시작하자 제프는 '이젠 끝났다'라는 의미의 말을 했던 것을 기억합니다."

그로부터 4년 후 이베이는 온라인 경매 시장을 장악했고, 월 스트리트는 그들의 독창성에 보답을 했다. 당시 직원들은 베이조스가 이베이와 이베이의 운영 방식에 위협을 느꼈다고 말했다.

베이조스는 이베이에 집착하게 되었다. 이베이는 아마존과 달리 꾸준히 수익을 내고 있었다. 이 온라인 벼룩시장은 구매자와 판매자를 연결하는 플랫폼을 마련해두고 거기에서 일어나는 판매의 한몫을 챙기는 간결한 운영 방식을 갖고 있었다. 구매자는 정해진 기간 동안 입찰을 하고 판매자는 입찰가가 가장 높은 고객에게 물품을 배송했다. 이베이에는 창고도 재고도 없었기 때문에 이윤 폭이 컸다. 아마존 상장 1년 후 이베이는 열광적인 환영 속에 상장했다. 상장일에는 주가가 세 배 가까이 올랐다. 기업공개 당시 한 전문가가 CNET에 이렇게 말했다.

"거기에는 과대 선전이 없습니다. 이베이는 수익성 있는 탄탄한 회사이며, 이런 수익성은 거의 모든 다른 인터넷 회사에서 볼 수 없는 이례적인 일입니다."[21]

당시 아마존의 기술 프로그램 관리자였던 스티브 예게Steve Yegge 는 회사 전체에 아마존이 "이베이를 쓰러뜨릴 것"이란 소문이 퍼지기 시작했다고 회상한다. 비밀리에 움직인 소규모 엔지니어팀이 3개월 만에 이베이 모델의 기능을 모방하는 기능을 만들어냈다.

이 모든 혁신은 이후 아마존의 것으로 유명해졌지만, 그 과정에는 상당한 모방이 있었다.(아마존은 성장이 계속되는 동안 이 습관을 버리지 않았다.) 1999년 아마존은 아마존닷컴에 온라인 경매 사이트를 론칭했다.[22] 투자자들은 이 조치에 환호했고, 이 계획이 발표된 후 아마존의 주가는 8% 상승했다.

하지만 이 서비스는 곧 실패작으로 드러났다. 이 기술을 개발한 엔지니어팀의 일원인 비제이 라빈드란Vijay Ravindran 은 "공학적으로는 경이로운 결과였지만 사업적으로 실패였다."고 말했다. 다수의 이베이

기능을 복제했는데도 고객이 오지 않았다.

경매는 아마존에게 흔치 않은 공개적 실패였다. 하지만 다른 이유에서는 매우 중요한 것으로 입증되었다. 경매는 아마존의 대단히 중요한 사업, 이후 수십 년간 아마존을 재편할 사업에 발판을 마련해주었다. 바로 아마존 마켓플레이스Amazon Marketplace다. 결국 팀은 완전히 새로운 것을 만드는 쪽으로 방향을 전환했다. 2000년, 아마존은 전 세계 개인 판매자에게 제3자 마켓플레이스의 문을 열었다. 아마존을 미국 최대 소매업체에 등극시킬 사업을 만들어낸 것이다.

아마존은 마켓플레이스를 론칭해 상점, 개인, 작가 등이 아마존 웹사이트에 새 제품이나 중고 제품을 등록해 판매할 수 있도록 했다.

내부에서는 이 조치에 대한 치열한 논쟁이 있었다. 아마존에는 그들이 취급하는 제품의 판매를 담당하는 팀이 있었다. 그러니까 재고에서 CD를 배송하던 음악 사업 담당 팀은 이제 오프라인 타워 레코드 매장을 찾는 고객뿐만 아니라, 아마존닷컴에 동일한 CD를 등록해 고객이 검색어를 입력했을 때 목록에 등장하게 되는 제3자 판매자들과도 경쟁하게 된 것이다. 고객이 제3자 판매자로부터 CD를 주문하면 아마존은 소정의 수수료를 받지만 CD 판매를 관리하는 아마존 사내 팀에게 이것은 판매 기회를 놓쳤다는 의미였다. 물론 타워 레코드 입장에서도 판매 기회를 놓쳤다는 의미였다.

마켓플레이스의 추가로 아마존의 소매 사업은 이제 경쟁하는 두 개의 가지, 자사 부문(아마존의 재고를 이용하고 아마존 직원이 관리하는)과 제3자 마켓플레이스(외부 소매업자들에게 온라인 판매권 인프라를 제공하는)로 나뉘게 되었다. 시간이 흐르면서 다른 소매업체와 경쟁하는 것

외에 회사 안에서도 역시 같은 고객을 두고 다투는 내부 역학 관계가 굳어졌다.

우려에도 불구하고 베이조스는 팀의 진전을 이끌었다. 제3자 마켓 플레이스는 베이조스가 꿈꾸는 무제한의 선택지를 갖추는 가장 빠른 방법이었다. 내부적으로 갈등과 혼란이 있더라도 말이다. 베이조스가 아마존을 설립한 해에 그는 두 번째 직원인 폴 데이비스에게 "21세기의 시어스"가 되기를 원한다고 말했다. 이것은 그의 야망을 달성하기 위한 하나의 시도였다.

이베이와 경쟁하기로 한 이 결정은(초기에는 그 실행에 결함이 있었지만) 결국 아마존의 가장 큰 혁신으로 이어졌고, 성공의 근간이 되었으며, 아마존 내 미래 비즈니스의 뮤즈가 되었다.

나중에야 드러났지만, 마켓플레이스는 아마존, 판매자, 고객 모두에게 윈윈이었다. 아마존은 판매자가 판매하는 모든 품목에 대해서는 물론이고 리스팅listing*에 대해서도 수수료를 받았다. 판매자는 수백만 명의 고객에게 제품을 보여줄 수 있었고, 고객은 한 곳에서 수많은 제품을 찾을 수 있었다. 선택지가 많아지면서 고객들은 더 자주 방문하게 되었고, 아마존의 웹사이트는 원스톱 쇼핑이 가능한 곳, 불과 몇 년 전만 해도 전혀 비현실적으로 들렸던 온라인 쇼핑몰이 되었다.

이것은 훗날 베이조스가 '플라이휠fly wheel**'이라고 부르는, 동력이 공급될 때마다 속도가 빨라지는 자가 강화 루프의 초기 사례이기도 했다. 선택지를 늘리는 것은 고객이 더 많이 쇼핑을 한다는 것을 의미하

---

* 제품을 사이트에 올리는 것.

** 외부 힘에 의존하지 않고 관성만으로 회전운동을 하는 자동차 부품, 성장의 선순환을 의미한다.

고, 고객이 더 많이 쇼핑을 하면 더 많은 판매자가 가입할 것이며, 아마존의 고객에게 다가가고자 하는 판매자는 매출을 올리기 위해 경쟁력 있는 가격을 제시해야 한다는 압박감을 느낄 것이다. 이런 저렴한 가격은 고객들의 지속적인 재방문을 유도한다.

21세기에 접어들자, 아마존은 장난감, 전자제품, 소비재까지 판매하게 되었고, 인수합병에 손을 대기 시작했다. 이 회사의 마켓플레이스는 전자상거래의 기회와 가능성을 크게 늘렸고 판매의 심리학에 변화를 일으키기 시작했다.

마켓플레이스가 탄생하기 전,《타임》에 베이조스를 소개하는 기사가 나온 1999년만 해도 베이조스의 마음이 어디로 향하고 있는지 느낄 수 있었다. 과거 미 해병대 병원이었던 아르데코 양식의 아마존 본사 건물에 들어간 방문객은 충전재 위에 둘러싸인 채 책장 위에 놓인 CEO의 얼굴 사진을 볼 수 있었다.《타임》지 표지 사진을 액자에 넣어 벽에 걸어 놓은 것이다. 그 기사에서 이 젊은 CEO는 자신이 달성하려 하는 세계 지배의 꿈을 내비친다.

"아마존은 당신이 상상할 수 있는 것이라면 무엇이든 판매할 것이다. 베이조스는 '말 그대로 무엇이든'이라고 말한다. 그것이 핵심이다. 제프리 프레스턴 베이조스는 다양한 제품을 모아 웹사이트에 올림으로써 사람들이 찾아서 구매할 수 있는 지구상에서 가장 거대한 선택지를 만들려 한다. 만질 수 있는 실체가 있는 물건뿐 아니라 은행, 보험, 여행과 같은 서비스까지 말이다."라고 소개하고 있다.[23]

3장

MBA의 침공

아마존은 기업공개 이후 몇 년 동안 열성적으로 새로운 직원을 채용했다. 1997년 말 600여 명이던 직원은 단 2년 만에 7,600여 명이 되었다.

새로 채용된 사람들 대부분은 초기의 보헤미안이나 이상주의자들과 달리, 경쟁심이 강하고 야망으로 가득 찬 아이비리그 졸업생과 MBA 출신이었다. 이들은 회사 분위기를 일신했다. 부적응자들은 베이조스가 소중히 여기는 가치에 부합하는 사람들로 교체되었다.

아마존의 초창기 직원인 토드 넬슨Tod Nelson은 "신입 사원을 수십 명씩 뽑았습니다. 그들은 똑같은 옷차림을 하고 있었죠. 파란색 옥스퍼드 셔츠에 구김이 없는 카키색 바지를 입었습니다. 모두 제프와 같은 차림이었어요."라고 회상한다. 아마존의 초기 직원들의 티셔츠, 청바지, 보디 피어싱과는 극명하게 대조되는 모습이었다.

또 다른 아마존 초기 직원은 이렇게 한탄한다.

"기업공개 후 MBA가 침공한 것 같았습니다. 갈피를 잡을 수 없고, 우울하고 스트레스가 많았죠."

그는 설상가상으로 베이조스가 신입 사원들의 말에 귀를 기울이고 그들의 의견을 받아들였다고 말한다.

"(베이조스는) 필요에 의해서 초창기 괴짜들의 문화를 참아냈던 것 같아요."

아마존은 이런 묘사를 반박하며 베이조스가 "별나고 특이한 문화에 자부심을 느끼고 있었으며 이를 유지하기 위해 노력했다."라고 말했다.

아마존의 매출이 늘어나고 거의 모든 것을 판매하는 기업으로 빠르게 확장하면서, 베이조스는 회사를 다음 단계로 도약시킬 팀을 끌어들여야 할 필요성을 인식했다. 그는 면접에서 지원자의 SAT 점수와 아이비리그 학위(특히 모교인 프린스턴 출신이면 더 좋다고 생각했다.), 이 두 가지에 더 집착하게 되었다.

한 초기 직원은 "우리가 마오쩌둥과 같은 종류의 방향으로 향하고 있다는 것이 분명했습니다. 우리가 제프의 지혜를 흡수하고 모두에게 제프의 지혜를 심어주는 것이죠."라고 말했다.

아마존 문화의 진정한 뿌리가 형태를 갖추기 시작했다. 베이조스가 오랫동안 갈망하던 킬러 본능을 가진 사람들이 떼를 지어 도착하고 있었다. 성공을 통해 마침내 베이조스는 자신의 이미지에 걸맞은 회사를 만들 수 있게 되었다.

전 직원 제임스 마커스James Marcus의 책 『아마조니아Amazonia』에 따르면, 1997년의 외부 워크숍에서 베이조스는 무대에 올라 아마존이 "메트릭스metrics* 문화"를 가져야 한다고 주장했다. 그는 참석자들에게 아마존이 수집한(이미 그때부터) 모든 데이터(매출, 장바구니에 추가된 품목, 사이트에서 보낸 시간, 클릭했지만 구매하지 않은 책 등)가 고객에 대해 어떤 것을 알려주는지, 아마존이 그것을 어떻게 활용할 수 있는지 생각해 보라고 촉구했다.[1]

회사에 들어 온 MBA들은 그런 지표들에 매달렸다. 그들은 "시선 확보"와 "지출점유율(소비자의 전체 지출 중에서 특정 제품이 차지하는 비중)"에 대해 이야기하고 스프레드시트를 끝도 없이 만들었다. 초기 직원들은 회의 중에 MBA들의 입에서 나오는 경영대학원의 전문 용어를 들으며 짜증을 감추기 위해 애를 써야 했다. 많은 신입 직원이 다른 회사, 즉 베이조스가 도입하려 노력하는 문화에 딱 맞아떨어지는 회사 출신이었고, 이들 신입 직원은 그런 전 직장의 사풍을 아마존으로 끌어들였다.

베이조스가 서적 이외의 영역으로 사업을 확장하고자 했을 때, CD, 해외 진출 기타 제품에 대한 옵션을 조사하고 발표하는 과제를 맡은 것이 이들 MBA였다. 이들은 회사의 주요한 결정을 주도했다.

독서의 민주화에 동기를 부여받은 초기 직원들과 달리, 많은 신입

* 업무 수행 결과를 보여주는 계량적 분석.

사원들의 동기는 부였다. 열한 번째 직원인 조나단 코흐머는 "기업공개 이후 아마존은 인터넷 분야에서 가장 성공적인 회사로 여겨졌습니다. 때문에 당시에는 금전적 이득을 기대하고 합류한 사람들이 많았습니다."라고 말한다. 성공을 위해 남을 희생시키는 것이 일상인 월 스트리트처럼 경쟁이 치열한 업계 출신이든, 애플과 같이 실수를 용납하지 않는 문화와 독재적인 리더가 있는 다른 회사 출신이든, 그들은 베이조스가 원하는 자질을 공유했고 승리를 향한 상사의 강한 추진력에 공감했다.

제프 블랙번Jeff Blackburn은 이 시기에 아마존이 채용한 사람들의 상징과도 같은 인물이다. 도이치 모건 그렌펠에 몸담고 있던 블랙번은 아마존의 기업공개에 참여한 후 닷컴 사업이 호황을 누리던 실리콘 밸리를 떠나 시애틀의 신생 회사에서 일하게 되었다. 극명하게 대조되는 환경이었다. 이 마초적인 투자 은행가는 세련된 멘로 파크 사무실과 깔끔하게 다린 셔츠, 마호가니로 꾸며진 회의실, 업계의 거물들을 떠나, 큰 폭의 급여 삭감을 감수하고 저예산의 비좁은 사무실로 온 것이다.

전설적인 은행가 프랭크 쿼트론 밑에서 일했던 그는 월 스트리트가 의미하는 강렬함과 재정적 성공을 목표로 하는 가치관을 아마존으로 가져왔다. 블랙번은 경쟁심이 강한 것으로 유명했다. 키가 약 193 cm인 이 만능 스포츠맨은 승리를 즐겼다. 그는 매사추세츠주 콩코드의 고등학교에서 축구, 농구, 테니스 등의 대표로 활약해 10개의 표창을 받았다. 겨울에는 농구팀에서 리바운드 기술로 유명한 스타 포워드였고, 봄이면 큰 키 때문에 "트윈 타워Twin Towers"라는 별명이 붙은 제프-

제프 테니스 듀오의 한 명으로 코트에 섰다. 이 듀오는 1987년에는 주 대회에서 우승을 차지했다.[2] 가을에는 풋볼팀 주장을 맡았고 두 번이나 지역 올스타에 올랐다.

블랙번은 운동만 잘한 것이 아니었다. 그는 와스프형WASP* 인재를 양성하는 것으로 유명한 아이비리그의 다트머스대학에 진학했다. 그곳에서 경제학과 공공정책을 공부하면서 한편으로는 다트머스 풋볼팀에서 아웃사이드 라인백커로 활약했다. 그는 팀에 있는 동안 모든 경기에 선발 출전했다. 이후 블랙번은 "저는 어린 시절부터 경쟁을 좋아했고 스포츠에서, 특히 팀이 함께 공통의 목표를 노력하는 것에서 에너지를 얻었습니다."라고 말하곤 했다.[3] 이런 강한 승리욕은 가장 경쟁이 치열한 분야에서 경력을 쌓는 동력이 되었다. 블랙번은 다트머스대학을 졸업한 후 브리지워터 어소시에이츠Bridgewater Associates에서 일했다. 틀에 얽매이지 않는 행동과 깊은 통찰력으로 유명한 레이 달리오Ray Dalio가 운영하는 이 헤지펀드 회사는 컬트적인 문화로 널리 알려져 있었다. 달리오는 "철저한 투명성"의 신봉자였다. 공개적으로 싸우고 매일 동료를 평가해 서로의 장단점을 비판할 것을 장려했다. 하급 직원들은《원칙publication》이라는 간행물의 내용에 따라 생활한다. 그중 하나는 다음과 같다.

"전투를 고르지 말라. 모든 전투에 참여하라."

브리지워터를 떠난 그는 스탠퍼드대학교에서 MBA 학위를 받고 모건 스탠리Morgan Stanley와 도이치 뱅크Deutsche Bank에서 근무했다. 실

---

* 앵글로색슨계 미국 신교도. 미국 주류 지배 계급을 이르는 말.

리콘 밸리에 테크 붐이 한창이고 기술 업계의 지배력이 최고점에 달했던 시기였다. 블랙번은 아마존의 기업공개를 진행한 후 아마존의 사업 개발 분야에서 일하게 되었다.

프린스턴 졸업생으로 MIT에서 화학공학 석사 학위와 MBA를 취득한 제프 윌크Jeff Wilke가 아마존의 부사장 겸 운영 본부장으로 아마존에 합류했다. 서른두 살의 그는 식스 시그마Six Sigma[*] 제조 관행의 헌신적인 추종자였다. 스탠퍼드 MBA인 스티브 케셀Steve Kessel은 아마존에 입사해 도서 사업을 맡았다. 아마존은 델타항공의 CFO 워런 젠슨Warren Jenson을 설득해 재무 분야를 이끌게 했고, 애플의 임원 디에고 피아센티니Diego Piacentini를 영입해 해외 소매업 경영을 맡겼다. 신랄한 말투로 유명한 애플의 CEO 스티브 잡스는 피아센티니를 설득하기 위해 노력했다. 애플을 떠나 아마존으로 가기로 결정한 그에게 잡스는 이렇게 말했다.

"자네가 똑똑하다고 생각했는데 내가 틀렸군. 사실 멍청한 사람이었어. 멍청한 사람이나 적자를 내는 소매업체에 입사하겠지."

뉴욕 토박이 앤디 재시Andy Jassy는 하버드에서 학사 학위와 경영학 석사 학위를 받았다. 세부 사항에 집착하는 그는 MBA를 받은 후 첫 월요일, 기업공개 직전 눈에 띄지 않게 아마존에 입사해 마케팅 업무를 시작했다.

1999년에 아마존에 입사한 데이브 클라크Dave Clark는 MBA 졸업생으로서는 처음 아마존의 물류 부문에 합류했다. 회의 중에 아마존의

_* 최고의 품질 수준을 달성하도록 유도하는 경영 혁신 방법.

인사 책임자는 그를 "MBA"라고 불렀다. 그의 합류로 아마존의 인재를 업그레이드한 것이 그만큼 신이 났기 때문이었다.

많은 알파형 인재들의 입사로 문화가 바뀜에 따라 아마존의 초기 임원 중 일부는 회사를 떠났다. 첫 번째 직원인 쉘 카판은 자신이 설립을 도운 회사에서 수년간 소외된 끝에 1999년 사임했다. 그는 베이조스에게 부적절하게 이용당했다고 느꼈다.

1990년대 후반 새로운 사람들이 합류해 회사 확장에 필수적인 핵심 사업 부문을 장악하자, 베이조스는 리더십팀을 꾸렸고 2001년부터는 이들을 에스팀S-Team이라고 불렀다. 회사의 발전을 이끌 임원들로 구성된 에스팀은 베이조스의 상담역으로 활동하며 회사 내에서 가장 강력한 그룹이 되었다. 한 전직 에스팀 구성원은 에스팀을 아마존의 "수뇌부nerve center"라고 불렀다.

초창기 에스팀은 엄청나게 많은 시간을 함께 보냈다. 매주 월요일마다 함께 아침을 먹었고, 화요일이면 만나서 몇 시간씩 다양한 사안과 사업 부문에 대한 논의를 이어갔다.

베이조스는 매년 몇 차례씩 에스팀이 읽을 책을 지정했다. 월터 아이작슨Walter Isaacson의 『레오나르도 다빈치』와 운영 비효율로 인해 폐쇄 위기에 처한 소규모 공장에 대한 엘리야후 M. 골드랫Eliyahu M. Goldratt의 소설 『더 골』 등이 거기에 포함되었다. 대부분이 경쟁과 소비자 습관을 과소평가해 시장 주도 기업이라는 영광스러운 자리에서 추락한 스마트폰 제조업체 블랙베리BlackBerry에 대한 재키 맥니쉬Jacquie McNish와 션 실코프Sean Silcoff의 『신호를 놓치다Losing the Signal』와 같이 교훈적인 이야기를 담고 있었다. 블랙베리는 워싱턴의 정·재계 실력자와 최

고 경영진이 즐겨 사용하는 디바이스였다.(심지어 '크랙베리CrackBerry[*]'
라는 별명이 붙기도 했다.) 그러나 이 모바일의 선구자는 진화에 실패해
라이벌 애플과 구글에 시장을 내주었고 급격한 몰락에서 영영 다시 일
어서지 못했다.

이 선택에 주목해야 하는 이유는 에스팀의 문화에 선입견이 스며드
는 것을 경계하는 베이조스의 집착에서 비롯된 선택이기 때문이다. 베
이조스는 종종 대기업들이 관련성relevant[**]을 유지하는 데 있어 끔찍한
전적을 보이고 있으며, 자신의 회사도 수년 전의 거대 기업들과 같은
운명에 굴복할 수 있다고 말하곤 했다. 이런 이유로 그는 '데이1Day1'이
란 철학을 발전시켰다. 이는 회사가 아무리 커져도 항상 유연하고 민
첩한 스타트업처럼 생각하도록 직원들을 격려하는 철학이다. 날마다,
항상 첫날이고, 둘째 날은 죽음이라는 의미다.

그는 이 주문mantra을 편집증에 가까울 정도로 직원들에게 주입했
다. 2004년부터 2012년까지 아마존에 근무했던 전 에스팀 구성원 나
디아 슈라부라Nadia Shouraboura는 "그의 말이 맞습니다. 역사를 보면 너
무나 많은 회사가 몸집이 불어나고 안주하다가 결국은 죽죠. 그리고
언젠가는 아마존도 그렇게 될 것입니다."라고 말한다.

리더십에 대해 논의할 때면 자주 반복되는 특정 단어나 문구가 있
었다. 2001년 말, 윌크와 몇몇 다른 임원들은 회의에서 자주 등장하는
몇 가지 가치관을 바탕으로 아마존으로서는 처음이 될 일련의 원칙 초
안을 작성하기 시작했다.

---

[*]   코카인의 일종인 크랙처럼 중독성이 강하다는 의미.
[**] 시장의 추세와 소비자의 욕구를 파악하고 충족시킨다는 의미.

이 원칙을 보여주자, 항상 정확하고 높은 기준을 요구하는 베이조스는 "충분히 아마존 답지가 않다."고 말했다. 그들은 베이조스의 조언을 반영해 원칙을 수정했다. 결국 원칙은 10가지로 정리되었다. 그 일부는 이들 임원이 이전에 근무했던 회사에서 영감을 얻은 것이었다.

월크는 "단순히 벽에 붙여 놓는 포스터가 아니었습니다."라고 말했다. 실제로 이 원칙들은 채용과 해고 결정에 영향을 미쳤으며 직원들이 일하는 방식을 안내하는 등 이 치열한 회사 문화 속 깊이 자리 잡았다.(이 원칙들은 너무 자주 등장한 나머지 거의 성경이 가지는 정도의 힘을 가졌다. 회사를 떠난 임원들까지 새로운 직장에서, 심지어는 집에서 이 원칙을 암송할 정도였다.)

여기에는 "크게 생각하라", "구체적인 성과를 내라" 등이 포함되었다. 하지만 가장 중요한 것, 이 회사의 핵심 가치관(베이조스가 수없이 많은 인터뷰, 연설, 기조연설에서 들먹인)은 "고객에 집착하라"이다.

가장 순수한 의미에서라면 고객 집착은 좋은 것이다. 이 원칙은 아마존 직원들이 항상 고객의 입장에서 혁신하고 저렴한 가격에서 빠른 배송에 이르기까지 고객이 원하는 것을 본능적으로 이해하도록 유도하며, 그들이 하는 거의 모든 일에 스며들어 열성적으로 임하게 한다.

하지만 아마존이 성장하고 점점 더 큰 힘을 갖게 되면서 이 원칙은 비윤리적인 행동에 대한 핑계가 되기도 했다. 카판은 아마존을 떠나고 몇 년 뒤 다큐멘터리 "프론트라인Frontline"에서 이렇게 말했다.

"저는 인정사정없는 경쟁자라는 아마존에 대한 묘사가 정확하다고 생각합니다. 고객 집착이라는 가치 아래 고객이 아닌 사람들에게는 좋지 않은 많은 일을 할 수 있죠."[4]

고객에 대한 집착 외에도 다른 원칙들은 직설적인 의사소통, 믿기 힘들 정도로 높은 기준, 공개적인 논쟁을 권장한다. 이들은 여러 면에서 베이조스의 특성을 반영한다. 2013년까지 에스팀의 구성원이었던 마크 오네토Mark Onetto는 베이조스에 대해 이렇게 말한다.

"그는 '고맙다'고 말하는 법을 모릅니다. 대신 당신에게 어떻게 이의를 제기하는지, 당신의 엉덩이를 어떻게 걷어차는지는 잘 알고 있죠. 저는 잭 웰치Jack Welch 밑에서 일했습니다. 그래서 베이조스에게 '저는 가죽이 아주 두꺼워져서 사장님이 엉덩이를 차셔도 아프지 않습니다.'라고 말했습니다."

다른 초기 직원들은 상사가 말을 가려 하지 않았다고 전한다. 그는 직원들에게 그들의 아이디어가 "정말 멍청하다."라고 말하거나 질문을 예상하지 못했다고 꾸짖곤 했다.

회사가 만들고 있던 문화는 보상과 성과 검토를 둘러싼 아마존의 관행들과 결합해 직장을 압력솥과 같은 곳으로 만들었다. 리더십 원칙이 도입될 무렵, 아마존은 직원들이 더 효율적으로 업무를 하도록 조정하기 위한 다른 메커니즘을 도입했다. 하지만 이들 메커니즘은 종종 유독한 문화의 초석이 되기도 했다.

아마존의 직원 평가 방식은 이런 정신에 따라 재구성되었다. 하지만 직원들은 그것이 의도하지 않은 결과를 초래했다고 말한다. 1990년대 후반, 베이조스는 칩 제조업체 인텔Intel의 성과 평가 시스템에 관심을 두게 되었다. 인텔은 1980년대 이래 "스택 랭킹stack ranking(순위 매기기)"을 사용했다. 매년 직원들을 동료들과 비교해 종 곡선으로 성적을 매기는 것이다. 순위가 정해지면, 하위 5%의 직원에게 성과 개선 계획을 세우게 하고, 계획의 목표를 달성하지 못한 직원은 해고했다. 제너럴 일렉트릭General Electric, GE 역시 전설적인 CEO 잭 웰치 아래 훨씬 더 엄격한 직원 평가 계획이 있었다. GE는 매년 하위 10%의 인력을 해고했다.

베이조스는 스택 랭킹을 도입했다. 그는 고위 임원들에게 아마존에도 저성과자가 있으며, 팀장은 일이 많은 상황에서 그들을 해고할 것 같지 않다고 말했다. 이후 에스팀 구성원이 된 한 사람은 회의해서 말했듯이 팀장들이 "해야 할 일이 이렇게 많은데 팀원 200명 중에 20명을 내보낼 수는 없습니다. 저성과자라고 해도 여전히 일을 하고 있습니다."와 같은 생각을 갖고 있다는 의미였다. 이를 알고 있던 베이조스는 매년 저성과자를 몰아내는 것을 의무화했다.(아마존의 대변인은 아마존이 스택 랭킹을 사용했다는 점은 반박했으나, 현재 후회 없는 감원 unregretted attrition* 에 대한 백분율 목표가 있다는 것은 확인해주었다. 내부 문서, 에스팀 구성원과의 인터뷰, 공개 보고는 아마존이 수년간 스택 랭킹을 사용했음을 보여준다.[5])

아마존은 매년 하위 10%의 인력 감축을 시작했다. 그리고 대부분의 경우 감축한 자리를 신입 사원으로 채워 내보낸 직원보다 더 우수한 인재를 채용한다는 목표를 달성할 수 있었다.(현재 아마존은 매년 하위 6%의 인력 퇴출을 목표로 삼고 있다.) 일류 경영대학원에서 MBA를 끌어들인 덕분에 인재들의 성과는 이미 높은 수준이었다. 그런데도 이

---

* 직원이 조직에 심각한 손실을 끼치지는 않았으나 성과가 저조하거나 회사 문화에 적합하지 않은 경우의 퇴사하는 것을 의미. 기업의 생산성과 사기 진작에 도움을 줄 수 있는 긍정적 일이라는 의미에서 "후회가 없는unregretted"이라는 용어를 사용한다.

들은 동료들을 제치고 일자리를 유지하기 위해 매일 오디션을 보듯 직장 생활을 해야 했다.

토드 넬슨은 회사가 처음 스택 랭킹을 시작했을 때를 기억한다. 갑자기 그는 자신의 존재를 정당화해야 하는 상황에 놓였다. 자신이 달성한 수치에 대한 질문에 답하고, 동료들과 비교해 자신의 순위를 매기고, 판매 전환을 수치화해야 했다. 그는 이렇게 말한다.

"끔찍했습니다. 제프는 외관을 좋게 보이게 만들려고 애쓰지 말라고, 즉 실제 성과를 중시해야 한다고 말하곤 했습니다. 하지만 업무 평가가 시작되자 모두가 긍정적인 외관을 만드는 일을 시작했죠. 상사에게 성과를 보여야 했으니까요."

사내 문화는 관용이 줄어들고 계량적 분석을 지향하게 되었다. 비제이 라빈드란은 "때로는 정말 훌륭하고 재능 있는 사람들이 궁지에 몰리게 되기도 했습니다."라고 회상한다. 가족을 잃었거나 개인적인 문제를 다루느라 직장에서 집중하지 못하는 직원들은 큰 위기에 처하게 될 수 있었다.

2011년 아마존을 떠난 파이살 마수드Faisal Masud는 "아마존에서는 최근 3개월의 성과에만 집중합니다."라고 말한다.

"공감은 전혀 찾아볼 수 없었습니다."

아마존이 점점 더 커지면서, 학업이나 커리어에서 성공을 거둔 이 경쟁심이 강한 직원들은 리더십 원칙을 무기로 삼아 자신을 남들보다 앞서게 하는 모든 비즈니스 논리를 정당화하게 되었다. 인터뷰에서 수없이 많은 직원들이 아마존에서의 성공에 대한 압박 때문에 생애 처음으로 심리 치료를 시도했다고 말했다. 많은 직원들이 화려한 이력을 가지고 있었고 아마존에서 오랜 시간 일했음에도 불구하고, 아마존에게 높이 평가받고 존중받는다는 느낌을 받지 못했다고 설명한다.

13년 동안 아마존에서 일하고 2020년 퇴사한 수레쉬 단다파니Suresh Dhandapani는 "많은 사람들이 아마존에서 일하면서 자신들의 자격과 성과가 부족하다고 느끼는 가면증후군imposter syndrome*을 겪습니다."라고 말한다. "가속 페달에서 발을 뗄 수 없다는 느낌이 계속되죠. 주변의 모든 사람들이 열심히 일하고 있어서 뒤처지거나 주위 사람들을 실망시키고 싶지 않은 겁니다."

한술 더 떠서 아마존은 직원 보상 체계를 연차에 따라 스톡옵션이 늘어나는 방식으로 구성했다. 초창기에는 대부분 직원이 2년 차 이후에 스톡옵션의 60%를 받았지만 2002년부터는 직원들이 1년 차에 5%, 2년 차에 15%, 3년 차에 40%, 4년 차에 40%를 받기 시작한 것이다. 일부 직원들은 이렇게 장기간 근무해야 보상이 주어지는 시스템 때문에 회사에 어떤 대가를 치르더라도 성공해야 한다는 분위기가 조성되었다고 말한다. 이 시스템은 지금까지도 지속되고 있다. 4년 차 이전에 종형 곡선의 최하위권에 있게 되면, 수십만 달러(수백만 달러까지는 아니더라도)의 보상을 놓치게 될 수 있다.

초창기부터 아마존에 있었던 직원들은 동료들과 비교한 개인의 성과 분석을 기반으로 하는 새로운 직원 평가 시스템에 불만이 컸지만, 일자리를 지키기 위해서는 그 방침에 따를 수밖에 없었다.

---

* 자신의 성공이 노력이 아니라 순전히 운으로 얻어졌다고 생각하며 불안해하는 심리.

내부에 무자비한 문화가 형성되면서 아마존은 "고객 집착"의 원칙을 추진력으로 삼아 아마존과 일하는 모든 회사나 조직에게도 무자비하게 대했다. "고객 집착"은 고객에는 득이 되지만 파트너의 입을 막는, 어떤 대가를 치르더라도 승리해야 한다는 기풍을 숨기는 보호막이 되었다. 이는 아마존이 오직 고객만 중요하다는 그럴듯한 이유를 내걸면서 자사의 결정이 파트너들(아마존 비스니스 모델의 기초인)에게 미치는 영향을 개의치 않았다는 의미다. 외부에서 보기에는 이런 문화가 효과를 내고 있었다. 2000년대 초반, 아마존은 온라인 상거래 분야의 선도업체로 여겨졌고, 닷컴 붕괴의 상처에도 불구하고 2000년에는 28억 달러의 매출을 달성했다.

　닷컴 붕괴라는 어려운 시기를 헤쳐 나온 아마존은 프로세스에 더욱 집중했다. 운영에서 지표와 효율이 더 중요해졌다. 많은 기업이 경기 침체 이후 겁을 먹고 확장 계획의 속도를 낮추는 동안 아마존은 더 많은 사업으로 확장을 거듭해 나갔다.

　직원들조차도 베이조스가 달성하려는 규모를 이해하지 못하는 때가 있었다. 닷컴 붕괴 이후 직원들과 가진 타운홀 미팅에서 한 직원이 베이조스에게 아마존의 핵심 사업인 도서, CD, 영화에 대한 재투자가 언제쯤 시작될지 물었다. 베이조스는 격분했다. 그는 아마존에는 핵심 사업이 없다고 단언했다. 아마존은 판매하는 제품에 의해 정의되는 회사를 훨씬 뛰어넘는 것을 생각했다. 다시 말해 그는 현재에 안주하지 않고 다음에 이르게 될 곳을 내다보고 있었다.

　그해 리더십팀과의 외부 회의에서 베이조스는 팀원들에게 아마존이 확장해야 한다고, 그것도 '빨리' 확장해야 한다고 강조했다. 그는

"우리는 새로운 분야로 확장해야 합니다. 물류 센터를 통해 살아있는 코끼리를 배송할 수 있어야 합니다."라고 말하며 아마존이 제품 선택지의 측면에서 어떤 규모까지 가야 하는지를 드러냈다.

아마존은 소매업체가 할 수 없는 많은 일을 해냈다. 바로 자체 전자상거래 사업을 확장하는 데 막대한 비용을 투자한 것이다. 소매업계 모두가 온라인에 진출해야 한다는 것을 인식하고 있었다. 그러나 그것은 대부분의 예상보다 더 비용이 많이 들고 까다로운 일이었다. 따라서 아마존은 이점을 활용해 경쟁 소매업체의 전자상거래 개발을 도왔다. 아마존은 매출 면에서 전통적인 소매업체에 훨씬 못 미쳤지만, 온라인으로 제품을 구매하고 판매하는 프로세스를 촉진하고 지원하는 역량과 전문성을 축적해 왔기 때문에 이 분야에서 봉건 시대 영주와 같은 사업 운영이 가능했다. 아마존은 봉건 영주들이 하듯 소작인들에게 돈을 받아 냈다.

아마존의 전 CFO이며 에스팀 구성원이었던 워런 젠슨은 회사 내부에서 에스팀이 아마존의 "총 가용 시장total addressable market(재무에서는 최대 수익 잠재력이라고 한다.)"을 "다른 모든 업체의 영업 마진"으로 보았다고 회상한다. 달리 표현하면, 돈을 버는 모든 회사를 경쟁자로 보고 그 사업을 지배하기 위해 나선다는 것이다. 대단한 야심이었지만 아마존에게는 성공적으로 그것을 달성할 힘이 있었다.

2000년에 아마존은 토이저러스의 웹사이트를 관리, 운영하고 주문 이행 서비스를 처리하는 계약을 체결했다. 토이저러스도 자체 웹사이트와 물류 네트워크를 보유하고 있었지만 운영이 잘 되지 않고 있었다. 이전 크리스마스에는 온라인 주문 제품을 제때 배송하지 못해 연방거래위원회로부터 과태료 처분을 받았다. 토이저러스로서는 사업의 이 부분을 아마존에 아웃소싱하는 것이 해법이 될 수 있었고, 아마존은 기꺼이 거기에 따랐다. 아마존은 크리스마스에 대비해서 어떤 장난감을 재고로 확보해야 하는지 파악하는 데에 어려움을 겪었고, 최적의 전략을 찾는 것도 쉽지 않았다. 아마존은 토이저러스와 베이비저러스Babies "R" US의 웹사이트를 관리하기 시작했고, 이후 타겟과 서점 보더스와도 계약을 맺었다.

토이저러스와의 계약은 라이벌들이 무엇을 내주었는지 보여주는 사례. 토이저러스는 아마존닷컴에서 10년 동안 독점적으로 장난감을 판매하는 대가로 아마존에 매년 5,000만 달러의 운영비, 아마존이 그들 대신 배송하는 모든 장난감에 대한 수수료, 판매되는 각 장난감 가격의 일정 비율을 아마존에 지불하는 데에 합의했다. 아마존은 토이저러스닷컴의 지분 5%를 인수할 수 있는 옵션이 주어졌고, 토이저러스는 자사 웹사이트를 아마존닷컴으로 리디렉션하는 데 동의했다. 전직 임원들에 따르면, 아마존 경영진은 계약 조건에 대한 타결을 보기 전에 토이저러스의 연례 보고서를 샅샅이 뒤졌다고 한다. 아마존은 토이저러스와 협상을 할 때 이 회사가 전년도 전자상거래 사업에서 8,600만 달러의 손실을 기록했다는 것을 확인했다. 즉, 아마존은 이를 이용해 이 회사가 이미 기록한 손실보다 적기만 하다면 거액의 연간 수수료를 요구할 수 있는 입장이었다. 상대 업체의 전자상거래 운영 상태가 나쁠수록 아마존은 더 많은 비용을 청구할 수 있었다.

지금 돌이켜보면, 모든 소매업체가 그렇게 많은 것을 내주고 최대 경쟁자가 될(공정하게 말하자면, 당시에는 몰랐겠지만) 회사와 손을 잡았다는 것이 믿어지지 않는다. 그러나 아마존이 온라인 상거래에서 필수 서비스를 공급하는 업체가 되고 있다는 사실만은 그들도 잘 알고 있었다. 토이저러스 CEO는 이 제휴에 대해 발표하면서 아마존을 "온라인 소매업의 표준"이라 칭했다. 아마존은 필요를 충족시켰다. 소매업체들은 자체 온라인 스토어를 마련할 정도의 자신감이 없었고, 설사 만들더라도 충분한 트래픽을 확보할 수 없다고 생각했다. 주주들은 온라인주문 제품을 고객에게 전달하기 위한 대규모 물류 네트워크 구축에 드는 막대한 비용을 받아들이려 하지 않는 경우가 많았다. 대신 많은 업체가 아마존과의 제휴를 선택했다. 다만 아마존과 손을 잡는 데에는 대가가 따랐다. 악마와의 거래였다. 하지만 그들에겐 달리 선택지가 없었다.

당시 토이저러스의 CEO였던 존 아일러John Eyler는 "2000년에는 해야만 하는 이 일을 스스로 할 능력이 없었습니다."라고 설명한다.

이 계약에서 아마존을 통해 판매할 제품을 선정하고 구매하는 것은 토이저러스였다. 아마존은 제품을 보관하고 배송하며 고객 서비스를 처리했다.

전자상거래가 무법천지였던 초창기, 아마존은 여러 가지 좋은 기회를 만났고 그들은 이를 잘 활용했다. 그들의 새로운 비즈니스 모델 덕분에 월 스트리트는 손실을 눈감아 주었다. 아마존은 대부분의 주에서 판매세를 내지 않았다. 경쟁업체들은 아마존의 잠재력을 과소평가했고, 이는 이후 자신들에게 해를 입힐 결정을 했다는 것을 의미했다. 초기에는 데이터 활용의 잠재력을 이해한 기업이 거의 없었다. 하지만 베이조스는 초기부터 직원들에게 온라인 비즈니스를 통해 수집되는 방대한 정보가 갖는 강력한 힘을 명심하라고 이야기했다. 기존 업체와는 달리, 아마존에게는 사람들이 주문한 것, 클릭했지만 주문하지 않은 것에 대한 정보, 이메일을 통해 맺는 소비자와의 관계는 모두 인터넷에서 부상하고 있는 새로운 디지털 화폐의 일부였다.

2001년에 서점 체인 보더스도 웹사이트 호스팅을 아마존에 맡겼다. 당시 보더스의 CEO였던 그렉 조세포비치Greg Josefowicz는 보더스가 자체적으로 웹사이트와 창고를 운영했지만 수년 동안 미미한 매출을 올렸고 따라서 상당한 손실을 보았다고 말한다. 그는 파트너십에 대한 보도 자료에서 아마존을 "세계적으로 인정받는 전자상거래 선도업체"라고 칭했다. 그는 자체 전자상거래 역량을 구축하고 미조정하면서 수년 간 손실을 입는 대신 창고를 팔아 버리고 아마존에 의지해 보더스닷컴을 운영했다.

2009년 파산될 때까지 이 서점 체인의 경영을 맡았던 CEO 마이크 에드워즈Mike Edwards는 이 계약이 주요한 실책이었다고 말했다. 이 거래에는 또 다른 비금전적 비용이 뒤따랐다. 아마존이 이 파트너십을 통해 고객 데이터와 사업 방향을 파악할 수 있게 되었던 것이다. 보더스는 큰 실수를 하고 나서야 이를 깨달았다.

에드워즈는 "말 그대로 적진으로 걸어 들어가서 '우리 작전은 이런 것이오.' 하고 내보이는 셈이었습니다. 정말 나쁜 판단이었죠."라고 말한다. 아마존은 파트너십을 통해 고객 데이터, 그들의 사업 방향을 알 수 있었다. "아마존은 말 그대로 경쟁업체에 편승해 성장하고 있었고 경쟁자들로부터 자금을 조달하고 있었습니다."

그는 미국 두 번째로 큰 서점, 보더스가 문을 닫으면서 1만 1,000명

이상이 일자리를 잃었고 400개의 매장이 문을 닫았다면서, "그보다 더 힘든 날은 없었습니다."라고 말했다.

이것은 봉건 제도가 실행되고 있음을 보여주는 한 예였다. 아마존은 모든 힘을 독점한 영주였고, 시간이 지날수록 힘은 커져만 갔다.

토이저러스의 경우, 10년 계약을 수행하는 것이 큰 부담이 되었다. 토이저러스는 아마존이 아마존닷컴에서 다른 장난감의 판매를 허용함으로써 파트너십의 독점 계약 조건을 위반했다고 주장했다. 토이저러스는 아마존 웹사이트에서 다른 판매자를 통해 판매되는 4,000개의 장난감을 신고했다.[6] 이는 아마존 내부의 상충되는 이해관계를 보여주는 또 다른 사례였다. 마켓플레이스를 담당하는 직원들은 웹사이트에서 가능한 한 많은 판매자가 가능한 많은 품목을 판매해서 그 판매의 단계에서 수수료를 받기를 원했다. 그것이 회사가 토이저러스와 맺은 계약을 위반하는 것이더라도 말이다.

아일러는 토이저러스가 아마존과 파트너십을 맺은 기간 동안 전자 상거래 부문에서 수익을 내지 못했다고 말한다. 토이저러스는 2004년 계약 파기 소송을 제기했고, 이 거대 기업의 범법 행위를 고발한 최초의 협력 업체가 되었다. 토이저러스는 소송에서 승소했지만, 아마존이 소매업체의 골칫거리가 된 경우는 이것으로 끝이 아니었다.

당시 CEO였던 아일러는 계약 파기 소송 증언에서 "우리와 아마존과의 거래에 있어서는 그 어떤 것도 신뢰할 수 없는 지점에 와 있었습니다."라고 말했다.[7] 수없이 많은 협력 업체들이 똑같이 경험했던 감정이었다.

4장

촉수를 뻗다

아마존의 리더십팀은 2003년 여름 베이조스의 집에서 열린 브레인스토밍 세션에서 회사의 강점에 대해 논의했다. 아마존은 수많은 품목을 자체적으로 배송하는 것은 물론 다른 소매업체의 주문까지 처리하는 뛰어난 역량을 갖추었다. 전 세계 판매자들에게 문을 열어 온라인 바자회를 만들었다. 끝없는 선택지와 저렴한 가격을 제공할 수 있게 되었다. 소매업계에 혁신을 일으키고 마침내 베이조스가 꿈꾸었던 온라인 속 "시어스 카탈로그"가 되었다.

그러나 아마존은 주문을 받고 처리하는 기초적인 일 외에 이 모든 활동을 뒷받침하는 컴퓨팅 인프라와 데이터 센터 운영에도 능숙했다. 아마존의 웹사이트, 주문 처리, 물류 네트워크에는 방대한 양의 데이터와 연산력이 필요했다. 이는 고객 정보, 재고, 웹사이트상의 거래를 비롯해 고객에게는 보이지 않지만, 쇼핑 경험에 중요한 수많은 정보를 기록해 두어야 한다는 의미였다.

베이조스 집 거실에서 열린 회의에 참석했던 앤디 재시는 하버드에서 진행한 노변 담화 행사에서 "우리에게 인프라 운영에 대한 진짜 핵심 역량이 있다는 점을 처음으로 깨달았다."라고 회상한다.[1]

2001년, 재시는 베이조스의 기술 고문이 되었다. 수석 보좌관과 비슷한 역할을 하는 이 자리(지금은 많은 사람들이 갈망하는 자리)에는 전도유망한 직원이 낙점되어 베이조스의 그림자 역할을 맡는다. 이들은 베이조스의 회의에 참석하고, 베이조스 대신 후속 조치를 하며, 그와 함께 전 세계를 여행한다.

아마존은 소매 사업을 지원하기 위해 사이트를 보다 효과적으로 변경하고 고위 경영진이 추가하기를 원하는 신기능을 신속하게 구현하기 위해 많은 엔지니어를 고용했다. 하지만 소프트웨어 작업이 예상보다 오래 걸리고 있었다. 베이조스는 재시에게 원인을 찾아내라는 임무를 맡겼다. 재시는 상황을 더 자세히 파악하기 위해 수많은 제품 개발 리더들과 회의를 가졌다. 개발자들은 "위에서는 이런 프로젝트에 두어 달이면 족하다고 생각하겠죠. 하지만 저장 솔루션, 데이터베이스 솔루션, 컴퓨팅 솔루션 하나씩에 2~3개월이 걸립니다."라고 말했다.[2] 고객을 위한 웹사이트를 맞춤화하거나 제품을 추천하는 것과 같은 핵심 업무에 뛰어들기 전에 백 엔드back end*에서 소프트웨어가 작동하도

---

* 사용자가 만나는 프런트 엔드와 대응되는 소프트웨어 애플리케이션의 서버 측 부분.

록 만들 방법 등의 기본적인 사항을 해결해야 했다.

이 시기 회사의 최고 기술 책임자였던 앨런 베르묄렌Allan Vermeulen은 이 문제를 다음과 같이 설명한다.

"지금 집을 짓는다면, 만들어져 있는 보일러와 배관을 위한 PVC 파이프를 구입하면 됩니다. 하지만 당시에는 이런 부품을 구매할 수가 없었던 거죠. 프로젝트마다 일일이 만들어야 했습니다. 엔지니어가 보일러를 만드는 방법을 알아내는 데에만 6개월이 걸린다면, 집을 짓는 데 훨씬 긴 시간이 걸리겠죠."

각 팀은 아마존닷컴을 개선하고 기능을 추가하기 전에 우선 서버를 구하고, 데이터 센터를 준비하고, 각 프로젝트의 모든 백 엔드 작업을 수행해야 했다. 웹사이트의 다른 기능을 만드는 팀 역시 이런 일을 동시에 하고 있었다. 따라서 작업 중인 프로젝트의 속도는 느렸다.

재시는 하버드의 노변 담화에서 그때 발견한 것을 "그들이 만들고 있던 것은 자신들의 프로젝트 이상까지 적용되지 않았습니다."라고 설명했다.[3] 회사 전체에서 이런 일이 벌어지고 있었다. 엔지니어들은 업무 시간의 70%를 자신들의 프로젝트를 위한 저장 솔루션이나 컴퓨팅 인프라를 만드는 데 썼다. 끊임없이 바퀴를 다시 발명하고 있었던 셈이다. 재시는 저널리스트 카라 스위셔에게 "깨달은 바가 있었습니다. 아마존이 매우 강력한 기술 회사라는 것을 고려하면 아주 중요한 깨달음이었죠. 이런 문제를 겪고 있는 회사들이 많은 것이란 생각이 들었습니다."라고 말했다.[4]

당시의 기업가는 디지털 기술에 의존하는 회사를 시작하기 전에 먼저 데이터 센터(간단히 말해 데이터 센터란 컴퓨터 네트워크가 대량의 데이터를 저장, 배포, 처리하는 물리적인 장소다.)용 서버를 비롯한 하드웨어에 최소 수십만 달러를 투자해야 했다. 이후 그 서버에 전력을 공급하기 위한 전기, 서버를 관리할 직원, 적절한 소프트웨어 라이선스 등의 지원 비용이 추가로 필요했다. 기업에게는 높은 진입 장벽이 있었던 것이다.

재시는 아마존이나 다른 기업이 기반으로 삼을 수 있는 웹 인프라라는 기초 단위를 제공하는 새로운 사업 분야에 대한 자료를 만들어 베이조스와 그의 에스팀에게 보고했다. 재시에게는 자체 프로젝트의 속도를 높이기 위해 이 사업을 구축해야 한다는 명확한 인식이 있었다. 그리고 기왕 속도를 내기 위해 투자할 거라면 이 새로운 사업을 다른 기업에 판매해 그들이 아마존이 경험한 고된 일에서 벗어나 핵심 사업에 집중할 수 있게 하는 영리화를 시도하는 것이 낫다고 생각했다. 타 업체들은 이 문제를 유료로 아마존에 아웃소싱하는 것도 가능했다.

그러나 미래 사업의 전망을 담은 이 문서에는 재무 모델에 대한 언급이 없었다. 재시는 에스팀에 회사가 어떻게 실행하느냐에 따라 100만 달러 규모의 사업이 될 수도, 100억 달러 규모의 사업이 될 수도 있어 예측이 불가능하다고 말했다. 더구나 그것은 초기 단계에서 아마존이 서버, 데이터 센터, 네트워킹 장비, 팀에 큰 투자를 해야 하는 자본 집약적인 사업이었다. 재시는 "종이에만 적힌 아이디어"를 위해 에스팀에 57명의 직원을 요청했다.[5] 그는 불안감이 컸지만 베이조스는 단호했다. 그 프로젝트는 재시가 이끌게 되었다.[6]

재시의 팀은 3년 동안 인터넷을 완전히 뒤바꾸게 될 사업을 만들기 위해 노력했다. 그들은 기업과 프로그래머들이 필요에 따라 주문형으로 연산력과 데이터 스토리지를 임대할 수 있게 하기 위한 작업을 했다. 서비스를 이용하는 기업이나 프로그래머는 가스나 전기를 이용하듯이 사용량에 따라 요금을 내고 온라인으로 자원에 접근할 수 있다. 고객은 데이터 센터를 사들이거나 관리할 필요가 없다.(훨씬 더 큰 비용이 드는 일이었다.) 아마존이 서비스 제공업체로서 이 모든 일을 처리한다.

2003년 재시의 팀은 아마존 웹 서비스Amazon Web Services, AWS가 될 것을 구축하는 작업에 돌입하면서도 과연 고객이 찾을지 의구심을 가졌다. 재시는 《인텔리젠서Intelligencer》의 기자에게 "일을 시작한 후에도 스스로에게 '정말 모르겠어. 사람들이 우리 스토리지를 구입할까? 사람들이 우리 컴퓨팅 파워를 사려할까? 데이터베이스 서비스를 구입할까? 그냥 사람들이 분명히 사용할 전자상거래 기술을 개발하는 데 집중해야 하는 것은 아닐까?'라고 자문하는 때가 수없이 많았습니다."라고 말했다.[7]

2003년 재시의 팀이 AWS를 구축하는 동안 아마존은 수익을 본 첫해를 맞았다. 여러 요인이 합쳐진 결과였다. 우선, 전 세계 판매자가 자신의 제품을 판매하는 마켓플레이스 사업이 자사 소매 사업보다 훨씬 수익이 좋았다. 토이저러스, 보더스를 비롯한 소매업체들의 전자상거래 운영을 호스팅하는 일도 수입을 늘렸다.(토이저러스 소송은 1년 뒤에야 시작되었다.) 또한 닷컴 붕괴를 계기로 진행한 효율성 향상을 위한 노력은 회사의 비용 절감으로 이어졌다. 이 모든 조치는 이맘때부터 성과를 보이기 시작했다. 아마존이 보고한 수익이 그리 크지는 않았지만 말이다.

2006년 3월, AWS가 첫 번째 제품, 심플 스토리지 서비스Simple Storage Service와 함께 공식 출범했다. 사용자가 기가바이트당 15센트의 요금으로 데이터 스토리지를 이용할 수 있는 서비스였다. 그해 말에는 엘라스틱 컴퓨트 클라우드Elastic Compute Cloud를 론칭했다. 두 제품 모두 성공이었다. 재시의 직감이 옳았던 것으로 밝혀졌다. 온라인 스토리지는 거의 모두가 해결하지 못한 문제였기 때문이다.

사업 확장으로 회사의 수익은 급증했다. 아이러니하게도 수년간 수익을 내지 못하게 했던 바로 그 상황이 성장을 가속할 뿐 아니라 이윤이 적은 소매 사업에 타격을 주지 않으면서도 회사 수익을 책임질 사업을 구축할 수 있는 자유를 주었다. 2021년에 회사 총수익의 약 4분의 3이 AWS에서 나왔다. 재시는 2003년에 에스팀원으로 승진했다.

AWS는 클라우드 컴퓨팅 분야를 개척해 기업들이 신용카드로 편안하게 서비스에 가입하고 사용량에 따라 요금을 지불할 수 있도록 했다. CIA 같은 정부 기관부터 애플과 골드만 삭스 등 다양한 기업까지 모두가 유용하다는 것을 깨닫고 서비스에 가입했다.(한 AWS 임원은 AWS가 얼마나 강력한 힘을 가졌는지 보여주는 증거로, 오랫동안 휴대폰, 스트리밍 디바이스, 태블릿 판매에서 아마존과 경쟁해 온 애플조차 매년 AWS에 20억 달러 이상을 쓰고 있다고 전했다.) 더 중요한 것은 AWS를 통해 아마존이 또 다른 서비스, 이번에는 소비자가 아닌 기업과 조직을 위한 서비스를 갖게 되었다는 것이다. 이런 수익은 소매업 이외의 분야로 진출하는 데 원동력이 되고, 아마존이 소매업을 혁신하는 데 도움을 준 낮은 가격(과 손실)을 만회하게 된다.(정말 탁월한 전략이었다. 이 새로운 벤처를 통해서 많은 수익이 유입됨에 따라 아마존은 계속 가격을 낮게 유지하면서 소매업에서 우위를 지킬 수 있었다.) 아마존은 새로운 분야에 뛰어들기 시작했고, AWS는 그 방향으로의 첫걸음이었다.

아마존은 소매 이외의 첫 번째 대규모 사업 확장인 AWS의 론칭으로 제국을 키워가기 시작했다. 베이조스는 아마존을 복합기업, 서로 다른 사업부로 이루어진 대기업으로 만들어 가고 있었다. 아이러니한 일은 아마존이 이 과정을 시작하면서 월 스트리트에서는 복합기업이 좋은 비즈니스 모델이라는 인식이 점차 시대에 뒤떨어진 것이 되어 가고 있었다는 점이다. 물론 항상 그런 것은 아니었다.

1960년대 저금리로 인해 적은 돈으로 자금을 조달할 수 있게 되고 산업 전반에서 합병을 이용한 성장이 주목을 받으면서 현대의 복합기업을 낳았다.[8] 같은 업계의 직접적인 경쟁사들을 한데 묶어 시장 점유율을 높임으로써 경쟁력을 강화하는 수평적 합병에서 더 나아가, CEO들은 자신의 분야 밖의 기업들까지 인수하기 시작했다. 다각화라는 게임이 시작 되었고, 그 결과 관련이 없는 산업으로 사업 분야를 넓힌 기업들이 나타났다. 예를 들어, 전성기 때의 아이티티ITT Corporation는 이런 다각화가 어디까지 이를 수 있는지를 보여주었다. 1920년 인터내셔널 텔레폰 앤 텔레그래프International Telephone & Telegraph라는 통신업체로 설립된 이 회사는 초창기에는 통신 분야의 비슷한 기업을 사들이거나 그런 기업에 투자했다. 하지만 이 중견 통신 회사는 1960년부터 1977년 사이에 350개 이상의 기업을 인수해 상당한 지분을 보유한 쉐라톤 호텔, 에이비스 렌터카Avis car rentals, 원더 브레드Wonder Bread 제조업체인 콘티넨탈 베이킹Continental Baking 등을 비롯한 150개의 계열사를 거느리게 되었다.[9]

복합기업 구조를 뒷받침하는 근거는 단순하다. CEO로서는 관련이 없는 여러 사업에 발을 담그는 것이 위험을 회피할 수 있는 좋은 방법이다. 예를 들어, 보험과 같은 한 사업 부문이 부진하면 그 손실을 수요가 급증하고 있는 다른 영역에서 만회할 수 있는 것이다. 기업들은 주기적인 경기 침체로부터 자신을 보호하기 위해 의도적으로 이질적인 부분들로 이루어진 제국을 구축했다.

전성기의 GE(1892년 토마스 에디슨이 J. P. 모건J. P. Morgan의 도움으로 공동 설립했다.)는 복합기업의 본보기였다. 이 회사는 에디슨의 벤처에 발전기와 전등을 만들던 다른 회사가 합병해 탄생했다. 수십 년 동안 이 우량 기업은 전구에서 비행기 터빈, 전기 고데기에 이르기까지 서로 관련 없는 많은 제품들을 제조했다. 그중에는 최고 6,000억 달러를 넘는 자산을 갖춘 GE 캐피탈GE Capital도 있었다.[10] 상업용 부동산부터 태국 자동차 대출에 이르는 이 GE 은행 사업 부문의 대규모 대출 사업은 회사 수익의 절반가량을 차지할 정도였다. 의료 분야에서도 MRI 기계를 혁신한 선도 업체였다. 보험 쪽으로는 모기지, 생명, 재보험 사업이 있었다. 심지어 NBC 유니버설NBC Universal도 GE의 소유였다. GE는 잭 웰치가 책임지고 있던 1981년부터 2001년까지 거의 1,000건의 인수 거래를 체결했다.[11] 이 회사는 수십 년 동안 범접할 수 없는 존재감을 뿜냈다.

1990년대에 들어서서도 기업들은 복합기업 구축의 추세를 이어갔다. 예를 들어, 산업 기업인 타이코 인터내셔널Tyco International은 700건

이상의 인수로 해저 광섬유 케이블부터 성인용 기저귀와 옷걸이까지 안 파는 것을 찾기 힘든 기업으로 변신했다.[12] CEO들은 상승하는 주가를 통화 삼아 더 많은 기업을 인수했다. 이는 다각화에 더해 CEO들의 지갑도 채워주었다. 이런 모든 인수로 기업은 시장 가치가 더 높은 더 큰 기업이 되었고 책임자들은 더 큰 보상을 받았다.

한동안 주식 시장은 서로 관련이 거의 혹은 전혀 없는 기업들로 거대한 제국을 만든 업계의 거물들에게 보상을 안겨주었다. 이런 종류의 성장은 주가를 끌어올려 주주들을 꽤 행복하게 만들곤 했다. 1990년대 동안, GE는 시가 총액으로 미국에서 최고의 수준에 있는 기업 중 하나였다. 다른 복합기업들 역시 그 10년 동안 시장 가치 10대 기업 명단에 이름을 올렸다.

복합기업들은 비용을 절감하기 위해 여러 비즈니스에 걸쳐 백오피스backoffice* 운영을 중앙 집중화해 효율을 높였다. 또한 대기업이기 때문에 회사의 다른 제품을 교차 판매할 수 있었다. GE의 경우 항공사 고객에게 보험이나 은행 제품도 판매할 수 있었다. 복합기업들은 이런 식으로 규모의 경제를 달성했다.

하지만 21세기에 들어서면서 이런 거대 복합기업을 둘러싼 정서가 나빠지기 시작했다. 강력한 기업 사냥꾼(대부분이 강력한 헤지펀드)이 부상해 기업이 무엇을 어떻게 해야 하는지에 개입하기 시작했다. 헤지펀드는, 간단히 말해, 돈을 벌기 위해 전략적으로 시장에 투자하는 한 무리의 개인 투자자이다. 일부 헤지펀드는 2008년 금융 위기 동안

---

* 회계, 재무, 인사, 조달 등 고객을 직접 대면하지 않는 사내 관리·지원하는 활동.

대기업을 표적으로 삼아 실적이 저조하다고 생각되는 기업의 주식을 회사를 조종할 수 있을 만큼, 즉 자신들의 생각에 따라 회사에 가장 이익이 되는 전략적 결정을 내릴 수 있을 만큼 충분히 매집했다. 그들이 기업에 가장 즐겨하는 요구는 조직을 간소화하고 한 가지 핵심 역량에 집중하라는 것이었다. 그들은 사실상 새로운 시대의 복합기업 킬러였다.

미국 기업의 중역들이 특히 두려워하는 것은 유명한 행동주의 투자자activist investor **인 칼 아이칸Carl Icahn이었다. 올리버 스톤Oliver Stone 감독의 영화 〈월 스트리트〉에서 고든 게코Gordon Gekko 역에 영감을 준 이 억만장자에게는 기업 매각과 해체를 강요하는 습관이 있었다. 신랄한 독설로 유명한 이 정열적인 투자가는 2006년 복합 미디어 기업인 타임 워너Time Warner Inc.의 해체를 요구하며 회사 경영진을 격렬하게 비판했다. 그는 타임 워너에 AOL 사업부를 별도의 상장회사로 분리하고 출판·케이블 사업부도 분할하라고 요구했다. 사업 운영 간소화는 21세기 미국 기업의 핵심 추세가 되었다. 하지만 아마존은 이 추세를 따르지 않았다.

행동주의 투자가들은 기업 분할과 해체 과정에서 부분의 합이 전체보다 크며, 주력 사업 외의 모든 다른 것은 경영에 대한 집중을 방해할 뿐이라고 주장했다. 복합기업은 여러 업체를 소유하고 있는데 그중 하나라도 실적이 저조하면 모기업의 주가가 동반 하락하는 경우가 많았다. 흔히 "복합기업 할인conglomerate discount"이라고 불리는 현상이다. 예를

** 회사 내에 중대한 변화를 일으키기 위해 이사회의 의결권을 확보하려고 하는 사람.

들어, 1995년 대니얼 로브Daniel Robe가 설립한 행동주의 헤지펀드 서드 포인트Third Point는 2018년 복합 산업 기업인 유나이티드 테크놀로지United Technologies, UTC를 세 개로 분할하라고 종용했다. 서드 포인트는 엘리베이터, 제트 엔진, 에어컨을 만드는 복합기업 모델 때문에 경쟁사들보다 주가가 약세를 보인다고 주장했다. 서드 포인트는 UTC 이사회에 보낸 서한에서 "수년에 걸친 성과 부진을 역전시키고 프랜차이즈 자산의 잠재력을 최대한 실현하기 위해 UTC를 세 개의 집중된 독립 업체로 분할해야 한다고 생각한다."라고 주장했다.[13] 2020년, UTC는 이 행동주의 투자자의 계획을 따랐다.

역사상 가장 유명한 해체 사례는 정말로 분할한 부분들의 합이 전체보다 가치가 높다는 것을 보여주었다. 스탠더드 오일은 회사를 해체하려는 소송에 맞서 치열한 싸움을 벌였지만, 실제로 록펠러의 재산은 1911년의 해체 이후 전례 없는 수준에 도달했다. 해체 후 1년 만에 해체로 생겨난 신생 업체들의 주가가 대부분 두 배의 성장을 달성했다.[14]

의도치 않은 결과로, 경영하기 힘들 정도로 커진 일부 복합기업은 GE, 삼성전자, 도시바가 겪은 것과 같은 기업 스캔들이 발생할 수 있는 상황에 직면했다. CEO들은 사업 포트폴리오를 더 효율적으로 운영할 수 있는 경영 해법, 전략 해법이 있다고 주장했지만, 다른 생각을 가진 행동주의 투자자들은 사업이 지나치게 비대해 효과적 경영이 어렵다고 주장했으며, 경영진의 역량까지 문제로 삼기도 했다. GE와 도시바는 회계 스캔들에 연루되었고, 삼성전자의 후계자는 전직 대통령에게 뇌물을 준 혐의로 체포되었다.[15]

하니웰Hoenywell, 다우듀폰DowDupont, 타이코, 아이티티, 심지어 제너럴 일렉트릭까지 사업부를 매각하고, 분할하고, 회사를 나누면서 제국은 해체되었다. 이들의 해체는 규제 당국의 지시에 의한 것이 아니었다. 기업 자체에서 그런 구조를 더 이상 유지할 수 없다고 자각했거나 행동주의 투자자들이 해체를 밀어붙였기 때문이었다. 두 경우 모두 의미는 같았다. 그 사업 모델이 더 이상 이전만큼 수익성이 높지 않아 변화가 필요했던 것이다. 2021년, GE는 GE 헬스케어 테크놀로지스GE HealthCare Technologies, GE 에어로스페이스GE Aerospace, 그리고 재생 에너지에 초점을 맞춘 GE 베르노바GE Vernova, 이렇게 세 개 기업으로의 분할을 발표했다. 기업 분할을 이끈 GE의 CEO는 《월스트리트 저널》에 "의료 부문에 투자하는 사람들은 의료 부문 투자를 원합니다."라면서 분할 이후 분야별 투자가 가능해지면서 여러 사업이 뒤범벅되어 있어 GE를 기피했던 투자자들의 투자 의욕이 커질 것이라고 설명했다.

"세 부문이 잠재력만큼 투자를 유치하지 못하고 있는 데에 우리의 구조가 한몫을 했다는 것을 우리도 알고 있습니다."[16]

GE의 전 CEO 제프 이멜트Jeff Immelt는 2018년 "금융 서비스와 산업 기업을 한데 묶는다는 개념은 한때 좋은 생각이었을지 모르지만 지금은 매우 좋지 않은 생각입니다."라고 말했다.[17]

AWS를 론칭하는 과정에서 미국 기업의 표준이 되어버린 이런 기업 분할도 모든 곳에 손을 뻗으려는 베이조스의 야심은 막지 못했다. 다른 기업들이 수익성 개선을 위해 복합기업을 해체해야 한다고 생각한 반면, 베이조스는 가능한 회사를 확장시키는 일에 집중했다. 어디에든 있기 위해서는 아마존의 제국 건설이 꼭 필요했다. 신생의 이질적인 사업 부분들이 모두 더 원대한 목표에 기여하고 있었기 때문이다.

고위 경영진과의 회의에서 베이조스가 설명한 세상은 고객이 키친타월이나 건전지 같은 잡다한 품목을 구매하기 위해 한 달에 한 번씩 아마존닷컴을 찾는 세상이 아니었다. 아마존이 고객의 생활 속에 온전히 자리를 잡는 세상이었다. 베이조스는 명시적이든 암묵적이든 아마존이 사람들의 삶에 필수적인 요소가 되는 것을 "일상적 습관daily habit"이라고 부르게 되었다.

아마존은 동영상 시청이나 음악 감상과 같이 사람들이 형성하는 습관을 분석하고 그 범주가 무엇이든 아마존이 거기에 진출해야 한다고 결정했다.

2017년 10월까지 아마존 스튜디오Amazon Studios를 이끌었던 로이 프라이스Roy Price는 "제프는 많은 회의에서 아마존을 '일상적 습관'으로 만드는 것에 대해 이야기했습니다."라고 회상한다.

"음악과 비디오의 경우 일상적으로 브랜드를 접하기 때문에, 고객 접점을 늘리기 위해서라면 아마존이란 브랜드를 가끔 책을 사러 가는 곳에서 매일 접하는 곳으로 탈바꿈시켜야 했습니다. 아마존은 물건이 필요할 때 찾는 소매업체에서 생활의 일부인 서비스 제공업체로 변모하고 있었습니다."

아마존은 소매업계를 완전히 와해시켰듯이, 이번에는 업계의 다른 영역을 향해 체계적으로 촉수를 뻗어 나가고 있었다. 일상에 아마존을 통합시키는 데 초점을 맞추고 점점 더 큰 플라이휠로 만들고 있었던 것이다.

베이조스는 경쟁심이 강한 직원들에게 핵심 소매 부문 너머로 확장해 고객과 더 자주 접촉할 수 있는 모든 방법을 찾는 과제를 맡겼다.

오랫동안 이사회의 구성원이었던 한 사람은 이렇게 설명했다.

"그들이 하는 일은 두려움에서 비롯되었습니다. 혁신을 멈추면 누군가가 아마존의 자리를 차지할 것이기 때문입니다."

그들은 새로운 비즈니스를 구축하고 진출이 필요한 영역을 적극적으로 찾으려 끈질기게 노력했다. 복합기업 모델의 유행이 식었는데도 불구하고, 새로운 분야와 산업으로의 진출이 과거 대기업이 누렸던 혜택을 아마존에 가져다주었다. 예를 들어 클라우드 컴퓨팅 서비스가 소매업의 낮은 수익을 상쇄했다. 계속 낮은 가격을 유지하는 것은 꼭 필요한 일이었다. 다른 소매업체에겐 불가능한 이윤율로 제품을 판매하면서 시장을 빼앗아 올 수 있었기 때문이다. 이는 아마존의 발판인 소매업에서 고객들에게 대단히 매력적으로 다가간다는 의미이기도 했다. 이것은 고객을 위한 서비스이기도 했지만, 회사의 플라이휠을 위한 서비스이기도 했다.

아마존은 2000년대 들어 모든 강점을 기하급수적으로 강화하기 시작했다. 인수를 통해 복합기업의 자리에 오른 과거의 기업들과 달리, 베이조스는 AWS에서 그랬던 것처럼 본래의 사업과는 크게 다른 새로운 사업 부문을 아마존 내부에서 발전시키는 방식으로 무에서부터 시작해 제국을 건설하기 시작했다. 아마존은 이 회사를 사람들의 일상 생활에 통합하려는 베이조스의 지휘에 따라 다양한 부문에 진출했다. 부분들이 효과적이지 못해 기업 사냥꾼들에 의해 혹은 스스로 해체의 길을 밟은 다른 기업들과는 달리, 아마존의 구성 요소들은 서로를 강화하면서 전체가 부분의 합보다 훨씬 더 커졌다. 한편 아마존은 제국주의적 사고방식으로 진출이 필요한 영역을 확보하고 그 영역의 성장에 따라 영향력을 늘려 나가는 데 집중했다.

AWS를 출시한 2006년, 고객이 영화와 TV 프로그램을 다운로드할 수 있는 아마존 언박스Amazon Unbox의 론칭으로 아마존은 엔터테인먼트 부문에서 발판을 얻었다. 이는 2010년에 출범한 아마존의 영화 및 TV 제작 부문, 아마존 스튜디오의 전신이었다. 아마존은 2007년 식료품 시장에 진입해 이후 아마존 프레시Amazon Fresh의 베타 버전을 출시했다. 같은 해 고객이 전자책, 신문 기타 디지털 미디어를 읽을 수 있는 전자책 리더, 킨들Kindle도 출시되었다. 이 디바이스를 통해 책과 같은 전통적인 미디어를 디지털과 실물의 두 가지 방식으로 이용할 수 있게 되면서 아마존은 이 분야의 시장 주도 기업으로 자리 잡을 수 있었다. 아마존은 웹사이트를 통해 실제 책을 구매하는 고객과 전자책을 읽고자 킨들을 구매하는 고객 모두를 확보할 수 있었다. 또한 아마존은 작가들을 위한 출판 플랫폼을 론칭해 전통적인 출판 업계에 도전했다. 이미 서적 사업의 소매 부문에서 혁신을 일으켰던 아마존은 이런 시도를 통해 콘텐츠 제작자로서의 입지까지 확보했다. 2008년, 아마존은 오디오북 회사 오더블Audible을 인수했다.

에스팀 멤버였던 마크 오네토는 "그는 천재예요. 전 천재란 상황을 평범한 사람보다 2년 앞서 생각하는 사람으로 정의합니다."라고 말한다. "그가 뭔가를 이야기하면 '미쳤나 봐'라고 생각하는 때가 있죠. 그런데 2년 뒤에 그가 옳았다는 것을 알게 되죠." 오네토는 AWS가 어떤 존재가 될 것인지에 대한 베이조스의 비전이 그런 사례 중 하나라고 말한다.

아마존의 여러 신규 사업 부문은 아마존의 소매 사업에서 영감을 얻은 AWS의 모델을 따랐다. 일부는 작은 규모로 시작했지만 곧 더 큰 사업부로 확장되었다. 예를 들어, 아마존은 2008년에 광고 부문을 시작했다. 본래는 검색 결과를 웹사이트에 광고로 게재해 쇼핑객이 링크를 클릭하면 아마존닷컴 외부 웹사이트로 연결되도록 했지만 이후에는 판매자가 광고 공간을 구매해 아마존닷컴 내 검색 결과에 더 잘 노출되게 하는 식으로 발전했다. AWS와 마찬가지로 광고는 회사의 막대한 수익을 가져다주는 중심 사업이 되었다. 마찬가지로 아마존 로지스틱스Amazon Logistics는 고객에게 제품을 배송하는 인프라를 구축한 뒤 이를 다른 기업과 판매자에게 팔기로 결정했다. 이 과정을 밟는 동안 아마존은 소매 사업을 혁신했다. 2005년에는 연회비를 지불한 연간 회원들에게 아마존닷컴 주문 제품을 2일 내에 무료로 배송하는 아마존 프라임Amazon Prime이라는 멤버십 프로그램을 선보였다.

또한 창고를 거쳐 판매하는 많은 양의 제품을 배송할 수 있도록 물류 네트워크를 계속해서 조정했다. 아마존 초창기에는 물류창고에도 사무직 전문가들이 배치되어 책을 포장하고 배송했다. 토드 넬슨은 1990년대 말 창고에서 일하던 동료 중 한 명이 로켓 과학자였다고 회상한다. 다른 한 명은 컴퓨터 프로그래머였다. 하지만 규모가 커짐에 따라 다수의 창고 직원을 고용하게 되었다.

아마존의 플라이휠은 실용적인 방식으로 형태를 갖추고 있었다. 아마존닷컴에 제3자 판매자가 늘어나면서 선택지가 확대되었다. 선택의 폭이 넓어지자 사이트가 더 편리해졌고 더 많은 고객이 찾게 되었다. 더 많은 고객이 쇼핑을 하면서 이들 고객에게 다가가길 원하는 더 많은 판매자가 물건을 팔기 위해 아마존닷컴에 가입했다. 고객이 자신의 제품을 선택하게 하기 위해 판매자들은 가격 경쟁력이 필요했고, 따라서 매출을 위해 가격을 낮추는 경우가 많았다. 낮은 가격은 더 많은 쇼핑객을 끌어들이고, 더 많은 쇼핑객은 더 많은 판매자를 끌어들이고… 플라이휠의 한 구성 요소만 강화해도 전체 플라이휠이 점점 더 빠르게 회전했다. 이렇게 아마존의 동력인 소매업은 점점 단단히 자리를 잡았다.

아마존이 소매업 외에 더 많은 사업을 추가하면서 플라이휠은 아찔할 정도로 빨리 회전하기 시작했다. 확장 계획이 잘 통합되어 시너지를 내게 된 것이 바로 이 때문이었다. 개별 사업만 자체적인 플라이휠이 있는 것이 아니라 이들이 더 큰 아마존 플라이휠의 동력이 되었던 것이다. 더 많은 고객이 몰려들면서 더 많은 판매자가 나타났다. 플라이휠을 통해 각 사업 부문을 보면 그 결속력이 뚜렷이 드러난다. 수많은 다른 판매자 사이에 부각되고자 하는 판매자는 아마존에서 광고 공간을 사 자신의 물건이 검색 결과 상단에 표시되도록 했다. 이로써 아마존은 판매자로부터 더 많은 수입을 올릴 수 있었고, 광고 사업은 아마존이 판매할 수 있는 또 다른 서비스가 되었다. 광고 수익이 많아질수록 그 수익을 미래의 발명에 더 많이 재투자할 수 있었다. 프라임 멤버십 프로그램의 특전으로 더 많은 동영상 콘텐츠를 제공할수록 더 많은 쇼핑객이 아마존 프라임에 가입하고 아마존닷컴에서 더 많은 돈을 쓰게 된다. 더 많은 쇼핑객이 아마존닷컴을 방문하면 그들에게 다가가기 위해 더 많은 판매자가 가입하고 고객에게 제품을 더 빨리 전달하고 강력한 프라임 프로그램의 혜택을 받기 위해 아마존 배송 네트워크를 통한 풀필먼트 서비스에 가입하게 될 것이다. 아마존이라는 복합기업의 각 부분를 자극하면 전체 플라이휠이 더 빠르게 돌아가고, 더 많은 힘과 효율성이 창출되어, 아마존과 협력하는 것 외에 다른 선택이 없는 쇼핑객, 판매자, 벤더, 심지어 경쟁사에게 아마존은 없어서는 안될 존재가 된다. 결국 아마존은 기업계에서 흔히 달성할 수 없는 유형의 영향력을 얻게 되었다.

하지만 새로운 사업에는 인내심이 필요했다. 베이조스는 아마존이 AWS를 론칭한 2006년의 주주 서한을 이런 말로 시작했다.

"아마존의 기존 규모에서 씨앗을 심어 새로운 의미 있는 사업으로 성장시키는 데에는 약간의 자제력과 인내심, 성공을 지원하는 육성 문화가 필요합니다."

그가 언급한 씨앗은 아마존이 새롭게 시작하게 될 신사업이었다.

"경험상 신사업이 큰 성공을 거둘 경우라도, 3~7년 후에야 전체 회사 경제에서 의미를 갖기 시작합니다. 우리는 해외 사업, 초기 비미디어 사업, 제3자 판매자 사업의 경우에서 이 정도의 시간이 필요한 것을 지켜보았습니다."

이 회사가 그 후 수년간 점점 더 많은 사업을 시작하는 과정에서 씨앗의 비유가 적절했다는 것이 드러났다. 기저가 되는 비전을 추진하는 플라이휠 사고방식으로 다양한 비즈니스를 성장시킬 수 있게 된 것이다. 씨앗이 나무로 자라고 뿌리를 뻗고 결국에는 그것이 닿는 모든 부문에서 입지를 확고히 하고 지배적인 위치를 확립하는 데에는 상당한 시간이 필요했다. 하지만 베이조스는 자제력이 있었고 그 과정을 서두르지 않았다.

2000년대의 첫 10년이 끝날 무렵 아마존은 세계 최대 물류 회사,

미국 최대 디지털 광고업체, 주요 할리우드 스튜디오, 세계에서 가장 우세한 클라우드 컴퓨팅 회사, 식품 소매업계의 혁신업체로 성장할 수 있는 씨앗을 심어 둔 상태였다. 이 회사는 경악스러울 정도로 많은 사업에 진출하면서 페덱스FedEx, 구글, 넷플릭스, 마이크로 소프트, 크로거Kroger와 같은 거대 기업들과 정면으로 맞서게 되었다.

앞서 언급한 기업들은 한두 개 산업에서 선도 업체였지만, 아마존은 그 특유의 내부에서 외부로 향하는 확장 모델을 통해 이 모든 업계에 진입했다.(그리고 곧 많은 업계에서 주도 기업이 되었다.)

산업 전반에 걸친 믿기 힘들 정도로 효율적이고 거대한 이 플라이휠은 아마존 성공의 열쇠가 된다. 각 사업부문은 중요한 데이터를 축적하고 회사 내 다른 부서는 이 데이터를 활용할 수 있었다. 다시 말해 아마존은 한 영역에서의 지배력을 이용해 다른 영역에서도 영향력을 발휘할 수 있었던 것이다.

아마존은 복합기업이 되어가고 있었지만, 사업 다각화를 통해 고객에게는 저렴한 제품을 공급하거나 경쟁사를 포함한 수많은 조직에게 데이터 스토리지를 제공하는 등의 다양한 방식으로 아마존에게 유리한 상황을 만들 수 있었다. 개별 판매자는 아마존의 성장하는 고객 기반에 대한 필요와 고객들에게 도달하기 위해 아마존에 내야 하는, 이윤을 갉아먹는 수수료 사이에서 갈등하고 있었다. 그들이 어떤 서비스를 제공하든 아마존이 모든 카드를 쥐기 시작했고 아마존의 성장에 따라 다른 모두의 희생으로 모든 거래 조건이 아마존에 유리해질 것이 명백해졌다.

아마존이라는 복합기업은 진전을 시작하기만 하면 전례 없는 범위까지 확장했다. 클라우드 컴퓨팅이든 광고든 그들의 다양한 제품은 아마존 마켓플레이스의 강력한 고객 기반이 결합되어 누구나 자기 보호를 위해서는 어느 정도는 아마존에 돈을 지불해야 하게 만들었다. 고객이든 경쟁자이든 파트너이든 모든 길은 아마존으로 이어지기 시작했다. 아마존은 상당한 규모와 영향력을 갖춘 복합기업을 계획적으로 만들었다. 모두가 자신의 목적을 위해 아마존을 필요로 하게 되면서 아마존은 여러 가지 면에서 필수적인 존재가 되었다. 어떤 면에서는 아마존을 피하는 것이 불가능해졌다.

아마존은 이런 상황을 가능한 최선의 방법으로 이용해 난공불락의 영향력을 지닌 위치에 이르렀다. 그들의 제국주의 사고방식은 고객도 모르는 사이에 훌륭한 미끼가 되었다. 사람들은 아마존을 필요로 하게 되었고 촉수가 뻗어나갈수록 그런 필요는 더 커졌다.(대호황 시대 반트러스트 단속반들을 "문어 사냥꾼"이라고 불렀던 것은 우연이 아니다.)

새로운 사업 분야에 진출하면서 아마존은 기하급수적으로 많은 양의 데이터를 축적하기 시작했다. 여러 산업 분야에 걸친 사업으로 이 거대 기업은 전 세계 대부분의 기업보다 많은 데이터를 확보하게 되었다. 데이터가 석유보다 더 높은 가치를 인정받는 경제에서, 아마존은 수집한 정보의 엄청난 양만으로도 주식 시장에서의 높은 가치를 정당화하는 것 같았다.[18]

데이터는 다른 무엇보다 중요했다. 데이터는 아마존 성공의 기반이었다. 아마존에서는 데이터가 모든 것을 말해주며, 많을수록 사용할 방법 또한 많아지기 때문이다. 그들은 실제로 데이터를 사용했다. 아마존 내부의 가차 없는 승리 지상주의 문화 속에서, 우위를 점하려는 직원들은 가능한 어떤 방법으로든 이 방대한 데이터를 사용해야 했다. 심지어 비윤리에 아주 가깝더라도 말이다. 이 문화에서 가장 중요한 것은 승리였고, 승리해야 하는 사람은 정상에 있기 위해 필요한 일은 무엇이든 하곤 한다.

2000년대의 첫 10년이 끝날 무렵, 아마존은 시스템 내 잠재 에너지의 대부분을 운동 에너지로 전환하기 시작했다. 아마존은 유명 브랜드부터 소규모 업체까지 수많은 판매자의 물건을 파는 전자상거래 업계의 거인이 되었다. 하지만 아마존은 그 대부분을 직접 할 수 있다는 것을 알게 되었다. 아마존은 효율을 달성하기 위해(물론 고객을 위한) 일부 사업을 최대한 공격적으로 수직 통합*해야 했다.

아마존이 직접 제품을 만들고 자사 플랫폼을 활용해 판매해 아마존 사이트에서 수수료를 내고 있는 판매자들과 경쟁하면 어떻게 될까? 아마존 내부에서 소규모 실험으로 시작한 이것은 큰 사업 부문으로 성장하고 집중적인 조사의 대상이 된다. 하지만 우선은 시작이 필요하다.

2009년 아마존은 공 DVD와 A/V 케이블과 같은 몇 가지 전자제품으로 시작한 자체 브랜드 아마존 베이직Amazon Basics을 출범시켰다. 전통 소매 업계 전반에서 친숙하고 단순한 전략이었다. 아마존은 고객에게 인기 있는 국내 브랜드 품목을 확인하고 자사 버전의 물건을 제조할 해외 공장을 찾아 비슷한 품목을 판매하는 브랜드들보다 낮은 가격

---

* 원재료 생산에서 최종 제품의 판매까지 모든 경영 활동 단계에 관련된 회사를 체계적으로 흡수·합병하는 것.

을 매겼다. 아마존이 자체 브랜드 제품을 만들지 결정하는 데 주요한 요소 중 하나는 직접 제조한 제품에서 얻는 이윤이 다른 브랜드가 아마존닷컴에서 물건을 판매했을 때 아마존이 얻는 이윤보다 높아야 한다는 것이었다. 즉, 아마존의 제3자 판매자가 아이폰 충전기를 판매하면서 아마존에 수수료를 내고 있다면, 아마존은 그 범주에서 받는 수수료보다 이윤이 높을 때에만 그 충전기의 아마존 베이직 버전을 만든다는 의미다.

당시 보도 자료는 거의 주목을 끌지 못했다. 그 안에는 10년간의 그 어떤 진술보다 상황의 중요성을 축소하려는 뜻이 숨겨져 있었다.

"우리는 고객으로부터 계속 정보를 모으고 아마존 베이직이라는 브랜드의 새로운 제품이 갖는 가능성을 평가할 것입니다. 우리는 고객들에게 가능한 넓은 선택지를 제공하는 것을 목표로."

초창기 자체 브랜드 제품 생산에 대한 아마존의 접근법은 매우 초보적이었다. 자체 브랜드 이름으로 판매할 수 있는 제품이 무엇일지 단순한 테스트를 진행했다. 이후 활용한(그리고 곤란에 처하게 된) 것과 같은 데이터 주도 접근법은 존재하지 않았다. 대신 직원들은 업계 동향 보고서를 보고 무역 박람회를 찾았다. 자체 브랜드를 담당하는 임원은 중국 광둥성으로 가 대형 컨벤션 홀을 돌아다녔다. 주요 브랜드의 제품을 제조하는 중국 공장들이 영업 사원을 보내 컴퓨터 키보드에서 스피커에 이르기까지 자신들의 제품을 선보이는 캔톤 페어Canton Fair 현장이었다. 캔톤은 중국 최대의 무역 박람회로 여러 브랜드와 소매업체가 모여 제품 공급 업체를 찾는 곳이다.

2012년까지 아마존의 자체 브랜드 담당 임원이었던 토니 크발라

Tony Chvala는 "약 5,000개의 벤더가 있었습니다. 전부 살펴보는 데 3일이 걸렸죠."라고 회상한다. 크발라와 그의 팀은 코너마다 발을 멈추고 진열된 제품을 자세히 살폈다. 이를 통해 USB 드라이브와 마우스 같은 곧 부상할 다양한 최신 기술에 대해 파악하고 아마존 베이직 제품 라인에 추가할 품목에 대한 아이디어를 떠올리는 데 도움을 받았다. 그들은 제조업체로부터 받은 샘플과 공장 정보를 챙겨 시애틀로 돌아왔다. 이렇게 어떤 공장을 파트너로 선정해 아마존 베이직 브랜드를 붙여야 할지 선택할 수 있게 되었다.

아마존 베이직은 시작할 때만 해도 일관된 전략이 없는 실험에 불과했다. 내부적으로도 회의적인 의견이 많았으며 이는 이 부문에 투자한 자원에도 반영되었다. 2011년까지 아마존 베이직의 디렉터였던 파이잘 마수드는 아마존 베이직에는 직원이 다섯뿐이었다고 회상한다.

"처음 몇 년 동안 성과 목표를 달성하지 못해서 회의에 들어가면 저에게 폭격이 쏟아지곤 했습니다."

그들의 접근법은 부분적으로 잘못된 계산을 반영했다. 이 브랜드는 여러 범주에 걸쳐 너무 많은 제품을 제공하는 데 집중하고 있었고, 아마존은 마이크로 소프트나 애플과 같이 제조업을 주로 하는 회사로 알려져 있지가 않았다. 특정 부문에는 선도 업체로 자리를 잡은 평판이 좋은 브랜드가 있는(그리고 그들의 제품이 아마존 마켓플레이스에서 팔리고 있는) 상황에서 누가 아마존에서 만든 제품을 원할까? 예를 들어, 아마존 베이직은 컴퓨터 잉크를 판매했는데, 그것은 완전한 실패작이었다. 그들이 내놓은 다른 제품들도 별다를 것이 없었다. 그래서 그들은 미조정을 시작했다.

고객의 수요가 있는 분야, 아마존이 훨씬 더 저렴한 가격에 고품질의 제품을 제공할 수 있는 분야를 찾아내면서 그들의 성공이 시작되었다.

　　크발라는 "성공한 첫 번째 제품은 HDMI 케이블이었습니다. 당시로서는 대단히 혁신적이었죠."라고 말한다. 주요 HDMI 케이블 제조업체인 몬스터Monster는 케이블의 가격을 79~119달러로 책정했다. 베스트 바이Best Buy* 자체 브랜드는 가격이 더 낮은 약 30달러로 책정 되어 있어 매력적인 대안이었다. 마수드는 이후 아마존 베이직이 자사 버전을 약 6~8달러에 출시했다고 회상한다. 이런 할인 가격 책정은 아마존 베이직 매출의 폭발적 증가를 이끌었다. 마수드는 "우리는 시장을 전멸시키고 있었습니다."라고 말한다.

　　우선은 몬스터 케이블보다 가격을 낮추는 것이 문제였다. 마케팅 비용, 고정비용, 기타 수수료 등을 가격에 포함시켜야 했기 때문이다. 그렇다면 아마존 베이직은 어떻게 베스트바이 자체 브랜드보다 훨씬 낮은 가격에 물건을 팔 수 있었을까? 크발라는 "베스트 바이는 관리해야 하는 매장부터 당시 우리에게는 없었던 다른 많은 간접비가 있었습니다."라고 말한다. 아마존은 이번에도 전형적인 소매업체들이 할 수 없는 일을 할 수 있었다. 다른 업체들은 폐업 세일이 아닌 한 실행할 수 없는 정도의 이윤으로도 사업을 계속할 수 있었던 것이다. HDMI 케이블은 100만 개 이상 판매된 최초의 자체 브랜드 제품이 되었다. "제프 베이조스를 포함한 모든 사람이 기뻐했습니다." 크발라의 회상

---

* 전자제품과 컴퓨터 관련 제품을 취급하는 미국의 대형 유통업체.

이다. "그는 자체 브랜드의 성공을 진심으로 바랐습니다." 당시 아마존의 매출 자료를 검토하던 그들에게 한 가지가 분명한 것이 있었다. 폭발적으로 늘어나고 있는 제3자 판매자들을 통해 방대한 양의 정보가 들어왔지만 그 사용에는 제한이 있었다. 아마존 경영진은 자체 브랜드 팀에 아마존 마켓플레이스의 개별 판매자에게 불리한 방식으로 데이터를 사용하지 못한다고 말했다.

아마존의 초기 성장 대부분은 자체 사업에서 비롯되었지만, 2008년경부터는 굵직한 인수합병을 시작했다. 초기에는 여기저기서 소규모 업체들을 인수했지만, 2008년에는 약 2억 8,000만 달러를 들여 오더블을 인수했다. 다음해에는 온라인 신발 판매업체 자포스Zappos를 8억 5,000만 달러에 인수했다.[19] 자포스 인수는 당시 회사 역사상 가장 큰 거래였다. 자포스는 단 10년 만에 미국 온라인 신발 시장을 선도하는 업체가 되었다. 당시 아마존은 신발과 의류 판매에서 전반적으로 큰 진전을 보지 못하고 있었다. 아마존은 충성심이 강한 팬을 거느린 자포스를 통해 이들 고객을 확보할 수 있었다. 아마존 내부에서 합병을 맡은 그룹은 인상적이었다. 은행가였다가 아마존에 합류한 블랙번은 바클레이즈Barclays, 크레디트 스위스Credit Suisse와 같은 월 스트리트 최고 업체, 심지어 스캐든Skadden과 같은 엘리트 로펌에서 뛰어난 인재들을 끌어들였다. 이들은 막강한 대규모 내부 인수·합병팀으로 성장한다.

초창기 아마존 이메일이나 전직 직원들이 전하는 일화를 통해 아마존이 특정 기업에 대한 강한 집착으로 그들을 불리한 상황에 몰아넣고자 했음을 알 수 있다. 퀴드시Quidsi의 이야기는 그들의 이런 전략이 얼마나 강력해질 수 있는지 보여준다.

2009년, 아마존은 뉴저지에 기반을 둔 혁신적인 소규모 회사를 표적으로 선정했다. 마크 로어Marc Lore와 공동 설립자 비닛 바라라Vinit Bharara가 운영하는 이 신생 전자상거래 업체는 첫 자녀를 본 부모들이 기저귀와 유아용품을 구매하는 방식을 혁신하고 있었다.

1971년에 태어나 뉴욕 스태튼 아일랜드에서 성장한 마크 로어는 본래 농부가 꿈이었다. 그는 씨앗을 심어 무언가로 키워낸다는 아이디어에 강한 흥미를 느꼈다. 그는 제로에서부터 시작해 나가는 것을 좋아했고 기업가 정신을 갖추고 있었다. 어린 시절에는 레모네이드 가판대를 만들어 용돈을 벌었고, 열 살부터 주식 투자에 대해 배우기 시작했다. 그는 어디를 가든 정보를 흡수해 정규 교육 없이 독학을 했고, 이후에는 가족 중 처음으로 대학을 졸업하게 되었다.

졸업 후 로어는 은행에 들어갔다. 그는 런던의 산와 은행Sanwa Bank에서 높은 소득을 올렸지만 1990년대에 기술 스타트업 업계가 급성장하는 것을 지켜보며 자극을 받았다. 그는 구체적인 사업 아이디어도 없는 상태로 기술 기업을 만들기 위해 직장을 나왔다. 당시 그의 상사는 그가 미쳤다고 생각했지만, 어쨌든 벤처를 시작할 초기 자금에 투자를 해주었다.

로어의 출발은 성공적이었다. 그는 더핏닷컴ThePit.com이라는 온라인 스포츠 카드 거래 회사를 설립했고 2001년 탑스Topps가 이 회사를 570만 달러에 인수했다. 이후 그는 초등학교 친구와 함께 온라인 기저귀 판매 분야를 파고들었다. 2005년, 로어와 바라라는 다이아퍼스닷컴Diapers.com의 모기업인 퀴드시를 시작했다. 기저귀를 비롯한 유아용품은 큰 사업 기회인 것으로 드러났다. 2010년에는 퀴드시는 5억 개 이상의 기저귀를 배송할 계획이었고,[20] 분유, 카시트, 유모차, 아기 물티슈 등 초보 부모들이 필요로 하는 다양한 제품도 판매했다. 퀴드시는 2010년 화장품과 드럭스토어 제품까지 판매 영역을 넓혔다.

로어와 바라라가 성장하는 동안 아마존은 이들의 성공을 연구하고 있었다. 아마존은 보통 배송이 며칠씩 걸리던 당시에 어떻게 뉴저지의 이 전자상거래 업체가 부피가 큰 기저귀를 24시간 내에 배송할 수 있었는지 알아내기 위해 몇 달 전부터 노력을 기울이고 있었다. 다이아퍼스닷컴은 엄마들 사이에서 열렬한 추종자들을 얻었다. 엄마들은 아기가 자라는 과정에서 지속적 니즈가 생기게 되기 때문에 소매업계에서 탐내는 고객이었다. 아마존 역시 이들을 탐냈다. 기저귀를 구매한 엄마들은 계속 충성 고객으로 남아 아기에게 필요한 다른 제품, 특히 이윤 폭이 큰 제품을 계속 구매하는 경우가 많다.

2010년 8월의 아마존 내부 문서는 아마존이 엄마들에게 그토록 집중하는 이유를 설명한다.

엄마들은 아마존으로서는 가장 중요한 고객군이다.[21] 그들은 가정 내 구매의 대부분을 좌우하고, 정기적으로 온라인 쇼핑을 하며, 평생에 걸쳐 수입과 지출이 증가할 것이기 때문이다. 여성은 미국 내 총 소비자 구매의 85%를 좌우하거나 영향을 미치며, 식료품과 같은 소비재 가계 지출의 경우에는 그 수치가 93%까지 높아진다. 아이를 갖게 된 여성의 85%는 아기가 생긴 후 '구매 습관이 바뀌었다'고 말하며, 출생 첫해에

드는 평균 비용은 1만 달러가 넘는다. 피앤지Procter and Gamble에 따르면, 여성이 아이를 갖기 전 정기적으로 이용하는 소매업체는 5~7개지만 엄마가 된 후에는 그 수가 2~3개로 줄어든다고 한다. 초보 엄마들을 아마존으로 끌어들여 그들을 편리하고 중독성 있는 쇼핑 경험에 노출시킴으로써 즉각적으로 매출을 늘리고 사이트에 다시 방문할 기회를 갖게 되며, 무엇보다 중요한 것은 아마존을 평생 쇼핑을 위해 찾는 곳으로 굳어지게 만들 수 있다는 점이다.

아마존 맘Amazon Mom 프로그램은 '태아'부터 '유아'까지의 자녀가 있는 엄마들(1,700만 명)의 니즈를 충족하는 데 초점을 맞출 것이다. 자녀가 어릴 때는 엄마의 자유 시간이 극적으로 줄어드는 반면 구매에 관해서는 엄청나게 많은 새로운 문제에 직면하게 되는 중추적인 시기다. 우리 목표는 엄마들에게 아마존의 편리함을 소개하고, 엄마들의 니즈와 관련된 의미 있는 혜택을 제공함으로써, 2015년까지 충성도가 높고 지출이 많은 회원 기반을 ○○명 이상까지 늘려 표적 인구의 ○○%에 도달하는 것이다.

아마존도 퀴드시처럼 엄마들을 끌어들이기 위한 그만의 방법을 개발하는 데 노력을 기울일 수 있었다. 하지만 그들은 이미 성공적으로 그 일을 하고 있는 업체를 제압하기로 결정했다. 아마존 경영진으로 이루어진 팀이 이 스타트업에 대해 조사했다. 2009년 2월, 아마존의 인수·합병 책임자 중 한 명인 더그 붐스Doug Booms는 "다이아퍼스닷컴을 고려해 본 적이 있나요?"라는 제목의 이메일을 보냈다. 그는 퀴드시의 폭발적인 성장을 지적하며 그들을 인수할 것을 제안했다.

이 메일을 받은 다른 임원도 인수에 대해 편하게 대화를 나눠 보자고 제안하는 답장을 보냈다. 그는 "'기꺼이 다양한 각도에서 관계를 탐구할 것이다'라는 식으로 그들에게 접근할 수 있습니다."라고 적었다. 베이조스의 측근들은 퀴드시에 대한 심도 높은 경쟁 분석competitive analysis*을 지시했다.[22]

담당 팀은 퀴드시의 웹사이트를 일일이 클릭해 이 회사가 판매하는 모든 브랜드의 목록을 작성하고, 그것을 아마존이 판매하는 브랜드와 비교해 차이가 나는 부분을 찾았다. 심지어 한 직원은 퀴드시의 고객 서비스 센터에 전화를 걸어 상담원에게 질문 공세를 펼쳐 아마존 쪽에 가치가 큰 정보를 얻어냈다. 그는 이메일에 이 일을 자랑했다.

"여러 경쟁사에 전화를 걸어 물어보는 것만으로 경쟁사의 정보를 얼마나 많은 수집했는지 알면 놀라실 겁니다."

그는 통화 녹취를 첨부했는데 거기에서 자신이 아마존 직원이라고 밝히지조차 않았다.[23]

아마존은 퀴드시를 이기기 위한 12단계 계획을 개발했다. 계획을 자세히 설명하는 이메일에는 "다이아퍼스닷컴의 배송 속도 따라잡기 혹은 이기기", "다이아퍼스닷컴의 오후 6시 주문 마감 시간 따라잡기 혹은 이기기" 기타 아마존을 아기 용품을 구매할 수 있는 퀴드시보다 더 매력적인 쇼핑몰로 만드는 다양한 아이디어들이 포함되어 있었다.

당시 소비자 사업 담당 부사장이었던 더그 헤링턴Doug Herrington이 2월에 보낸 "이들이 우리의 가장 큰 경쟁자라는 추가 증거"라는 이메일

---

* 특정 산업이나 시장에서 경쟁하는 여러 기업들에 대한 평가 및 이해를 목적으로 하는 분석.

에는 이렇게 적혀 있다.[24]

"비용이 얼마가 들든 이들과 동일한 가격 책정이 필요하다고 생각합니다."

이듬해 아마존 퀴드시와 동일한 가격 설정에서 한 걸음 더 나아가 가차 없는 "승리의 계획"을 이행했다. 베이조스도 여기에 직접 관여했다.

헤링턴은 2010년 6월 베이조스를 비롯한 관계자들 사이에서 오간 이메일들을 통해, 아마존이 이 스타트업을 무너뜨릴 수 있는 몇 가지 방법을 제시했다. 그는 기저귀와 아기 물티슈 할인율을 30%로 두 배 늘리고, 초보 엄마를 위한 무료 프라임 프로그램이 포함된 "보다 공격적인 '승리의 계획'을 시작했다고 말한다.[25] 관계자에 따르면 이 팀은 이런 식의 할인이 "약탈적 가격 책정predatory pricing"으로 간주되거나 반독점 위험을 초래하지 않도록 법무팀과 논의했다고 한다. 약탈적 가격 책정이란 한 업체가 경쟁 업체를 쫓아 버리기 위해 제품이나 서비스의 가격을 원가 이하로 낮추는 것을 말한다. 경쟁자가 지거나 물러난 후에는 가격을 다시 인상한다. 스탠더드 오일이 이런 관행을 통해 시장 지배력을 늘린 것으로 악명이 높았다. 아마존 법무팀은 당시 아마존의 기저귀 시장 점유율이 너무 낮기 때문에 규제 당국의 관심을 끌지 못할 것이란 판단을 내렸다.

아마존이 자사 사이트의 모든 기저귀 가격을 30% 인하하던 날, 제프 블랙번은 퀴드시의 이사회 구성원 한 명에게 접근해 메시지를 전달했다. 퀴드시가 회사를 아마존에 매각해야 한다는 내용이었다. 이 메시지를 받은 퀴드시 이사는 위협처럼 들렸다고 회상한다. 당시 퀴드시는 매각 대상이 아니었고, 원대한 성장 계획을 가지고 있었다.

하지만 아마존이 기저귀 가격을 대폭 인하하자 퀴드시는 흐트러지기 시작했다는 것이 퀴드시의 또 다른 이사회 구성원 레너드 로디쉬 Leonard Lodish가 전한 말이다. 퀴드시 경영진은 계산을 통해 아마존이 기저귀 한 상자를 팔 때마다 12달러의 손해를 보고 있다는 것을 깨달았다. 아마존 내부 문서는 이 할인된 가격에 기저귀를 판매함으로써 단한 달 만에 2억 달러의 손실을 입었다는 것을 보여준다.[26] 퀴드시는 2005년 이래 처음으로 내부 월간 매출 추정치를 달성하지 못했다. 이 스타트업의 투자자들은 아마존의 공격에 불안해졌다. 퀴드시는 벤처 캐피탈 회사로부터 1억 달러를 조달하려 했지만, 아마존의 맹공에 겁을 먹은 일부 투자 회사는 이를 거절했다.

로디쉬는 이렇게 말한다. "아마존이 원가 이하로 기저귀를 판매한 일은 범법 행위입니다. 우리는 어떻게 해야 했을까요? 아마존을 반독점법 위반으로 고소했어야 했을까요? 아마 긴 시간과 수천만 달러의 돈이 들어갔을 테고 이후 우리는 파산했겠죠."[27]

모든 기업이 경쟁에 주의를 기울인다. 기업은 결국 주주가 맡긴 돈을 지키는 좋은 청지기가 되어야 하니까 말이다. 하지만 아마존이 한일은 그런 것이 아니었다. 아마존은 퀴드시가 문을 닫거나 항복할 때까지 기꺼이 손실을 감수하려 했다. 경쟁업체의 피를 보는 능력(그리고 인내심)은 대부분의 기업이 경쟁업체에 가하는 고통을 한참 넘어서는 것이었다.

꼼짝없이 손해를 보고 있던 퀴드시는 회사를 매각해야겠다는 생각으로 아마존과 월마트에 거래 의사를 타진했다. 퀴드시 경영진은 회사의 가치를 떨어뜨린 아마존을 싫어했지만, 어쨌든 회의를 받아들였고 아마존은 재빨리 5억 4,500만 달러를 제안했다.

이후 로어와 바라라가 아마존 고위 경영진과 저녁 식사를 하던 중에 이 두 동업자의 전화로 월마트의 이메일이 도착했다. 이 이메일에는 월마트의 최종안이 6억 5,000만 달러라고 적혀 있었다. 흥분한 두 사람은 양해를 구하고 복도로 나가 어떻게 해야 할지 의논했다. 그 제안은 아마존의 제안보다 훨씬 높은 금액인데다, 그들을 공격한 적이 아닌 다른 곳에서 왔다는 보너스까지 더해져 있었다. 다시 식사 자리로 돌아간 그들은 월마트가 방금 더 좋은 제안을 했고 그들은 그 제안이 마음에 든다고 밝혔다. 아마존은 이런 메시지를 전달했다. 퀴드시가 아마존이 아닌 다른 인수 상대를 선택한다면 아마존은 기저귀 가격을 0원으로 낮추겠다고 말이다. 퀴드시의 공동 창업자들은 이 위협에 크게 동요했다. 아마존은 그들을 망하게 하기 위해 기꺼이 기저귀를 공짜로 나눠줄 생각이었다. 약탈적 가격 책정의 극단적인 사례인 것이다. 물론 아마존은 경쟁자가 사라진 후 다시 가격을 인상할 수 있다.

월마트의 인수합병M&A 계약에는 거래에 합의한 시점과 거래가 성사된 시점 사이 몇 개월 동안 퀴드시의 사업에 중대한 변화가 있을 경우 월마트가 거래를 무산시킬 수 있다는 조항이 있었다. MAC 조항이라고도 불리는 이 거래 조항은 인수합병에서는 일반적인 조건이다. MAC 조항은 거래 성사 전에 갑자기 가치가 하락한 업체를 인수할 수밖에 없는 상황을 막는 매수자 보호 조항이다.

이 조항으로 인해 로어와 바라라는 난처한 상황에 처했다. 그들이 월마트와 거래할 경우 아마존이 기저귀 가격을 0으로 내려 그들의 사업을 망칠 것이고 이는 MAC 조항을 발동시켜 월마트가 계약에서 손을 떼게 할 수 있었다. 이를 아는 로어와 바라라는 월마트와의 계약에서 이 조항을 삭제하려 시도했다. 만약 이 조항을 삭제한다면 월마트는 아마존이 위협한 대로 기저귀를 공짜로 제공할 경우 어쩔 수 없이 퀴드시를 인수하거나, 계약 해지를 위해서 수수료를 지불해야 하는 상황에 처하게 된다. 월마트는 이 조항을 삭제하지 않았다. 로어와 바라라에겐 아마존의 첫 제안과 정확히 같은 조건으로 회사를 매각하는 것 외에 다른 선택지가 없었다. 교섭력을 잃은 퀴드시는 아마존에 회사를 매각하거나, 사업을 접어야 하는 현실을 받아들일 수밖에 없었다.

2010년 11월, 아마존은 5억 4,500만 달러에 퀴드시를 인수한다고 발표했다. 퀴드시 인수에 참여했던 한 아마존 임원은 "퀴드시의 인수 이면에 있는 우리의 전략적 근거는 월마트와 거리를 두는 것이었습니다. 퀴드시 인수로 월마트의 전자상거래가 가속되는 것을 염려했기 때문입니다."라고 회상한다.

"경쟁업체와 격차를 벌리고 우위를 다지는 것이 전략의 일부였습니다. 그 인수로 큰 해자가 만들어졌습니다."

로어와 바라라는 아마존에 회사를 매각하면서 순식간에 돈방석에 앉았다. 두 사람 모두 평범한 환경에서 성장했지만 이제 다음 세대까지 물려질 만한 부를 얻었다. 하지만 두 사람 모두 축하할 기분이 아니었다. 그들은 마지못해 아마존 직원이 되었다.

로어는 한 팟캐스트 인터뷰에서 이렇게 말했다.

"매각이 모두 마무리 된 다음 날 정말 우울했던 기억이 납니다. 우리는 달성하고자 하는 것에 대한 비전이 있었고, 믿기 힘든 회사를 만들었으며, 그곳에서 일하는 놀라운 사람들도 있었습니다. 그러나 아마존이 우리가 달성하고자 했던 비전을 모두 파괴하고 열외로 밀어내 버렸습니다. 더 이상 그 비전을 좇는 것이 불가능해지면서 모든 힘이 소진된 느낌이 들었습니다."[28]

아마존은 퀴드시 인수를 발표하고 한 달 후, 기저귀에 대한 더 큰 할인을 제공하는 아마존 맘 프로그램의 신규 회원 가입을 중단했다. 저널리스트 브래드 스톤에 따르면 연방거래위원회가 이 인수에 대해 검토 중이었기 때문에 아마존은 회원 가입을 재개했지만 할인 폭은 작아졌다고 한다.[29]

로어는 아마존과의 거래를 후회했지만 그 사건에도 불구하고 그의 기업가 정신은 꺾이지 않았다. 심지어 그는 월마트로부터 두 번째 기회를 얻었다. 그는 2013년 아마존을 떠났고 1년 후 제트닷컴Jet.com을 설립했다. 저렴한 가격을 장점으로 내세우는 아마존의 제3자 마켓플레이스와 비슷한 온라인 장터였다. 그는 2016년 제트를 월마트에 매각했다. 인수 대금은 당시 전자상거래 업계의 거래로서 가장 큰 금액인 33억 달러였다. 그는 매각 후에도 몇 년 동안 전자상거래 부문 최고책임자로 월마트에 남아 아마존과의 경쟁을 이끌었다.

아마존은 2017년 수익이 없다며 퀴드시의 운영을 종료했다. 하지만 퀴드시의 폐쇄가 아마존의 유아용품 시장 점유율이 떨어졌다는 의미는 아니었다. 그와는 반대로 아마존은 유아용품 분야의 선두 전자상거래 소매업체로서 자리를 지키고 있다. 아마존은 퀴드시를 흡수하고, 궁지에 몰아넣고, 고객을 빼앗은 후, 업계에서 퇴출시켰다. 결국 최종 승자는 아마존이었다.

아마존은 성장하는 과정에서 자신의 힘을 활용하는 방법을 점점 더 잘 알게 되었다. 방법은 다양했다. 상인들은 고객의 주목을 얻기 위한 경쟁 때문에 광고 공간을 구매해야 할 필요성을 느꼈고, 아마존은 이내 방향을 바꿔 자신들이 선정한 제품들을 경쟁자들을 완패시키는 가격으로 판매하기 시작했다. 퀴드시와 마찬가지로 그들은 단순히 경쟁을 하는 것이 아니라 압력을 가해 아마존 요구에 무릎을 꿇게 하거나 완전히 사업을 그만두게 만드는 식으로 경쟁 상황 자체를 제거할 수 있었다. 그들의 클라우드 컴퓨팅 서비스는 클라우드의 운영과 관리에 필수적이었기 때문에 이 서비스에 의존하는 모든 기업과 조직은 플라이휠에 동력을 공급했고 이는 아마존의 영향력 범위를 더 커지게 만들었다. 그러나 아마존은 '데이1'이라는 사고방식 하에서 성장하고 기회를 찾는 일을 결코 멈추지 않았다. 하지만 주어진 방향에서 어떻게 우위를 점할지는 명확하지 않았다. 일이 마무리된 후에야 그 방법을 이해할 수 있었다. 아마존은 계속 일상생활과의 통합을 이어가면서 다양한 업계의 파트너나 기업가들과 만났다. 이런 만남 중 일부는 교훈을 주는 이야기가 되었다.

2012년에 레오 그레블러Leor Grebler는 음성 인식 장치, 유비Ubi를 개발했다. 이런 종류의 장치로는 시장 최초였다. 이 장치는 음성 명령을 듣고 디지털 또는 컴퓨팅 수단을 통해 동작을 만들어냈다. 이 시기에 유비를 만든 것 자체가 기술의 경이였다. 당시에는 음성으로 장치에 명령을 해서 전등을 켜고 끄고 이메일을 보내는 등의 과제를 수행하게 한다는 개념이 주류가 아니었다.

하지만 그들은 해냈다. 이런 성취가 더 인상적이었던 것은 그레블러와 두 명의 공동 창업자가 힘들게 본업을 병행하며 이것을 만들었기 때문이었다. 그레블러는 미국과 캐나다 전역으로 출장을 다니며 교육 기술을 판매하고 회사 제품을 홍보했다. 시간을 낼 수 있는 것은 저녁과 주말뿐이었고 그는 그 모든 시간을 디바이스 개발에 쏟았다.

2012년 11월, 그레블러는 자신의 혁신적인 디바이스에 대한 베이조스의 의사를 타진해 보기로 마음먹었다. 베이조스에게 접근할 길이 없었던 그는 추측으로 베이조스의 이메일이 될 만한 몇 가지 주소를 만들었다. 그는 이메일을 통해 "〈스타트렉〉의 컴퓨터에 견줄 만한 안드로이드 기반 상시 음성 인식 컴퓨터"에 대해 논의하기 위한 미팅을 요청했다. 기적적으로 이 방법이 통했다. 베이조스는 자신의 보좌관 중 한 명인 그렉 하트Greg Hart에게 후속 조치를 맡겼다.

그레블러는 황홀했다. 그의 작은 회사가 아마존과 파트너십을 맺을 수도, 이 대기업으로부터 기술 사용료를 받게 될 수도 있는 상황이었다. 아마존이 유비를 인수할 수 있을 만큼 큰 기업이었기 때문에 흥분감은 더 커졌다. 그와 베이조스 모두 〈스타트렉〉 팬이었고(초반의 이메일 교환 때 친해지게 된 계기), 그 때문에 호감이 있는 것 같았다. 모든 일이 잘 풀려 아마존과 파트너십을 맺는다면 그레블러의 인생이 바뀔 수 있었다.

하트는 그레블러에게 보낸 이메일에 "제프로부터 선생님의 이메일을 전달받았습니다. 저는 킨들 담당 부사장이며, 논의를 갖자는 제안을 받아들이고 싶습니다."라고 적었다. 흥미롭게도 그는 자신을 킨들 팀의 부사장이라고 밝혔지만, 사실 그 얼마 전 비밀 프로젝트, 몇 년 후 아마존의 에코Echo 디바이스와 알렉사Alexa 음성 비서가 될 것을 만드는 프로젝트의 책임자로 선정되었다.(이 정보는 글레블러에게 밝히지 않았다.) 하트는 회의를 위해 자신이 그 다음 주 그레블러가 일을 하게 될 베이 지역까지 가겠노라고 이야기했다.

초기에 그레블러와 그의 두 공동 창업자는 아마존과 기밀 유지 계약을 맺었다. 그런 계약은 인수나 파트너십을 논의할 때의 표준이다. 해당 업체들이 협상을 통해 알게 된 내용을 공유하지 못하도록 막기 위함이다. 그레블러는 이 기밀 유지 계약 하에서 이 거대 기술 기업과 자신의 디바이스와 기술에 대해 논의하고 다섯 번의 회의를 가졌다.

2013년 초, 하트와 또 다른 팀 책임자 알 린제이Al Lindsay를 비롯한 아마존 경영진이 토론토로 가 유비의 팀을 만났다. 기술 시연과 작동 방식을 확인하기 위한 자리였다. 아마존은 이 미팅 전 전화를 걸어 기밀 유지 계약을 종료하겠다고 말했다. 협상 도중에 갑자기 비밀유지계약을 파기하는 것이 이상하기는 했지만, 그레블러는 거기에 동의했다. 풋내기였던 그는 기업이 인수 제안을 하기 전에 기밀 유지 계약을 무효화하는 것이 있을 수 있는 일이라고 생각했다.

아마존 임원은 다음과 같은 서한을 보냈다.

"2012년 12월 6일 이후 저희가 귀하로부터 받은 모든 정보(예비 제품 제안서를 검토해 달라는 2012년 12월 6일자 이메일을 포함하되 이에 제한되지 않는)는 UCIC(유비의 모회사)의 기밀 정보로 간주되지 않으며 기밀 유지 계약의 적용을 받지 않습니다. 이는 해당 자료에 기밀 표시가 있는 등의 방식으로 명시된 경우에도 마찬가지입니다."

시연은 완벽했다. 하지만 마지막 회의 이후 아마존의 연락이 뜸해지기 시작했다. 회의들이 이어지는 동안 하트나 린제이와 아주 긴밀한 유대 관계를 형성했지만, 이제 그레블러의 이메일과 전화는 응답을 받지 못했다.

2014년 11월 6일, 그레블러는 동생으로부터 "이런"이라는 제목의 이메일을 받았다. 이메일에는 아마존의 새로운 에코 디바이스에 대한 기사 링크가 있었다.

그가 아마존에 유비를 시연해 보이고 거의 2년이 흐른 때였다. 그 사이 그레블러는 킥스타터Kickstarter와 자신의 웹사이트를 통해 3,000대 이상의 유비를 판매했다. 심지어 2014년 여름에는 아마존닷컴에서 판매를 시작한 상태였다. 그는 처참한 기분을 느꼈다.

그레블러는 로펌을 찾아 법적 대응을 고려했지만, 이 거대 기술 기업을 고소할 만한 자금이 없다는 결론을 내렸다. 마르지 않는 자원은 아마존과 같은 대기업을 지켜주는 보호 장치의 하나다. 미국 지적 재산권법 협회American Intellectual Property Law Association에 따르면 미국에서 1,000만 달러에서 2,500만 달러의 이해관계가 있는 특허 소송을 진행하는 비용의 중간값은 300만 달러라고 한다. 대부분의 스타트업은 감당할 수 없는 액수다.

에코는 2015년 6월 23일에 대중에 공개되었다.

그레블러는 "그 이후는 정말 힘든 시간이었습니다."라고 말한다. 그는 이후 6개월 동안에 대해 "결국 현금은 바닥이 나고 회사의 규모를 크게 줄여야 했습니다. 사무실에서도 나와야 했죠. 대부분 공용 사무 공간에서 일을 해야 했습니다. 수입은 없었죠."라고 회상했다. 그레블러 부부는 막 첫 자녀를 보았고 아내는 얼마 전 직장까지 그만둔 상태였다. 어수룩한 웃음, 쾌활한 성격, 전형적인 캐나다식 예의를 갖춘 그레블러는 좌절감을 느꼈다.

에코가 판매되기 시작되고 6개월 후, 유비는 제품 생산을 중단하고 음성 지원 서비스 제공업체로 선회를 시도했다. 이 시도는 2019년 실패로 마무리 되었다. 그레블러는 현재 한 기술 회사의 제품 관리자로 일하고 있으며 가족은 이스라엘로 이주했다.

그레블러는 6번의 미팅 과정에서 아마존에 귀중한 독점 정보를 제공했다고 말한다.

"그들은 음악과 쇼핑 등 우리가 그 디바이스를 통해 하려는 모든 일을 보았습니다. 거의 제품의 로드맵이었죠."

알렉사 개발 초기 알렉사팀에서 일했던 한 전직 아마존 임원은 알렉사에 대한 작업이 2011년 가을에 시작됐다고 말했다. 베이조스는 에코를 "〈스타트렉〉 컴퓨터"로 언급하며 아마존이 그 작업을 2012년부터 시작했다고 말했다.[30] 아마존은 이 무렵부터 프로젝트를 시작했지만, 그 작업을 할 팀을 고용하고, 알렉사의 두뇌를 만들고, 음성 기술과 그런 장치를 만드는 데 들어가는 다른 모든 구성 요소를 파악하는 데는 수년이 걸렸다. 아마존은 그런 제품을 실행 가능하게 만들 방법을 파악하던 중에 유비를 알게 되었다. 아마존이 유비를 베꼈다고 단정할 수는 없지만, 타이밍과 유비가 넘겨준 것들이 중요하지 않다고 말할 수도 없다. 유비는 아마존이 독점 계약과 파트너십 협상에서 얻은 정보를 부당하게 사용해 자체 기술을 개발했다고 주장하는 수많은 스타트업의 첫 번째 사례가 되었다.

간계가 드러나고 있었다. 아마존은 모든 기회를 빨아들이는 블랙홀이었고 그 과정에서 크고 작은 피해자가 쌓여갔다.

5장

아마존,
당신의 집으로 들어오다

유비와 에코의 이야기는 아마존이 고객 접근에서 물류, 마켓플레이스, 정보까지 생태계 지배를 극대화하는 전형적인 방법이 된 산업 부문 공략의 일부였다.

실제로 개인용 디바이스 분야에 대한 아마존의 공격적 진입은 수많은 카테고리에서 아마존이 달성하게 될 무소불능의 권력을 보여주는 사례였다.

이 모든 것은 2007년 11월 19일 킨들 전자책 리더의 론칭에서 시작되었다. 킨들은 수천 곡의 노래를 주머니에 넣을 수 있게 한 애플의 아이팟에 비견되는 혁신이었다. 책벌레들은 이제 하나의 작은 디바이스에 수백 권의 책을 다운로드해 읽을 수 있었다.

첫 번째 킨들 디바이스에 대한 작업을 맡았던 고위 임원 그렉 제어 Gregg Zehr는 전자책 리더를 개발하던 당시 베이조스가 두 가지를 깨달 았다고 말했다. 하나는 아마존닷컴 내의 제품 선택지(당시 아마존닷컴 에서 판매되는 제품의 약 80%는 책, CD, 영화)를 늘려야 한다는 것이었 다. 그 부분적인 이유는 곧 책, CD, 비디오가 실물 구매 대신 디지털 다운로드로 전환되리라는 베이조스의 두 번째 깨달음이었다. 베이조 스는 그런 디지털 제품을 판매할 수 있는 장치를 만듦으로써 이런 변 화에 대비해 유리한 위치를 선점하는 동시에 이런 품목이 필연적으로 디지털화될 때 아마존 창고를 통해 이동하는 실물 제품의 선택지도 넓 히고자 했다. 제어는 이렇게 말한다.

"우리는 이것을 존재와 관련된 문제로 받아들였습니다. 이 문제를 해결하지 않으면 무너진다고 말입니다."

그들은 디지털 책을 위한 디바이스부터 시작하기로 결정했다.

2004년 10월, 아마존은 비밀리에 랩126Lab126이라는 이름의 팀을 만들어 킨들의 하드웨어 작업을 시작했다. 제어가 이 팀을 이끌었다. 이 소규모 팀은 캘리포니아 서니베일 법률 도서관 내 공유 공간에서 일을 하면서 실리콘 밸리로부터 최고의 엔지니어들을 끌어들였다. 애 플을 비롯한 다른 소비 가전 업체에서 훔쳐낸 이들 엔지니어는 아마존 이 꿈꾸는 하드웨어에서 없어서는 안 되는 부분이 된다.

랩126은 제품 개발에 3년을 투자했다. 그것은 도박이었다. 하드웨 어 사업은 힘들기로 악명이 높았고 당시 아마존은 내부적으로 실제 물 건을 만든 경험이 없었다.(아마존 베이직은 몇 년 후 론칭되었고, 이 시점 에서 아마존이 초점을 맞추고 있던 것의 대부분은 다른 공급업체의 제품을 판매하는 일이었다.)

베이조스는 결국 성공하지 못한다 해도 이 프로젝트에 전념하기로 마음먹었다. 하지만 걱정할 필요가 없는 일이었던 것으로 드러났다. 킨들은 출시 5시간 30분 만에 매진되었다. 이렇게 아마존은 블록버스터를 손에 넣었다.

킨들 디바이스는 여러 면에서 아마존에게 상황을 완전히 뒤바꾸는 게임 체인저였다. 고객의 가정에 아마존 브랜드의 디바이스를 두게 했을 뿐 아니라 독서를 일상적인 습관으로 뿌리 내리게 했다. 고객이 킨들에 다운로드 하기 위해 돈을 지불할 때마다 아마존은 수익을 챙겼다. 아마존은 2022년 11월 현재까지 4억 8,700만 권 이상의 책을 판매했으며, 미국에서는 전자책의 83%가 아마존에서 판매되고 있다.[1] 킨들의 즉각적인 성공으로 아마존으로 하여금 더 많은 디바이스로 확장하고자 하는 갈망을 갖게 되었다.

2010년 아마존이 디바이스 담당 조직의 운영을 맡기기 위해 고용한 데이브 림프Dave Limp는 한 인터뷰에서 이렇게 말했다.

"디바이스 조직의 기원은 킨들입니다. 디바이스라는 플라이휠을 만드는 일을 했죠. 킨들을 통해 사람들이 더 편리하게 책을 사고 읽을 수 있게 되었습니다. 독서 경험이 나아지고, 밝은 일광 아래서도 책을 읽을 수 있고, 배터리 수명에 대해 걱정할 필요가 없게 되면서 사람들은 책을 더 많이 읽게 되었습니다."

그 플라이휠은 결국 작가들을 위한 자가 출판 플랫폼 론칭으로까지 확장되었다.

림프는 아마존에 합류하기 전 8년 넘게 애플에 몸담고 북·남미의 파워북PowerBook 노트북 사업부 책임자로 활약했다. 애플을 떠나서는 개인용 디지털 비서라 불리는 손바닥 크기의 작은 컴퓨터를 만드는 팜 컴퓨팅Palm Computing의 최고 전략 책임자였다. 그는 하드웨어를 개발하는 회사에서의 많은 경험을 갖고 있었다.

디바이스는 고객의 일상 습관에서 또 하나의(그리고 거대한) 기반이었다. 아마존은 킨들과 같이 고객이 일상적으로 상호작용을 갖는 장치를 개발하기 위해 한층 더 노력했다. 랩126과 다른 아마존팀들은 스마트폰, 스트리밍 디바이스, 음성 비서 등 다양한 디바이스의 프로토타입을 개발하는 일을 맹렬하게 해나갔다.

2014년 봄, 아마존은 고객이 TV와 영화를 스트리밍할 수 있는 파이어 TVFire TV 셋톱박스를 내놓았다. 대히트였다. 이 발표로 아마존은 스트리밍 분야에서 수년을 앞서 있던 로쿠Roku나 구글의 크롬캐스트Chromecast와 정면 승부를 벌이게 되었다.

이렇게 성공한 것들도 있었지만 실패한 것도 있었다. 아마존은 디바이스 경쟁에서 뒤늦은 출발을 했고 이 사실이 드러나는 경우도 있었다. 2014년 여름의 파이어 폰Fire Phone이라는 휴대폰 론칭은 완전한 실패였고 아마존은 장부에서 1억 7,000만 달러 손실을 기록해야 했다.

디바이스팀은 베이조스의 애착 프로젝트가 되었고, 베이조스는 이 팀에 상당한 시간과 에너지를 바쳤다. 베이조스는 디바이스의 작명에 의견을 냈고, 회사가 다른 디바이스 제조업체를 인수할 때면 직접 관여했다. 인터넷에 연결된 비디오 카메라 제조업체, 링Ring의 경우, 아마존 내부 이메일에서 아마존이 이 분야에 "수년" 뒤쳐졌다는 점을 걱정하며 직접 경쟁 버전을 개발하기보다는 링을 인수하는 것이 최선이라

고 판단했다.[2]

베이조스는 디바이스를 확장과 플라이휠이라는 아마존 야망의 핵심으로 보았다. 디바이스는 고객의 가정에서 봉화로서 가장 귀중한 정보와 데이터를 아마존에 다시 전달하는 역할을 했으며 계속 확산되고 있는 아마존의 다양한 촉수를 연결하는 도관의 역할도 했다. 고객은 파이어 TV 스틱으로 아마존 스튜디오Amazon Studios의 콘텐츠를 스트리밍하면서 광고 부문이 전달하는 광고를 제공받았다. 킨들을 통해 고객은 아마존의 오더블에서 책을 다운로드해 듣고, 아마존의 온라인 카탈로그에서 책을 구매하고, 아마존의 출판 부문인 킨들 다이렉트 퍼블리싱Kindle Direct Publishing에 소속된 작가들의 책을 다운로드했다. 이는 점점 성장하는 제국 전역에서 고객들과 더 많은 상호 작용을 불러 아마존의 플라이휠을 돌렸다.

이것은 우연의 산물이 아니었다. 림프는 인터뷰에서 "킨들은 회사 전체의 비즈니스 모델에 대해 생각하는 방식을 철저히 뒤바꾸었습니다. 그것은 그저 또 하나의 가전제품을 만드는 일이 아닙니다."라고 말하며 아마존은 이미 웹사이트에서 다른 업체의 수많은 가전제품을 판매하고 있다고 강조했다. "하지만 그것은 우리가 하고자 하는 일이 아닙니다. 우리가 하려는 일은… 서비스에 깊이 통합된 가전제품(하드웨어)을 구축하는 일입니다."

아마존이 종종 디바이스를 원가에 또는 원가 이하로 판매하곤 하는 것은 이들 서비스, 이들 디바이스가 제공하는 데이터 때문이다. 기반을 마련하기 위해서인 것이다.

"디바이스를 판매할 때는 돈을 벌 필요가 없습니다."

림프의 설명이다.

"우리가 돈을 버는 것은 사람들이 실제로 디바이스를 사용할 때입니다."

5년 간 랩126에서 일하며 아마존을 위한 하드웨어를 개발했던 존 데퓨John Depew는 2010년 애플에서 아마존으로 옮겨 온 초반에 디바이스에 대한 아마존의 야심 때문에 당황스러웠던 기억을 갖고 있다. 애플에서 데퓨는 좋은 제품만 만들면 됐다. 제품에 대한 애플의 비즈니스 모델은 보다 전형적이었다. 제품을 만드는 데 드는 비용보다 높은 가격으로 제품을 판매해 수익을 얻는 것이다.

아마존은 애플, 마이크로 소프트, 로쿠 같은 회사보다 훨씬 늦게 하드웨어 분야에 진출했지만, 이들 경쟁업체들과 다른 목표, 다른 비즈니스 모델을 가지고 있었다. 데퓨는 회상한다.

"채용되었을 때는 깨닫지 못했습니다. (아마존에서는) 이 모든 전자제품을 뒷받침하는 아이디어가 스토어에서의 판매에 있었습니다. 이 디바이스들은 모두 당신의 지갑에 들어 갈 트로이의 목마였습니다. 전자제품을 손에 쥐게 된 고객은 매장에서 물건을 사면서도 무슨 일이 일어나고 있는 것인지 깨닫지 못합니다." (어떻게든 전자책을 팔려는 시도가 어디까지 갔는지 보여주는 사례가 있다. 아마존은 킨들이 내장된 서핑보드의 프로토타입을 만들기도 했다. 아쉽게도 생산에 들어가지는 않았다.)

비즈니스 모델의 이런 근본적인 차이는 아마존이 종종 경쟁업체를 약화시켰다는 것을 의미한다. 디바이스 제조업체들은 경쟁을 어렵게 만드는 아마존의 가격 정책이 부당하다고 목소리를 높였다. 그들은 이를 약탈적 가격 책정이라고 불렀다. 스피커 회사 소노스Sonos의 CEO

패트릭 스펜스Patrick Spence는 아마존의 가격 전략을 거침없이 비판했다. 그는 특정 디바이스에 대한 아마존의 가격 책정을 "불법"이라고 말했다. 그는 《프로토콜Protocol》의 기자에게 "그들은 독점 사업에서 돈을 벌고, 그 돈으로 장치의 가격을 낮추고, 낮추고, 또 낮춥니다."라고 이야기했다.[3] 그러나 소비자가 혜택을 보는 저렴한 가격이 최고라는 현대의 독점 금지법 해석 하에서는 경쟁자들이 도움을 구할 곳이 없다.

　2014년 말, 아마존은 에코 스마트 스피커를 세상에 내놓았다. 음악 재생, 타이머 설정, 일기 예보 제공 등의 명령에 응답하는 알렉사라는 이름의 음성 인식 비서가 탑재되어 있는 제품이었다. 전 세계 가정에서 하루에 수백만 번씩 "알렉사"를 부르게 되면서 이 음성 인식 스피커는 곧 소비자들이 기술을 인식하고 일상 생활에 통합하는 방식을 바꾸어 놓았다. 이 디바이스를 통해 아마존은 수백만 고객의 거실, 침실, 욕실에 굳게 자리를 잡았고, 다양한 기능으로 라이프 스타일의 필수적인 부분이 되었다.
　아마존은 파이어폰의 파멸적인 실패 이후 약간 겁을 먹은 상태였다. 아마존은 고객에게 배송할 수십만 대의 스마트 스피커를 만드는 대신 8만 대의 에코만으로 시작했다. 대대적인 출시 대신 2014년 11월에 대기 목록에 이름을 올린 프라임 회원들에게만 에코를 공급한 것이다. 브래드 스톤의 『아마존 언바운드Amazon Unbound』에 따르면, 이 대기 목록은 바로 아마존의 가장 야심찬 예측을 뛰어 넘어 10만 9,000명 이상의 구매를 신청했다.[4] 킨들과 마찬가지로 아마존은 주체하기 어려운 성공을 기록한 듯했다.

사람들이 에코 스피커와의 대화를 즐긴다는 것이 드러났다. 그것도 아주 많이 말이다. 몇 년 전 론칭된 애플의 시리Siri가 있었지만 많은 소비자는 에코 스피커 사용을 더 좋아했다.[5] 소비자들은 이 기술을 빠르게 받아들였고, 자신의 목소리로 집안의 다른 물건들도 제어하고자 하는 욕구가 있었다.

2017년까지 아마존은 시장 점유율이 가장 높은 음성 지원 스피커가 되었다.[6] 알렉사라는 이름은 컴퓨터와의 대화를 칭하는 말이 되었다.(알렉사라는 이름을 가진 전 세계 여성들은 그리 반기지 않겠지만.) 2022년 6월 현재 미국 가정에는 8,700만 대 이상의 에코 디바이스가 있으며, 이는 아마존에서 쇼핑을 하는 가구의 28%에 해당한다.[7] 리서치 기업 카날리스Canalys에 따르면 아마존은 전 세계 스마트 스피커 시장에서 1위의 위치에 있다.

아마존가 음성 인식 스피커와 뗄 수 없는 관계가 된데다 그런 디바이스의 최대 제조업체였기 때문에 음성 비서 디바이스 제조업체들은 알렉사와 파트너쉽을 맺는 것 외에 다른 선택지가 없는 것처럼 느꼈다. 2015년, 아마존은 이런 목적을 위한 알렉사 보이스 서비스Alexa Voice Service를 론칭했다. 알렉사 보이스 서비스는 필립스Phillips 스마트 전구나 보스Bose 사운드바와 같은 디바이스와 알렉사 기능이 호환되게 하는 인증 프로세스를 제공했다.

이로써 아마존은 수백 개의 경쟁업체의 기술에 대한 더 많은 접근권을 얻었고, 자체 디바이스나 파트너의 디바이스를 통해 사용자의 집, 신체, 심지어 자동차에서 생성되는 데이터를 수집할 수 있었다.(2023년 초 현재, 알렉사를 이용하는 아마존 브랜드나 다른 디바이스 제

조업체의 디바이스 5억 대 이상이 전 세계 고객의 가정에 자리하고 있다.[8])

알렉사 인증 프로세스Alexa authentication process는 참가 업체, 특히 자체 하드웨어에 알렉사를 통합하는 업체에 많은 것을 요구했다. 다른 스피커 회사와 같은 파트너 회사는 신제품을 출시할 때마다 알렉사 인증을 신청해야 했다. 알렉사 보이스 서비스를 이용하는 업체들에게는 두 가지 길이 있었다. 마이크가 없는 스마트 디바이스의 경우 고객이 자신의 에코 디바이스를 사용해 제품을 제어할 수 있는 "알렉사로 구동됩니다.Works with Alexa." 배지를 신청할 수 있다. 그렇게 되면 고객사는 그들의 에코 디바이스를 이용해 자신의 제품을 제어할 수 있다. 그게 아니라면 자체 하드웨어에 알렉사를 내장할 수 있다. 둘 중 하나의 자격을 얻으려면 디바이스 제조업체는 테스트를 위해 제품을 아마존 연구소나 제3의 연구소에 보내야 했다. 많은 파트너들은 하드웨어에 알렉사를 내장해 그 기능을 이용하게 하기 위해 최신의 독점 제품을 시장에 선보이기 훨씬 전 아마존과 공유해야 했다.

알렉사 보이스 서비스팀의 엔지니어들은 사업 초기 몇 년 동안 제품을 인증하는 데 18개월 이상이 걸렸고, 이는 디바이스 제조업체가 알렉사가 내장된 제품을 출시하려면 출시 훨씬 전에 프로토타입을 보내야 한다는 것을 의미한다고 말했다. 그들은 최근 들어 리드 타임이 2~3개월로 단축되었다고 말한다.(가장 이상적으로 진행된 경우.)

많이 단축되었다고 해도 신제품을 기밀로 두기 위해 촉각을 곤두세우는 전자 제품 제조업체에게는 영원과 같은 시간이다. 이들 회사는 최신 하드웨어에 코드명을 붙이고 정보가 유출되지 않도록 창문을 가린 교외의 위성 사무실에서 작업을 하는 것이 보통이다. 이런 기업 기밀을 보내야 하는 상대가 누구인지를 생각하면 더 부담스런 일이다. 그런데도 소노스, 델Dell 등 많은 기업이 이 막강한 경쟁 업체에게 기술을 공개할 수밖에 없을 정도로 진입 장벽이 높다.

아마존은 "인증 요구 사항은 통합의 유형과 디바이스를 기반으로 달라지며" 파트너사가 아마존 대신 검증된 독립 연구소에 시제품을 보내 테스트할 수도 있다고 말했다. 아마존은 2020년에야 제3자 연구소 테스트 서비스를 제공하기 시작했다.

아마존의 알렉사 보이스 서비스 웹사이트는 아마존이 다른 디바이스 제조업체와 협력하는 방법을 제시하고 있다.

"우리는 콘셉트 정의, 디자인 검토, 통합, 기능 개발, 테스트와 인증, 마케팅, 출시와 출시 후의 과정에 걸쳐 상용 디바이스 제조업체와 긴밀히 협력해 왔습니다."

달리 표현하면, 아마존의 엔지니어들은 종종 디바이스 경쟁업체의 제품 개발 초기부터 최신 기술의 내부를 엿볼 수 있는 특권을 누리는 반면 디바이스 제조업체는 독점 제품을 내부 기밀로 지키는 일이 더 어려워졌다는 것이다.

알렉사 보이스 서비스 연구소는 기술자들에게 사탕 가게와 같은 곳이다. 이곳에서 엔지니어와 다른 아마존 직원들은 세계적인 개발자들이 만든 최신 기술을 실험한다. 강도 테스트와 오디오 음향 테스트를 통해 알렉사 음성 경험이 아마존의 자체 에코 디바이스에서 만큼 좋은지 확인하는 것이다.

음성 지원 서브우퍼부터 스마트 잠금 장치와 천장 선풍기에 이르는 수많은 디바이스들이 알렉사팀이 근무하는 아마존 데이1 사옥의 알렉사 보이스 서비스 사무실에 가득 채워져 있다. 아마존은 프로토 타입들이 업무를 위해서 그것들에 대해 알아야 하는 사람들에게만 접근권이 주어지는 안전한 디바이스 연구소에서 보관되고 처리된다고 말했다.

이 인증팀은 데이1 사옥에 사무실이 있는 디바이스 책임자 데이브 림프 소속이다. 아마존에서 림프의 임무는 포괄적이었다. 회사가 점점 더 많은 디바이스를 내놓으면서 그가 맡은 분야는 알렉사, 파이어 TV 킨들, 파이어 태블릿Fire Tablet 기타 여러 영역을 아우르고 있었다.

알렉사 보이스 서비스팀은 매주 림프에게 어떤 회사와 통합 작업을 하고 있는지 그들의 제품은 어떤 것인지 차례로 기록한 주간 비즈니스 리뷰를 보냈다. 림프의 주된 목표는 날개 돋친 듯 팔려나갈 제품, 더 많은 고객의 가정에 파고들 수 있는 제품을 만드는 것이었다. 이 보고서는 늑대에게 양을 갖다 바치는 것과 다를 바 없었다.

기업들은 하드웨어에 알렉사를 내장하는 비용을 내지 않았다. 알렉사 보이스에서 내장 서비스를 오랫동안 맡았던 한 엔지니어는 "알렉사를 디바이스에 통합하는 비용은 한 푼도 받지 않았다."라고 말한다.(파트너가 "알렉사로 구동됩니다"라는 배지를 받는 다른 경로를 택할 경우 소정의 수수료를 지불한다.) 반면 아마존은 몸값이 비싼 엔지니어와 음향 기술자들로 이루어진 팀에 돈을 줘가며 힘든 작업을 해내도록 해야 했다.

돈에 벌벌 떠는 것으로 유명한 회사로서는 이상한 일이었다. 더구나 아마존의 디바이스 사업은 손실이 가장 큰 사업이었다. 내부 문서

에 따르면, 2018년 이후 수년 동안에 걸쳐 연간 50억 달러 이상의 손실을 기록했다.[9]

아마존은 소비자 가전 업체들에게 하드웨어에 알렉사를 통합하는 대가를 받지 않았지만, 분명 그보다 더 가치 있는 것을 수집하고 있었다.

"디바이스에 아마존 보이스를 통합한다는 것은 아마존이 고객의 가정으로 들어가 그들의 정보를 얻게 해주는 것과 같습니다. 고객에게 닿는 길 자체가 가치를 가집니다."

알렉사 보이스 서비스 전 엔지니어의 말이다.

곧 알렉사와의 호환이 절대 "공짜"가 아니라는 것이 분명해졌다. 또 다른 비용도 있었다. 많은 기업이 알렉사 음성 기술이 필요하다는 현실에 발목을 잡혔다는 것을 알면서도 다른 대안이 없기 때문에 악마와 거래를 해야 했다.

2000년, 산타바바라에 있던 한 무리의 친구와 동료들은 소프트웨어닷컴Software.com이란 그들의 회사를 폰닷컴Phone.com과 합병했다. 그들은 다음의 조치를 생각해야 했다. 이 무리의 리더 존 맥팔레인John MacFarlane은 세 명의 친구들에게 몇 가지 아이디어를 내놓았다. 첫 번째 아이디어는 항공 및 LAN 연결 제공에 관한 것이었다. 친구들은 거부했다.

이들은 모두 음악을 좋아했다. 하지만 집에서 음악을 틀기 위해서는 CD를 보관하고 엉킨 케이블과 배선 문제 등 복잡한 문제를 해결해야 했다. 2002년, 그들은 "집을 음악으로 채운다"라는 사명으로 소노스를 출범시켰다. 당시로서는 야심찬 목표였다. 미국인들의 가정에는 투박한 TV 스탠드 뒤로 전선들이 튀어나온 CD 플레이어가 있었다.

소노스의 다양한 하이엔드 스피커는 인터넷에 연결된 멀티룸 오디오 컴포넌트를 사용해 고객의 집 전체에서 음악과 오디오 콘텐츠를 들을 수 있게 했다. 긴 전선을 제거해 홈 엔터테인먼트 공간을 완전히 변신시켰다. 이 회사는 수년 동안 꾸준히 인기를 얻으며 시장 점유율을 높여갔다.

소노스의 이사회 멤버 중 한 명은 아마존 에코 디바이스의 얼리 어답터로였고, 당시 소노스의 CEO였던 맥팔레인은 몇몇 소노스 직원들도 에코 스피커를 사용하는 것을 알아차렸다. 맥팔레인은 "몇 년 후에 코 디바이스에 대해서는 의견이 엇갈렸다."라고 회상했다.[10]

2015년 크리스마스 시즌 동안 소노스 디바이스의 판매는 예상보다 부진했다. 출시된 지 1년이 지난 에코가 소노스의 매출을 갉아먹고 있었다. 에코의 음질이 소노스 제품에 못 미치는데도 말이다. 그해 연말 아마존은 백만 대 이상의 에코 디바이스를 판매했다.[11] 업계에서는 수년 전부터 음성 명령에 대해 논의해 왔지만, 소노스를 포함해 그 누구도 충분히 의미 있는 방식으로 그 분야에 진출하지는 못했다. 그 때 아마존이 등장했다.

맥팔레인은 소노스가 너무 느리게 움직여서 변화가 어렵다고 판단했다. 투자 은행 앨런 앤 컴퍼니Allen & Company의 대규모 CEO 컨퍼런스에서 다른 기업 거물들과 기술 변화에 대해 이야기한 직후, 그는 소노스가 음성 명령에 올인해야 한다는 결정을 내렸다. 이때 쯤 아마존이 이 회사에 연락해 음성 분야에 대한 협력을 제안했다.

소노스는 오래 전부터 아마존닷컴에서 스피커를 판매하면서, 아마존에 매출과 고객 수요 등의 방향성 정보를 제공하고 있었다. 하지만 이번에는 다른 방식으로 협력 관계를 맺어야 했다. 소노스는 알렉사 인증을 받기로 결정했다.

소노스는 최신 스피커의 출시를 6개월여 앞두고 시애틀에 있는 아마존의 알렉사 보이스 서비스팀에 프로토타입을 보냈다. 소노스의 한 고위 임원은 "그들은 우리가 어떤 의도를 갖고 있는지 아주 일찍부터 확인할 수 있었습니다."라고 말했다. 소노스 경영진은 이 과정에 침해적인 요소가 대단히 강하다는 것을 발견했다. 소노스 측에서는 아마존이 제품 인증을 위해 필요로 하는 리드 타임과 요구하는 세부 수준에 의문을 가졌다.

2018년 말까지 최고 법률 책임자로 일한 소노스의 공동 창립자 크레이그 셸번Craig Shelburne 은 "당황스러웠지만 선택의 여지가 전혀 없었습니다."라고 말했다.

아마존 대변인은 알렉사 보이스 서비스 초창기에는 작업이 "맞춤형으로 이루어졌고 시간이 걸렸다."고 말했다. 이 대변인은 소노스가 아마존에 프로토타입을 공유했다는 점을 확인해주었다.

"소노스는 음성 구축이 처음이었기 때문에 에코 공간 인식Echo Sparial Perception, ESP 기술과 웨이크 워드 엔진wake word engine*의 사용을 요청했고, 우리는 이를 무료로 제공했습니다. 소노스는 이런 기술을 사용한 최초의 외부 업체였습니다. 저희는 이 기술들이 고객에게 효과가 있는

---

* 음성 제어 시스템이나 장치를 활성화하는 특정 단어나 문구를 감지하는 소프트웨어 구성 요소.

지 확인하기 위해 광범위한 테스트를 진행했습니다."

소노스팀은 아마존이 특정 데이터를 보호하기 위해 이질적인 부서들 사이에 방화벽을 두고 있다고 홍보한다는 것을 알고 있었다. 하지만 그 방화벽이 그다지 강하지 않다는 소문이 있었다. 아마존의 제3자 판매자들은 아마존의 자체 브랜드팀이 자신들의 데이터를 사용해 제품을 복제하고 있다고 수년 동안 끈질기게 주장해 왔다. 아마존은 그런 행위를 막는 내부 정책을 지적하며 계속해서 혐의를 부인했다. 하지만 많은 파트너는 아마존의 규모와 영향력, 그리고 적용되지 않거나 약한 방화벽에 대한 우려를 갖고 있었다. 소노스 경영진은 그 소문이 사실이라면 아마존이 알렉사 보이스 서비스와의 파트너십을 통해 자사의 기술을 모방할 수 있지 않을까 걱정했다. 이들의 걱정은 근거 없는 피해망상이 아니었다.

소노스의 경영진에 따르면, 2015년에는 소노스의 또 다른 긴밀한 파트너 구글이 소노스의 특허를 침해했다. 소노스는 이 거대 기술 기업이 구글 홈Google Home과 크롬캐스트 오디오Chromecast Audio 디바이스와 같은 제품에서 100개 이상의 특허를 침해했다고 주장했다. 2017년까지 소노스의 CEO였던 맥팔레인은 격분해서 구글에 대한 법적 조치를 고려하기 시작했다. 그는 아마존의 디바이스 책임자 데이브 림프에게 전화를 걸어 구글이 한 일에 대해 이야기하고 아마존은 같은 길을 가지 않는 것이 좋을 것이라고 경고했다. 림프는 아마존은 소노스의 특허를 침해하지 않을 것이라며 맥팔레인을 안심시켰다.

그러나 소노스 경영진에 따르면, 아마존은 약속을 지키지 않았다. 아마존의 제품들을 검토한 소노스는 아마존이 100개의 소노스 특허를 침해했다는 결론을 내렸다. 맥팔레인은 아마존이 알렉사 보이스 서비스 과정을 이용해 소노스의 특허를 복제했는지는 알 수 없지만, 알렉스 보이스 서비스를 통해 소노스 기술에 대한 접근권을 가진 것은 분명하다고 말했다.

"제품에 접근할 수 있었기 때문에 역설계가 분명히 가능했습니다. 알렉사 보이스 서비스 과정의 결과로 수많은 소노스 엔지니어에게 접근해 문의를 할 수 있었던 것 역시 분명한 사실입니다."

소노스 경영진은 아마존과 구글 모두가 자신들의 특허를 침해했다고 주장했지만, 회사 규모를 고려할 때 이 거대 기술 기업 두 곳을 고소할 만한 자원은 없었다. 그들은 구글을 선택했다. 아마존이 온라인 소매업체로서 가진 힘 때문에 파트너들은 어려운 줄타기를 해야 하는 상황에 처할 수 있었다. 많은 파트너들이 판매 채널을 아마존에 의존하고 있었으며, 아마존 사이트, 즉 고객에게 이르기 위해 필요로 하는 중요한 플랫폼에서 쫓겨날지 모른다는 두려움 때문에 아마존의 위법 행위에 맞서는 위험을 감수하지 못했다. 소노스도 예외는 아니었다. 소노스의 한 임원은 아마존이 아닌 구글을 고소한 데에는 소매 업계에서 아마존의 앙갚음을 당할 수 있다는 두려움이 큰 몫을 했다고 말했다. 아마존이 웹사이트 판매를 중단시키면 소노스의 매출은 바로 타격을 받을 수 있었다. 경쟁 업체들은 전체 온라인 쇼핑의 거의 40%를 차지하는 아마존의 방대한 전자상거래 플랫폼에서 물건을 팔아야 했기 때문에 이 거대 기술 기업은 많은 소송으로부터 보호받을 수 있었다.(2021년에 소노스는 아마존의 비즈니스 관행을 이유로 아마존닷컴에서의 판매를 중단했다.)

소노스가 구글에 대한 소송을 진행하는 동안 아마존은 이 사건에 대한 조사를 피할 수 있었다. 한편, 2018년에 아마존은 소노스 경영진이 자사 브랜드의 고수익 제품인 서브우퍼의 모방 제품으로 판단하는 제품을 출시했다. 아마존 대변인은 소노스 기술이 자사 서브우퍼에 사용되었다는 주장을 회사 차원에서 강력하게 반박한다고 말했다.

소노스만이 아니었다. 다른 가전 제품 제조업체들도 이용을 당했다는 배신감으로 알렉사 보이스 서비스와의 파트너십을 경계하게 되었다.

로스앤젤레스에 기반을 둔 전자제품 제조업체 벨킨 인터내셔널 Belkin International은 또 다른 사례다. 이 회사 역시 알렉사 보이스 서비스 팀과의 파트너십에 의해 이용을 당했다는 느낌을 받았다.

벨킨의 설립자는 고등학교도 졸업하지 못한 노동자 계급 부모 밑에서 태어나 모든 역경을 딛고 성공한 CEO 쳇 핍킨Chet Pipkin이었다. 그의 어머니는 노스다코타에 살던 한 농부의 사생아였고, 아버지는 1920년대에 말이 끄는 마차로 텍사스에서 오클라호마로 가면서 길가에 있는 버려진 집에서 생활했다. 두 사람은 제2차 세계대전 후에 만났다. 그의 고모할머니는 1939년 출간되어 큰 갈채를 받은 존 스타인벡John Steinbeck의 『분노의 포도』에 등장하는 마 조드에 영감을 준 사람으로 생각된다.[12] 좋지 않은 환경에서 자랐음에도 불구하고 핍킨에게는 그를 돋보이게 하는 투지가 있었다.

대학을 중퇴한 핍킨은 자신이 사는 캘리포니아 사우스 베이의 전자제품 가게에서 일자리를 찾았다. 컴퓨터가 차세대 혁신을 일으킬 것이란 예감이 들었다. 그는 물건을 자세히 살펴봐도 좋은지 물으면서 이

가게 저 가게를 돌아다녔다. 가게 주인들은 허락은 하되 잡다한 일을 하는 조건을 걸었다. 그는 매장의 판매원들이 매출을 올리고 싶은 욕심만 있을 뿐 제품들의 연결 방법에 혼란을 느끼는 고객들의 마음을 헤아리지 못한다는 것을 눈치채기 시작했다. 고객들이 가장 곤란해 하는 부분은 프린터와 컴퓨터의 연결이었다. 핍킨은 부모님 집 식탁에서 사용이 더 쉬운 케이블을 만든 뒤 매장에서 그것들을 판매하기 시작했다. 1983년 그는 정식으로 벨킨을 설립했다. 이 회사는 현재 화면 보호기, 휴대폰 충전기, 헤드폰 등 제품의 주요 제조업체다.

2015년, 벨킨은 아마존과 협력해 자사의 위모wemo 스마트 플러그를 음성 비서와 호환되도록 만들었다. 사용자들은 이 파트너십 덕분에 에코 장치에 간단한 음성 명령을 함으로써 위모 스마트 플러그가 조명을 켜거나 끄는 작업을 하도록 만들 수 있게 되었다.

벨킨은 알렉사 인증을 받기 위해 아마존에 위모 스마트 플러그의 프로토타입을 보냈다. 처음 벨킨과 아마존의 협력 관계는 매우 돈독했지만, 약 2년 후 벨킨은 아마존의 스마트 플러그에서 자사 기술을 발견하게 되었다. 이 기간 벨킨의 CEO였던 핍킨은 이렇게 말했다.

"저희의 관점에서는(그들은 다른 관점을 가지고 있겠지만) 아마존이 아이디어와 기술을… 적절한 단어가 무엇인지 모르겠지만… 훔치고, 이용하고, 진전시켜, 아마존의 자체 브랜드 제품에 집어넣은 경우가 있었습니다. 우리의 경험으로 볼 때 그들은 신뢰할 수 있는 파트너는 아니지만 예측 가능성은 매우 높았습니다."

벨킨이 알렉사 인증을 위해 최신 기술을 아마존에 보내는 일을 더 이상 없었다. 핍킨은 "위모의 차세대 혁신 기술들은 아마존에 먼저 보내지 않거나, 아예 아마존에 보내지 않거나, 매우 제한적으로 아마존에 보냅니다."라고 말했다.

다양한 사업으로 성장해 나가면서 여러 회사와 파트너 관계를 맺는 동시에 경쟁하는 아마존은 자신들이 독점 정보를 빼내지 않도록 하기 위한 프로토콜을 따르고 있다고 파트너들을 안심시켰다. 예를 들어, 2014년 아마존은 자체 브랜드 직원이 지켜야 하는 판매자 데이터 보호 정책Seller Data Protection Policy을 도입했다. 이 정책은 자체 브랜드 직원이 아마존 마켓플레이스에서 개별 제3자 판매자의 판매 데이터에 접근하는 것을 금했다. 이는 아마존 자체 브랜드의 모방으로부터 아마존 판매자를 보호하기 위한 것이었다.

그러나 사업 전반에 걸친 급속한 성장으로 각 사업 부분마다 엄청난 데이터가 있는 상황은 실적을 올리고 싶은 사람들에게 유혹적일 수밖에 없다. 더구나 데이터 보호를 위한 아마존 내부 시스템은 부족했다.

2015년, 아마존 에스팀 구성원들은 아마존 전체 직원들의 데이터 접근에 대한 내부 감사 결과를 보고받았다. 《폴리티코Politico》에 따르면 이 보고서는 약 4,700명의 아마존 직원이 아마존의 제3자 판매자 데이터에 승인 없이 접근한 것을 보여주고 있었다.[13]

내부보고서에는 "승인에 대한 제한이 적절히 이루어지지 않아 권한이 없는 사용자가 판매자별로 실적 내역과 인증 키와 같은 정보를 보고, 재고 수준과 가격 책정에 대해 수정을 가하고, 반품을 관리할 수 있었다."고 적혀 있었다는 것이 《폴리티코》의 전언이다. 2010년 내부 감사에서도 비슷한 결과가 나왔다고 언급하고 있다. 이 보고서는 아마존의 법무 자문 위원 데이비드 자폴스키David Zapolsky가 이 결과에 대해 알고 있었고, 당시 아마존의 소매 부문 고위 임원인 제프 윌크 역시 인지하고 있었다는 것을 보여준다.[14]

이 보고서는 아마존 직원이 아마존닷컴에서 "바이 박스Buy Box*"에 들어갈 가능성을 높이려(바이 박스에 들어가면 더 많은 주문을 받을 수 있다.) 판매자 데이터를 몰래 조사했다는 것을 확인했다.

에스팀은 이 감사에 대해 논의하고 아마존의 정보 보안(승인 없는 접근으로부터 정보를 보호하는 프로세스)이 취약하다는 것을 알게 되었다. 보고서에 대한 브리핑을 받은 전 에스팀 구성원은 "여러 가지 이유에서 아마존에 더 세분화된 접근 통제가 필요하다는 것을 보여주는 또 다른 사례였습니다."라고 말했다. 아마존은 이 감사 결과가 기밀이라고 말하면서 이에 대한 논평을 거부했다.

이런 느슨한 통제는 오랫동안 지속되었다. 11년 동안 아마존에서 근무한 후 2018년에 퇴사한 크리스티 콜터Kristi Coulter는 이렇게 이야기한다.

"아마존은 여전히 스타트업과 같은 방식으로 운영되었습니다. 접근권이 필요치 않은 자리에 있는데도 데이터에 대한 접근권을 갖고 있는 경우가 많았다는 뜻이죠. 빠르게 움직이다 보면 '적절한 사람만 이 데이터 세트에 접근하도록 할 방법이 무엇일까'에 대해서는 명확히 생각하지 않기 마련입니다. 회사의 내부 인프라가 근본적으로 아이스크

---

* 쇼핑 페이지의 제품 추천 코너.

림의 나무 막대나 접착테이프와 같이 허술하고 안정적이지 못했습니다."

아마존에서는 데이터가 왕이었다. 아마존으로서는 진화하는 힘을 다듬고 개량하는 것이 무엇보다 중요했으며, 그 안에서 직원의 성공은 그 힘을 얼마나 필연적으로 만드느냐에 달려 있었기 때문이다. 데이터는 자신의 분야에 대한 직원의 역량을 보여주는 척도였다.

알렉사 보이스 서비스 프로세스에는 정보 침해 위험만 있는 것이 아니었다. 승인을 받고 자신들의 디바이스에 그 기능을 탑재한 디바이스 제조업체는 아마존이 이런 지속적인 관계를 파트너에 대한 영향력을 확보의 방법으로 이용하는 것을 발견하곤 했다. 디바이스에 알렉사를 통합하는 것으로 깔끔하게 끝나는 문제가 아니었다. 대신 아마존은 보이스 서비스를 사용하는 많은 파트너들과 지속적인 관계를 맺으면서 시간이 갈수록 더 많은 데이터를 요구했다.

초인종 카메라, 차고 도어 개폐기 등 홈 네트워크 디바이스를 제조하는 비빈트 스마트 홈Vivint Smart Home은 2016년에 처음으로 알렉사를 통합했다.

비빈트 관계자들은 2017년 말 아마존이 에코 스피커를 업데이트하면서 에코 기능에서 나오는 데이터뿐 아니라 고객의 집에 있는 모든 비빈트 장치의 데이터를 상시 제공하는 데 동의해야만 에코 디바이스의 기능을 사용하도록 허용하겠다고 말을 전했다고 말했다.[15]

비빈트 경영진은 이 요청에 충격을 받았다. 비빈트의 고객들은 가정에 약 15개의 비빈트 디바이스를 보유하고 있는 것이 보통이며, 회사에는 가정의 보안 문제를 모니터링하기 위한 고객데이터가 매일 15억 개 이상 수신되고 있었다. 고객이 디바이스와의 상호 작용에서 알렉사 기능을 사용하는 경우 아마존과 데이터를 공유한다는 초기 조건을 이미 따르고 있는 상태에서, 24시간 내내 고객의 가정에서 나오는 데이터("현황")를 공유해야 한다는 이 요청은 너무 멀리 간 것이었다. 비빈트는 데이터를 넘기는 것을 거부하는 대담한 조치를 취했다. 아마존이 비빈트가 기능하게 하는 에코의 능력을 사용하지 못하게 할 경우 고객이 다른 디바이스로 전향할 가능성이 있는데도 이런 조치를 취한 것이다.

비빈트의 한 임원은 아마존 부사장에게 다음과 같은 이메일을 보내 괴롭힘으로 간주되는 내용을 설명했다.

몇 달 전, 귀사의 팀에서 알렉사 스마트 홈 API의 신 버전이 출시되며 이 버전에서는 우리 장치의 현황을 실시간으로 아마존 플랫폼에 제공해야 한다고 알려왔습니다. 우리는 수십억 달러를 들여 고객의 가정에 수천만 대의 디바이스를 설치했고, 이런 디바이스를 통해 가정의 활동에 대해 생성된 식견은 아마도 우리의 가장 소중한 자산일 것입니다. 우리는 모든 고객의 사적이고 소중한 가정 활동 데이터가 우리나 고객에게 확실한 가치가 없다는 이유만으로 그 데이터를 공유하는 새로운 API를 실행하지 않을 것이라고 처음부터 명백히 밝혔습니다. 우리는 아마존을 존중하고 귀사와의 협력 관계를 가치 있게 생각하지만, 최근 새로운 API를 채택하도록 하기 위해 사용한 강압적인 전략은 우려스럽습니다. 우리가 정확히 이해했다면, 귀사는 새로운 API를 채택하지 않을 경우 에코의 공급, 기존 스마트 홈 기술 및 카메라 API 통합이 모두 위험에 노출될 수 있다는 의사를 전달했습니다. 귀사가 이런 입장을 견지하고 있다면 우리가 주요 음성 비서 파트너로 계속 아마존에 의존하는 것은 대단히 어려울 것입니다.

아마존과의 데이터 공유를 거부했음에도 불구하고 비빈트는 에코 디바이스로 여전히 작동됐다.

캐나다에 기반을 둔 스마트 온도조절기 제조업체 에코비Ecobee도 비빈트와 비슷한 입장에 놓였다. 이 디바이스 제조업체는 디바이스에 알렉사를 통합해 고객이 알렉사를 통해 집안의 온도를 제어할 수 있도록 했으며 고객이 알렉사 깨우기 단어를 사용할 때에는 그 데이터를 아마존에 공유했다.

2020년 이 회사는 뻔뻔한 요구를 받았다. 아마존은 고객이 음성 지원 디바이스를 사용하지 않을 때까지 디바이스에서 나오는 데이터를 제공하라고 요청했다. 고객이 집에 없을 때를 포함해 하루 종일 고객의 가정에서 생성되는 온도 등의 세부 정보, 수백만의 데이터 포인트를 요구한 것이다. 이 캐나다 기업은 아마존의 요청에 따를 경우 고객과의 신뢰와 고객의 프라이버시가 침해될 것을 우려해 이를 거부했다.[16] 또한 에코비는 아마존이 사용자 정보를 수집해 경쟁 제품에 사용할 가능성에 대한 우려도 표현했다.

이에 아마존은 에코비가 데이터를 제공하지 않는다면, 그 거절로 인해 에코비가 아마존의 소매 플랫폼에서 물건을 판매할 수 있는 자격에 영향을 받을 수 있다고 응답했다. 아마존은 아마존닷컴이 에코비나 다른 많은 파트너들에게 가장 큰 판매 채널이라는 점을 잘 알고 있었다. 아마존에 대항해 온 CEO들은 물론 아마존의 전 임원들까지도 파트너 제품의 검색 순위를 낮추거나, 프라임데이와 같은 판촉 활동에서 제외하거나, 이 미국 최대 전자상거래 플랫폼에서 완전히 쫓아내는 등의 은밀한 협박이 아마존이 파트너의 양보를 강요하는 방식이라고 말한다.

다른 기업이 자신에게 이익이 되는 방향을 택하게 만드는 아마존의 힘은 디바이스 부문에서 적나라하게 드러나고 있으며, 이런 행동은 아마존의 여러 사업 부문에서 재현되고 있다. 아마존은 조력자나 파트너에서 눈 깜짝할 사이에 폭도로 변신하는 능력을 갖추고 있다.

아마존이 경쟁업체를 누르는 가장 흔한 방법은 플랫폼을 수단으로 사용하는 것이다. 이런 경우 아마존은 독점 금지 업계에서 '자사 우대 self-preferencing'이라고 불리는 관행을 이용해 우위를 점한다. 아마존은 자체 브랜드 디바이스를 아마존닷컴에서 판매하면서 같은 디바이스 제조업체와 경쟁한다. 이 과정에서 자사 제품을 홍보하고 경쟁 브랜드의 제품은 노출이 적게 되도록 한다. 아마존은 주요 판매 채널로 삼는 브랜드들은 이런 억제 정책으로 인해 큰 피해를 입는다.

인기 디바이스 판매자들은 아마존의 경쟁자가 된 후 똑같은 상황을 겪는다. 수년 동안 아마존닷컴에서 장치를 잘 팔던 회사는 갑자기 아마존 광고를 통한 아마존 웹사이트 광고 기능을 사용할 수 없게 된다. 이런 광고 차단의 시점은 아마존이 경쟁 제품을 출시하거나 경쟁 업체를 인수할 때와 딱 맞아 떨어진다.

이것은 우연이 아니었다. 뒤에서 아마존의 디바이스 경영진은 자사 디바이스의 성공을 위해 자신들의 힘으로 할 수 있는 모든 일을 하며 거기에는 웹사이트의 경쟁을 억제하는 것도 포함된다.

그들이 자유롭게 이용할 수 있는 도구로 아마존닷컴의 광고 위치를 통제하는 것이 있다. 전 세계 200만 명의 판매자가 이 플랫폼에서 제품을 팔고 있는 상황에서, 자신의 제품을 검색 결과에 노출시키는 가장 효율적인 방법은 사람들이 검색하는 키워드를 구매하는 것이다. 슬로우 쿠커를 파는 판매자라면 "압력솥"이나 "냄비"같은 검색어의 광고를 사 비슷한 품목을 판매하는 수백 명의 판매자들을 앞질러 검색 결과 첫 페이지에 안착한다.

아마존 검색 결과의 첫 페이지는 성배나 다름없다. 쇼핑객의 70%가 첫 번째 페이지 너머까지 스크롤을 하지 않기 때문에 대부분의 판매자에게 키워드 구매는 필수에 가깝다.[17] 내부 문서에 따르면, 이런 광고 배치는 대단히 강력한 힘을 갖고 있어서 아마존의 광고 사업은 2018년의 불과 83억 달러에서 2021년 310억 달러 이상으로 성장했다. 아마존의 디지털 광고 사업은 이제 미국 내에서 페이스북(현재의 메타)과 구글의 광고 사업 부문에 이어 3위를 자랑하는 거대 사업이 되었다. 아마존은 여러 플랫폼과 서비스 전반에 걸쳐 다양한 유형의 광고를 판매하고 있지만, 스폰서 제품 광고와 같은 검색 광고가 매출의 가장 큰 몫을 차지한다. 판매자의 성공에 그만큼 필수적이기 때문이다. 특정 키워드에 대한 스폰서 제품 위치를 구매하면 사람들이 그 단어를 검색할 때 당신 제품이 1페이지에 등장한다. 이상적이라면, 플랫폼은 중립적이고, 광고에 들인 돈에 따라 경쟁사 간의 검색 순위가 결정될 것이다.

하지만 자체 디바이스와 자체 브랜드를 가진 아마존은 플랫폼인 동시에 경쟁업체이기도 하기 때문에 상황이 훨씬 복잡해진다.

일반 키워드를 구매하는 것 외에 또 다른 인기 있는 전략은 경쟁 업체의 키워드를 사서 그쪽 제품의 트래픽을 자신의 제품으로 돌리는 것이다. 예를 들어, 아디다스 운동화를 판매하는 사람은 "리복"이나 "리복 클래식"이라는 키워드에 입찰할 수 있다.

여러 회의에서 아마존 디바이스팀은 경쟁 디바이스 판매자가 아마존 파이어 TV 스트리밍 디바이스, 에코 스피커, 링 초인종을 찾는 고객을 빼돌리지 못하는 전략을 짰다. 아마존의 자사 제품은 거의 항상 경쟁 디바이스 업체의 키워드에 대한 검색 결과의 최상단에 있는 반면(엄청난 이점), 경쟁사는 같은 일을 하지 못하길 원한 것이다. 예를 들어, 로쿠 스트리밍 장치를 검색하는 쇼핑객은 종종 페이지 맨 위에 경쟁 상대인 파이어 TV 스폰서 제품 광고들을 보게 된다. 거의 같은 기능을 제공하는 제품(스트리밍 디바이스와 같이)의 경우, 고객은 검색 결과의 맨 위에 등장하는 제품에 마음이 흔들릴 수 있다. 가격이 싸다면 특히 더 그렇다.

디바이스팀은 그들이 1계층tier 1 경쟁업체, 즉 디바이스 사업에서 가장 큰 위협이 되는 업체의 목록을 만들었다. 이 목록에는 로쿠와 아를로Arlo 스마트 초인종이 포함되었다. 이후 아마존은 이 목록에 속한 경쟁업체의 광고 능력을 제한하고 경우에 따라서는 광고를 완전히 막았다.

로쿠는 파이어 TV의 가장 강력한 경쟁업체로, 수년 동안 미국 스트리밍 디바이스 부문의 1위 자리를 놓고 아마존과 다투고 있었다. 로쿠는 파이어 TV보다 사용자 수가 약간 많았지만, 아마존은 다양한 디바이스로 그 격차를 꾸준히 좁혀가고 있었다.(시장 조사 업체 파크스 어소시에이트Parks Associates에 따르면, 2022년 말 파이어 TV 스틱의 채택률이 미국 소비자 가정에서 스트리밍 미디어 플레이어의 40%를 차지하며 로쿠를 넘어서기 시작했다.)

다른 많은 기업들과 마찬가지로 로쿠는 아마존을 가장 위험한 경쟁자로 간주하지만 아마존닷컴에서 자사 제품을 판매하고 있다. 2022년 로쿠의 소매 채널 중 2위는 아마존이었다. 아마존에서의 판매량을 고려할 때, 그 플랫폼에서의 판매 중단은 로쿠가 택할 수 있는 옵션이 아니었다. 다른 대형 브랜드와 마찬가지로 로쿠도 검색 결과에 자사 디바이스가 노출되도록 하기 위해 아마존에서 키워드를 구매했다. 그러던 어느 날, 문제가 생겼다.

문제는 아마존의 파이어 TV에 연결된 키워드를 구매할 수 없는 데에서 시작되었다. 로쿠는 다른 브랜드가 구매할 수 있는 20여 개의 "파이어 TV" 변형 키워드 목록을 제출했지만, 광고 구매 플랫폼에는 해당 키워드들을 이용할 수 없다는 오류 메시지만 나왔다.[18] 이렇게 로쿠는 파이어 TV 스트리밍 디바이스를 찾는 쇼핑객을 자사 디바이스로 끌어올 수 있는 능력을 잃었다. 하지만 아마존에서 "로쿠"를 검색하면 페이지 상단에 아마존 파이어 TV 제품들을 광고하는 거대한 배너가 뜨는 경우가 많았다. 공정한 경쟁이 불가능한 상황인 것이다.

곧 로쿠의 광고 능력은 더 제한되었다. 아마존닷컴에서 자사의 키워드조차 구매할 수 없게 된 것이다. 따라서 쇼핑객이 아마존에서 로쿠 디바이스를 검색하면 그들 제품의 재판매업자(종종 자사 제품보다 더 높은 가격을 제시하는)가 검색 결과 상단에 표시되곤 했다. 아마존은 고객들에게 더 높은 가격의 제품을 보여주는 이런 방식이 회사의 "고객 집착" 정책과 어떻게 조화되는지에 대한 논평을 거부했다.

《월스트리트 저널》은 자체적으로 키워드에 대한 실험을 했다. 아마존에서 "로쿠 스트리밍 스틱"을 검색하자, 보통 약 20~25개의 결과를 보여주는 검색 결과 첫 페이지에 "아마존 추천"으로 파이어 TV 제품이 네 번이나 등장했다. 그 외에도 파이어 TV 제품은 검색 결과 첫 페이지에 두 번 더 나타났다.

그에 반해, 실험에서 "파이어 TV"를 검색했을 때는 아마존 사이트 검색 결과 전체에 걸쳐 아마존 로고가 있는 아마존 "파이어 TV" 배너가 표시되고 아마존이 판매하는 3개의 아마존 제품이 뒤이어 나타났다.[19] 검색 결과에는 유료 광고 결과가 없었다. 이는 아마존이 자사 제품의 검색 키워드를 다른 업체가 구매하는 것을 허용하지 않고 있다는 것을 의미한다.

광고 거래소ad exchange*를 가지고 있다면 그것을 자사 제품에 유리한 방식으로도 이용할 수 있다. 《월스트리트 저널》의 검색 결과 분석에 따르면, "아마존은 일반적으로 광고로 판매되는 12개의 공간 중 최대 5개를 자사 제품을 부각시키는 광고에 사용해 경쟁사의 광고를 제한하고 있다."고 한다. 이 신문은 6일 동안 아마존 제품과 구글, 로쿠, 아를로를 비롯한 경쟁 브랜드의 제품을 뜻하는 67개 키워드에 대한 검색 결과를 다운로드했다.

---

* 광고주와 게시자가 종종 실시간 경매를 통해 광고 공간을 사고 팔 수 있는 디지털 시장.

아마존의 한 디바이스팀원은 팀에서 신제품을 출시하는 경우에 광고를 억제할 키워드를 결정하는 것도 시장에 도달하기 위한 전략의 일부라고 내게 말해주었다. 직원들은 아마존 내부에서 이루어지는 이런 관행에 대한 모든 논의에는 이메일 제목에 "기밀"이라고 표시해 규제 당국이 접근할 수 없도록 하라는 지시를 받는다. 로쿠는 여기에서 표적으로 특정되었다. 로쿠는 수년 동안 아마존의 스폰서 검색 광고에 참여할 수 없었다. 이런 식으로 참여를 막는 것은 매출에 큰 영향을 미친다. 미국 내 제품 검색의 50% 이상이 아마존에서 시작되기 때문이다.[20]

흥미롭게도, 판매자의 키워드 구매를 막는 것은 아마존의 자체 정책에 위배된다. 아마존의 광고 웹사이트에 따르면, 모든 판매자는 스폰서 검색 광고 키워드의 구매 자격을 갖는다. 섹스 토이와 같은 일부 제품 유형은 스폰서 제품으로의 광고가 금지되지만, 아마존 자체 제품은 스폰서 제품 광고가 제한되는 키워드나 범주에 포함되지 않는다.

스마트 보안 제품과 초인종을 제조하는 아를로 테크놀로지스Arlo Technologies는 스마트 보안 디바이스 시장의 리더 자리를 오랫동안 지켜왔다. 이 같은 성공으로 이 회사는 아마존 경영진의 레이더망에 포착되었다. 2017년 링의 인수 가능성을 논의하는 아마존 경영진들의 이메일에는 당시 아를로가 최고 위치에 있다는 것이 언급되었다.[21] 내부 이메일에 따르면, 매출 2위는 링이 차지했고, 구글 네스트Google Nest와 스타트업 블링크Blink가 그 뒤를 이었다.

베이조스는 12월 15일 이메일에 이렇게 적었다.

"분명히 말씀드리지만 제 견해는 기술이 아니라 마켓 포지션market

position[*]을 사들여야 한다는 것입니다. 그리고 마켓 포지션과 모멘텀에는 매우 큰 가치가 있습니다."[22] (아마존 대변인은 "마켓 포지션을 사는 것은 매우 정상적인 일입니다."라고 말했다.)

아를로 경영진은 아마존이 2017년 말 스마트 카메라·초인종 스타트업 블링크를, 2018년 초 링을 인수한 이래, 아를로는 링 제품에 대한 아마존 스폰서 제품 광고의 키워드를 구매할 수 없었다고 말했다. 하지만 "아를로"를 검색한 결과에는 추천 제품이라는 것을 내세우며 여러 아마존 링 초인종 디바이스를 보여주는 상단 배너가 나타났다.

아를로의 팀은 아마존 광고팀에 문제를 제기했다. 아를로 경영진은 유피Eufy나 와이즈Wyze와 같은 경쟁업체의 키워드는 구매할 수 있지만 링과 블링크의 키워드는 구매할 수 없다는 점을 염려했다고 말했다. 광고팀은 아를로 경영진에게 사과는 하면서도 그 문제에 대해 할 수 있는 일이 없다고 말했다.[23]

이 패턴은 디바이스 분야 전반에서 나타났다. 2019년 아마존이 와이파이 네트워킹 라우터 업체인 이로eero를 인수한 후, 넷기어Netgear의 "이로" 키워드와 연관된 광고 구매가 차단되었다. 페이스북은 페이스북의 포털Portal 디바이스의 경쟁 제품인 화면이 있는 스마트 스피커, 아마존 에코 쇼Echo Show 디바이스와 연관된 광고 구매를 차단당했다. 아마존은 2017년부터 1년 넘게 구글이 아마존닷컴에서 크롬캐스트 스트리밍 디바이스, 네스트Nest의 스마트 온도조절기 일부, 구글 홈 제품을 판매하지 못하도록 막았다. 아마존이 판매를 막은 구글 디바이스

---

* 기업이나 제품이 해당 시장에서 차지하고 있는 유명도나 비중.

들은 모두 아마존과 경쟁하는 제품이다. 구글은 2017년 12월 이에 대한 보복으로 일부 아마존 디바이스의 유튜브 온라인 동영상 서비스 접근을 차단하겠다고 말했다.[24] 2019년, 구글은 이 결정을 번복했다.

아마존에서 경쟁업체의 광고를 차단하는 관행은 긴 역사를 갖고 있다. 2010년 아마존 내부 이메일은 블랙번을 비롯한 최고 경영진이 데일리 딜daily deal** 사이트 그루폰Groupon의 아마존닷컴 광고를 막기 위한 체계를 만들고 있는 것을 보여준다. 아마존이 그루폰 광고를 막기 위해 개입했을 당시 아마존은 일본의 데일리 딜 사이트와 대규모 광고 계약을 조율 중이었다. 블랙번의 이메일에는 이렇게 적혀 있다.

"그루폰이 차단되었습니다. 이 문제에 대해 명확하고 일관된 입장을 만듭시다. 아마존닷컴 사이트에는 어떤 온라인 데일리 딜 경쟁업체의 광고도 허용되지 않도록 해야 합니다."[25]

아마존의 경쟁업체가 아마존 웹사이트에 광고하지 못한다는 선례를 만든 것이다.

이런 반경쟁적 행태에 대한 《월스트리트 저널》의 기사는 아마존 내부의 신경을 건드렸다. 기존에도 비협조적이었던 홍보팀은 한 걸음 더 나아가 이 기사에 대한 노골적으로 적대감을 드러냈다.

베이조스의 개인 홍보 책임자는 기사에서 제시한 사실에 대해 언급하는 대신 다음과 같이 주장했다.

"뉴스 속보: 소매업체는 자사 제품을 홍보하며 경쟁사 제품을 판매하지 않는 경우가 많습니다. 월마트는 킨들, 파이어 TV, 에코의 판매

** 24시간 동안 큰 폭의 할인을 제공하는 것.

를 거부합니다. 이 얼마나 충격적입니까? 다음은 라스베이거스에서의 도박에 대한 폭로 기사입니다. 많은 기대를 부탁드립니다.”

월마트닷컴Walmart.com에서 간단히 검색만 해봐도 월마트가 제3자 판매자를 통해 자사 웹사이트에서 아마존 에코, 링, 킨들 태블릿 디바이스를 판매하고 있는 것을 알 수 있다.

아마존의 이 논평은 베이조스가 직접 쓴 것으로 밝혀졌는데, 이는 아마존이 대중을 상대로 이런 조롱조의 발언을 할 때마다 일어나곤 하는 일이다.(이 책에 대응할 때는 어조를 한결 누그러뜨려 “아마존 디바이스와 연관 일부 키워드에 대해서는 보다 제한된 광고 인벤토리를 제공할 수 있다”고 인정했다.) 아마존의 공격적인 전략은 오히려 역효과를 부르는 경향이 있었지만, 그런데도 홍보 담당 임원들은 억만장자 보스에 반발하는 것을 두려워해 강경한 태도를 고집하고 있다. 이 글에 대한 댓글과 트윗에서 사람들은 “오만하다”, “거칠다”는 등의 날선 반응을 보였다. 이런 댓글도 있었다.

“‘속보’를 쓴 사람은 기자는 품위가 부족한 것으로 보인다.”

이 댓글을 쓴 사람 자신이 세계 최고 부자에 대해 말하고 있다는 것을 알지 못했다.

6장

벤처 캐피탈인가
기업 스파이인가?

2015년, 아마존의 인수·합병을 진행하는 기업 개발[*]팀의 책임자가 아마존의 촉수를 딜메이킹dealmaking의 세계로 더 넓힐 수 있는 아이디어를 떠올렸다. 폴 버나드Paul Bernard는 2년 전 노키아에서 비슷한 자리에 있었고 투자 은행 골드만삭스에서 일한 후 기업 개발팀에 합류한 사람이었다. 그는 아마존이 지닌 접근성과 거래 경험을 새로운 방식으로 이용할 기회를 발견했다.

버나드는 이 뛰어난 아이디어를 알리기 위해 아마존 내부 메커니즘을 따라 식스페이저를 작성했다. 거래가 이루어지는 기업 개발 부문과

---

[*] 인수, 합병, 파트너십, 투자 등 비즈니스 계약을 협상하고 주선하는 과정.

새로운 히트 제품인 에코 스마트 스피커를 한데 아우르는 새로운 프로그램을 만드는 사업 아이디어였다. 내부 벤처 캐피탈 부문을 만들어 음성 기술에 집중하고 있는 세계에서 가장 유망한 기술 기업을 찾아 초기 단계부터 투자하자는 내용이었다. 이 펀드는 아마존의 알렉사 생태계 구축을 도와 이런 기업들과 알렉사의 통합에 도움을 주게 된다.

베이조스는 이 계획이 마음에 들었고, 2015년 6월 1억 달러의 초기 자금으로 스타트업에 투자하는 알렉사 펀드Alexa Fund를 론칭했다. 버나드는 《테크크런치TechCrunch》에 "이렇게 저는 벤처 투자자로 변신해 벤처 투자자의 역할과 책임에 대해 실시간으로 파악하려고 노력했습니다."[1] 알렉사 보이스 서비스는 같은 날 출시되었다.

보도 자료에 따르면 알렉사 펀드는 "음성 기술로 고객의 삶을 어떻게 개선할지에 대한 혁신적인 아이디어를 가진 모든 사람에게 열려 있다"고 한다. 기업가들은 웹사이트를 통한 신청으로 알렉사 펀드 경영진과 만나 자금을 조달할 기회를 얻을 수 있다. 고객 규모, 연간 매출, 기타 정보만 포털에 입력하면 펀드팀의 평가를 받게 된다.

벤처 캐피탈 회사의 전통적인 목표는 유망한 스타트업을 찾아 초기 단계부터 투자를 하는 것이다. 이런 벤처 캐피탈 업체들은 투자자의 돈을 이용해 이들 기술 기업의 지분을 인수한다. 근본적으로는 그들이 크게 성공하리라는 데 내기를 거는 것이다. 스타트업은 벤처 캐피탈 자금을 사업과 성장의 자금으로 사용한다. 회사가 매각이나 상장이 가능한 규모에 이르면 벤처 캐피탈 펀드는 투자금의 몇 배를 돌려 받는다. 예를 들어, 세쿼이아 캐피탈Sequoia Capital은 2014년 메신저 서비스 왓츠앱WhatsApp에 투자한 약 6,000만 달러를 페이스북이 이 회사를 인수했을 때 30억 달러로 돌려받았다.[2] 물론 다른 길을 걷게 될 수도 있다. 투자한 스타트업이 목표를 달성하지 못하고 문을 닫으면 벤처 캐피탈 회사는 투자금을 잃는다. 전통적인 벤처 캐피탈 업체의 순위는 투자자의 수익률을 기반으로 정해진다. 모든 투자가 성공하는 것은 아니지만, 큰 성공은 실패를 상쇄하고 회사 투자자들에게 넉넉한 수익을 안겨준다.

하지만 아마존의 벤처 캐피탈 펀드는 다른 목표를 가지고 있었다. 매각이나 IPO를 통한 투자금 회수는 우선 사항이 아니었다. 금전적 이득에 이끌리지도 않았다. 알렉사 펀드의 직원이었던 사람은 "이 펀드는 더 많은 사람이 알렉사를 중심으로 한 생태계를 확장하고 혁신을 촉진하도록 한다는 아이디어에서 만들어졌습니다. 진짜 목표는 개발자 커뮤니티에 자금을 지원하는 것이었죠."라고 말했다. 아마존은 투자금 회수로 돈을 벌기 보다는, 음성 비서 기술의 대중화에 도움을 주는 분야에서 가장 혁신적인 기업에 씨앗을 뿌리고 있었던 것이다. 알렉사 펀드의 지원에 대해 고려한 스타트업들은 재정적 수익이 아니라면 아마존이 무엇을 얻으려 하는지 의아하게 생각했다.

아마존은 알렉사 펀드에 수익 목표가 있는지에 대해 언급을 거부했으며 알렉사 펀드의 수익률도 밝히지 않았다.

벤처 캐피탈리스트 제프 모리스Jeff Morris는 아마존의 알렉사 펀드와 만나는 기업가들에 대해 "생태계에 도입되는 모든 상품에는 어느 정도 건전한 회의론이나 두려움이 존재해야 합니다. 우리 모두가 잘 알다시피 아마존은 마음만 먹는다면 하룻밤 사이에도 사업을 망칠 수 있습니다."라고 말했다.

그럼에도 불구하고 많은 창업자들이 이 펀드와 접촉해 만남을 갖고 재정적 지원을 확보할 기회를 얻었다.

아마존은 인수를 추진하는 기업 개발 부문에 일류 변호사와 전직 은행가들을 영입해 아마존이 소매업이라는 뿌리를 넘어 더 확장하는 데 도움을 줄 수백 개의 회사를 만나도록 했다. 이들의 일은 회사 내부에서는 개발할 수 없는 차세대 아이디어를 찾는 것이었다.

성공 확률이 매우 낮은 일이었다. 퀴드시나 홀푸드Whole Foods처럼 인수되는 회사가 하나 있다면, 인수를 위해 만나 조사만 하고 버려진 회사들은 수십 개였다. 하지만 이 과정이 모두 손해인 것은 아니었다.

아마존과의 미팅을 거절하는 사람은 찾기 힘들었다. 회의적인 시각을 가진 사람도 다르지 않았다. 때문에 아마존에게는 세계에서 가장 흥미롭고 혁신적인 기업들에 대한 무제한적인 접근권이 주어졌다. 아마존은 투자나 인수 가능성을 미끼로 기업의 고객, 재무 상태, 엔지니어링과 기반 기술에 대한 독점적 정보를 수집할 수 있었다.

기업 개발팀이 자포스와 비디오 게임 회사 트위치Twitch와 같은 회사를 사들이고 알렉사 펀드가 링 초인종에 투자하는 과정에는 피해를 입은 기업가들의 흔적이 남았다.

이들 회사들은 때때로 수개월 동안 아마존을 믿고 제품과 전략에 대한 많은 정보와 로드맵을 넘겼다. 그 뒤 아마존은 갑자기 관심을 잃었다는 태도를 보이고 얼마 후 경쟁 제품을 가지고 나타났다. 그런 일은 계속해서 일어났다. 수많은 창업자들이 나에게 이런 패턴을 이야기했다. 그들은 아마존이 자신들에게 투자하거나 자기 회사를 인수할지도 모른다는 생각에 몇 개월에 걸쳐 아마존팀과 만나 독점적인 정보를 공유했지만, 마치 틴더Tinder에서 연애 상대가 사라지는 것과 같은 경험을 했다. 이후 아마존은 이 창업자가 아마존에 공유한 내용과 무서울 정도로 닮은 내용을 내세운 보도 자료를 냈다. 창업자들은 전통적인 벤처 캐피탈리스트에 대해서도 나름의 불만을 갖고 있지만, 적어도 전통적인 벤처 캐피탈리스트들은 직접 회사를 만들어 그들과 경쟁하지는 않는다.

이들 기업가는 알렉사 펀드와 아마존의 대규모 기업 사업 개발부가 일반적인 딜메이킹 방식이 아닌 기업 스파이 부대처럼 운영된다는 느낌을 받았다.

이런 덫에 걸린 창업자들은 이 거대 기술 기업으로부터 이용당한 느낌이라고 말했다. 나와의 전화 통화 도중, 자신의 경험을 회상하며 울먹이는 사람들도 있었다. 나는 저명한 벤처 캐피탈리스트에게 사전 접촉 없이 전화를 걸어 아마존의 행동에 대한 그의 입장을 물었다. 내 전화의 취지를 깨닫기 전까지 그는 말을 아꼈다. 이후 전화의 목적을 깨달은 그는 이렇게 말했다.

"이 문제를 다루어 주셔서 감사합니다. 아마존은 악마예요."

조나단 프랭클Jonathan Frankel은 알렉사 펀드의 구애를 받은 창업자 중 하나다. 프랭클은 대부분의 기술 기업가들과 달랐다. 그는 차고에서 차세대 기술 스타트업을 차린 후드 차림의 스탠포드 중퇴자가 아니었다.

프랭클은 하버드 로스쿨에서 학위를 받은 필라델피아에 기반의 랍

비이며 가정이 있는 남자였다. 그를 아는 사람들은 그에 대해 자신이 만나 본 가장 좋은 사람이라고 말하곤 한다.

프랭클은 필라델피아의 3층짜리 집에서 어린 세 아들을 쫓아다니느라 고충이 많았다. 그는 아이들이 다투는 소리를 듣거나 다른 층에 있는 아이들을 찾아야 할 때 집안 어디에 아이들이 있는지 확인할 수 있기를 바랐다. 카메라 기능이 있는 인터콤 회사와 상담한 그는 어린 시절 부모님이 사용했던 것에서 전혀 발전이 없는 투박한 인터콤 시스템에 3,500달러의 견적을 받았다. 그 후 그는 온라인에서 더 저렴한 대안을 찾았지만 실패했다. 시장의 틈새를 확인한 프랭클은 250달러라는 합리적인 가격에 화면이 있는 무선 인터콤 시스템을 직접 만들기로 결심했다. 그와 두 명의 공동 창업자는 시장 조사를 하고 제품 엔지니어링 연구소를 찾아 프로토타입을 만들고, 제품을 실현시키기 위해 지칠 줄 모르고 노력했다.

2016년, 그들의 회사 뉴클리어스Nucleus는 설립되자마자 인기를 모았다. 주택 개량 용품과 기기를 판매하는 소매 체인인 로우스Lowe's의 수백 개의 매장에 제품이 입점했다. 뉴클리어스는 아마존닷컴에서도 판매되었다.

같은 해 이 세 사람은 알렉사 펀드를 비롯한 벤처 캐피탈 회사들과 투자 협의를 하게 되었다. 박스그룹BoxGroup과 그레이록 파트너스Greylock Partners를 비롯한 벤처 캐피탈리스트들로부터 시드 투자를 받는 데 성공한 이들은 전율을 맛보았다. 560만 달러의 투자를 주도한 것은 아마존의 알렉사 펀드였다. 알렉사 펀드는 150만 달러가 넘는 수표를 써 거래 당시 최대 투자자가 되었다.

다른 공동 투자자들은 아마존을 거래에 참여하게 하는 것에 대해 의구심을 가졌다. 그들은 여우를 닭장에 들어가게 두는 것 같다고 염려했다. 그들은 제국을 제멋대로 늘려나가면서 음성 기술 분야에도 진입한 아마존이 투자를 통해 이 스타트업으로부터 정보를 얻어낼 것을 걱정했다. 아직 알렉사 펀드 수혜자 중 이 벤처 부문과의 협력에 대해 경계 경보를 울린 기업은 없었지만, 아마존이 진정한 대기업이 되어 기회를 발견한 모든 영역으로 빠르게 확장해 나가고 것만은 주지의 사실이었다. 아마존이 항공 화물에까지 이르는 다양한 분야에서 사업을 하고, 배송용 드론을 개발 중이었으며, 고객이 세제 같은 소비재를 재구매할 때 누를 수 있는 대쉬Dash 버튼을 비롯한 수많은 자체 디바이스를 보유하고 있던 시점에 아마존으로부터 안전한 곳은 없었다.

　　투자자 중 한 명은 "투자를 하면서 우리가 가장 우려했던 점은 아마존이 경쟁 제품을 내놓을 수 있다는 것이었습니다."라고 말했다. 아마존은 이런 우려를 잠재우기 위해 방화벽을 내세웠다. 이 경우, 다른 투자자들은 알렉사 펀드 담당자는 공동 투자자들에게 알렉사 펀드와 아마존 사이에 방화벽이 있다고 말했다고 전한다.

　　뉴클리어스의 공동 창업자들도 아마존의 모방에 대해 비슷한 걱정을 했고, 알렉사 펀드의 리더인 폴 버나드에게 이 문제를 거론했다. 버나드는 거래 계약서에서 발견한 몇 가지 법률 용어의 문제에 대해 걱정하는 창업자들을 안심시켰다. 그는 모든 아마존 계약서에 사용되는 표준 문안일 뿐이며, 아마존은 뉴클리어스의 제품과 비슷한 제품을 개발하고 있지도 않고 개발할 계획도 없다고 말했다. 그의 설득력 있는 주장에 결국 뉴클리어스의 공동 창업자들은 계약서에 서명했다.

이 투자 결과로, 알렉사 펀드의 한 임원은 뉴클리어스 이사회에 참관 자격을 얻었고 뉴클리어스의 재무, 전략 계획, 기타 독점 정보에 대한 접근권을 갖게 되었다. 벤처 캐피탈리스트가 투자 규모에 따라 투자한 회사의 이사회에 자리를 얻는 것은 드문 일이 아니다.

아마존은 월 스트리트 최고의 투자 은행 출신 딜메이커들로 거대한 내부 팀을 만든 것처럼, 법무팀의 규모도 키웠다. 스캐든 아르프스 Skadden Arps, 크라벳Cravath, 스웨인 앤 무어Swaine & Moore와 같은 엘리트 로펌 출신 변호사들이 무시무시한 법무팀을 구성했다.

이 팀은 일상적인 법률 문제를 처리하는 일 뿐만 아니라 아마존이 인수나 투자를 고려하는 기업들과의 미팅에서 아마존을 보호하는 계약서 초안을 작성하는 데도 극히 중요한 역할을 했다.

많은 기업가들은 미팅에서 아마존을 만나 기밀 유지 서류에 서명을 함으로써 아마존이 자신들의 아이디어와 지적 재산을 사용하도록 허용한다는 사실을 몰랐다.

기밀유지 협약 안에는 많은 창업자들이 무심코 넘어가는 얼버무린 말이나 놓치는 조항들이 있었다. 아마존과 만나기 전 기밀유지 협약서를 충분히 면밀하게 살핀 창업자들은 거기에 있는 문구를 보고 깜짝 놀랐다. 이 조항은 아마존과 상대 회사 간의 계약 내의 어떤 것도 아마존이 "기밀 정보에 접근했던 직원의 기억에 남은 정보를 어떤 목적으로든, 공개한 측에 대한 보상 없이 사용하는 것을 막지 않는다."고 명시하고 있었다. 이 소위 잔여 정보 조항residuals clause은 회의에 참석했던 직원이 회의를 통해 기억하는 세부 정보를 이후 아마존 제품에 사용했을 경우에도 아마존은 소송을 당하거나 법적 책임을 지지 않도록 하는 데 그 본질이 있다. 알렉사 펀드는 아마존 디바이스팀의 임원을 기업가들과의 회의에 부르는 경우가 잦았고, 이 조항은 이렇게 회의에 참석했던 사람들이 획득한 모든 정보를 처벌 없이 아마존 디바이스에 사용할 수 있다는 것을 의미했다.

아마존은 창업자들에게 영업 비밀을 보호하기 위해 세워진 방화벽이 있다고 거듭해서 확언했지만, 잔류 정보 조항과 같은 메커니즘과 아마존이 회사 전체의 다른 임원을 거래 실사에 데려오는 경우가 많다는 사실은 이런 확증을 약화시키는 경향이 있다.

아마존의 한 변호사는 이 조항이 이 기술 대기업의 "무인도 탈출 카드get-out-of-jail-free card"와 비슷하다고 말했다. 이 변호사는 직원이 이들 기업과의 실사에서, 즉 구매자나 투자자가 투자 결정을 내릴 목적으로 회사의 매우 상세한 독점 정보에 접근할 수 있는 자리에서 그들이 알게 된 것을 "잊어버리는" 것이 어렵다는 점을 인정했다.

이런 잔여 정보 조항은 다른 기술 기업의 거래 계약서에도 때때로 등장하지만, 아마존은 "항상" 이 조항을 포함시켰다.

시리즈 A* 펀딩의 일환으로 실리콘 밸리의 벤처 캐피탈 회사와 십여 차례 미팅을 했던 기업가는 아마존으로부터 기밀유지 협약서를 받고 충격을 받았다. 그는 이 조항을 발견하고 걱정을 했다. 그가 만났던 다른 회사들은 서류에 비슷한 조항을 사용하지 않았었다. 아마존 디바이스 부문에서 일했던 한 변호사는 일부 기업가들이 이 조항에 너무

---

* 스타트업은 초기 자금 확보와 성장을 위해 여러 단계의 투자를 받는다. 이런 투자 시리즈는 시드, A, B, C…라는 이름이 붙는다.

놀란 나머지 아마존 계약서에서 이 조항을 삭제하는 협상에 몇 달을 투자한다고 말했다.

매일같이 인수합병을 중개하는 투자 은행에는 분쟁 위원회라고 불리는 내부 그룹이 있다. 이 위원회의 목표는 은행이 자신이나 고객에게 분쟁 가능성이 있는 거래에 관여하지 않게 하는 것이다. 투자 은행이 회사를 매각 또는 인수하고자 하는 기업 고객과 계약을 맺기 전, 이 거래를 주도하는 은행 측 책임자는 내부 위원회(변호사, 준법감시인, 은행의 투자 부문 책임자, 경우에 따라서는 은행 CEO로 구성된다.)에 고객에 대해 설명한다. 이 그룹에서는 해당 고객과 거래를 하지 않을 이유가 있는지 논의한다. 예를 들어, 어떤 기업의 인수를 검토하고 있는 코카콜라가 JP모건JPMorgan과 인수 대행 계약을 맺으려 하는 경우, 분쟁 위원회는 JP모건이 과거 펩시의 자문을 맡았었다는 이유로 코카콜라를 고객으로 받아들이는 것을 금하는 결정을 내린다. JP모건이 과거 펩시와의 협력 과정에서 펩시의 비공개 독점 정보에 접근했을 것이고, 경쟁사인 코카콜라와의 거래로 인해 펩시가 믿고 맡겼던 정보가 손상될 수 있다는 것이 반대의 근거다.

아마존은 알렉사 펀드를 통해 거래 대상 또는 창업자와 접촉하기 전 내부 분쟁 가능성 확인 과정을 설명해 달라는 요청을 거절했다. 대변인은 "우리는 기밀 정보의 안전을 보장하고 정보의 공유를 제한된 수의 사람들로 한정하기 위한 신중한 통제를 가하고 있다"고 말했다. 소식통의 보고에 따르면 대상 기업의 데이터는 해당 창업자가 정보를 공유한 아마존 부서들 너머 다른 부서로 흘러가는 경우가 잦다고 한다.

이질적인 사업들로 계속 뻗어나가는 이 제국에서는 직원들이 자주 부서들 사이를 이동한다. 많은 전직 아마존 직원들과 아마존과 만났던 기업들은 이 회사에 딜메이킹 회의에서 알게 된 정보를 보호하는 적절한 내부 거버넌스 도구가 부족했다고 말한다. 일례로, 아마존은 정보 유출 상황에서 자신을 보호하는 잔여 정보 조항을 두고 있으면서 거래 협상에 다른 사업부의 임원과 엔지니어를 동반하는 경우가 많았다. 심지어는 사전에 알리지도 않고 말이다. 팬데믹이 절정일 때 알렉사 펀드와 컨퍼런스 콜을 갖던 한 창업자는 화면에서 원래 회의에 초대되지 않은 아마존 직원 몇 명을 보고 깜짝 놀랐다. 그들은 이 기업가가 자신의 이름과 직책을 알려 달라고 할 때까지 자기소개조차 하지 않았다. 그들은 알렉사 펀드가 아닌 아마존 다른 부서의 사람들이었다.

알렉사 펀드의 고위직에 있었던 한 직원은 이렇게 말했다.

"실사 과정에서는 일이 끔찍하게 돌아갔습니다. 제품 실사를 위해 알렉사 내부 또는 AWS 내부에서 전문가를 데려오라는 지시가 있었습니다. 실사를 진행하던 사람들은 알렉사 펀드의 사람들이 아니었습니다. 그들에게는 거기에서 얻은 정보를 사용하지 않을 이유가 없었습니다. 우리는 좋은 아이디어를 얻어서 자신의 팀에서 사용하고 나름의 것들을 만들 강력한 동기가 있는 사람들을 끌어들이고 있었습니다."

아마존과 헬로 알프레드Hello Afred라는 스타트업 사이의 알렉사 펀드 회의를 위해 소위 데이터룸이 마련된 경우도 있었다. 데이터룸은 M&A 거래의 일반적인 부분으로 인수 대상 기업이 인수 기업에 기밀 정보와 서류를 제공하되 인수 대상 기업이 안전한 환경에서 평가를 받을 수 있도록 제한적인 접근만을 허용하는 곳이다. 따라서 정해진 핵심 경영진만 데이터에 접근할 수 있다.

뉴욕을 기반으로 하는 스타트업 헬로 알프레드는 대규모 아파트 단지를 책임진 부동산 관리자가 임대료 납부와 유지보수 요청과 같은 서비스, 드라이클리닝 배달과 같은 특전을 제공할 수 있는 소프트웨어를 만들었다. 헬로 알프레드의 공동 설립자 마르셀라 사포네Marcela Sapone는 회사를 설립하기 전에 사모펀드에서 일했었기 때문에 승인된 임원만 액세스할 수 있도록 하는 데이터룸의 추적 메커니즘에 익숙했다. 그녀의 팀은 합의된 사람들 이외의 직원의 접근을 막기 위해 문서에 태그를 지정했다. 얼마 지나지 않아 그녀는 놀라운 것을 알아채기 시작했다. 사포네는 이렇게 회상한다.

"문서에 접근하는 사람들은 알렉사 펀드와는 전혀 관련이 없는 다른 이니셔티브의 제품 관리자들이었습니다."

사포네는 링크드인LinkedIn에서 그들의 이름을 찾아보고 그들이 아마존 제국의 어느 부분에서 일을 했는지 확인했다. 이 문제와 관련된 한 전직 아마존 직원은 문서에 대한 적절한 접근과 관련해 "매우 부적절하게 처리되었다"고 인정했다.

사포네는 변호사에게 전화를 걸어 아마존이 기밀유지 협약의 조건을 위반한 것 같다고 말했지만, 구제 수단이 많지 않다는 답변을 들었다. 이 와중에 아마존의 딜메이킹 그룹 최고위 임원이 미리 알리지 않고 헬로 알프레드의 맨해튼 사무실에 나타나 엔지니어링팀이 어디에 앉아 있는지 물었다. 그는 사포네가 사무실에서 그를 발견하기 전 그 회사의 엔지니어 수를 세기 시작했다. 스타트업이 보유한 엔지니어의 수는 회사의 기술 수준을 얼마나 진보해 있는지를 가늠하는 척도이며 스타트업의 가치를 보여주기도 한다. 아마존은 헬로 알프레드에 경쟁하는 제품을 만들지는 않았다. 하지만 상황이 펼쳐지는 방식은 이 회사에 방화벽이 부족하다는 것을 보여주었다.

인이어 헤드폰을 만드는 가전 스타트업 도플러 랩스Doppler Labs는 2016년 베이조스를 소개받았다. 도플러는 그로부터 얼마 전 기업 가치가 2억 5,000만 달러라는 평가를 받았으며, 사용자가 주변 실제 소리의 볼륨을 조절할 수 있는 무선 이어버드, "히어로 프로덕트hero product"의 출시 직전에 있었다. 하지만 소규모 기업이 치열한 가전 시장에서 혼자 힘으로 살아남는 것은 쉬운 일이 아니다. 이 분야의 많은 기업들은 몇 년 전 가상 현실 게임 기술을 페이스북에 매각한 오큘러스Oculus처럼 출구를 찾지 못하면 경쟁이 치열한 시장에서 제품 개발과 출시와 관련된 비용 때문에 결국 돈이 떨어지는 상황에 처한다.

도플러의 공동 창업자 노아 크래프트Noa Kraft에 따르면 베이조스는 초반 이메일에서 대단한 열의를 보였다. 그는 곧바로 아마존의 디바이스 책임자 데이브 림프와 접촉했다. 크래프트와 그의 공동 창업자는 시애틀로 가 "대대적인 쿰바야 미팅*"을 가졌다. 크래프트는 여기에서 림프가 도플러를 인수하거나 거액의 투자를 하고 싶다고 말했다고 전한다. 도플러는 5억 달러에서 10억 달러 범위의 거래에 대해 이야기하고 있었다고 한다.

크래프트는 기뻐서 어쩔 줄 몰랐다. 아마존이 빨리 움직이겠다는 의사를 밝혔기 때문에 그는 곧 애플, 구글, 마이크로소프트 등과도 협상을 시작했다. 그는 투자자들을 위한 최선의 거래를 성사시키고자

---

* 참가자들 간의 화합, 단결, 상호 이해가 특징인 모임, 평화와 조화로 함께 모이겠다는 메시지를 전달하는 같은 이름의 민요에서 유래되었다.

모건 스탠리의 투자 은행가들을 고용해 프로세스를 관리했다. 아마존의 거래 팀이 보다 폭넓은 거래 협상을 위해 떠나기 전 날 밤, 크래프트의 은행에서 전화가 왔다. 아마존이 회의에서 얻은 어떤 정보든 불이익 없이 사용할 수 있다는 계약에 서명할 것을 요구한다는 내용이었다. 인수를 원하는 다른 어떤 기업도 그런 요구를 하지 않았기에 그는 요청을 거부했다. 미팅은 성사되었지만, 도플러는 모든 잠재 투자자들로부터 신제품이 출시된 후 다시 이야기를 하고 싶다는 피드백을 받았다.

6개월 후, 제품을 출시한 도플러는 아마존에 다시 연락해 회사를 매각 하거나 시리즈 C 펀딩 라운드를 진행할 것이라고 말했다. 아마존팀은 도플러가 다시 연락을 해줘서 기쁘다면서 자신들은 앞으로 나아갈 준비가 되었다고 말했다고 한다.

2017년 6월, 이틀간의 실사를 통해 엔지니어링과 디바이스 부문 고위 임원들과 함께 도플러의 기술을 살펴본 아마존팀은 샌프란시스코의 포시즌스 호텔 레스토랑의 개인실을 예약했다. 그들은 샴페인을 터뜨리며 파트너십이 임박했다는 것을 암시했다. 아마존팀은 크래프트에게 도플러를 아마존의 하드웨어 제품군에 적용시킬 방법에 대한 사업 계획서를 쓰라는 숙제를 내주었다. 아마존이 곧 인수 제안을 할 것이라고 생각한 크래프트는 "아마존 이어즈Amazon Ears"라는 제목의 사업 계획서를 제출했다.

크래프트의 말에 따르면, 대화는 계속되었고 아마존은 곧 인수 제안을 할 뜻을 내비쳤다. 하지만 여름이 지나자 시리즈 C를 연기한 도플러는 현금이 부족해지기 시작했다. 크래프트는 이렇게 회상한다.

"아마존의 연락은 뜸해졌고 우리는 여름 내내 자금을 조달하기 위해 분투했습니다. 10월에는 돈이 바닥났습니다."

그때가 되어서야 아마존이 연락을 해왔다. 제안된 금액은 1,000만 달러였다. 도플러가 기대했던 최소 5억 달러의 제안과는 큰 격차가 있었다. 크래프트와 그의 팀은 의기소침해졌다. 아마존의 경영진은 계속해서 제안을 받아들이라고 종용했다고 한다. 거래를 성사시키면 아마존에 인수되었다고 말하면서 체면을 지킬 수 있을 것이라고 말이다.

그는 아마존의 제안을 거절하고 자신의 지적 재산을 돌비에 매각했다. 2017년, 그는 도플러의 문을 닫았다.

2019년 아마존은 무선 이어버드 아마존 에코 버드Amazon Echo Buds를 출시했다. 크래프트는 "우리가 보낸 것과 아마존이 출시한 것을 보십시오. 거의 똑같습니다."라고 말한다.

아마존은 도플러의 제품을 복제하거나 도플러의 기술을 사용했다는 것을 부인했다. 아마존 대변인은 이렇게 말했다.

"저희의 경험에 따르면 아마존과 비즈니스 과정에서 상호작용을 가진 대부분의 기업들은 긍정적인 경험을 했습니다."

인수 과정에서 아마존의 기업 개발팀은 상대 기업에게 실제로 그들을 인수하거나 그들에게 투자를 하는 것보다는 자신들의 경쟁 우위를 가져다주는 정보를 낚는데 더 관심 있다는 느낌을 주곤 했다.

앤디 던Andy Dunn은 자신의 남성 패션 업체를 더 크게 확장하려는 참이었다. 그의 스타트업 보노보스Bonobos는 소매업계에서 독보적인 위치를 차지하고 있었다. 던은 수많은 매장을 만드는 대신 자신의 스탠퍼드 MBA 학위를 이용해 고정관념에서 벗어나는 사고를 했다. 2007년, 그는 직접 소비자를 상대하는 모델의 회사를 설립했다. 웹사이트에 로그인해 설문지를 작성하면 그 사람의 취향에 맞는 옷을 보여주는 방식이었다.

보노보스는 고객이 브랜드를 체험할 수 있는 몇 개의 소매점을 갖고 있었지만, 거기에는 판매용이 아닌 전시용 제품만 있었다. 이런 맞춤형 접근 방식이 이 브랜드를 특별하게 만들었다. 그리고 그것이 성공했다. 다양한 색상의 카키색 바지 라인은 베스트셀러로 맨해튼 금융업계에서 일하는 젊은 남성들의 옷장 속 기본이 되었다.

2016년, 보노보스는 미국 최고의 사모 펀드 회사와 소매업체 몇몇에 인수 의사를 타진했다. 던과 그의 팀은 그들 중 가장 큰 물고기와 만나기 위해 시애틀로 향했다.

아마존 본사에의 회의에서 이 회사 경영진은 보노보스의 비즈니스에 대해 매우 날카로운 질문을 던졌다. 하지만 전형적인 잠재 인수자들이 보여주는 열의는 없었다.

기업 개발 부문의 한 고위 임원은 회의 내내 회의실 뒤편에서 팔짱을 낀 채 앉아 있었다. 던은 그런 몸짓의 뜻을 알아차리고 대단히 무관심해 보이는 아마존 담당자들의 모습에 충격을 받았다. 그들은 그의 회사를 인수하는 데 그리 관심이 없어 보였다. 던은 "거래가 성사될 확률이 0.0%가 분명한 것처럼 느껴졌습니다."라고 회상한다.

회의가 끝난 후 이 대기업에서는 아무 연락이 없었다. 던은 이렇게 말했다.

"우리로부터 가능한 모든 것을 배워 자체 브랜드에 적용할 수 있는 위치에 있는 사람들로 회의실을 채웠던 겁니다."

아마존의 기업 개발팀과 함께 앉아 있던 사람은 아마존 패션_{Amazon} Fashion의 고위 임원으로, 그는 자체 브랜드 의류 라인을 관리하는 사람이었다는 것이 던의 말이다.

몇 달 후, 아마존은 자체 브랜드의 신제품 카키색 바지를 출시했다. 보노보스팀의 관점에서는 그 회의의 동기가 더 이상 명백해질 수 없는 사건이었다. 투자 제안으로 그들을 유인한 것은 미끼를 던지고는 상대방이 관심을 가지면 입장을 바꾸는 전략이었던 것일까? 카키색 바지는 보노보스의 시그니처 제품이었다. 보노보스의 거래를 담당했던 은행가 한 명은 "더러운 느낌이었다."고 회상한다.

아마존 에센셜Amazon Essentials의 슬림핏 카키와 플랫 프론트 치노는 25달러가 되지 않는 가격에 판매된다.(보노보스의 치노는 100달러에 가깝다.)

이후 월마트가 약 3억 달러에 보노보스를 인수했다. 던은 한 인터뷰에서 "회사를 만들기 위해 열심히 노력한 기업가들을 구매 의사도 없이 자신의 사업을 더 잘 운영하기 위한 정보를 빼내려는 저의로 만나는 것은 정말 형편없는 짓이라고 생각합니다."라고 말했다. 그는 월마트의 경우 실사 회의에 "낚시성 조사 금지"라는 철학을 적용하며, 그 점을 높이 평가한다고 말했다. "우리는 정보 추출을 위해 회의 임하지 않는다."는 것이 월마트의 입장이었다.

던은 아마존이 독점 기업이라고 생각한다. 그는 이렇게 말한다.

"시장 점유율로 보면 독점이 아니죠. 아마존이 즐겨 말하듯이 '전체 소매업에서 자치하는 비중은 1%'니까요. 아마존이 독점인 이유는 8개 사업 분야에 진출해 있고 그 전체가 생태계에 독점적인 영향력을 갖기 때문입니다. 대단히 영리한 독점 방식인 셈이죠. 8개 사업 중에는 독점이라고 규정할 수 있는 것이 없으니까요. 하지만 그 전체가 생태계에 미치는 영향을 살펴보십시오."

아마존은 이질적인 사업부들과의 사이에 방화벽을 계속해서 언급했지만, 창업자들은 사실은 거의 그렇지 않다고 말한다.

아마존의 디바이스 책임자 림프는 기업가들을 만나는 알렉사 펀드 회의에 단골 손님이었다. 아마존의 디바이스 하드웨어 제작을 책임지는 랩126의 최고 경영진과 엔지니어들도 자주 참석했다. 펀드 담당자는 방화벽에 대해 언급하면서 데이터가 아마존의 다른 부서와 공유되지 않을 것이라고 말했지만 실제로는 다른 그룹의 직원들이 종종 회의에 참석한 것이다.

뉴클리어스가 알렉사 펀드와의 법률 문서에 서명을 하고 계약의 일환으로 독점 정보를 넘겨주자, 또 한 번 아마존은 하지 않겠다고 스스로 말했던 바로 그 일을 실행했다.

파트너십이 시작되고 8개월이 지났을 때, 아마존은 뉴클리어스와 많은 기능이 중복되는 알렉사 기반 화상 채팅 디바이스, 에코 쇼를 발표했다. 발표 전날 밤, 아마존 알렉사의 한 임원은 뉴클리어스 공동 창립자 중 한 명에게 전화를 걸어 임박한 제품 발표에 대해 알리고 깊이 뉘우치는 마음으로 사과한 뒤 통화를 끝냈다.

뉴클리어스의 창립자들과 투자자들은 격분했다. 설립자 중 한 명은 일부 투자자들과 전화 회의를 갖고 조언을 구했다. 그는 회의에 참여한 사람들이 작은 회사는 소매 분야에서 아마존과 경쟁할 길이 없다고 말했으며, 결국 뉴클리어스의 제품을 전환할 방법을 브레인스토밍하기 시작했다고 전했다.

아마존 대변인은 알렉사 펀드가 뉴클리어스에 지분을 인수하기 전 화면이 있는 에코에 대한 계획을 뉴클리어스에 이야기했다고 말했다. 하지만 뉴클리어스 측의 몇몇 사람들은 이 주장에 대해 이의를 제기했다. 실제로 뉴클리어스는 서명 전 계약서에서 이 조항을 발견했고, 아마존은 걱정하지 말라고 말했으며, 일부 사람들은 아마존이 뉴클리어스와 경쟁할 제품을 만드는 데 관심이 없다고 이야기하기도 했다.

아마존이 복제품을 만들기 전까지 뉴클리어스 디바이스는 홈디포, 로우스, 베스트바이 등의 주요 소매업체에서 판매되었다. 하지만 에코 쇼가 시장에 나오자 매출이 급격히 감소했고 소매업체들은 발주를 중단했다. 아마존은 어떻게 해서인지 뉴클리어스가 자사 제품을 만드는 데 드는 비용보다 더 낮은 가격에 에코 쇼를 판매하고 있었기 때문에 경쟁이 불가능했다. 에코 쇼가 출시된 지 몇 달 뒤, 뉴클리어스는 직원 절반을 해고했다.

뉴클리어스는 아마존을 고소하겠다고 위협했다. 아마존의 변호사들과 만난 자리에서 뉴클리어스에게 두 가지 선택지가 주어졌다. 이 회의에 대해 잘 알고 있는 한 사람은 "그들은 '소송을 제기해서 아마존이 이 문제에 총력을 기울이게 하시겠습니까 아니면 합의를 하시겠습니까?'라고 말했습니다."라고 전했다. 뉴클리어스는 합의를 선택했고, 아마존은 가해 행위를 인정하지 않고 500만 달러(한 때 3,800만 달러에 달했던 시장 가치에 비하면 미미한 금액)를 지불하는 데 합의했다.[3]

뉴클리어스는 제품의 방향을 그동안 관심을 얻는 데 어려움을 겪었던 헬스 케어 시장으로 바꾸었다. 한 사람은 "1,500만 달러가 투자되었지만 1,500만 달러의 가치를 창출하지는 못할 것입니다."라고 말했다.

똑같은 이야기가 계속 반복되었다. 아마존은 알렉사 펀드의 형성 전에도 지분을 인수한 회사들과 사이에서 갈등과 긴장의 역사를 만들어 왔다.

2010년, 아마존은 데일리 딜 웹사이트 리빙소셜LivingSocial에 투자해 30%의 지분을 확보하고 이 스타트업의 이사회에 참여했다. 리빙소셜의 전 경영진은 아마존이 데이터를 요청하기 시작했다고 말했다. 한 경영진은 "그들은 고객 목록, 공급 업체 목록, 매출 데이터를 요청했습니다. 그들은 경쟁력 있는 제품을 가지고 있었지만 이 모든 것을 요구했습니다."라고 말했다.[4] 리빙소셜은 데이터 인도를 거부했다.

리빙소셜 경영진은 고객들로부터 아마존이 직접 접촉해 더 나은 조건을 제시하고 있다는 이야기를 듣기 시작했다. 아마존은 리빙소셜 직원도 빼내가기 시작했다. 그루폰은 2016년에 아마존의 지분을 포함해 리빙소셜을 인수했다.

2014년까지 리빙소셜의 CFO였던 존 백스John Bax는 "우리는 아마존이 우리와 경쟁하지 않을 것이라고 믿을 정도로 순진했습니다. 직원, 판매자, 고객 목록, 공급업체를 두고 충돌해야 했습니다."라고 말했다.[5]

2016년, 다니엘라 브라가Daniela Braga는 시애틀에 기반을 둔 스타트업 디파인드크라우드DefinedCrowd에 대한 알렉사 펀드의 투자를 받았다. 이 기술 기업은 시간이 갈수록 더 많은 사람들이 탐을 내는 분야인 인공 지능을 위한 훈련 데이터를 구축했다.

아마존은 알렉사 펀드 투자의 일환으로 이 기술 스타트업의 재무 기타 기밀 정보에 대한 접근권을 얻었다. 이사회 참관인의 지위 덕분에 알렉사 펀드 담당자는 디파인드크라우드의 특정 이사회에도 참석할 수 있었다.

브래그가 2020년 말 내게 한 말에 따르면, 그해 봄 아마존의 클라우드 컴퓨팅 부문은 디파인드크라우드가 작업하고 있는 것과 거의 같은 인공지능 제품을 출시했다고 한다.[6]

브라가는 A2I라고 불리는 아마존 웹 서비스의 제품이 "우리 회사의 주 소득원인 제품 중 하나"인 데이터를 수집하고 라벨링하는 제품과 직접 경쟁을 한다고 말했다. A2I 발표를 본 그녀는 회사 데이터에 대한 아마존 펀드의 접근을 제한하고 다른 곳에서 더 많은 자본을 조달해 아마존 지분을 90%까지 희석시켰다. 그리고 신규 고객, 거래 규모, 주요 직원에 대한 업데이트를 중단했다.[7]

마지막에 창업자가 웃은 사례도 있다. 보스턴에 기반을 두고 착용형 피트니스 트래커를 만드는 우프Whoop는 2018년에 알렉사 펀드와 만남을 가졌다. 당시 회사는 자금이 바닥나고 있었다. CEO인 윌 아메드Will Ahmed에 따르면 아마존은 "우리 기술에 대한 많은 정보를 가져가고 투자는 하지 않았다"고 했다. 아메드는 실사 과정에서 알렉사 펀드 직원들이 제국의 다른 부분에 속한 직원들과 상의를 했다는 것을 알게 되었다. 방화벽에 대한 아마존의 그 모든 이야기에도 불구하고 거래 협상 중 아마존 부서들 사이에는 정보 이동이 잦아 보였다.

2020년에 아마존은 착용형 피트니스 트래커 할로Halo 디바이스를 출시했다. 우프의 CEO는 링크드인에 올린 게시물에서 할로를 "우프의 완벽한 복제품"이라고 불렀다. 심지어 출시 당시 아마존의 제품 관리자는 트위터(현재의 엑스)에 할로 출시를 두고 "와Whoop, 여기 있어요."라는 글을 올렸다.[8] 우프 경영진은 이 트윗을 우프를 모방한 것을 도발적으로 과시했다고 해석했다. 아메드는 "그들과 그렇게 많은 시간을 보낸 제가 어리석고 순진했었다는 느낌을 갖게 되었습니다."라고 말했다. 법적 조치를 고려했지만 아마존과 같은 대기업을 상대로 소송을 제기하는 비용은 그에게 너무 벅찼다. 대신 그는 아마존과 정면으로 맞서기로 마음먹었다. 할로 출시 후, 우프의 투자자들은 유감을 표했지만, 아메드는 포기하지 않았다. 그는 심지어 우프 2021년 버전의 회로 기판에 아마존을 향한 메시지를 새겨 넣기도 했다. "우리 제품을 베끼느라 힘 빼지 마. 어차피 우리가 이길 테니까." 이 메시지를 보게 되는 사람은 우프의 기능을 훔칠 목적으로 하드웨어를 분해하는 회사들뿐일 것이다. 이는 선견지명이었던 것으로 드러났다.

아마존은 수많은 기업에 압력과 영향력을 행사했지만, 이 경우에서만은 다윗이 골리앗을 이겼다. 2023년, 아마존은 할로 사업부를 폐쇄했다. 아메드는 이 소식을 링크한 트윗에서 "속이 시원하다"는 의미로 평화를 뜻하는 이모티콘을 올렸다. 결국 그는 승리했고, 우프는 여전히 시장에 남아있다.

하지만 아메드의 이야기는 일반적인 사례가 아니다. 아마존은 너무나 큰 기업이 되었고, 다양한 부문에서 수집한 엄청난 양의 데이터를 너무나 영리하게 사용하기 때문에, 소비자의 니즈를 예측하고, 이들 니즈에 대한 해법을 찾거나 만들거나 복제하고, 그들을 지원하는 전통적인 벤처 캐피탈 회사처럼 보이는 가면을 쓰고 그들을 대체하는 데 필요한 소비자에 대한 식견을 제공한 바로 그 "파트너"를 경쟁자로 돌리고 파괴한다.

벤처 캐피탈 회사 베세머 벤처 파트너스Bessemer Venture Partners의 파트너, 제레미 레빈Jeremy Levine은 "그들은 시장 지배력을 정말 마키아벨리적인 방식으로 이용하고 있습니다."라고 말했다.[9] "그들은 어느 면으로 보나 양의 탈을 쓴 늑대가 아닙니다. 그들은 늑대의 탈을 쓴 늑대입니다."

아마존은 공평하고 수평적인 플랫폼이지만, 스위치를 한 번 누르는 것만으로 전체 범주를 뒤흔들 수 있는 수직적 플랫폼이 될 수 있다. 아마존은 19세기나 20세기의 전통적 대기업에서 진화적 도약을 이루었다. 21세기 미국 법 체계가 감당할 수 없는 기술적 돌연변이인 것이다.

이에 규제 기관은(적어도 일부는) 경각심을 갖게 되었다.

THE EVERYTHING WAR

[2부]

전쟁 놀이

7장

파워 게임,
그리고 억만장자의 미디어 도박

2000년, 아마존은 외부 변호인으로서 업무에 대한 자문을 해주던 폴 미세너Paul Misener를 고용해 회사의 공공정책 운영을 맡겼다. 미세너는 MBA들이 밀려들던 시기에 채용되었고 적절한 자격을 갖추고 있었다. 그는 전기 공학과 컴퓨터 공학을 전공한 프린스턴 졸업생이었고 (베이조스보다 1년 선배) 전기공학과 컴퓨터 공학을 전공하고 조지 메이슨대학교에서 법학 학위를 취득했다. 미세너는 규제의 세계를 잘 알고 있었다. 경력 초기에 그는 라디오, 텔레비전, 케이블 통신 규제 기관인 미 연방통신위원회Federal Communications Commission에서 위원장의 수석 보좌관으로 일했다. 그 전에는 인텔에서 정책 문제를 다루었다.

미세너는 초반에는 시애틀 본사의 광적인 성장 에너지와는 매우 다르게 운영되던 공공정책팀의 효율을 높이기 위해 노력했다. 우선 그는 워싱턴의 C 스트리트에 위치한 19세기에 지어진 낡은 연립주택을 찾아 일을 시작했다. 이 건물은 인터넷이 자주 끊기기로 악명이 높았고 수신 장애 때문에 직원들이 길로 나가 전화를 받곤 했다. 설상가상으로 에어컨이 작동하지 않아 후덥지근한 워싱턴의 여름은 견딜 수 없이 느껴졌다. 직원들이 개인 공간이 거의 없는 좁은 사무실은 더 말할 것도 없었다. 이 모든 결함에도 불구하고 이 건물은 집세가 쌌다. 근처의 다른 회사 사무실들은 아마존의 DC 사무실보다 최대 7배까지 비쌌고, 오랫동안 검소함이 회사의 지도 원칙이었던 아마존의 본사 경영진은 이를 긍정적으로 평가했다.

처음에는 다른 층에 체로키 네이션Cherokee Nation의 국정 사무실과 원고 측 변호사가 있었기 때문에 아마존의 공공정책팀은 건물의 3층만 사용했다. 하지만 이들 세입자들이 나간 후에는 이 부서가 4층 건물 전체를 차지하게 되었다.

초창기 아마존은 성장 중이었기 때문에 미세너는 팀을 소규모로 유지했다. 그의 전략은 아마존에 영향을 미치는 몇 가지 정책 분야에만 집중하는 것이었다. 팀이 워낙 단출했기 때문이었다. 다른 회사나 싱크 탱크가 아마존에 영향을 미치는 정책에서 주도적인 위치에 설 수 있는 경우라면 그쪽에 위임해서 팀의 업무 부담을 덜었다. 미세너와 그의 작은 팀은 수년 동안 아마존의 모든 공공정책 업무를 처리했다.

미세너는 직원들의 존경을 받는 온순한 사람이었다. 그는 고서적을 수집했고, 그의 서재에는 1820년 발행된 조지 워싱턴의 논문 초판본을 비롯한 1,000권이 넘는 장서들이 이 애서가의 벽을 둘러싸고 있었다.[1] 그를 워싱턴에 어울리지 않게 "너무 착한" 사람이라고 묘사하는 동료들도 있다.

아마존의 공공정책팀은 10년 넘게 이런 식으로 운영되었다. 인력이 부족하고 자금이 부족해 회사의 사업에 큰 영향을 미치는 몇 가지 사안에만 집중한 것이다. 아마존에 가장 중요한 사안, 미세너가 대부분의 관심을 쏟았던 사안은 판매세였다.

세금 회피는 아마존의 성장 스토리에서 대단히 중요한 부분이며, 일찍이 베이조스가 사업을 계획할 때부터 계산에 넣었던 부분이기도 하다. 그는 쉐보레 블레이저를 타고 미국을 횡단하면서 의도적으로 세금 친화적인 주에 위치하거나 인구가 적은 도시를 선택했다. 베이조스는 미국 세법을 구석구석 잘 알고 있었고 이런 세법을 이용하겠다고 생각했다.

그는 가능한 한 많은 잠재 고객이 저렴한 가격으로 혜택을 보기를 원했고, 고객이 지불하는 전체 가격에서 판매세를 제거하면 그런 일을 하는 데 도움이 될 터였다. 베이조스는 1996년 《패스트 컴퍼니Fast Company》와의 인터뷰에서 이렇게 인정했다.

"심지어는 샌프란시스코 근처의 인디언 보호구역에 아마존닷컴을 설립할 수는 없는지 조사하기도 했습니다. 이런 방식으로 세금의 영향 없이 인재들에게 접근할 수 있으니까요. 불행히도 정부가 먼저 그런 생각을 했더군요."[2] (연방 인디언 보호구역은 보통 세금이 면제된다.)

미세너는 세금의 모든 허점을 이용하고자 하는 계획을 실행한 사람이었다. 그와 그의 팀은 이 일에 성공했다. 아마존닷컴은 설립 이래 대부분의 기간 동안 판매세 혜택을 누렸고, 이를 지키기 위해 필사적으로

로 싸웠다. 아마존은 1995년 웹사이트가 출시된 후 수년 동안 미국 대부분의 주에서 판매가에 세금을 붙이지 않았다. 어떻게? 아마존은 정말 신중하게 직원을 배치했다. 또한 창고를 정할 때에도 세법의 허점을 이용했다.

우편 주문 카탈로그에 관한 1992년의 대법원 판결에 따라 미국 세법에는 소매업체가 직원과 사업장을 두고 있는 곳에서만 제품 가격에 판매세를 붙인다고 명시되어 있었다. 대법원이 이 판결을 내릴 때는 인터넷이 편재하는 상황과 거리가 멀었고 아마존도 존재하지 않았다. 대법원은 이 판결(통신판매 카탈로그에 초점을 맞춘)이 미래에 가져 올 파급 효과를 예상할 수 없었다. 고객으로부터 판매세를 받는 오프라인 소매 사업의 전성기에 내려진 이 판결을 훗날 소매 사업에 혁신을 일으킨 한 기업이 능란하게 이용해 판매세를 회피하게 된다. 차익 거래의 달인인 베이조스는 이 판결의 결과가 어떤 영향을 미칠지 알고 있었고, 이는 그의 초기 결정에 영향을 미쳤다.

아마존은 여러 가지 자산을 어디에 어떻게 배치할지 판단하는 데 있어서 무척 기민했다. 아마존은 몇 개의 주에만 창고를 두고 다른 주로 물건을 배송했고 고용은 워싱턴과 같은 일부 주로만 제한했다. 워싱턴주는 캘리포니아주와 같은 주에 비해 상대적으로 인구가 적었기 때문에 본사 있는 워싱턴주 고객에게 판매세를 부과해도 소외감을 느끼는 쇼핑객이 많지 않았다.

아마존은 여러 주에 늘어나는 창고를 아마존이 운영하는 곳이 아닌 아마존의 자회사로 지정하는 방식으로 창고에 "법인 분리" 정책을 사용했다. 이로써 창고가 있는 주에서도 판매세가 면제되었다. 일부 세무 전문가들은 이를 탈세에 가까운 매우 공격적인 전략으로 보았다. 이런 아마존 "자회사"에는 아마존의 핵심 사업을 맡은 아마존 직원이 있었지만, 아마존은 세금 회피를 위해 이들을 달리 분류했다. 아마존은 매장이 없었기 때문에 거의 모든 소매업체들과 달리 대부분의 주에서 세금을 납부할 필요가 없었다.

그 결과는 상당했다. 일부에서는, 경쟁 업체들보다 가격을 낮게 유지해 세금을 받아야 하기 때문에 아마존이 파는 것과 같은 품목을 더 높은 가격에 팔아야만 하는 대형 할인점이나 소규모 업체로부터 시장을 빼앗아 올 수 있게 해주는 이 세금 혜택을 아마존의 성공 비결이라고 불렀다. 세금 문제를 담당했던 아마존 직원은 "세금 혜택은 확실히 우리에게 엄청난 경쟁 우위를 가져다주었습니다."라고 말했다. 가격 비교 도구들을 사용하는 요령 있는 쇼핑객의 시대에 물건 가격에서 판매세를 깎아내는 것은 큰 이점이었다.

크레디트 스위스의 2011년 보고서는 아마존이 사업을 운영하는 모든 주에서 해당 연도의 판매세를 징수해야 했다면 매출에서 6억 5,000만 달러 이상의 손실을 보았을 것으로 추정했다.[3] 이런 식으로 세제를 악용하지 말라는 비판가들의 목소리가 커지고 있었지만 아마존은 1995년부터 2012년 초까지 5개 주에서만 주 판매세를 징수했다.[4]

주 판매세는 1930년대 대공황 동안 각 주가 재원 마련을 위한 방법으로 시행하기 시작했다.[5] 실제로 세금은 주정부 수입에서 큰 몫을 차지해 주 수입의 70% 이상이 세금에서 나온다. 전체 주 세입의 약 절반을 차지하는 판매세는 특히 중요하다. 이 세금은 소방서, 학교, 도로 공사의 자금을 조달한다. 아마존은 판매세 징수를 회피함으로써 많은 주의 중요한 수입원을 빼앗았다. 각 주에서 손실액을 계산하기 시작했고 충격적인 수치가 나왔다. 예를 들어 캘리포니아는 아마존이 납부하지 않은 판매세가 2011년에만 8,300만 달러에 이르는 것으로 추정하고 있다.[6] 텍사스는 2005년부터 2009년까지 미징수된 판매세 2억 6,900만 달러의 청구서를 발부했다.[7] 이 돈은 도로에서 공공 안전, 학교 자금에 이르기까지 주민들에게 혜택이 돌아가는 주 정부 자금 조달을 지원하는 데 도움을 줄 수 있었을 것이다.

이것이 다른 소매업체에 비해 아마존이 엄청난 경쟁 우위를 차지하는 데 얼마나 중요했는지는 정확히 전달하기조차 어렵다. 시애틀에 기반을 둔 이 회사는 저렴한 가격을 내세웠고, 세금 회피는 최대 9%까지 가격을 내려 아마존 역사의 중요한 시기에 경쟁업체로부터 고객을 빼앗을 수 있는 방편이 되어 주었다.[8]

아마존이 세금에서 본 이득은 소매업계 전체에 반향을 일으켰고 경쟁업체는 물론 주와 지자체 예산에도 실질적인 영향을 미쳤다.

시어스는 1893년 설립된 이래 경기 침체, 전쟁, 전염병, 변화하는 소비자의 습관 등을 견디고 살아남았다. 긴 역사를 자랑하는 이 백화점은 교외에 산재한 자가 조립 스타일의 주택을 위한 공구상자와 세탁기 등 방대한 품목을 판매한 원조 에브리씽 스토어였다.

1960년대 후반, 시어스의 연 매출은 미국 국내총생산의 거의 1%였다.[9] 한때 이 회사는 혁신으로 가득한 역사를 갖고 있었다. 올스테이트 보험Allstate Insurance, 디스커버Discover 신용카드, 주거용 부동산 회사 콜드웰 뱅커Coldwell Banker를 출범 시킨 것이 이 회사였다. 심지어 시어스는 대규모 중개 회사인 딘 위터 디스커버 앤 코Dean Witter Discover & Co.를 소유하기도 했다.(이후 분사.) 딘 위터는 이후 나중에 투자 은행 모건 스탠리Morgan Stanley를 인수해 오늘 날에도 우리가 잘 알고 있는 일류 투자 은행을 만들었다. 시어스의 역사를 연구하는 한 학자는 "시어스는 삶에 필요한 모든 것을 원스톱으로 쇼핑할 수 있는 곳이 되고자 했습니다."라고 말했다. 이 회사는 베이조스가 아마존을 시작할 때 시어스의 디지털 버전이 되기를 바랐을 정도로 미국인의 정신세계에서 대단히 중요한 위치를 차지했었다.

하지만 이런 유서 깊은 과거에도 불구하고 2010년대에 이르자 상황은 크게 달라졌다. 온라인 쇼핑은 경쟁의 장을 변화시켰고, 특히 한 경쟁업체는 세금의 허점을 능란하게 이용해 시어스에 유난히 큰 타격을 주었다. 시어스의 경영진은 일리노이주 호프만 에스테이트 본사의 회의실에서 매주 가격 전략 회의를 가졌다. 그곳에서 이 회사 경영진은 시어스 백화점을 종말에 이르게 하겠다고 위협하는 시애틀의 경쟁업체에 대해 논의했다. 시어스는 아마존의 공격을 받고 있었고, 고객의 돈이 쇼핑몰의 상점에서 온라인 소매업체로 옮겨지는 문제를 해결해야 했다.

2012년부터 2015년까지 시어스의 사장으로 가격 회의에 참석했던 란 보이어Ron Boire는 "아마존이 다른 범주에 진출하게 된 상황에서 가장 큰 위협은 고객들이 아마존에서는 세금을 내지 않고 물건을 살 수 있다는 사실을 알게 되었다는 점이었습니다."라고 말한다. 요령 있는 소비자들이 가격을 비교했기 때문에 시어스 경영진은 제품 가격 책정 방식에 있어 어려운 결정을 해야 했다. 이는 종종 이윤을 완전히 없애는 것을 의미하기도 했다.

아마존과 시어스가 같은 소니 TV를 500달러에 판매한다고 가정해 보자. 하지만 시어스는 판매세로 42달러를 추가로 받아야 한다. 보이어는 매출 기회를 놓치지 않으려면 시어스는 제품 가격을 468달러로 낮춰 경쟁력을 유지해야 했다고 회상한다. 같은 계산이 범주마다, 제품마다 적용되면서 이미 낮은 이윤으로 운영되고 있던 업계에는 바닥치기 경쟁이 나타났다. 이 때문에 시어스는 손해를 보고 제품을 팔게 되었다.

"가전제품은 아마존 때문에 이윤이 너무 낮아져 업계의 이윤 폭이 거의 제로에 가까워진 가장 좋은 사례입니다."

보이어는 인터뷰에서 내게 이렇게 말했다.

아마존은 세금 허점에 더해 수익을 두고 맹공을 가하는 월 스트리트 애널리스트가 없다는 보기 드문 호사를 누렸다. 나머지 소매업체들은 그렇지 않았다. 이윤 축소는 수익 축소를 의미했다. 수익 축소는 주주들의 분노를 낳았고, 수익이 지나치게 급격히 줄어들면 결국 파산 신청으로 이어졌다. 100년 넘게 사업을 해 온 시어스는 2018년 파산을 신청했다.

보이어는 소매 업계에서 커리어를 이어가는 동안 계속해서 아마존과 맞서야 했다. 그는 반즈 앤 노블과 전문 소매업체 브룩스톤Brookstone의 CEO였다.(반즈 앤 노블은 급격한 시장 가치 하락을 경험했다. 브룩스톤은 그가 떠난 후 2018년 파산을 신청했다.) 그는 이후 파산을 신청을 한 토이저러스의 사장이기도 했다. CEO들은 이런 줄 도산에 아마존의 지문이 깊게 남아 있다고 말한다.

보이어는 이렇게 말했다.

"세금 혜택이 없었다면 아마존이 지금의 아마존이 아닐 것이라고 생각합니다."

토이저러스의 CEO 제리 스토치는 뉴저지 본사에서 정치인들을 대상으로 아마존의 감세 혜택에 대해 끊임없이 항의를 했다. 두 회사는 전자상거래 계약이 파기된 후의 소송으로 오랫동안 긴장 관계에 있었으며, 아마존의 판매세 혜택은 이 CEO에게는 큰 골칫거리였다.

2006년 토이저러스에 합류한 첫 주에 스토치는 제프 베이조스로부터 걸려 온 전화를 받았다. 친구라고 생각했던 베이조스가 "실적이 형편없는 직원들과 일하는 느낌이 어때요?"라고 묻자 이 신임 CEO는 큰 충격을 받았다. 스토치는 베이조스가 토이저러스가 아마존을 상대로 낸 전자상거래 파트너십 조기 종료 소송을 아직도 고깝게 여기고 있다고 생각했다. 그 대화 이후 스토치는 아마존과 경쟁할 수 있는 방법과 기존 소매업체가 갖고 있지 않은 아마존의 모든 이점을 찾기 위해 노력했다.

어느 날 점심 식사 중, 스토치의 상사이자 사모펀드 KKR을 공동 설립한 금융계의 거물 헨리 크래비스Henry Kravis가 자신의 아내로부터 받은 메시지를 스토치에게 전해주었다. KKR은 차입 매수*를 통해 토이저러스를 비상장 회사로 전환한 후 스토치에게 회생 작업의 키를 맡기기로 했다.

"토이저러스 웹사이트는 아마존의 것만큼 좋지가 않네."

---

* 매수회사가 피매수회사의 자산을 담보로 해서 차입한 자금으로 매수금을 충당해 기업을 매수하는 것.

크래비스는 스토치에게 말했다. 스토치는 당시 아마존이 연 10억 달러 이상을 기술에 쏟아 붓고 있었다고 회상한다. 그의 예산은 그 일부에도 미치지 못했다. 스토치는 "아마존만큼 좋은 사이트는 만들 수 없습니다. 지불 능력을 유지하면서 그렇게 하는 것은 불가능합니다." 라고 답했다. 하지만 이런 투자자 측의 불균형한 대우만이 스토치가 걱정하는 문제는 아니었다.

이 상징적인 장난감 소매업체는 최초의 카테고리 킬러category killer였다. 토이저러스는 1957년부터 전국 수백 개의 매장으로 수많은 어린이 고객을 끌어 들였다. 매장은 타의 추종을 불허하는 선택지를 구비하고 있었다. 하지만 온라인 쇼핑은 고객이 가격을 비교할 수 있다는 것을 의미했다. 아마존과 토이저러스의 웹사이트에 같은 바비 인형이 같은 가격이 적혀 있다면, 고객은 판매세를 징수하지 않는 아마존에서 더 적은 돈을 내고 인형을 살 수 있었다.

스토치는 이렇게 말했다

"크게 잘못되어 있었죠. 아마존은 자신들이 어떤 일을 하고 있는지 정확히 알고 있었습니다."

스토치는 직접 경험을 통해 판매세를 받지 않는 것이 얼마나 큰 의미를 갖는지 알고 있었다. 각 주에서 신학기 쇼핑이나 중요한 쇼핑 행사를 앞두고 "판매세 면제" 혜택을 줄 때마다 해당 주의 매출은 폭발적으로 증가했다. 아마존은 그런 종류의 혜택을 일 년 내내 보고 있었다.

2011년 스토치는 당시 뉴저지 주지사였던 크리스 크리스티Chris Christie를 만나 아마존에 세금을 부과해달라고 간청했다. 토이저러스는 뉴저지에 있는 40여 개 매장과 뉴저지 웨인 본사에서 수천 명의 직원을 고용하고 있었다. 스토치의 말에 따르면, 토이저러스는 뉴저지주에서 대단히 큰 규모의 민간 고용주였으며 뉴저지주가 수천만 달러의 판매세 수입을 얻게 해주었다고 한다. 반면 아마존은 뉴저지에서 판매세를 받지 않았다.

스토치는 크리스티에게 이렇게 말했다.

"당신은 우리 회사를 폐업시키고 시내를 텅 비게 만들고 있습니다. 이 때문에 모든 소규모 업체들이 문을 닫을 것입니다. 대체 무슨 일을 하고 있는 겁니까?"

주지사는 그 경고를 귓등으로 흘려보냈다.

1년 후 뉴저지는 아마존 창고 유치에 나서, 아마존에 엄청난 감세 혜택을 제시했다. 2012년 크리스티는 아마존이 뉴저지에 두 개의 거대한 새 창고를 건설할 것이라고 발표했다. 그 기자 회견에서 크리스티의 옆에 서 있던 것은 다름 아닌 폴 미세너였다.

창고 중 하나는 뉴저지 로빈스빌에 건설될 예정이었다. 금상첨화였다. 뉴저지 주에서는 아마존에 PILOT payment in lieu of taxes *라는 세금 우대를 받을 수 있도록 허용하고 있었다. 아마존은 20년간 총 2,200만 달러의 정해진 수수료를 뉴저지에 내게 된다.[10] 당시 현지 언론은 이렇게 보도했다.

"일반적으로 이런 거래는 도시의 세수 감소를 야기한다.[11] 하지만, 초반에 기업이 많은 돈을 절약할 수 있기 때문에 지역 개발을 위해 기업을 끌어들이는 역할을 한다."

---

* 일반 재산세 대신 지방 정부에 정해진 수수료를 지불하는 데 동의하는 재정적 합의.

아마존은 2013년 중반부터 뉴저지에서 판매세를 징수하기 시작했다. 당시 크리스티는 주에 들어오는 판매세가 3,000만 달러에서 4,000만 달러까지 늘어날 수 있다고 말했다.[12]

"정치인들이 '뉴저지 로빈스빌에 일자리를 창출했다'고 말할 수 있었던 것은 초단기적인 면에 초점을 두는 경우가 많기 때문입니다."

스토치의 말이다.

실제로 크리스티는 보도 자료에서 자신이 창출한 일자리에 의기양양한 모습을 보였다. 주지사는 보도 자료를 통해 "아마존은 이 하나의 시설에만 수백만 달러를 투자할 것이고 이는 임시직, 계절직, 건설직 외에 수백 개의 정규직 일자리를 낳는 결과를 가져올 것으로 예상됩니다."라고 말했다.[13] 스토치는 전성기 때의 토이저러스가 뉴저지에서 1만 명 이상을 고용했다고 말한다. 불과 몇 년 후, 파산 신청의 결과로 토이저러스의 직원은 제로가 되었다.(아마존은 현재 뉴저지주에서 4만 6,000명의 정규직, 파트 타임 직원을 고용하고 있으며, 그 대부분은 물류창고에서 일하고 있다. 2010년부터 2021년 사이에 뉴저지는 소매업의 특정 부문에서 상당한 고용 감소를 경험했다. 스포츠용품, 취미용품, 도서, 음반 매장이 고용한 직원의 수는 거의 33% 감소했다.(의류 매장 고용자 수는 32% 감소했다. 전자제품 및 가전제품 매장의 고용자 수는 27% 감소했다.[14])

아마존은 로빈스빌에서의 PILOT 결과로 얼마를 지불했는지에 대한 질문에 답변을 거부했으며, 뉴저지에서 징수한 판매세가 어느 정도인지에 대한 세부 정보의 제공을 거부했다.

미세너와 그의 팀은 힘이 닿는 한 아마존의 판매세 이점을 보호하기 위해 필사의 노력을 해왔다. 2008년까지 아마존은 판매세를 부과하는 17개 주에서 사업장을 두고 있었지만, 그 중 4개 주에서만 판매세를 징수했다.[15]

2011년 아마존은 개별 주들과 주 판매세 협상을 시작했다. 한 공공 정책 담당 직원은 어쨌든 아마존이 모든 주에 사업장을 두고 판매세를 징수해야 한다는 것을 깨닫고 판매세에 대한 입장을 바꾸기 시작했다고 말했다. 당시, 아마존이 창고를 두고 있던 주들은 더 이상 창고가 물리적인 영업장에 해당하지 않는다는 주장을 받아들이지 않고 아마존에게 판매세를 내라는 압박을 가하기 시작했다. 주정부와의 협상에는 수년이 걸렸고, 아마존은 2017년에야 일부 주에서 판매세를 징수하기 시작했다.

주정부들이 창고가 비과세 대상인 자회사라는 아마존의 주장을 더 이상 용인하지 않자 아마존은 전략을 바꾸었다. 판매세를 징수하지 않기 위해 싸우는 대신, 아마존이 해당 도시와 주에서 사업을 확장하는 대가로 다른 종류의 보조금을 요구하기 시작한 것이다. 아마존은 로빈스빌에서와 같이 사업장을 짓는 도시들로부터 수년에 걸친 감세 혜택과 보조금을 얻어 냈다. 이들은 재산세 면제, 판매세 경감, 보조금 등의 형태를 띠었다. 기업 보조금을 추적하는 연구 조직 굿 잡스 퍼스트Good Jobs First에 따르면, 미국 지자체는 아마존 사업 전반에 감세 혜택을 비롯한 경제 개발 보조금으로 63억 달러 이상을 지급했다. 사업 확장의 대가로 해당 주에서 보조금을 받는 것은 아마존뿐만이 아니다. 여러 주에서는 경제를 발전시키고 일자리를 창출하기 위해 이런 장려책을 제공한다. 그러나 아마존 내부에서는 이런 지표조차 목표로 삼고 관리한다. 공공정책팀에는 2015년부터 매년 주에서 받는 혜택을 달러로 환산한 목표가 주어진다. 어떤 해에는 그 목표가 10억 달러에 달했고, 다른 해에는 수억 달러의 보조금과 기타 인센티브를 얻어냈다.[16]

아마존은 10년이 넘게 이런 세금의 허점(다른 요소들과 함께)을 이용해 시장 점유율을 크게 높이는 유리한 위치에 설 수 있었다. 현재는 판매세를 부과하는 모든 주에서 판매세를 징수하고 있지만, 수십 년에 걸친 면세 혜택은 아마존 성장의 또 다른 토대였다.

반독점 단체, 지역 자립 연구소Institute for Local Self-Reliance의 전무 이사인 스테이시 미첼Stacy Mitchell은 이렇게 말한다.

"공공정책은 처음부터 베이조스가 가진 전략의 일부였습니다. 그는 판매세 혜택을, 이후 공공 보조금을 대단히 영리하게 이용했습니다. 이것이 아마존 성장에 얼마나 큰 동력이 되었는지 아무리 강조해도 지나치지 않습니다."

베이조스는 세금의 허점을 이용하고 공공정책팀으로 하여금 그 분야에서 회사에 이익이 될 수 있는 모든 기회를 찾도록 밀어붙이는 데 탁월한 재주가 있지만, 그리 정치적이지는 않았다. 그와 가깝거나 그와 오랫동안 함께 일한 대부분의 사람들은 그가 어느 쪽에 투표하는지 모른다고 말한다. 그는 일터에서 대통령 선거를 입에 올리지 않았으며 자신을 자유주의자라고 생각했다.

자유주의자들은 개인의 자유를 옹호하고 정부의 간섭을 제한해야 한다고 생각하는 경향이 있다. 그들은 자유 시장의 팬이다. 베이조스의 경우, 이 억만장자는 동성 결혼, 마리화나 합법화, 이민에 대한 보다 진보적인 견해 등 자유주의적 대의를 지지했다. 표면적으로는 자유주의 쪽으로 기울어 있지만, 베이조스는 실용주의자이며, 비즈니스에 정통한 것에 비해서는 정치적 성향이 약했다.

일부 CEO는 회사의 이야기를 공유하거나 법안에 영향을 미치기위해 정책 입안자와 정부 관리와 어울리는 것을 즐기지만, 베이조스는 무슨 수를 쓰든 이런 일을 피했다. 감상적으로 보이겠지만, 베이조스는 모든 시간을 야심찬 아마존의 계획과 아마존의 고객들에게 쏟고자 했다. 그는 자신의 시간을 다른 곳에 쓰는 것이 더 낫다고 생각했고, 그에게 국회의사당에서의 만남은 큰 성과 없이 시간과 노력만 많이 필요로 하는 일처럼 보였다.(이런 맥락에서, 베이조스는 다른 CEO들과 인맥을 쌓는 데에도 시간을 많이 사용하지 않았다. 그는 다보스 세계경제포럼에도 단 두 번(1998년, 1999년) 참석했을 뿐이다. 이 회의에는 전 세계의 CEO들과 영향력 있는 사람들이 정기적으로 참석한다.)

시애틀은 미국 정부의 고위 인사들이 자주 방문하는 곳이다. 태평양 북서부로의 짧은 여행은 매우 생산적인 만남들로 이어질 수 있다. 대통령 후보들과 국회의원들은 시애틀-타코마 국제공항으로 가 스타벅스, 마이크로 소프트, 보잉Boeing, 유명 백화점 체인을 소유한 노드스트롬Nordstrom 가족을 비롯한 기업계의 거물 방문으로 여행 일정을 채웠다. 그곳에서 그들은 대기업으로부터 자금을 조달하거나, 정치적 자본이 필요한 미래의 거래나 투자를 위해 인맥을 만드는 데 공을 들인다.

이 CEO들은 기꺼이 의원들의 회사 견학에 동행해 자신의 기업이 이룬 혁신과 자신들이 사회를 위해 한 온갖 일을 지적했다. 베이조스는 같은 대우를 요청받을 경우 거절하는 것이 일상이었다.

앨 고어 전 부통령이 임기 중 시애틀을 방문했을 때는, 베이조스가 아닌 홍보 책임자 케이 단가드가 아마존 사무실로 그를 안내했다. 단가드는 하원 의장도 마찬가지였다고 말한다. 베이조스는 워싱턴으로부터 회의를 요청받았을 때 역시 똑같이 행동했다.

미세너로부터 말을 전해들은 여러 사람들은, 베이조스는 의원들과 만나달라는 요청에 미세너에게 "내가 그런 일을 하러 워싱턴에 올 생각이었다면 당신을 고용하지 않았을 것"이라고 말한 적이 있다고 한다.(아마존은 베이조스가 이렇게 말했다는 것을 부인한다.)

아마존은 성장 과정에서도 같은 규모의 대부분 기업이 지출하는 만큼의 돈을 워싱턴 쓰지 않았다. 기업들이 싱크 탱크에 자금을 대고 값비싼 로비스트를 고용해 각자의 이해관계 득이 되는 주장을 하도록 하는 워싱턴에서 아마존은 눈에 잘 띄지 않는 참가자였다. 2010년에 아마존은 로비 활동에 200만 달러가 조금 넘는 돈을 썼다. 이 액수는 소매 업계에서 놀라운 성장, 영향력, 인지도를 달성한 기업으로서는 적은 금액이었다.(이해를 돕자면, 그해 마이크로 소프트는 거의 700만 달러를, 월마트는 600만 달러 이상을 썼다는 것이 책임 정치 센터Center for Responsive Politics의 추산이다.)

서적 소매업체였던 초기의 아마존은 로비력이 많이 필요하지 않았다. 그 단계 동안 가장 중요했던 것은 판매세 혜택을 지키는 것이었다. 그러나 점점 더 많은 촉수를 뻗으며 다른 범주와 다른 산업으로 확장해 나감에 따라, 곧 아마존은 로비 전선에서 그 때까지 집중했던 좁은 범위보다 훨씬 더 많은 촉수가 필요하다는 것을 인식하게 되었다.

베이조스는 아마존이 더 많은 사업 분야로 확장하면서 필연적으로 더 세심한 감시를 받게 되리란 것을 항상 생각하고 있었다. 하지만 이 단계에서는 그런 일을 대리인에게 맡기는 것이 더 편했다.

2000년대에서 2010년대가 되면서 아마존은 스타트업에서 많은 관찰자, 경쟁자, 그 때까지의 파트너들에게 존재의 위협이 되는 존재로의 위상 변화를 겪었다. 경쟁자들은 아마존에 더 많은 악담을 퍼붓고 워싱턴에 이 성장하는 기업을 주의 깊게 살펴 달라는 요구를 하기 시작했다.

대형 할인점과 메인 스트리트 매장부터 출판사들까지 아마존을 향해 돌을 던지고 화살을 쏘아대기 시작했다. 1990년대에 주민들이 월마트의 동네 입점을 막기 위해 싸웠듯이 2010년대에는 아마존이 그런 노여움의 대상이 되었다.

클라우드 시대가 얼마 남지 않은 이 시점에 아마존은 경쟁사, 결국은 워싱턴과 있을 충돌을 대비해 체계적인 무장을 시작했다. 이는 워싱턴에 위치한 공공정책 부서의 범위와 성격을 보다 공격적으로 확장하는 것을 의미했다.

2012년, 미세너는 연방거래위원회에서 7년간 변호사로 일했고 칩 제조업체 인텔에서 일했던 젊고 공격적인 브라이언 휴즈먼Brian Huseman을 영입했다. 휴즈먼의 면접은 워싱턴 사무실에서 진행되지 않았기 때문에 입사 후 직원이 몇 안 되는 1890년에 지어진 타운하우스에 도착한 그는 무척 놀랐다. 하지만 상황은 곧 바뀌었다. 아마존은 이후 워싱턴에서 그들의 야망을 펼칠 다른 핵심 인력도 채용했다. 팀이 확대되었고 팀의 영향력도 확대되었다. 그들은 곧 공세를 취하고 아마존의 지배력에 대해, 아마존이 성실하게 성장하고 있는지에 대해 잡음을 내고 있던 비판가들과 싸우게 된다.

그 사이 베이조스는 그 자신조차 예견하지 못하는 방식으로 중대한 일로 드러나게 될 결정을 내리려는 참이었다.

2010년대에 이르자, 신문 사업도 소매업과 마찬가지로 성찰과 변화의 시기를 맞고 있었다. 신문은 너무 오랫동안 인쇄에 매달렸고, 지면 여기저기에 흩어져 많은 구독자의 집으로 들어가는 수많은 광고 수익에 의존해 운영 자금을 조달했다. 온라인 신문들은 2류로 취급되었고, 처음에는 유료화가 되지 않은 것들이 대부분이었기 때문에 온라인에서 콘텐츠를 수익화하는 것이 쉽지 않았다. 그들 역시 인터넷이 어떤 것을 와해시킬지 너무 늦게 파악했다.

고객들이 온라인에서 점점 더 많은 시간을 보내게 되었지만 신문사들은 그 뒤를 너무 느리게 따랐다. 그것은 그들의 재원에도 피해를 입혔다.

2012년 인쇄 광고 수익은 15억 달러 감소했다.[17] 200억 달러 아래로 떨어진 것은 1982년 이후 처음 있는 일이었다. 인쇄 광고는 7년 연속 감소세를 보이고 있었다. 2012년 전국 광고는 10% 감소했다. 신문업계는 위축되고 있었다.[18] 신문사 해고가 꾸준히 일어나고, 지역 신문사들이 문을 닫으면서, 전국적으로 뉴스 사막이 형성되고 있었다. 2005년 이래 미국의 신문사 25% 이상이 문을 닫았다.

유서 깊은 《워싱턴포스트Washington Post》조차 대세를 피하지 못했다. 《워싱턴포스트》는 1933년부터 그레이엄Graham 가문의 소유였다. 가장인 캐서린 그레이엄Katharine Graham은 미국 수도에 있는 정계 실력자들

가운데에서도 실세로 잘 알려져 있었다. 캐서린의 집에서 저녁 식사를 하고 그녀의 축복을 받지 않고는 대권에 도전할 수 없다는 오랜 농담이 있을 정도였다.《워싱턴포스트》의 기자들은 정치 스캔들을 폭로했다. 닉슨 대통령의 사임으로 이어진 워터게이트 사건을 밝혀내고 보도한 것으로 유명하다. 또한《뉴욕 타임스》와 함께 펜타곤 서류를 공개해 베트남 전쟁 당시 미국 정부의 은밀한 행동을 폭로하는 데 관여하기도 했다.

그러나 디지털 시대가 자리를 잡으면서 그레이엄 가문은 광고 환경과 인쇄에서 온라인으로의 전환을 다루는 데 어려움을 겪었고, 그 결과 구독자가 줄어들기 시작했다. 돈 그레이엄Don Graham(캐서린 그레이엄의 아들)은 회사를 살리고 디지털 시대에 더 나은 입지를 찾기 위해 비밀리에 인수 후보자들을 만나기 시작했다.

억만장자들이 이 병든 신문사를 낚아채기 위해 달려든 것은 전혀 놀라운 일이 아니었다. 미디어 거물인 루퍼트 머독Rupert Murdock은 2007년《월스트리트 저널》을 인수해 그의 보수적인 미디어 제국을 한층 더 확장했다. 머독이 이 신문을 인수했을 때 보도국은 반발했다. 편파적인 소유주가 기자들을 장악해 보수적 관점의 기사를 쓰게 할 것이란 생각 때문이었다.(《월스트리트 저널》의 경우 뉴스 부문은 보수적 관점에 더 가까운 사설 부문이나 편집 부문과 독립적으로 운영되고 있다.) 2012년 미디어 제너럴Media General로부터 63개 신문을 인수한 워런 버핏Warren Buffett의 버크셔 해서웨이Berkshire Hathaway는 인수 당시로서는 좋은 투자가 아니었다고 인정했다.(신중한 사업적 결정이라기보다는 신문사들이 사업을 계속하는 데 더 관심을 가졌던 그의 온정주의적 행동이었다.)

카지노계의 거물이자 보수주의 기부자인 셸던 아델슨Sheldon Adelson은 2015년《라스베이거스 리뷰-저널Las Vegas Review-Journal》을 인수했다.

억만장자들이 이윤이 적고 하락세에 있는 이 사업에 모여든 이유는 부를 더해주지는 못할 수 있지만 또 다른 유형의 가치, 바로 영향력을 제공하기 때문이다. 버핏처럼 시민으로서의 책임감으로 신문사를 인수한 사람들도 있었다. 버핏은 인수 발표 당시 이렇게 말했다. "신문사업은 쇠퇴 중인 사업이며, 우리는 거기에 발을 들인 대가를 치를 것입니다. 버크셔가 진짜 돈을 벌 곳은 그곳이 아닙니다."라고 말했다.[19] 그러나 대부분은 허영심으로 인한 인수였으며 회의론자들은 이런 행태를 권력 게임으로 보았다.

2013년,《워싱턴포스트》의 돈 그레이엄은 오래 전에 만났던 친구 베이조스에게 연락을 했다.

1990년대 아마존의 기업공개 직후, 캐서린 그레이엄과 그녀의 아들 돈은 베이조스를 조지타운 저택에서의 점심식사에 초대했다. 베이조스와 함께 식사에 참석했던 단가드는 손님이 모두 12명이었고 캐서린이 대화 도중 그 집의 조지 3세 식탁에서 잠들었다고 회상한다. 이 집안의 가장은 이 기술 기업가가 아들이 깊은 대화를 나누다 웃는 소리에 깨어났다.

돈은 이 억만장자가 그의 집안 신문에 관심이 있는지 떠보았다. 베이조스는 처음에는 돈의 제안을 거절했지만 이후 그에게 이메일을 보냈다.《월스트리트 저널》은 "매각에 관심이 있으신가요? 저도 관심이 있습니다."라는 베이조스의 발언을 보도했다.[20] 그때부터 일은 지체 없이 진행되었다. 돈은 가문의 보석을 지켜줄 구세주를 찾았다.

2013년 8월 5일 아침, 베이조스는 《워싱턴포스트》를 2억 5,000만 달러에 인수한다고 발표했다. 이 발표는 언론계를 깜짝 놀라게 했는데, 신문 업계의 상황을 고려할 때 영리한 사업적 조치가 아니었기 때문이다. 이 억만장자가 아마존을 벗어난 것은 이번이 처음이 아니었다. 그는 우주 탐사 기업 블루 오리진Blue Origin을 설립했다. 하지만 당시 베이조스의 관심은 대부분 아마존을 키우는 데 집중되어 있었다. 《워싱턴포스트》 인수는 아마존이 아닌 베이조스의 개인적인 도박이었다.

이로써 베이조스는 그레이엄 가문의 환심을 사게 된다. 워싱턴 내부자는 이렇게 표현한다.

"워싱턴에 친구를 두고 싶다면 돈 그레이엄보다 더 좋은 사람은 없을 것이다."

외부에서는 그의 결정이 워싱턴에 대한 전략을 재고하는 아마존의 계산으로 보일 수 있지만, 실제로는 그렇지 않았다.

베이조스는 오랫동안 산업을 와해하는 혁신가였다. 신문이 앞길을 찾아나갈 때 도움을 줄 수 있는 완벽한 사람이었던 것이다. 거래가 발표된 날 베이조스는 《워싱턴포스트》 직원들에게 보낸 이메일에서 이렇게 말했다.

"인터넷은 뉴스 사업의 거의 모든 요소를 뒤바꾸고 있습니다."

그는 아마존의 "고객 집착"이라는 표현까지 사용했지만, 소비자는 독자로 대체되었다.

"우리는 발명을 해야 합니다. 이는 우리가 실험을 해야 한다는 의미입니다. 우리의 기준은 독자, 그리고 그들이 무엇에 관심을 갖는지 이

해하는 일이 될 것입니다."²¹

아이러니하게도 베이조스는 자신의 보석(아마존)이 곧 워싱턴의 공격 대상이 될 것이라는 사실을 더 잘 인식하고 더 적절히 대응하고 있었지만, 주변 사람들은 그가 이번 인수를 통해 버핏처럼 유서 깊은 신문을 구해야 한다는 책임감을 느낀 것이라고 말한다. 그는 인수를 통해 이 신문의 보도를 좌지우지하거나, 신문을 아마존의 정책 싸움에 이용한다는 구상은 하지 않았다.(하지만 버핏과 달리 그는 이 신문이 손실을 낼 것이란 점을 받아들이지 않았다.)

그 시점까지 자선 사업으로는 잘 알려지지 않았던 이 억만장자로서는 눈에 띄는 호의였다. 예를 들어 베이조스는 2010년 빌 게이츠, 멜린다 프렌치 게이츠Melinda French Gates, 버핏이 시작한 더기빙 플레지the Giving Pledge*에 서명을 하지 않았다. 베이조스는 2018년까지 미국 최고 기부자를 추적하는 필란트로피 50Philanthropy 50에도 등장하지 않았다.

좋은 일에 좋은 결과만 따르는 것은 아니라는 속담이 있다. 아이러니하게도,《워싱턴포스트》의 인수는 이후 이 억만장자와 아마존에게 아킬레스건이 된다.

베이조스의 신문사 인수에서 더 아이러니한 점은 그의 회사가 언론과 거의 상호작용을 하지 않는다는 점이다. 그 시점까지 아마존은 철저하게 비밀리에 운영되었다. 기자들이 홍보팀에 전화를 걸거나 이메일을 보내도 답을 받지 못하는 경우가 허다했다. 기사에 대한 의견을

---

* 억만장자들이 생전 또는 사망 시 재산의 대부분을 자선을 목적으로 하는 일에 기부하겠다는 약속.

달라고 연락한 기자들은 "노코멘트"라는 답변을 예상하곤 했다. 회사에 대한 부정적인 기사는 여론을 흔들거나 입법자들을 자극할 수 있다. 당사자가 끼어들어 서사를 바꾸려고 노력하지 않을 때라면 특히 더 그렇다. 하지만 직원들에 따르면 부정적인 기사, 특히 회사의 판매세 문제와 관련된 기사에 대한 논평을 요청하는 이메일이 아마존 홍보 부서 내부에 돌아다니는 경우, 상단에 "내버려 두자"라는 뜻의 "LIG"가 적혀 있곤 했다고 한다.

베이조스가 《워싱턴포스트》를 인수하던 시기, 아마존 이사회에서는 아마존의 미디어와 워싱턴 전략에 변화가 필요하다는 주장이 나오기 시작했다.

회사를 겨냥한 점점 비판적인 언론의 북소리가 계속 이어졌고, 최근 들어서는 소리가 점점 더 커지고 있었다. 경쟁사들은 아마존을 더 강하게 비판하기 시작했고, 아마존의 성장에 대해 조사해 달라고 워싱턴을 재촉했다. 그들은 아마존의 판매세 혜택에 대해서 항의했고 아마존이 오프라인 상점들과 대형 할인 매장에 피해를 입히고 있다고 불평했다. 출판사들은 아마존이 전자책 가격을 특정 방식으로 정하라는 압력을 가하고 있으며 이를 거부할 경우 아마존 웹 사이트에서 보복에 직면하게 된다고 주장하며 반독점 혐의를 제기하기 시작했다.

아마존은 더 이상 악평을 무시하는 호사를 누릴 수 없게 되었다.

8장

메시지를 만들다

아마존 이사회는 꽤 오랫동안 베이조스에게 아마존에 대한 대중의 이미지를 더 진지하게 생각해야 한다고 압력을 가해왔다. 하지만 아마존 내부에는 스타트업의 정신으로 행동하려는 경향이 있었고, 이는 "언제나 데이1"이라는 베이조스의 슬로건을 통해 더 강화되었다. 그러나 진짜 스타트업이 관여하는 유형의 싸움과 행동은 시장 가치가 1,500억 달러인 회사에 걸맞지 않는다. 그런 행동은 그들을 공격적인 불한당처럼 보이게 할 수 있다.

아마존의 대외 이미지는 내부의 이미지보다 훨씬 앞서고*, 2014년

---

* 외부에서는 시장 지배력을 지닌 거대 기업으로 보는 반면, 내부에서는 스타트업 같은 조직이라는 사고 방식이 여전히 남아 있었다는 의미.

회사는 진지한 자기 평가의 시간을 맞이했다. 아마존의 한 이사회 멤버는 이렇게 말했다. "이렇게 된 겁니다. 규모가 커지고 한참 후까지 자신은 여전히 작다고 생각하다가 결국에는 결국 현실에 맞는 적절한 규모로 인식을 조정하는 거죠."

이 시기 홍보 부문 고위직에 있었던 한 사람은 "아마존은 정체성의 위기를 맞았습니다. 아마존은 세상에서 자신이 책임져야 하는 것이 무엇인지 아직 깨닫지 못하고 있었습니다. 자신의 회사가 이제 확실히 자리를 잡은 대기업이라는 사실을 받아들이지 못한 겁니다."

이 무렵 아마존은 전자책 가격 책정 조건을 두고 출판사 아셰트 북 그룹Hachette Book Group과 공개적으로 논쟁을 벌이면서, 미국 최대 서점이라는 힘을 이용해 원하는 대로 양보를 얻어내기 위해 압력을 가하고 있었다.[1] 아셰트는 첫째로 아마존이 일부 아셰트 도서의 배송을 늦춰 몇 주씩 기다리게 함으로써 고객의 구매를 단념하게 했다고 주장했다.[2] 또한 아마존은 특정 아셰트 책의 선주문 버튼을 제거해 출판사와 저자 모두에게 피해를 입혔다.

아마존닷컴을 이용해 파트너에게 고통을 가하고 파트너의 수익에 피해를 주는 방식은 많은 사람들이 경험했던 전략이지만, 이렇게 일반에게 드러나자 경쟁업체들은 이런 패턴을 알아차리기 시작했다. 예를 들어, 아셰트에 사용했던 전략의 역풍은 전 세계 주요 신문의 머리기사가 되었고, 말콤 글래드웰Malcom Gladwell과 같은 유명 작가가 아마존의 보복 조치를 공개적으로 매도하면서 이를 부채질했다.[3] 이로써 아마존이 아직 진출하지 않은 업계 전반의 CEO들이 아마존을 주목하기 시작했다.(몇 년 전, 아마존은 또 다른 대형 출판사 맥밀란Macmaillan과 분

쟁을 벌이던 중 아마존닷컴에서 맥밀란의 책을 완전히 제거했다.[4])

창고 직원에 대한 아마존의 처우도 전국 신문과 지역 신문의 초점이 되었다. 펜실베니아 지역 언론 《모닝 콜Morning Call》의 긴급 보도가 유난히 비판적이었다. 이 신문은 2011년 아마존이 여름철 무더운 창고에 에어컨을 설치하는 데 투자하는 대신 온열 질환이 생긴 직원(임신한 직원 포함)을 치료하기 위한 구급차를 배치했다고 폭로했다. 어떤 경우에는 창고 내 온도가 화씨 110도(섭씨 약 43.3도)를 넘기도 했다. 아마존 홍보팀은 이 기사에 대한 질문에 답변을 하지 않고 이메일로 창고 관리자를 대신한 모호한 답변을 보냈다.[5] 창고 노동자들이 직면한 근무 조건을 심층적으로 보여준 이 보도는 아마존에 대한 강한 반발을 유발했다. 언론과 대중은 이후 아마존의 최하위 직원들에 대한 열악한 처우에 관심을 집중하게 된다.

이사회와 베이조스는 소비자와 중소기업을 돕는 도구를 만드는 아마존의 방식을 외부에서 알아주지 않는다고 생각했다. 세상은 예를 들어, AWS가 수천 개의 스타트업을 위한 기술을 지원한다는 것을 이해하지 못했고, 그 결과 아마존이 비방을 받고 있다고 생각한 것이다. 그들에게는 서사를 뒤집고 아마존의 기술과 플랫폼이 창출한 모든 일자리와 같은 긍정적인 결과 쪽으로 초점을 옮겨 줄 사람이 필요했다.

이사회는 베이조스에게 워싱턴에서 아마존의 위상을 높이고 미디어 전략을 고칠 것을 강력히 권고했다. 결국 베이조스는 거기에 동의하고 그 분야의 인재를 대거 영입하는 것을 허락했다. 아마존은 모든 공공정책과 미디어 관계를 이끌 인물을 찾기 시작했다.

이 시점까지 홍보는 거의 전적으로 제품 홍보와 소비자에 집중되어 있었다. 이는 고객 집착이라는 베이조스의 사명과 보조를 같이 하는 것이었지만, 한편으로는 비슷한 규모의 대부분 기업들이 흔히 하는 일반적인 기업 홍보와 위기 시의 대응에서 뒤처져 있다는 것을 의미했다. 또한 아마존은 워싱턴에서도 경쟁 업체들보다 한참 뒤처져 있었으며, 더구나 새로운 영역으로 진출 중이었기 때문에 낡은 접근 방식은 더 이상 통하지 않았다.

따라서 영입할 인재는 공공정책에 있어서는 워싱턴에 인맥이 있고 미디어에 있어서는 아마존의 이미지를 바꿀 수 있는 역량을 갖춘 유력자여야 했다. 하지만 베이조스는 채용에는 동의했지만 직책의 서열에 대해서는 반발했다. 이사회의 한 멤버는 새로 영입한 사람이 누구의 직속이 되어야 하는지를 두고 이사회와 베이조스 사이에 "큰 논쟁"이 있었다고 회상한다. 미국 법무부 차관과 국방부 법률고문을 역임했으며 워싱턴이 신뢰할 수 있는 인물인 아마존 이사회 멤버 제이미 고렐릭Jamie Gorelick이 나서서 베이조스에게 이 새로운 역할을 누가 맡든 그 사람은 베이조스에게 직속 보고를 해야 한다고 말했다.(아마존은 베이조스가 새로 영입한 인사가 자신에게 직접 보고하는 것을 원치 않았다는 내용을 반박했다.)

아마존의 공공정책과 홍보팀 보고 구조는 전통적인 구조와 거리가 멀었다. 홍보팀의 보고를 받는 것은 전 세계 31개국의 방대한 운영 네트워크를 책임지고 있는 아마존의 국제 소매 부문 책임자 디에고 피아센티니Diego Piacentini였다. 미세너가 이끄는 공공정책팀의 보고는 아마존 법률 고문인 데이비드 자폴스키가 받았다. 두 그룹을 합쳐 새로운 리더가 베이조스에게 직접 보고를 하자는 방안이 나왔다. 이사회 멤버는 "제프는 홍보 쪽에 최고위직을 두는 것을 중요한 일로 생각지 않았다"고 말했다. 하지만 베이조스는 고렐릭의 판단을 신뢰하고 물러섰다. 고렐릭은 베이조스에게 워싱턴에서 더 많은 시간을 보내고 정부와의 관계를 더 진지하게 생각해야 한다는 조언도 했다. 워싱턴 방문이 좋아하는 활동은 아니었지만 그와 같은 다른 CEO들도 워싱턴을 방문하고 있었기에 그도 워싱턴에 더 자주 가기로 약속했다.

공공정책과 홍보를 결합한 역할에 적합한 사람을 찾는 데는 유난히 긴 시간이 필요했다. 이상적인 사람이라면 언론이 어떻게 움직이는지 알고 동시에 의회의 복잡한 역학도 잘 파악할 수 있어야 했다.

제이 카니Jay Carney는 그 직전까지 버락 오바마 대통령의 공보비서로 3년 반 동안 일 한 후 다음 직장을 찾고 있었다. 마흔아홉 살의 카니는 정치 환경에 익숙한 인물이었고 그 역할에 잘 맞는 이력을 갖고 있는 것 같아 보였다. 그는 워싱턴 근교 북부 버지니아에서 성장했고 좋은 인맥을 갖고 있었다. 그의 자녀들은 대통령과 외교관 자녀들의 교육을 담당하는 고급 사립학교인 시드웰 프렌즈 스쿨Sidwell Friends School에 다녔다.(오바마의 자녀 말리아Malia와 사샤Sasha, 클린턴의 자녀 첼시Chelsea가 이 학교에 다녔다.) 2011년 오바마의 첫 공보비서가 자리를 떠난 후 조 바이든 부통령은 자신의 임기 동안 바이든의 커뮤니케이션 디렉터로 일한 카니를 오바마에게 적극 추천했다. 카니는 그 자리에 앉았고 시간이 흐르면서 대통령과 가까워졌다. 자세히 말하자면, 그의 반려견 플래시는 오바마 가족의 반려견 써니와 사촌이다. 그는《타임》의 기자로 거의 20년을 보내면서 워싱턴 지국장의 자리에까지 올랐었기 때문에 언론에 대한 이해도 깊었다.

이사회, CEO, 관직에 적합한 후보자를 알선하는 조직 컨설팅 업체 콘 페리Korn Ferry의 고위 임원인 넬스 올슨Nels Olson은 "대통령 공보비서라면 항상 수요가 높습니다. 압박감을 느낀다는 것이 어떤 것인지 알고, 언론을 사려 깊은 방식으로 빈틈없이 관리하는 법을 알며, 위기의 순간에 동요하지 않기 때문이죠."라고 말한다. 올슨은 2016년 대선 이후 "테크래시techlash*로 기술 기업들이 맹비난에 휩싸이자, 많은 기업이 고위직에 있는 DC 내부자들을 회사나 이사회로 끌어들여 그들의 인맥까지 흡수하고자 했다.

실제로 정부와 기술 기업 사이에 회전문이라도 달린 것처럼 고용 순환이 일어났다. 우버는 2014년 오바마 행정부의 최고 정치 전략가였던 데이비드 플루프David Plouffe를 정책·전략 담당 수석 부사장 자리에 앉혔다. 페이스북은 선임 커뮤니케이션 책임자로 클린턴 대통령의 공보비서관이었던 인물을 고용했고, 2018년에는 영국 부총리였던 닉 클레그Nick Clegg가 국제 문제·커뮤니케이션 부문을 이끌도록 했다.

카니는 2014년 백악관을 떠난 후 실리콘 밸리 곳곳에서 잠재적 고용주들을 만나며 바쁘게 지냈다. 테크놀로지는 여전히 무도회의 여왕이었고 기회는 많았다. 그는 여러 다른 기술 기업의 커뮤니케이션과 정책을 관리하거나 벤처 캐피탈 회사에 들어가 정규 직책을 맡는 것을 고려했다. 심지어 책을 쓴다는 생각도 품었다.

그의 배경을 고려하면 카니는 인기 상품이었다. 그가 강연을 다니며 에어포스원을 타고 가는 해외 출장이나 대통령과의 일에 대해 이야

---

* 기술technology과 반발backlash의 합성어. 빅 테크 기업의 과도한 영향력에 대해 우려하는 반작용.

기해 청중들을 즐겁게 해주며 돈을 받는 동안 미국 기업들은 그에게 구애를 펼쳤다. 애플, 우버, 세일즈포스Salesforce가 저마다 커뮤니케이션 부문을 이끌게 하기 위해 그의 환심을 사려 노력했다.

이렇게 기업들과 만남을 갖던 카니에게 아마존 헤드헌터가 전화를 걸어왔다. 오바마 행정부는 빅 테크와 사이가 좋기로 유명했지만, 카니는 백악관에서 일하는 동안 아마존 관계자와 전혀 만난 적이 없었다. 구글과 페이스북 임원들은 백악관 직원들과 자주 만남을 가졌지만, 아마존 임원들은 그렇지 않았다. 카니는 시애틀에서의 모금 행사에서조차 아마존 사람을 마주친 적이 없었다. 이 역시 아마존이 일반적인 기업 행태와 얼마나 거리가 멀었는지 보여준다.

그런데도 카니는 만남을 수락했다. 2014년 9월 시애틀로 간 카니는 베이조스를 비롯한 아마존의 에스팀 멤버들을 만났다. 그는 이 만남에 대해 거의 준비를 하지 않았다. 아마존에 대해 더 알게 되는 것은 즐거운 일이었지만, 여전히 다른 선택지들도 고려중이었다. 그는 이 자리에서 적임자라는 인상을 남긴 것 같았다.

그해 말, 베이조스는 카니에게 이메일을 보내 함께 일할 수 있다면 좋겠다고 말했다. 그는 카니와 당시 카니의 부인을 시애틀의 고급 레스토랑으로 초대했다. 자신과 맥켄지가 함께 하는 저녁 식사 자리였다. 두 사람은 초대에 응했다. 이 부부는 이탈리아 음식과 와인을 마시고 아이들을 키우는 것과 같은 일상적인 이야기를 나누며 친밀한 시간을 보냈다. 아마존은 식탁에 오르지 않고 베이조스는 업무에 관련된 대화를 하지 않았다. 카니는 이것을 신선하게 받아들였다. 이 저녁 식사를 통해 카니는 마음을 굳혔다. 이 일은 베이조스의 생각에도 반가운 변화가 생겼다는 것을 보여주었다. 아마존 이사회의 한 멤버는 "우리가 제이 카니를 영입한 이유 중 하나는 제프가 홍보의 가치를 전혀 알지 못했기 때문입니다."라고 말했다.

2015년 2월, 아마존은 카니가 글로벌 기업 업무 담당 수석 부사장으로 합류한다고 발표했다. 그는 베이조스에게 바로 보고를 하는 위치에 있었다. 카니는 아마존의 모든 홍보를 총괄하는 것 외에도 아마존의 DC 운영 구조를 바꾸어 로비와 공공정책팀의 직속 보고를 받게 되었다. 당시 두 부서의 총 직원 수는 200명 미만이었다.

이는 아마존의 공공정책팀과 홍보팀에게 중대한 변곡점이었다. 수년 동안 이들은 "우리는 스스로에 대해 이야기하지 않는다."는 베이조스가 옹호하는 정신에 따라 운영됐지만, 카니의 기용은 변화를, 그리고 마침내 베이조스가 팀의 이야기에 귀를 기울이게 되었다는 것을 암시했다. 더이상은 그림자 속에 몸을 숨긴 채 넘어갈 수가 없었다. 시간은 좀 걸렸지만 방향 전환을 결정하자 큰 변화가 일어났다.

워싱턴에서 영향력을 행사하는 과정은 큰일이다. 전직 의원, 수석 보좌관, 선거 본부장, 실력 있는 변호사들로 이루어진 로비 회사들이 컬럼비아 특별구*에 흩어져 있다. 이들은 고객의 사업에 유리한 결정을 내리도록 의원들이 설득하는 일을 하는 데 시간당 1,000달러가 넘는 돈을 받는다.

기업들에게는 이용할 수 있는 다양한 접근법이 있다. 정책에 영향을

---

* 워싱턴 또는 간단히 디.시.D.C.라고도 불리는 미국의 수도. 어떤 주에도 속하지 않고 미국 정부의 중심지 역할을 하는 연방 구역.

미치거나, 특정한 방식으로 의사 표시를 하도록 선출직 관리들을 설득하거나, 정부 자금의 특정 할당을 확보하거나, 비싼 회비를 내고 무역 협회에 가입해 대신 자신들 대신 더러운 일을 하게 하는 형태를 띤다. 로비를 잘하는 기업들(거대 제약회사부터 석유회사까지)에게 로비는 필요악일 뿐만 아니라 수익을 가져다 줄 수 있는 일이다. 이런 기업들은 로비스트팀을 요령 있게 배치해 정치인들에게 영향력을 행사함으로써 자신들 대신 규제를 줄이고, 자신들의 이익에 방해가 되는 법률의 제정을 지연시키고, 기업에 더 이익이 되는 방향으로 지출을 이끄는 법안을 옹호하도록 한다. 석유 로비는 수년에 걸쳐 연합해 자신들의 수익에 피해가 갈 수 있는 기후 변화 규제를 무너뜨리기 위해 노력했다.

이런 청부 업자 고용에 대한 아마존의 지출은 폭발적으로 증가하게 된다. 2012년 아마존이 로비스트에게 지불한 돈은 250만 달러다. 2019년에는 로비스트에게 1,610만 달러라는 기록적인 액수를 지출해 로비 지출액이 두 번째로 큰 기업이 되었다.[6] 아마존은 워싱턴에서 로비력이 거의 없던 기업에서 미국 내 거의 모든 기업보다 많은 돈을 지출하는 기업이 되었다.[7]

초기에 아마존이 고용한 소규모 인플루언서팀은 고객 주문의 드론 배송부터 정부 계약과 무역 정책에 이르는 수십 가지 이니셔티브에 대해 회사의 목표에 유리한 결정이 내려지도록 노력했다. 수 년 전에 시작한 사업들이 성장함에 따라 아마존은 채용을 늘려나갔다. 이런 채용을 주도한 것은 아마존이 운영하는 다양한 산업의 규모에 상응하는 예산을 확보할 수 있었던 카니였다. 이 팀이 국방부와 연방거래위원회에서 일했던 사람들을 끌어들이면서 워싱턴에 있는 아마존의 내부 정책 부문 직원은 수백 명으로 불어났다. 이 그룹들은 외부 로비스트들과 계약을 맺고 식료품 사업에 연관된 SNAP_Supplemental Nutrition Assistance Program_*을 의미한다. 혜택, 물류 네트워크에 연관된 연방항공청_Federal Aviation Administration_ 정책, 디바이스 사업에 관련된 개인정보 보호 관련 문제 등의 다양한 영역에서의 일을 지원하게 했다

카니가 합류하기 직전, 아마존은 사무실을 업그레이드했다. 낡은 타운하우스에서 벗어나 옥상 테라스와 피트니스 센터까지 있는 캐피톨 힐의 눈에 확 띠는 사무실로 이전한 것이다. 미세너는 타운하우스에 머물면서 인근의 건물을 빌려 공간을 더 넓히고자 로비를 벌였지만 직원들이 거의 폭동을 일으킬 기세였다. 검소함은 더 이상 우선 사항이 아니었다.

카니의 임명은 브라이언 휴즈먼에게는 반가운 소식이었다. 휴즈먼은 3년 동안 자신이 마땅히 행사해야 한다고 생각한 권력 없이 미세너 밑에서 고생을 해왔다. 미세너는 느리고 꾸준하고 꼼꼼한 사람이었다. 휴즈먼은 대단한 야심가였고 세상을 깜짝 놀라게 하길 원했다.

휴즈먼은 카니의 합류에서 큰물로 나갈 수 있는 기회를 보았다. 그는 새로운 상사에게 다가가 친하게 굴었고 공공정책 담당 부사장으로 승진해 카니의 직속이 되었다. 미세너는 따돌림을 당했다.

아마존은 선출직 공무원을 재정적으로 지원하는 내부 기금, 정치 활동 위원회_political action committee, PAC_를 크게 강화했다. 카니는 2015년 아마존 이사회 프레젠테이션의 슬라이드에는 이런 내용이 담겨 있

---

* 영양 보충 지원 프로그램, 저소득 개인 및 가족에게 영양 혜택을 제공하고 전자 혜택 이전EBT 카드를 통해 식품을 구매할 수 있도록 돕는 미국 연방 프로그램.

다. "국회의원들의 근본적인 '비즈니스 모델'은 당선되어 좋은 일(자신의 견해에 따른)을 하는 것이지만, 당선되려면 자금을 조달해야 합니다. 우리는 PAC의 규모와 범위를 크게 늘렸습니다. PAC의 기부액은 2013년에 비해 63% 증가했습니다. 우리는 2015년에 40만 달러 이상을 모을 것으로 예상하고 있으며, 내년에는 그 액수를 더 늘려 이번 선거 기간 동안 100만 달러의 기부금을 모을 것으로 기대합니다."

카니는 "꽃에 물주기"라는 내부 캠페인에 달려들었다. 그 목적은 최대한 많은 의사 결정권자(상원의원, 주지사, 정치인 등)와 소통하면서 아마존의 새로운 이야기를 들려주는 데 있었다. "꽃"은 선출직 공무원을 말한다. 물을 준다는 것은 아마존의 메시지로 그들의 견해에 영향을 미치는 것을 의미했다. 소프트웨어 시스템까지 동원해 각 팀원이 의원들과 만난 횟수와 그들에게 미치는 영향력을 추적한다. 이는 직원들이 매년 적절한 횟수의 만남을 갖고 바퀴에 제대로 기름을 칠하고 있는지 확인한다는 것을 의미한다. 그들은 의원들을 VIP(지역구에 아마존 직원이 없는 매우 중요한 정책 입안자)와 ACE(아마존이 소재하는 지역의 의원)의 두 범주로 구분했다.

카니는 정책 입안자들이 아마존에 대해 가지는 인상을 가능한 좋은 방향으로 바꾸는 전략을 세웠다. 여기에는 워싱턴 외곽에 있는 아마존 물류창고 견학을 준비하는 것도 포함되었다. 2015년 말 카니가 아마존 이사회에 제출한 슬라이드에는 이렇게 적혀 있었다. "풀필먼트 센터fulfillment center*를 방문한 정책 입안자들 거의 모두가 특정 커뮤니티

---

* 주문 처리 회사가 공급업체로부터 제품을 받아 보관한 다음 온라인으로 주문한 고객에게 제품을 선별, 포장 및 배송하는 시설.

내에서 아마존의 영향력에 대해서는 물론이고 아마존 전반에 대해 훨씬 더 나은 견해를 갖게 됩니다." 이후 아마존의 가장 노골적인 비판자가 된 매사추세츠 주 민주당 상원의원 엘리자베스 워런조차 이 프로그램의 일환으로 2017년 매사추세츠주 폴 리버의 아마존 창고를 방문했다. 이 상원의원은 "저는 아마존이 지역의 보물을 발견한 일을 축하하기 위해 이 자리에 섰습니다."라고 말하며 아마존이 이 지역 일자리를 창출했다고 강조했다.[8]

카니의 팀은 모든 공공정책팀원이 특정 도시, 주, 의원 선거구에 아마존 직원이 몇 명인지에 대한 데이터를 거의 즉각적으로 확인할 수 있는 도구를 만들었다. 달리 말해 아마존 직원은 회의 중에 실시간으로 의원 선거구에 있는 회사 인력과 투자 현황을 즉시 검색할 수 있었던 것이다. 아마존 공공정책팀의 한 직원은 "아마존이 가진 유일한 협상 카드는 선거구에서 만든 일자리의 수였습니다. 거기에는 '당신이 우리에게 신세 진 것이 있어'라는 뜻이 함축되어 있죠."라고 말했다.

아마존에 의해 무너진 소매업체들이 메인 스트리트를 떠날 때, 카니는 아마존의 이미지를 바꾸고 있었다. 카니의 직원들은 이렇게 말하고 있었다. 주지사님, 우리가 지사님의 주에서 얼마나 많은 사람을 고용하고 있는지 보세요. 상원의원님, 아마존은 메인 스트리트에서 사라지고 있는 것보다 더 많은 일자리를 창출하고 있어요.

카니는 아마존의 DC 전략을 개조하는 것 외에도 홍보부에 상당한 변화를 가져왔다.

카니는 아마존에서 독특한 기회를 보았다. 아마존은 베일에 싸여 있었다. 창고에는 아무 표시가 없었고 회사에 대해서 드러내는 법도 없었다. 고객들이 문 앞에 상자가 나타나는 것을 마법처럼 느끼고 즐길 수 있도록 하기 위해서였다. 하지만 2015년에는 더 이상 온라인 쇼핑이 새로운 일이 아니었기 때문에 운영을 그렇게 은밀하게 할 필요가 없었다. 더구나 카니는 아마존이 감춰두려고 노력했던 바로 그것을 자신이 활용할 수 있다고 생각했다. 아마존에는 수많은 사람들이 일하고 있었고 그 수는 계속 늘어나고 있었다. 창고는 특히 더 그랬다. 모든 아마존 주문 뒤에는 이 사람들이 있었다. 전 세계로 물건을 보내는 사람들이 말이다. 그는 아마존이 이런 직원들의 역할과 영향력을 인정하고 인간적인 요소를 강조해야 한다고 생각했다.

자리에 앉아 5개월 동안 이런 새로운 접근 방식을 따르고 나자 그는 기존에 아마존이 언론과 소통하는 것과는 다른 방식으로 언론에 대응하게 되었다. 2015년 8월, 《뉴욕 타임스》는 아마존 직원들이 책상에 앉아 울고 밤새 힘들게 일하는 모습과 회사의 지도 이념을 두고 동료들이 공개적으로 싸우는 모습을 담은 신랄한 기사를 냈다. 《뉴욕 타임스》의 기자 조디 칸터Jodi Kantor와 데이비드 스트레이트펠드David Streitfeld는 사람을 녹초로 만들며 직원들조차 지독하다고 느끼는 업무 환경을 묘사한 이 기사를 위해 100여 명의 전·현직 아마존 직원들을 인터뷰했다.[9]

아마존의 문화는 고위 경영진에게 매우 민감한 주제다. 이 이야기는 바로 반향을 일으켰고, 직원들은 오늘날까지도 이 기사를 참고한다. 많은 사람들이 자신의 경험과 똑같다고 이 기사에 공감했다. 아마존은 이 기사 이후 일시적으로 더 부드럽고 온화한 자세를 취했고, 순위를 매기는 스택 랭킹 관행에서 잠시 멀어졌는데도 말이다.

과거의 아마존이라면 이 기사에 관여하지 않고 기사가 나간 후에도 공개적으로 언급하지 않았을 것이다. 하지만 이제 홍보의 키를 카니가 잡고 있는 아마존은 다른 접근 방식을 택했다.

기사가 나가고 두 달이 지났을 때 카니는 블로그 게시물을 작성, 게시, 공유할 수 있는 온라인 플랫폼 〈미디엄Medium〉에 "《뉴욕 타임스》가 말하지 않은 것What the New York Times Didn't Tell You"이라는 제목의 게시물을 올렸다. 카니가 아마존에 몸을 담은 지 8개월 정도밖에 되지 않은 때였다. 이것은 그의 주도적인 미디어 전략을 내보일 기회였다. 이 글에서 그는《뉴욕 타임스》의 기사에 정보를 제공한 몇몇의 사람을 골라 그 진술을 비판함으로써 전체 기사의 신뢰성을 훼손시키려 했다.

아마존에서 근무했던 보 올슨Bo Olson은《뉴욕 타임스》기자에게 많은 동료들이 책상에서 울고 있다. 것을 목격했다고 말했다. 카니는 반격에 나섰다. "그 기사가 올슨 씨에 대해 하지 않은 이야기가 있습니다. 그가 짧은 아마존 근무를 끝낸 것은 조사 결과 그가 공급업체를 속이고 업무 기록을 위조함으로써 그 사실을 은폐하려 한 것이 드러났기 때문입니다."[10]

카니는 이름이 드러난 출처와 기자들이 하는 이야기의 신뢰성을 조목조목 분석했다. 아마존은 물론 대부분의 기업에서 전례를 찾아볼 수 없는 공격이었다. 그는《뉴욕 타임스》와 기자들의 "보도 원칙"에 의문을 제기했다.(스트레이트펠트는 퓰리처상 수상자이며, 칸터는 몇 년 후 퓰리처상 수상자가 된다.) 아마존에서 홍보를 담당하는 최고 책임자들은 이 대응이 분명히 공격적이었다는 것을 인정했다. 하지만 베이조스는 블로그 게시물을 통해 기사를 공개적으로 비판한 것을 지지하고 지인들에게 기사가 너무나 불공정하다고 불평했다. 카니의 반박은 사람들이 생각하는 것보다 베이조스의 스타일에 부합하는 일이었다.

카니는 백악관 공보비서관로 활동할 때 가끔 기자들을 퉁명스럽게 대했다. 오바마 행정부 시절 카니의 브리핑을 들었던 〈ABC 뉴스ABC News〉의 조나단 칼Jonathan Karl은 이렇게 회상한다.

"그는 기자들과 충돌했습니다. 브리핑을 할 때면 그는 질문에 대답만 하는 것이 아니라 때로는 기자들의 질문을 혹독하게 비판했죠. 질문의 전제를 맹비난하고 동기에 의문을 제기하곤 했습니다."

카니는 한 팟캐스트 인터뷰에서 백악관 공보비서로 있을 때 기자들을 제압하고 싶었던 충동에 대해 이야기했다.

"숨을 고르지 않고 충동적으로 반응해서 감정이 행동에 영향을 미치게 되면, 대화에서 이기고 기분이 좋아지죠. 기자와의 상호작용에 대한 통제력을 느낍니다. 그런데 이후 폭스Fox에서 하루 종일 틀어 내는 그 장면에는 제가 무례한 얼간이처럼 나오죠."[11]

이런 호전적인 성격은 그가 이끄는 아마존 커뮤니케이션 부문의 특징이 되었다. 전술이 너무 공격적이 된 나머지 《마더 존스Mother Jones》는 아마존의 홍보 관행을 조사한 기사의 제목을 "아마존은 어떻게 기자들을 괴롭히고 기만하고 속이는가"이라고 붙일 정도였다. 이 기사에 따르면, "아마존의 커뮤니케이션팀은 이런 드물고 가차 없는 홍보 전술을 선뜻 택한다. 그 결과는 기자들이 기사를 쓰는 데 어려움을 겪는 데에서 그치지 않는다. 일부 기자는 아예 이 회사에 대한 기사를 쓰는 일을 단념할 수도 있다. 그리고 기사를 쓰는 사람들조차 이렇게 속고 과도하게 영향을 받는다면 더 나아가 대중도 그런 취급을 받을 것이다."[12]

공개적으로 《뉴욕 타임스》를 공격하고 한 달이 지났을 때, 카니는 자신이 감독하는 통합팀에 대한 비전을 아마존 이사회에 발표했다. 2015년 11월의 전략 문서는 카니가 이끄는 팀의 새로운 방향을 개술하고 있다. "두 기능의 융합이 플라이휠을 강화합니다. 홍보 부문이 주요 고객층에게 아마존에 대한 효과적인 커뮤니케이션을 한다면 우리는 우리 비즈니스와 연관된 정부 기관의 결정에 영향을 줄 수 있습니다. 또한 정책 입안자들이 우리에 대해 호의적으로 이야기하고 우리 사업에 긍정적인 영향을 미치는 결정을 내린다면, 그 결과로 홍보 부문이 전할 스토리는 더 강력해 질 것입니다."

이 보고서는 "꽃에 물주기" 시스템에 대해 상세히 알린다. 그리고 회사는 탄생한 이래 거의 계속해서 미디어와 정부 관리의 면죄부를 받아왔지만, 회사가 성장하고 더 많은 산업을 와해시킴에 따라 그런 호의가 더 이상은 지속되지 않는다고 말한다. 이 팀이 초점을 맞추는 핵심 사업은 아마존을 중소기업의 후원자로 내보이는 것이었다. 이사회에 제출한 카니의 메모에는 이렇게 적혀 있었다.

"이베이는 오랫동안 미국 중소기업의 보호자로 자리매김하면서 좋은 평판을 얻어왔습니다. 우리의 목표는 정책 입안자들이 중소기업의 운영과 성공을 지원하는 기업을 떠올릴 때 이베이가 아니라 아마존을 먼저 생각하게 하는 것입니다. 우리는 중소기업 성공의 첫 번째 사례를 워싱턴와 브뤼셀(유럽 연합의 수도)에 제시함으로써 이 분야의 프로그램을 시작했습니다."

여기에서부터 아마존은 서사의 재구성을 위해 정치인들과의 커뮤니케이션에서 몇 가지 전략적 영역, 즉 아마존의 고용, 지원하는 자영업자(수백만의 판매자, 작가, 개발자), 창고나 사무실을 만든 지역에 대한 투자에 초점을 맞추게 된다.

카니는 전형적인 아마존 방식에 따라 자신의 지시 하에 공공정책팀이 한 일을 정량화했다.

"올해 우리가 진행한 미국 내 정책 입안자들과의 만남은 316회, 정책 입안자 참모들과의 만남은 275회, 정책 입안자의 시애틀 본사 방문은 23회, 풀필먼트 센터 기타 사무실 방문은 52회였습니다."

흥미롭게도 아마존의 최고 홍보 책임자 중 한 명인 드류 헤르데너 Drew Herdener가 이 프레젠테이션 초안에 남긴 메모는 회사의 새로운 전략을 더 간결하게 요약하고 있다.[13] 그는 "우리는 정책 입안자와 언론이 우리를 두려워하게 만들고자 합니다."라고 적고 그것을 두 팀의 슬로건이라고 설명했다. 공개할 의도는 없었지만 로이터Reuters가 입수한 이 언급은 아마존의 새로운 방향성을 드러내고 있다. 또한 언론과 DC에 대한 호전적인 기업의 자세가 어떻게 형성되기 시작했는지도 보여주었다.

카니와 그의 팀이 아마존에 대한 부정적인 보도와 싸우고 보도가 편향되었다며 그 신뢰성을 떨어뜨리려 노력하는 동안 회사 내부에서 벌어진 일은 당시 언론의 보도보다 훨씬 더 심각했다. 아마존 초창기에 형성된 부담이 크고 가혹한 기업 문화와 스택 랭킹 정책은 직원들을 심하게 짓눌렀고, 일부 직원은 무너졌다.

2016년 11월 어느 날 아침, 시애틀 사우스 레이크 유니언 지역의 아마존 아폴로 사옥에는 한 엔지니어가 책상에 앉아 유서를 쓰고 있었다. 그 직후 그는 복도로 걸어가 그를 건물 옥상으로 데려다 줄 엘리베이터 버튼을 눌렀다.

이 엔지니어는 지난 4개월 동안 거의 매일 아폴로 빌딩에 출근했다. 하지만 오늘 아침은 달랐다. 그는 생을 마감할 준비가 되어 있었다.

이 엔지니어는 아마존이 꿈의 직장이 될 것이라고 생각했다. 하지만 첫 몇 달 만에 이상적인 직장이 아닌 것으로 드러났다. 그는 거의 매일 밤늦게까지(때로는 새벽 4시까지) 일을 했고 주말 내내 일을 했다. 아마존에는 일과 삶의 균형이라는 단어가 존재하지 않았지만 그는 괜찮았다. 그는 자신의 모든 에너지를 일에 집중했다.

그러나 상사에게 다른 팀으로 전근을 요청한 후 보복 행위를 경험하기 시작했다. 유서에 따르면, 상사는 성과 평가 동안 이 엔지니어에게 높은 점수를 주었음에도 불구하고 이 요청 후 공개적으로 그를 비난하기 시작했다.

몇 주 후, 이 엔지니어의 상사는 그를 성과 개선 계획performance improvement plan, PIP에 배치했다. 성과 개선 계획에 이름을 올린다는 것은 아마존에서는 공포의 대상이었다. 보통 해고의 전조였기 때문이다. 그것은 아마존에서 직원을 내보내는 아마존 식의 관리 방식이다.

그 엔지니어는 큰 패배감과 절망감을 느꼈다. 그는 맡은 일을 해냈고 상사를 기쁘게 하기 위해 수없이 많은 시간을 보냈다. 극도의 모욕으로 느껴졌다.

11월 28일 아침, 그는 유리로 된 12층짜리 아폴로 빌딩의 책상에 앉아 이메일에서 메일쓰기 버튼을 클릭하고 타이핑을 시작했다.

여러분 안녕하세요.

이것은 제가 이 세상에서 보내는 마지막 이메일이 될 것입니다.

저를 위해 슬퍼하지 마세요. 여러분이 제 경험으로부터 배우는 것이 있으셨으면 합니다.

그의 글을 이렇게 이어졌다. "저는 받아서는 안 될 모욕을 참을 수 없기에 이제 제 삶을 끝내려 합니다."라며 성과 개선 계획을 언급했다. 심지어 그는 이 메모에서 상사를 살인자라고 불렀다.

이후 이 엔지니어는 엘리베이터로 걸어 들어가 12층 버튼을 눌렀다. 오전 11시 44분, "나는 아폴로에서 뛰어내려 살인자에게 추수감사절 선물로 내 죽음을 안겨주겠다"라는 제목의 이메일이 동료들의 받은 편지함에 도착했다. 제프 베이조스, 제프 윌크, 더그 헤링턴을 비롯한 고위 임원들도 이메일 수신자에 포함되어 있었다.

이메일의 마지막 줄은 "시간 있으시다면 창밖으로 제가 떨어지는 걸 지켜봐 주세요."라는 문장으로 마무리 되었다.

그의 몸은 3층 데크 바닥에 부딪혔다. 그날 아침 911에 걸려온 전화에서는 제정신이 아닌 것 같은 아마존 직원들이 전화를 받은 배치 담당자에게 급히 도움을 요청했다. 배경에서 이 엔지니어가 고통으로 몸부림치며 비명을 지르는 소리를 들을 수 있었다. 그는 부상을 입었지만 살아남았다.

아마존의 고위 경영진 중 누구도 직원들에게 이 사건을 언급하지 않았다. 베이조스는 이에 대해 말을 하지 않았다. 설상가상으로 아마존은 IT팀에게 직원들의 받은 편지함에 있는 자살 이메일을 삭제하라고 지시했다. 아마존은 그 이메일에 팀 내 다른 사람들에 대한 "공격적이고 선동적인 표현"이 포함되어 있는 것이 삭제의 이유라고 말했다.

이 사건은 아마존이 보여주려 노력하고 있던 홍보 메시지와 회사 내부 현실 사이의 균열을 노출했다. 카니는 몇 달 전에 《뉴욕 타임스》 기사에 묘사된 가혹한 직장 문화가 정확하지 않다고 반박했지만, 많은 직원들은 기사의 일화들로부터 자신을 떠올렸다고 말했다. 이 엔지니어의 이야기는, 극단적이기는 하지만, 아마존의 까다로운 기준과 엄격한 직원 평가 시스템이 어떤 타격을 줄 수 있는지 보여준다.

많은 직원들이 아마존에서 근무하는 동안 발생한 정신 건강의 문제를 해결하기 위해 휴직을 해야 하거나 베스팅 기간vesting period* 을 넘겨 혜택을 챙기기 위해 건강에 좋지 않은 환경이라고 생각하면서도 힘겹게 버텨내야 했다는 이야기를 했다. 한 직원은 주식 지급을 "금빛 낙하산"이 아니라 "금빛 구속복"이라고 불렀다.

아마존의 클라우드 컴퓨팅 부문의 직원이었던 제이슨 나피에랄스키Jason Napieralski는 이렇게 말한다.

"대부분의 AWS 직원들은 AWS에서 일하는 것을 싫어합니다. 더 나은 삶을 살기 위해 거쳐야 하는 형벌로 봅니다."

아마존 물류창고 근로자의 열악한 근무 조건에 대해서는 많이 알려져 있다. 충분히 그럴 만한 상황이었다. 창고 직원은 아마존 인력의 대부분을 차지하며 전 세계의 아마존 사무실에 근무하는 인력들과는 크게 다른 배경을 갖고 있었다. 창고 노동자들은 소득이 낮고 교육 수준

---

* 100% 권리(스톡 옵션을 비롯한 혜택) 행사를 위해 재직해야 하는 기간.

이 낮은 경향이 있었다. 이들은 주로 육체 노동을 하며 반복적인 동작으로 인해 종종 근무 중 부상을 입는다. 대규모 기술 기업에 일을 하는데도 불구하고 많은 사람들이 정부 보조금으로 생활했다. 하지만 사무실의 직원들 역시 그만의 어려움이 있었고 다양한 종류의 압박에 시달렸다.

2016년 11월 9일, 도널드 트럼프가 대통령에 당선되었다.(정치계를 주시하는 대부분 사람들에게는 충격적인 의외의 사건이다.) 아마존 관계자들은 공황상태에 빠졌다. 아마존은 대부분의 미국 기업과 마찬가지로 힐러리 클린턴 행정부가 들어설 것에 대비하고 있었기 때문이다. 클린턴 측은 아마존에 훨씬 더 우호적인 것으로 인식되었다. 아마존팀은 트럼프의 백악관이 아마존에게 어떤 의미일지에 대해 연구한 적이 없었다. 여론조사에서 클린턴의 승리가 확실시되었고 워싱턴과 해안 도시들의 분위기가 클린턴의 낙승을 예상하고 있었기 때문이다. 새로운 행정부를 예상하고 공격적으로 기반을 강화하던 아마존 경영진은 선거 당일 밤 무방비 상태에 놓였다.

그들은 워싱턴에서 회사의 전략을 이끌 민주당 쪽 사람들을 끌어들이는 데 큰 베팅을 해왔다. 카니는 트럼프 백악관에는 영향력이 없었기 때문에 그의 인맥은 쓸모가 없게 될 터였다.

아마존은 트럼프가 아마존에 비판적이며 큰 문제가 되리라는 것을 알고 있었지만 그가 이기리라는 것은 상상하지 못했다. 트럼프는 선거 기간 동안 이 거대 기술 기업과 베이조스의《워싱턴포스트》장악에 대해 맹공을 퍼부었다. 그는 아마존을 독점 기업이라고 칭하며 당선되면

독점 금지법 위반으로 아마존을 조사할 것이란 뜻을 내비쳤다.

가을 대선을 앞둔 봄, 폭스 뉴스 션 해니티Sean Hannity*는《워싱턴포스트》에 트럼프 조사만을 전담하는 2명의 기자가 있다는 이야기를 꺼냈다. 이에 대해 트럼프는 아마존이 대단히 많은 영역을 통제하고 있기 때문에 "심각한 반독점의 문제가 있다"고 말했다. 그는 또한 아마존이 "세금 문제를 마음대로 주무르고" 있으며 베이조스가 신문을 정치 권력을 이용하기 위한 도구로 삼고 있다고도 말했다. 트럼프는 베이조스가 자신이 아마존을 독점 기업이라고 생각한다는 점을 알고 있고 때문에 "내가 대통령 자리에 앉지 못하게 만들기를 원한다."고 주장했다.[14]

선거 유세 중에 트럼프의 팀은 지지도를 높이기 위해 트럼프가 방문한 수십 개 도시에서 소규모 자영업자와 원탁회의 일정을 잡았다. 그는 방문하는 도시마다 사면초가에 몰린 가족 기업들이 하는 똑같은 이야기를 들었다. 아마존이 그들을 몰아내고 있다는 이야기였다. 이들 회의에 참석했던 트럼프의 두 참모는 그들이 수십 년간 운영해온 기업이 아마존 때문에 문을 닫을 위기에 있었다고 회상한다.

트럼프의 전 개인 변호사였던 제이 세쿨로우Jay Sekulow는 "자주 듣는 스토리였습니다. 우리가 대화에 나서면 중소기업을 운영하는 사람들, 소규모 자영업자들은 이런 문제에 대해 논의하고 싶어 했습니다."라고 말한다. "대형 할인 매장들도 문제를 겪고 있었지만, 남성복 매장과 같은 지역 소매업체에 가보면 그런 문제는 생각도 나지 않았죠."

---

* 트럼프를 옹호하는 것으로 잘 알려진 보수 평론가.

트럼프의 참모들은 전국에 유세를 다니면서 많은 도심 상권이 무너진 것을 목격한 트럼프가 이런 이야기에서 깊은 인상을 받았다고 말했다.

트럼프는 유세 과정에서 만난 자영업자들을 옹호하고자 했지만, 그의 참모 중 한 명은 그런 입장을 취하는 것이 위선적이라고 지적했다. 트럼프 자신도 부동산 회사의 중역으로 일하면서 소규모 기업을 공정하게 대우하지 않았던 전력이 있었기 때문이다. 중소기업을 옹호하는 것은 스텀프 스피치stump speech*에 도움이 되는 면도 있겠지만, 트럼프가 베이조스에게 개인적인 원한이 있다는 점에도 영향이 있다는 것을 부인할 수 없다. 실제로 트럼프의 최측근 참모 대부분은 트럼프가 베이조스에게 적대감을 가지는 것은 베이조스가 《워싱턴포스트》 소유권을 가지고 있기 때문이라고 말한다. 이 신문에 실린 트럼프 후보에 대한 기사들은 선거 운동 기간 내내 비판적이었다. 아이러니하게도 《워싱턴포스트》를 인수한 것은 아마존이 아닌 베이조스인데도, 트럼프에게는 베이조스와 아마존을 모두 비판하는 기회가 되었다.

사회적 지위에도 불구하고 트럼프는 비판에 매우 민감했다. 그의 참모들은 대선 전까지만 해도 자신에게 호의적이었던 미디어에게 배신감을 느꼈다고 말했다. 이전에 그와 가까웠던 한 사람은 이렇게 말했다. "트럼프는 언론이 자신을 다루는 방식에 집착했습니다. 그는 매일 아침 《워싱턴포스트》, 《뉴욕 타임스》, 《월스트리트 저널》을 처음부터 끝까지 읽으면서 자신에 대한 언급을 찾았습니다."

---

* 정치인이 선거 운동 기간에 반복적으로 하는 표준 연설.

선거 몇 주 전, 베이조스는 〈베니티 페어Vanity Fair〉 컨퍼런스에서 트럼프 후보를 직접 겨냥하며 트럼프를 지구에서 쫓아내고 싶다는 바람을 다시 언급했다.[15] 몇 달 전, 베이조스는 트위터에 "결국 도널드 트럼프@realDonaldTrump로부터 공격을 받았다. 블루 오리진 로켓에는 여전히 좌석이 준비되어 있다. #도널드를우주로#sendDonaldTrump."라는 트윗을 올렸다.[16] 그는 그 컨퍼런스에서 "나는 로켓 회사를 가지고 있어서 실현할 능력이 있다."고 말하며 트럼프와의 입씨름을 이어나갔다.

카니와 다른 사람들은 트럼프가 트위터를 이용해 맞불을 놓을 것이라고 말하면서 트럼프와 엮이지 말라고 베이조스를 설득하려 했지만 베이조스는 그들의 조언을 무시했다. 이 상황에서는 트럼프가 발을 뺐다. 다름 아닌《워싱턴포스트》의 폭로에 대응하느라 너무 바빴기 때문이다. 2005년 트럼프의 2005년 〈액세스 할리우드Access Hollywood〉 인터뷰 영상을 입수했고 트럼프는 거기에서 여성들에 대한 저질스러운 발언을 했던 것이다. "스타만 되면, 하게 해줄 거야. 뭐든지 할 수 있어… 여자들이 알아서 벌린다고. 뭐든 할 수 있다니까." 대선 직전에 폭로된 이 충격적인 이야기는 트럼프에게 낭패였다. 많은 비평가들은 이 기사로 그의 선거 운동이 침몰하게 될 것이라고 공공연히 주장했다. 자신이 어떻게 묘사되는지에 항상 민감했던 트럼프는 이 일을 잊지 않았다. 베이조스의 신문으로부터 또 한 번의 공격을 받았고, 이번 것은 치명적인 공격이 될 잠재력을 갖고 있었다.

하지만 이 기사는 그의 선거운동을 침몰시키지 못했다. 선거 당일 밤, 아마존의 공공정책팀은 여론조사 수치가 트럼프의 당선을 가리키고 있는 것을 공포 속에서 지켜보고 있었다. 있을 것 같지 않은 일이 일어나고 있었다.

수요일 아침 6시, 아마존의 공공정책 담당자에게 휴즈먼이 보낸 이메일이 쇄도하기 시작했다. 그들에게는 전략이 필요했다. 그것도 빨리.

오전 9시에 보Bo 회의실(워싱턴의 모든 회의실은 대통령들이 길렀던 개의 이름을 따서 지어졌다. 절반은 공화당 대통령의 개 이름이었고 절반은 민주당 대통령의 개 이름이었다.)에서 열린 회의에서 휴즈먼과 그의 팀은 대강의 계획을 만들기 시작했다

그들은 몇 주 동안 그들이 아는 누가 클린턴 백악관에서 입성할지 예상하고 그들과의 인맥을 활용할 구상을 폈지만 이제는 소용없는 일이 되었다. 그들은 회의실의 대형 화이트보드에 트럼프 행정부에 그들이 아는 누가 있는지, 내각의 여러 자리에 누가 임명될지, 아마존의 공공정책팀에 그쪽의 인맥을 가지고 있는지 사람이 누군지 등 다음 행보를 계획했다. 그리고 경쟁업체가 차지하기 전에 손을 잡을 수 있는 공화당 로비스트와 컨설턴트에 대한 브레인스토밍을 진행했다. 트럼프 행정부에서 자리를 얻을 수 있을 것으로 보이는 뉴저지의 공화당 소속 의원 크리스 크리스티Chris Christie를 아는 팀원이 있다면 그의 의사를 타진해 보는 식으로 말이다.

대륙 반대편 시애틀에 있는 아마존의 에스팀도 이 뉴스를 소화시키고 그 영향을 파악하기 위해 노력 중이었다. 그 주 후반, 카니가 출장 일정에 따라 중국에 있는 동안 회사 이사회가 회의를 갖고 있었다. 법무팀은 별 다른 통보 없이 휴즈먼에게 메시지를 보내 회사의 대 트럼프 전략을 이사회에서 발표해 달라고 요청했다.

회의에 참석한 한 관계자는 아마존의 이사들은 아마존이 트럼프 집

권에 대비한 준비를 하지 못한 것에 대해 우려하고 있었다고 전한다.

"이사회가 정말로 걱정한 것은 트럼프가 베이조스와 아마존에 대해 가지고 있는 편견이었고, 우리가 이번 정권 이양에 대해 어떻게 준비를 한들 거기에는 변함이 없을 것이란 점이었습니다."

이사회는 또한 트럼프 정권 하에서 규제 환경이 어떤 모습이 될지 우려했고, 아마존이 어떻게 그 환경을 헤쳐 나갈 것인지 알고 싶어 했다.

휴즈먼은 이사회에 브리핑을 할 때 아마존과 트럼프의 공통되는 기반과 우선사항, 즉 일자리 창출, 경제 투자, 인프라에 대해 이야기했다. 새 행정부에서 아마존은 이들 분야에 집중하게 될 것이다.

중국에서 돌아온 후 카니는 이사회에서 이 계획을 다시 한 번 이야기했다. 아마존의 한 이사는 이렇게 말했다. "트럼프 당선 이후 카니는 가능한 한 많은 정책 입안자들에게 정확한 정보를 전달해야 한다고 생각했습니다. 그는 '정치인들에게 풀필먼트 센터를 보게 해주자'고 말했습니다."

"꽃에 물주기"에 집중하기 시작했고, 회사는 "공화당 지원"을 전담하는 정규직 직원을 고용했다.

카니는 이사회에 차기 대통령의 반감을 "중화"해야 한다는 이야기도 했다. 그는 아마존의 일자리 창출을 부각시키고 아마존을 경제를 지원하는 존재로 자리매김하는 전략을 시작했다. 이 이사회의 멤버는 "일자리는 워싱턴에서 가장 잘 통하는 통화입니다."라고 말했다.

예상치 못한 선거 결과에 기습을 당한 아마존 공공정책팀은 미래의 선거에 대한 접근법을 대폭 변경했다. 아마존 공공정책 부문의 고위 관계자는 "우리는 트럼프의 승리를 예상하지 못했습니다. 우리가 마땅히 했어야 하는 일이었는데도 말입니다."라고 인정했다. 아마존의 고위 공공정책 관계자는 분석이나 여론조사를 지나치게 믿지 못하게 되었다고 전했다. 대신, 아마존은 잠재적 인맥을 확인하고, 어떤 정당이 이기는가와 관계없이 적절한 로비스트를 배치했는지 분석하며 어느 후보가 승리할 때 어떤 입장을 취할지 다양한 시나리오와 결과를 고려한 전략을 세웠다.

백악관에 들어갈 준비를 하던 트럼프는 뉴욕 5번가에 있는 트럼프 타워에서 대형 기술 기업의 CEO들 몇몇과 함께 하는 포럼을 계획했다. 놀랍게도 이 12월 회의에 베이조스도 초대를 받았다. 아마존팀은 베이조스가 호랑이굴에 걸어 들어가는 것이 아닌가 걱정했지만, 차기 대통령의 개인적인 초대를 거절하는 것은 부적절해 보였다.

선거운동 기간 동안 트럼프는 빅 테크에 비판적인 입장이었다. 다른 경쟁자들에 비해 베이조스에 비난이 집중되기는 했지만, 애플 역시 해외에서 아이폰을 제조한다는 이유로 비난을 받은 데다, 자유주의의 보루라는 빅 테크의 평판을 생각할 때 사람들에게는 이 차기 대통령과 이들 기업이 긴장 관계일 수밖에 없다는 인식이 있었다. 이 회의는 이런 우려들의 일부를 누그러뜨리기 위해 마련된 자리였다.

아마존의 공공정책팀은 회의에서 베이조스가 받을 수 있는 질문에 대한 답변과 대화에서 등장할 화두를 준비하며 여러 시나리오에 대비했다. 아마존의 한 공공정책 부문 직원은 "제프 의 트럼프 타워 방문을 준비하기 위해 밤잠을 아껴 가면서 많은 준비를 했습니다."라고 회상한다. 베이조스의 준비를 도왔던 또 다른 임원은 베이조스가 경제에 대한 아마존의 투자와 회사 직원의 수를 강조하라는 이야기를 들었다고 회상한다.

12월의 어느 수요일, 베이조스와 카니, 휴즈먼은 맨해튼 5번가로 갔다. 카니는 오바마 행정부와 연관이 있다는 것이 너무 드러나는 사람이기 때문에 방해가 되지 않도록 베이조스와 회의에 함께 하지 않고 대신 회사의 다른 직원들과 길 건너편에 남았다. 이런 상황은 이후 계속된다.

베이조스는 주변에서 카메라 플래시가 터지는 가운데 트럼프 타워의 웅장한 로비를 지났다. 그는 휴즈먼과 함께 황금색 엘리베이터를 타고 페이스북의 셰릴 샌드버그Sheryl Sandberg, 마이크로 소프트의 사티아 나델라Satya Nadella, 테슬라의 일론 머스크, 기술 투자자 피터 틸Peter Thiel 등 다른 동료들과 함께 회의실로 향했다. 트럼프의 성인 자녀, 이방카Ivanka, 도널드 주니어Donald Jr., 에릭Eric도 참석했다. 한 트럼프 보좌관에 따르면, 회의실에 들어서는 베이조스는 긴장한 듯 보였다고 한다. 하지만 따지고 보면 모든 CEO가 약간 초조해 보였다.

트럼프는 개회사에서 그 회의에 참석을 요청한 기업이 "수백" 개였다고 너스레를 떤 후 "여러분들이 성공을 돕기 위해 이 자리를 마련했다"고 말했다. 13명의 기술 기업 임원들은 앉은 순서에 따라 자기소개를 했다. 차례가 오자 베이조스는 이렇게 말했다. "아마존닷컴의 제프 베이조스입니다. 이번 정부가 혁신 행정부가 될 수 있다는 가능성에 대해 매우 흥분이 됩니다."[17]

회의는 정중한 분위기였다. 베이조스는 회의실을 떠나면서 트럼프의 보좌관에게 전화 통화를 위해 회의실을 사용할 수 있는지 물었다.

회의실 밖에 있는 사람들 모두가 안으로 들어간 베이조스 특유의 웃음소리를 들을 수 있었다. 그는 회의 결과에 흥분을 감추지 못했고, 카니와 휴즈먼에게 회의에 대해서 브리핑을 하며 회의의 전반적인 인상을 전달했다. 트럼프는 좋은 질문을 했고, 모든 것을 감안할 때 긍정적인 회의였다. 트럼프 타워를 떠나는 팀은 회의에 참석한 누구보다 베이조스에게 비판적인 것으로 보이는 이 변덕스런 대통령 당선인과 베이조스가 막 최상의 시나리오를 만든 듯한 느낌을 받았다.

휴즈먼과 카니는 베이조스를 대신해 "행정부가 혁신을 핵심 지주의 하나로 삼아 전국에 기술뿐 아니라 농업, 인프라, 제조업 등 모든 부문에 엄청난 수의 일자리를 창출해야 한다는 데 의견을 같이했다"는 성명을 작성했다.

첫 만남은 예상보다 원만하게 진행되었지만, 이것이 앞으로 트럼프 백악관과 베이조스 관계의 전조는 아니었다.

트럼프의 당선되고 나자, 트럼프와 연줄이 있는 로비스트들이 나타나 클린턴의 승리를 예상했다가 쩔쩔매고 있는 기업들에 대한 홍보에 열을 올렸다. 트럼프 시대에 가장 유리한 입지를 차지한 로비 회사는 발라드 파트너스Ballard Partners였다. 이 업체는 트럼프 대통령의 측근, 이 변덕스런 대통령과 효과적으로 소통할 수 있는 사람이 운영하는 로비 회사다. 발라드는 트럼프 대통령과 관련된 전문화된 시장에서 지배적인 위치를 점했다.

브라이언 발라드Brian Ballard는 플로리다 주지사 밥 마르티네즈Bob Martinez의 보좌관이던 시절 트럼프가 쓴 『거래의 기술』을 읽었다.[18] 발라드는 트럼프에게 필요할 때 도움을 주겠다는 편지를 보냈다. 트럼프가 답장을 보냈고 이것이 수십 년에 걸친 우정의 불씨가 되었다. 발라드는 트럼프의 당선에 중요한 역할을 했고, 플로리다에서 "트럼프 승리 위원장Chairman of Trump Victory"의 역할을 맡았다. 2016년에는 플로리다주에서 캠페인의 재정 활동을 이끌었다.

발라드는 2017년 워싱턴에 사무실을 마련하고 트럼프와의 긴밀한 유대를 이용해 연방 정부를 상대로 하는 로비 사업을 시작했다. 그는 수년 동안 플로리다에서 소규모 로비 회사를 운영했는데, 아마존은 2008년부터 주 정부 문제를 맡긴 고객이었다. 2017년, 아마존은 그의 첫 번째 연방 로비 고객 중 하나가 되었다.

《월스트리트 저널》에 따르면 발라드 서비스는 수요가 급증해 2019년에 그의 회사 로비스트 한 명당 170만 달러의 수입을 올렸다.[19] 이는 업계 표준인 30만 달러에 비해 대단히 큰 액수다.

발라드와 손을 잡음으로써 아마존은 특전을 얻었고 적대감을 숨기지 않던 백악관으로 향한 문도 열 수 있었다. 휴즈먼은 베이조스와 함께 트럼프 타워를 방문한 며칠 후 올랜도로 향했다. 당시 트럼프는 당선사례로 전국을 돌면서 몇몇 도시에서는 지지자들과 함께 집회를 갖고 투표를 해준 데 대한 감사의 인사를 전했다. 그 주에는 올랜도 센트럴 플로리다 페어그라운드Central Florida Fairgrounds에서 집회를 열었다. 대규모 집회에 앞서 발라드는 대통령 당선인과 만남을 갖는 1인당 5,000달러짜리 이양재원위원회Transition Fiance Committee를 마련했다. 발라드는 여기에 휴즈먼을 초대했다.

동성애자인 것을 공개하고 있는 휴즈먼은 아마존의 성소수자 모임인 그라마존Glamazon에서 활동했지만 수년 동안 정당을 가리지 않는 투표를 해왔다. 그와 가까운 사람들은 그가 대단히 기회주의적이며, 자신과 정반대되는 견해를 가진 트럼프 행정부의 관리들에게 구애를 하는 일이라면 어떤 일이든 기꺼이 할 사람으로 묘사한다. 그것은 공공정책 담당 임원이 해야 할 일의 일부였다.

휴즈먼은 환영 인파의 맨 앞에서 트럼프 당선인을 맞이하고, 트럼프와 악수를 나누고, 베이조스가 트럼프 타워에서의 회의를 대단히 즐거워했다고 전했다. 이 만남에 대해 잘 알고 있는 사람들은 개인적으로는 트럼프의 수사법을 좋아하지 않았지만, 당시 아마존 공공정책팀에 가장 중요한 것은 차기 대통령과 생산적인 관계를 구축하는 일이었다고 말했다.

직원들은 휴즈먼이 트럼프의 비위를 맞추는 데 발끈했다. 대부분의 기술 분야가 그렇듯이 아마존의 직원 대다수는 진보주의자였다. 지역정부가 좀 더 진보에 기울어 있는 시애틀에서는 친트럼프로 간주될 수 있는 모든 조치가 직원들을 격분하게 할 수 있다. DC의 한 직원은 "사무실에 있는 사람들은 몹시 화를 냈습니다."라고 말했다. 곧 휴즈먼의 사무실 눈에 잘 띄는 곳에 도널드 트럼프와 함께 찍은 사진이 걸려서 직원들의 눈살을 찌푸리게 했다. 휴즈먼은 트럼프 타워의 금색 엘리베이터에 탄 자신과 베이조스의 파파라치 사진도 액자에 넣어 두었다.

아마존의 워싱턴 사무실은 좀 더 신중했다.(워싱턴에서 일을 할 사람들은 민주당 지지자와 공화당 지지자를 섞어 고용했다.) 그러나 보통은 트럼프 팬이 아니었다. 이 사무실의 공화당원들 중에도 대다수는 이 야단스러운 부동산 재벌에게 투표는 하기 어려워했다. 트럼프가 당선된 직후, 사무실에서는 씽크 빅 어워드Think Big Award라는 전통이 시작되었다. 분기별로 직원들의 공로를 치하하는 자리였다. 시상식의 제품은 트럼프의 저서 『빅 싱킹Think Big』이었다. 매 분기 신입 직원은 이 책을 받아 책의 한 구절을 고른 뒤 트럼프의 목소리로 읽는다. 책에는 동료들이 우승자에게 쓴 격려의 글이 적혀 있었다.

직원들은 "HQ2 프로젝트(아마존의 제2 캠퍼스 모색)는 그냥 큰 프로젝트가 아니라 '대단한YUGE*' 프로젝트입니다."라고 적었다. 트럼프주의에 대한 글도 있다.

"대부분의 사람들이 겁을 집어 먹는 문제를 해결하려면 크게 생각하고 창의력을 발휘해야 한다는 트럼프주니어의 말을 항상 기억하세요."

몇 분기 후, 이 상은 폐지되었다. 휴즈먼이 현직 대통령을 놀리는 것이 부정적인 인식을 낳을 것을 우려했기 때문이었다.

이렇게 시애틀과 워싱턴의 직원들이 신임 대통령을 비웃는 동안 아마존의 로비스트들은 최선을 다해 그의 환심을 사려 노력하고 있었다. 브라이언 발라드에게는 제프 베이조스와 일하는 것이 아슬아슬한 줄타기의 연속이었다. 대통령과의 친분 탓이었다. 트럼프는 그가 아마존의 이야기를 꺼낼 때마다 장황한 비난을 늘어놓고 아마존의 사업에 피해를 줄 방법을 찾는 데 골몰했다. 발라드의 직원 한 명은 내게 트럼프는 발라드가 아마존을 위해 일하고 있다는 것을 종종 잊고 오랜 친구에게 전화를 걸어 베이조스와 그 거대 기술 기업 때문에 열을 받았고 그들을 "망칠" 방법을 찾고 싶다고 말했다고 전했다.

---

* 트럼프는 'huge'라는 단어를 'yuge'처럼 발음하는 것으로 유명하다.

트럼프의 마음을 돌리는 것이 불가능한 것으로 보이자 발라드의 팀은 백악관 경제 고문 래리 커들로Larry Kudlow와 트럼프 대통령의 사위이자 백악관 선임 고문이었던 재러드 쿠슈너Jared Kushner와 같은 백악관의 다른 구성원들을 이면 경로로 삼았다. 쿠슈너는 자신과 아내 이방카의 소송 사건을 맡았던 아마존 이사회 멤버 제이미 고렐릭에게 베이조스와 아마존을 존경한다고 말한 적이 있었다. 쿠슈너는 개인적으로 베이조스를 매우 좋아하게 되어서, 트럼프 백악관 내의 중요한 아마존 동맹이 되었다. 아마존의 백악관 업무에 참여했던 한 관계자는 "우리에게 일종의 변류기가 필요할 때마다 재러드가 쾌히 나서주었다."라고 말했다.

아마존 임원과 직원들은 일이 있을 때마다 백악관 커들로의 사무실로 가 경제 정책을 논의했다. 트럼프 고문인 커들로는 아마존에 대한 상사(대통령)의 증오에도 불구하고 아마존을 얼마나 애용하는지에 대한 농담을 하곤 했다.

트럼프 대통령의 선임 고문 켈리앤 콘웨이Kellyanne Conway 역시도 아마존을 자주 이용했다. 그녀는 2018년 워싱턴에서 열린 한 공식 사교 행사에서 턱시도 차림의 베이조스에게 아마존에서 돈을 펑펑 쓰는 10대 딸 클라우디아에 대한 농담을 했다.

"혹시 블랙리스트를 두고 마약 조직의 두목, 마약 밀거래자, 테러리스트, 살인자의 이름을 추가하시나요?"라고 그녀가 이 억만장자에게 물었다.

베이조스는 은밀한 이야기를 하는 듯 그녀 쪽으로 몸을 기울였다. "예, 그렇게 하고 있죠. 추가하고 싶은 사람이 있으신가요?" 그가 물었다. "클라우디아 마리 콘웨이요."

대통령의 수석 고문이 농담을 던졌다. 베이조스가 크게 웃었다. 상사의 앙심에도 불구하고 콘웨이는 베이조스에게 긍정적인 감정을 갖고 있었다.

사실 아마존의 공공정책 담당자들은 트럼프 대통령이 모르는 사이에 백악관에서 상당한 시간을 보내며 트럼프 행정부의 환심을 사기 위해 노력했다. 콘웨이는 재향 군인 문제에 있어서 이들을 많이 고용하는 아마존팀과 긴밀히 협력했다. 트럼프의 독설에도 불구하고 CIA와 NASA는 민감한 데이터를 아마존 클라우드에 저장하는 등 미국 정부는 여전히 아마존의 큰 고객이었다.

하지만 트럼프 백악관의 모든 사람이 아마존에 호감을 갖고 있었던 것은 아니었다. 트럼프의 무역 담당 고문 피터 나바로Peter Navarro는 인터뷰에서 내게 이렇게 말했다.

"아마존은 해체되어야 합니다. 이런 식의 복합기업으로 남아 있으면 안 됩니다."

그는 트럼프가 재선에 성공했다면, 트럼프 행정부는 이 거대 기술 기업에 공격적인 조치를 취했을 것이라고 주장했다.(그러나 트럼프가 임기 중에 아마존을 공격하지 않은 이유는 미스터리로 남아 있다.)

2017년 6월의 어느 저녁 제프 베이조스에게는 예상 밖의 저녁 약속이 있었다. 베이조스는《워싱턴포스트》발행인 프레드 라이언Fred Ryan, 편집장 마티 바론Marty Baron, 논설위원 프레드 하이엇Fred Hiatt을 이끌고 백악관으로 가 대통령과 영부인 멜라니아Melania, 재러드 쿠슈너,

이방카와 함께 저녁 식사를 하기로 한 것이다.(이방카는 마지막 순간에 참석을 하지 못한다고 연락을 해와 영부인을 화나게 만들었다.)

베이조스, 그리고 트럼프가 아마존의 로비스트로 신고 되어야 한다고 주장하는 "아마존《워싱턴포스트》"에 대한 트럼프의 수사법은 수그러들지 않았다. 사실 그것이 트럼프 대통령이 만남을 제안한 이유였다. 그는 백악관에 대한 이 신문의 보도에 격분했고, 자신이 걱정하는 점을 최고 의사 결정권자와 이야기하길 원했다.

베이조스는 신문을 소유하는 것이 아마존의 일을 "복잡하게" 만들리라는 것을 오래 전부터 알고 있었다. 하지만《워싱턴포스트》는 백악관을 비롯한 주요 기관 내부에 소식통을 두고 뉴스 수집 과정에 참여하는 기자들로 이루어진 독립적인 신문사였다. 국내 정치과 밀실의 거래에 대해서 보고하고 백악관 내부의 긴장을 노출시키는 것이 기자들의 일이었다. 현직 대통령이 그 문제를 불편하게 여기더라도 말이다.

중요한 손님들을 모시는 블루룸 내부 만찬 테이블에 앉은 사람들은 이런 보도의 과정을 대통령에게 설명하려고 애썼다. 트럼프는 이런 설명을 받아들이지 못하는 것 같았다. 이 시점에 트럼프는 뉴스 수집 과정과 기준이 다르고 대통령에게 우호적이었던 폭스 뉴스에 자주 출연했다. 그는 자신이 신문사를 소유하고 있다면 자신이 싫어하는 종류의 보도를 중단시킬 것이라고 말했다. 다시 말해, 그는 그들이 사냥개를 철수시킬 수 없는 것인지 알고 싶어 했다. 그들은 일이 그렇게 돌아가지 않는다고 정중하게 설명했다.《워싱턴포스트》는 어떤 대통령의 백악관에서와 마찬가지로 트럼프 백악관을 공정하게 취재할 것이라고 말이다. 그들은 신문의 저널리즘적 진실성과 언론의 자유를 보호하는 부분에서 충실한 지지자였다.

백악관의 고위 보좌관에 따르면 대통령은 신문사 사주가 적을 공격하는데 신문을 이용하지 않고 보도에 영향을 미치지 않는다는 것을 믿지 못했다고 한다. 트럼프는 그들의 항복을 받아내지 못했지만 만찬의 분위기는 대체로 유쾌했다. 베이조스는 백악관을 둘러보았고 일행은 늦은 시간까지 정치를 비롯한 여러 가지 주제에 대해 논의했다.

트럼프는 끈질겼다. 마티 바론은 그의 저서 『권력의 충돌: 트럼프, 베이조스, 그리고 워싱턴 포스트Collision of Power: Trump, Bezos, and the Washington Post』에 다음 날 아침, 베이조스의 휴대 전화로 대통령의 전화가 걸려 왔다고 적었다. 대통령은 베이조스에게 한 가지 요청을 했다.[20] 《워싱턴포스트》의 대통령 관련 보도에 더 공정을 기해달라는 내용이었다.

그런 회의에서 눈에 띄지 않는 한 사람이 있었다. 제이 카니였다. 아마존 고위 임원들은 공공정책팀에 합류한 카니가 의회에서 많은 시간을 보내고, 사람들 사이에 다리를 놓고, 회사를 위해 문을 열어 줄 것으로 기대했다. 아마존 공공정책 부문의 한 고위 임원은 "제이가 공화당 회의에 긍정적 기여를 하지 않겠다고 말했고, 우리는 요청을 하지 않았습니다."라고 말했다. 트럼프 백악관 보좌관들은 백악관에서 카니를 본 적이 없다고 말한다.

실제로 카니는 트럼프 행정부 4년 동안 백악관에서 열린 어떤 회의에도 참석하지 않았다. 아마존에 합류하기 전 카니는 진실된 사람이 되기로 결심했다. 그는 공화당과 민주당 모두에 수표를 써주는 다른 공공정책 부문 임원들처럼 되지 않기로 했고, 정반대의 가치관을 지닌 정치인들에게 반갑게 인사를 하지도 않기로 했다. 그는 그런 일에 설득력이 없다는 것을 깨달았다.

트럼프가 대통령이 되자 트럼프의 팀은 더 극단적인 견해를 옹호했고, 카니는 그들과 관계를 맺는 것이 편하게 느껴지지 않는다는 것을 알았다. 백악관에 보다 온건한 공화당원이 있었다면 저항이 없었을 것이다. 카니는 경력 초기에 존 매케인John McCain과 친했고, 심지어 이 애리조나 주 상원의원은 카니의 약혼 파티에도 참석했다. 그는 전 공화당 하원의장이었던 존 보너John Boehner와 같은 사람들과도 좋은 관계를 구축했다. 하지만 트럼프의 백악관은 전형적인 공화당 행정부가 아니었다.

워싱턴 사무실 사람들 일부는 카니가 초당파적인 입장에 서려는 어떤 시도도 하지 않는 데 불만을 느꼈다. 그들은 카니가 공화당이 백악관을 차지하기 전에 영입된 것은 맞지만, 백악관의 고위급 회의에는 참여해야 한다고 생각했다. 일부 사람들은 카니가 직원들의 백악관 회의 후 상세한 브리핑조차 요청하지 않았다고 말했다.

오히려 카니는 트럼프 행정부 동안 세간의 이목을 끄는 몇 가지 실수를 저질러 팀의 노력에 역행했다.

카니는 기술 뉴스 사이트 〈긱와이어GeekWire〉 컨퍼런스에서 연설을 하면서 오바마 행정부에서의 경험이나 이전 행정부에 대한 보도를 트럼프 행정부에서 그가 보고 있는 것들과 대조했다.

"거의 예외 없이, 오바마 행정부에서 제가 상대했던 모든 사람들은 그들이 올바른 정책 결정이라고 생각하는 것에 개인적으로 제가 동의하는지 여부에 상관없이 나라를 사랑하는 애국자들이었습니다. 저는 그것을 의심한 적이 없습니다. 그들이 국가에 가장 이익이 되는 일을 하고 있다고 믿는다는 것을 저 또한 의심한 적이 없었던 것입니다. 지금은 그런 생각이 들지 않습니다. 그리고 걱정이 됩니다."

또한 카니는 백악관 공보비서로 일하는 동안 거짓말을 한 적이 없다고 말했다.

"대답을 할 수 없거나 좋은 답을 줄 수 없으면 '그 질문을 받겠습니다.' 또는 '대답할 수 없습니다.'라고 말하죠. 거짓말은 하지 않습니다. 하지만 요즘에는 그런 기준이 없는 것 같습니다."[21]

이 언급은 대통령의 측근들의 관심을 끌었고 대통령의 아들을 자극했다.[22] 도널드 트럼프 주니어는 "이봐요 아마존@Amazon, 당신네 수석 대변인(전 오바마 졸개)이 한 말이니 트럼프 행정부에서 일하는 수천 명의 미국인이 '애국자'가 아니라는 것을 귀사의 공식 입장으로 생각하면 되나요?"라는 트윗을 올렸다.

카니는 자신의 발언이 회사의 공식 입장이 아니라 개인적 견해라고 답해야 했다. 워싱턴 사무실은 이 일을 아마존 경영진의 또 다른 불필요한 실수로 보았다. DC팀이 관계를 구축하려고 노력하는 동안 아마존의 경영진은 쉴 새 없이 관계를 손상시킬 방법을 찾았다.

9장

테크래시, 빅테크 견제가 시작된다

2017년 1월, 로스쿨에 다니던 스물일곱 살의 리나 칸이 쓴 글이 《예일 로 저널》에 게재되었다. 이 논문은 반독점 관계자들 사이에서 결정적 갈림길이 되면서 칸의 인생을 뒤바꾸었다. 아마존의 최고위층도 이 논문의 한 마디 한 마디를 탐독했다.

칸은 아마존, 그리고 그와 비슷한 다른 기업들의 전례 없는 규모가 반독점법을 해석하는 방식에 기인한다고 주장했다. 수십 년 동안 이어진 이런 해석이 소비자에게 혜택을 주고 있는 한 기업이 얼마든 성장할 수 있게끔 해주었다고 말이다. 그녀의 논문은 우리가 반독점법에 잘못 접근하고 있는 것이 아닌가 하는 의문을 갖게 했다. 이 논문은 사람들이 빅 테크에, 그리고 그들의 규모와 영향력이 주는 피해가 혜택보다 크지 않은가에 큰 관심을 갖게 했다. 아이러니하게도 이 논문은 전 예일 로스쿨 교수를 겨냥하고 있었다. 논문에서 비판이 대상이 된 것은 바로 그 조건을 재구성하는 데 선구적인 역할을 했던 사람이었다.

칸은 아마존이 지금의 형태로 존재할 수 있다는 사실이 1950년대에 시작되어 한 사람에 의해 구체화된 운동의 결과라고 주장했다. 이 사람은 전직 연방법원 판사이자 예일대 교수, 보수 선동가로 현대 반독점법의 적용 방식을 완전히 바꾸어 놓은 로버트 보크Robert Bork다. 본질적으로 칸은 독점 금지법에 대한 보크의 재해석이 아마존과 같은 독점을 낳았고, 이것이 허용가능하다는 법적 합의가 자리 잡게 했다고 생각했다. 그녀는 아마존을 저지하려면 보크의 해석이 실패라는 것을 인정하고, 독점 금지법의 원래 취지로 돌아가는 일이 꼭 필요하다고 믿었다. 아마존은 보크의 견해에 의한 유해한 결과이며, 보크의 영향력은 아마존의 믿기 어려울 정도의 성장과 권력을 가능케 하는 지울 수 없는 흔적을 남겼다는 것이 그녀의 주장이다.

보크는 학부와 로스쿨을 졸업한 시카고대학교에서 형성된 시카고 학파라는 경제 운동의 헌신적인 추종자였다. 시카고 학파는 보수 정책을 형성하는 데 중요한 역할을 했으며 레이건 대통령의 부상과 정치적으로 대단히 밀접한 관련이 있다. 1940년대 대학에서 보낸 시간은 수염을 기르고 부스스한 머리를 한 이 법률가 지망생에게 큰 변혁을 가져다 준 것으로 드러났다.

보크는 정책 결정에 자유방임적 접근 방식의 적용해야 한다고 주장하는 경제학자와 법조인에 둘러싸여 있었다. 그들은 기업의 힘을 지나치게 문제시하는 반면 정부의 도를 넘는 역할에 대한 우려는 충분치 않다고 생각했다. 이 운동은 정부 규제에 대한 불간섭주의를 옹호하고 시장을 신뢰하는 접근 방식을 지지했다.(우연히도 존 록펠러는 미국 침례교 교육협회American Baptist Education Society와 함께 이 대학을 설립했다.)

특히 이 운동의 대부로 여겨지는 경제학자 아론 디렉터Aaron Director는 보크의 생각에 큰 영향을 주었다.(디렉터는 노벨 경제학상 수상자인 경제학자 밀턴 프리드먼Milton Friedman의 처남이었다.) 보크는 시카고대학 로스쿨에서 디렉터의 제자였고 이후 디렉터 교수의 독점 금지법에 대한 경제학적 분석을 "종교를 바꾸는 것과 다름없었다. 세상을 바라보는 우리의 관점 전체를 바꾸었다."라고 묘사했다.[1] 이런 학자들에 의해 형성된 보크의 신념은 정부의 개입과 규제를 더욱 소리 높여 비판하도록 만들었다. 보크와 그의 동료들은 독점 금지법에 경제학적 분석을 적용하는 것을 지지했지만, 시카고 학파는 법의 다른 영역까지 움직였다.

독점 금지법은 19세기 후반 대호황 시대에 트러스트라는 새로운 유형의 기업 구조가 등장하면서 그 초안이 처음 마련되었다. 이들 트러스트는 제품이나 서비스의 생산과 유통을 통제하기 위해 같은 업계의 여러 기업을 하나로 묶었다. 그 결과 대규모 철도 기업과 석유 기업이 주요 철도, 정유, 송유 인프라의 지배권을 갖게 되었고, 진보주의자들은 이로써 고객이 더 높은 가격을 지불해야 하는 경우가 많다고 생각했다. 이들 기업은 산업혁명에 박차를 가하고 미국 경제의 변혁을 이끌었지만, 이윤 추구라는 목적을 위해 노동자를 착취하고 비윤리적인 비즈니스 관행을 적용했다는 대중의 비난을 사기도 했다. 더구나 이들은 자신들의 규모와 힘을 적극적으로 이용해 다른 기업들이 자신들과 경쟁하지 못하게 했다. 역사학자 리처드 화이트는 19세기 철도에 관한 책,『철도화: 대륙 횡단 철도와 현대 미국의 탄생Railroaded: The Transcontinentals and the Making of Modern America』에 이렇게 적고 있다. "19세기 미국인들이 독점기업을 싫어했던 이유는 규모가 크기 때문이 아니었다. 다른 누구도 자신들에게 맞서 사업을 할 수 없었기 때문에 그들을 싫어한 것이다. 독점 기업은 앞길을 막는 기업을 제거하고 싶다면 그렇게 할 수 있었다." 의회는 이에 대한 대응으로 1890년 7월 2일 셔먼 반독점법Sherman Antitrust Act을 통과시켰다. 사상 처음으로 연방 정부에 의한 트러스트의 해산을 허용한 것이다. 달리 말해 독점적 사업 관행을 불법으로 규정하는 최초의 연방 법률이었다.

이 법이 통과되던 시기의 미국은 새로운 기술 발전이 농업 사회에서 산업 사회로의 변화를 용이하게 만들고 있었다. 철도, 철강 기타 산업 기업들은 성장하는 사업을 위해 고용을 대폭 늘리고 있었고, 미국 농민들은 지역 농민들에게 바가지를 씌우는 철도 소유주들의 가격 책정에 불만을 갖게 되었다.[2]

진행 중인 어마어마한 변화가 헤드라인을 장식하고 있었고, 당시 언론은 그 시대의 흥분과 불안을 모두 반영했다. 셔먼법이 통과된 바로 그 주,《뉴욕 타임스》1면에는 "인공 얼음"을 만드는 능력을 경이로워하는 기사가 실렸다.[3] 1면 광고는 "워싱턴까지 5시간"이라는 헤드라인 아래 "미국에서 가장 빠른 기차가 저지 센트럴Jersey Central, Central Railroad of New Jersey을 통해 뉴욕, 필라델피아, 볼티모어, 워싱턴까지 운행된다."는 내용을 담고 있다.

또 다른 급보는 파머스리그Farmer's League 운동의 형성을 연대기순으로 다루었다. 이 운동은 세금 압박을 시작으로 삶의 방식을 지킬 수 없게 만드는 요인들 속에서 미국의 농민들이 겪고 있는 절박한 상황에서 성장했다. 기자는 파머스리그 대표의 감정을 이렇게 표현했다. "

현재 나라를 괴롭히고 있는 정치적 폐해와 경기 불황은 불평등하고 지나친 과세 제도와 부패한 정치 방식 때문이다. 전문 정치꾼들과 부패한 정치인, 독점업자들이 자신의 이익을 위해 법률을 제정한다."[4]

달리 말해, 산업화 이전의 조건에서 생계를 유지하던 사람들과 미국에서 누구와도 비교할 수 없는 큰 권력과 영향력을 얻게 된 새로운 산업계 거물들 사이에 긴장이 형성되고 있었다.

이는 부의 분배에도 반영되면서 빈부 격차에 극적인 변화가 나타나기 시작했다. 남북전쟁이 일어나기 전인 1850년 미국에는 단 열아홉 명의 백만장자가 있었지만, 1890년대 말에는 그 수가 약 4,000명으로 증가했다.[5]

1901년 시어도어 루스벨트가 대통령이 되었다. 그의 집권은 새로운 시대의 여명을 불러왔다. 정부가 미국 노동자 계층의 전반적인 복지를 보호하기 위해 대기업 개혁에 보다 적극적인 역할을 수행하는 새로운 진보적 정서가 미국을 휩쓸었다. 루스벨트는 트러스트 문제를 직접 표적으로 삼은 최초 미국 지도자가 되었다. 루스벨트는 철도 트러스트, 노던 시큐리티 컴퍼니Norther Securities Company를 독점으로 보고 셔먼 독점 금지법을 이용해 1902년 법무부에 이 회사에 대한 소를 제기하라고 지시했다. 월 스트리트에서 가장 힘 있는 은행가로 트러스트의 탄생을 도왔던 금융가 J. P. 모건J. P. Morgan은 트러스트를 온전하게 유지해야 할 강력한 동기가 있었다. 진보 성향의 법학자 팀 우Tim Wu는 그의 책 『빅니스: 거대 기업에 지배당하는 세계』에서 모건을 "역사상 가장 위대한 독점가"라고 부른다. 그는 이 금융가의 영향력이 어느 범위까지 미쳤는지 보여준다. "모건은 수백 개의 철강 회사를 합병해 US스틸US Steel을 만들었고, 서부와 북동부에 철도 독점 기업을 세웠으며, 인터내셔널 머천트 마린International Mercantile Marine Co.이라는 대서양 해운 대기업을 세웠고, AT&T가 통신 산업을 정복하는 데 배후의 실세 역할을 했다."[6] 루스벨트가 철도 사업에서 나오는 이윤에 위협이 되자, 모건은 백악관으로 달려가 노던 시큐리티를 구할 방안이 있는지 살폈다. 하지만 소용이 없었다. 노던 시큐리티가 이 결정에 불복해 상소하면서 사건은 대법원으로 넘어갔지만 법원은 결국 연방 정부의 손을 들어주었다.[7] 이로써 철도 트러스트는 해체된다.

이 사건으로 루스벨트는 "트러스트 버스터trust buster(트러스트 파괴자)"라는 별명을 얻었고, 재임 기간 동안 40여 건의 반독점 소송을 제기했다.

1906년, 미국 정부는 무역을 제한하고 상거래를 독점한 혐의로 스탠더드 오일을 고소했다. 스탠더드 오일은 배타적 카르텔부터 약탈적 가격 책정, 철도에서 리베이트rebate를 받는 관행에 이르는 다양한 비즈니스 전략에 대한 조사를 받았다. 소규모 업체들에게 대기업과 경쟁하는 데 쓸 선택지가 거의 없다는 것을 아는 록펠러는 스탠더드 오일의 발전에 저해될 경우 이들이 항복할 수밖에 없게 만드는 전술을 사용했다. 스탠더드 오일의 직원들은 이 소규모 기업들에게 자신들과 제휴할 수 있는 선택지를 제공했다. 하지만 그 제의를 일축했다면 조심해야 했다. 화이트는 "록펠러에게 저항하면 살아남을 수 없었다."라고 설명한다. 우는 록펠러의 회사 운영을 몽골의 정복자 징기스칸에 비유해 더 직설적으로 표현한다.

"제국에 합류하라. 그렇지 않으면 완전한 멸망에 직면할 것이다."[8]

이 회사의 성장에 대한 갈망은 무궁무진했고 무차별적이었다. 탐사 저널리스트 아이다 타벨Ida Tarbell은 "작은 것이라고 피해가는 법은 없었다. 브라운타운 구석의 식료품점, 오일 크리크에 있는 허름한 정제 증류기, 개인 소유의 짧은 파이프라인 등 아무 것도 지나치지 않았다. 작은 것은 없다. 모두가 성장한다."[9] 그 결과 10년 만에 스탠더드 오일의 시장 점유율은 10%에서 90% 이상으로 증가했다.[10]

회사의 규모는 엄청났다. 경제사학자 대니얼 예긴Daniel Yergin은 자신의 책 『전리품: 석유, 돈, 그리고 권력을 향한 장대한 탐색The Prize: The Epic Quest for Oil, Money, and Power』에서 "이 회사는 펜실베이니아, 오하이오, 인디애나에서 생산되는 모든 석유의 5분의 4 이상을 운송했다. 미국산 크루드 오일의 4분의 3 이상을 정제했고, 전체 탱크카의 절반 이상을 소유했으며, 모든 가정용 등유의 5분의 4 이상을 판매하고, 수출되는 등유의 5분의 4 이상을 담당했으며, 전체 윤활유의 10분의 9 이상을 철도에 판매했다."라고 적었다.[11] 1911년 대법원은 스탠더드 오일이 셔먼 독점 금지법을 위반했다고 판결하고 회사를 해체하고 주요 지분을 처분하라는 명령을 내렸다.

1914년, 윌슨 행정부는 독점 행위를 다루는 데 더 공격적인 태도를 취했다. 윌슨은 연방거래위원회를 만들어 정부의 관리 범위를 확대하고 클레이튼 반독점법Clayton Antitrust Act으로 알려진 합병 금지 법령에 서명했다.

소규모 기업들의 경쟁을 보장하기 위해 합병을 무산시키는 경우가 많았으며, 법원은 기업 확장을 경영 능력의 결과라기보다는 불공정 행위의 부산물로 보아 이런 결정을 지지하곤 했다.

수십 년 동안 독점 금지법은 트러스트 버스터의 스타일로 시행되었다. 그러나 시간이 흐르면서 비평가들은 이런 간섭이 실제로 득보다 실이 많고 경쟁을 저해한다고 주장하기 시작했다. 시카고 학파와 보크가 이런 비난을 주도했다. 보크와 그의 동료들은 정부의 간섭이 너무 침해적이라고 생각했다. 그들은 자유 시장이 문제를 스스로 정상으로 되돌릴 것이고 정부의 광범위한 감독이 필요치 않다고 주장하면서, 경제 효율을 촉진하기 위해서는 독점 금지법을 더 좁게 해석해야 한다고 생각했다.

뉴헤이븐 집 다락방의 서재에서 아내가 낡은 문으로 만든 책상에 앉은 보크는 켄트Kent 담배를 피우며 자신의 아이디어를 종이에 옮기기 시작했다. 보크는 경쟁과 독점에 대한 경제 분석에 도움을 받기 위해 미적분을 독학하기도 했다. 이 법률가는 펜을 종이에(실제로는 스크립토Scripto 샤프를 노란 리갈 패드에) 댔다. 그의 아들 로버트 보크 주니어Robert Bork Jr.는 어린 시절 창문에 매달린 에어컨이 덜거덕 거리고 담배 연기가 가득한 서재에서 아버지의 일을 방해하던 것을 정겹게 떠올렸다.

보크는 다른 일과 가족의 병 때문에 책 작업을 잠시 중단했다. 하지만 1978년 보크는 자신의 대표작 『반독점 역설: 자기 자신과 교전 중인 정책The Antitrust Paradox: A Policy at War with Itself』을 출간했다. 이 책에서 그는 정부가 합병에 이의를 제기한 사례들을 조목조목 검토하고 분석해 약탈적 가격 책정과 같은 전술이 얼마나 일반적인지에 대해 논의했다. 시장 지배력을 확보하기 위한 약탈적 가격 책정(원가 이하의 가격 책정)은 스탠더드 오일 성장의 열쇠로 여겨졌지만, 보크는 이것이 회사가 지배력을 강화하는 길이었다고 반박했다. 그는 "따라서 존재하지 않을 가능성이 높거나 존재하더라도 매우 드문 현상, 법원이 경쟁적 가격 책정 행위와 구별하는 것이 극히 어려운 현상에 대한 규칙을 만드는 것은 현명치 못한 일로 보인다."라고 그는 썼다.[12]

반독점법이 해석되고 집행되는 방식은 "경쟁과 경제가 제품과 서비스를 효율적으로 생산하는 능력 모두를 크게 손상"시켰다.[13] 그는 "대기업에 대한 포퓰리즘적 적대감"이 만연하고 기업이 합병에 어려움을 겪는 현실을 개탄했다. 보크의 견해에서 대기업은 반드시 나쁜 것이 아니다. 대기업은 제품이나 서비스 비용을 낮춰 기업과 고객에게 효율성을 제공할 수 있다. 하지만 당시 대법원은 "중소기업의 생존과 편의"에만 지나치게 집중하고 있었다.

보크는 반독점에 대한 해석에 과감한 변화가 있어야 한다고 주장했다. 규제 당국은 시장에 경쟁자가 얼마나 많은지나 기업 지배력의 크기에 초점을 맞추는 것을 멈추고 그가 "소비자 후생"이라 부르는 것에 집중해야 했다. 법은 소비자를 보호해야 하지만 진보주의 시대 동안에는 법을 이렇게 다루지 않았다. 많은 경우 그의 프레임워크는 기업이 더 커져서 더 효율적이 되고, 규모의 경제를 달성해, 고객에게 더 낮은 가격을 제공할 수 있게 한다. 보크는 이렇게 적고 있다.

"비즈니스 효율성은 제품과 서비스의 비용을 낮추거나 제공되는 제품이나 서비스의 가치를 높임으로써 소비자에게 반드시 혜택을 준다. 이는 경쟁 구도이든 독점이든 관계없이 적용된다."[14]

반독점법은 그 성격이 모호한 것으로 악명이 높고 다양한 방식으로 해석될 수 있다는 문제를 갖고 있다. 시카고 학파의 사고가 채택될 때까지는 대기업이 소규모 경쟁업체보다 우위에 서는 것을 막고, 약탈적 가격 책정이나 결합 계약(어떤 제품이나 서비스를 보유한 회사가 구매자에게 다른 제품이나 서비스를 구매하도록 요구하는 경우)과 같은 행위를 막기 위해 반독점법을 시행하는 것이 보통이었다.

1960년대에 많은 반독점 사건이 대법원까지 올라가자 사람들은 반독점법의 목적이 무엇인지에 의문을 갖게 되었다. 시카고 학파와 무관한 중도주의자들조차도 일부 판결이 너무 지나치다고 생각했다. 펜실베이니아대학교 로스쿨의 반독점법 교수 허버트 호벤캠프Herbert Hovenkamp는 "1960년대에는 반독점법의 집행 관행에 매우 갑작스러운 변화가 생기면서, 기업을 해체하고(적어도 합병 사건에서는) 가격을 인상시키고 소비자에게 상당히 해로울 정도로 몹시 공격적이 되었습니다."라고 말한다.

호벤캠프는 "단순히 기업이 더 나은 제품을 생산하게 할 수 있다는 이유로 합병을 규탄하는 결정들이 존재했습니다. 1960년대 운동의 이론은 중소기업을 보호하기 위해 더 많은 일을 해야 하고, 그렇게 하기 위해서는 대기업이 더 많은 경비를 쓰게 만들거나 덜 혁신적이게 만들어야 한다는 것이었습니다. 심지어 대법원이 신발 제조업체와 신발 소매업체의 합병을 무효화하면서 그 결정이 신발 가격 상승을 초래하리라는 것을 인정한 적도 있습니다."라고 말했다.(보크는 이 판결이 역사상 최악의 판결로 논란이 되고 있다고 적었다.)

시카고 학파는 이와 같은 사건들에 반응하고 있었다. 그 한 예는 유타 파이Utah Pie Co.와 컨티넨탈 베이킹Continental Baking 사건이었다. 유타에 기반을 둔 이 냉동 파이 제조업체는 유타 마켓에서 제품을 판매하는 컨티넨탈 베이킹과 다른 두 개의 냉동 파이 제조업체를 상대로 소송을 제기했다. 시장에 진입한 유타 파이는 고객이나 공급업체와의 지역적 근접성으로 인한 낮은 사업 비용으로 가격을 낮추고 전국적인 브랜드들보다 저렴한 대안을 제공할 수 있었다. 컨티넨탈과 다른 전국 브랜드들은 경쟁력을 유지하기 위해 대응을 해야 했다. 보크에 따르면, 유타 파이는 사업을 시작하고 한 해만에 솔트레이크시티 시장의 66.5%를 점유했다. 그럼에도 불구하고 이 지역 업체는 전국 브랜드들을 고소했다. 이들이 경쟁이 그리 심하지 않은 다른 주에서는 높은 가격으로 제품을 판매하면서 유타 주에서만 가격을 인하해 맞서고 있다는 것이 이유였다 유타 파이는 이 기간 동안 지역 시장에서 지배적인 위치를 유지했고, 이것이 가격 전쟁의 원인이었다. 하지만 대법원은 유타 파이의 편에 섰다. 이것이 시카고 학파 사람들을 자극했다. 그들은 법원이 보호하는 것이 경쟁이 아닌 소규모 경쟁업체라고 생각했다. 그들은 경쟁이 효과가 있다는 견해를 갖고 있었다. 경쟁을 통해 고객들은 제품에 더 적은 돈을 지불할 수 있기 때문에 혜택을 본다. 보크가 자신의 책에서 이야기했듯이 "피고는 경쟁을 저해해서가 아니라, 간단히 말해, 경쟁을 했기 때문에 유죄를 선고 받았다."[15]

보크의 책은 정책학계의 분수령이 되었고, 미국 대중은 이전까지 학계에만 한정되어 있던 새로운 경제학 용어들을 접하게 되었다. 이 책은 시카고 학파가 수십 년간 진행해 온 연구를 요약하면서, 이전 시대에 자리 잡았던 사상을 공격하는 방식으로 이 운동의 논거를 제시했다. "소비자 후생consumer welfare"이라는 아이디어가 유행하기 시작했다. 시카고 학파와 보크의 주장은 큰 영향력을 발휘했고 따라서 그의 소비자 후생 기준을 기업이 소비자에게 더 낮은 가격이나 더 나은 품질의 제품과 서비스를 제공할 수 있게 하는 행위로 해석하게 되었다. 이것은 경쟁의 문제를 판단하는 가장 중요한 변수가 되었다. 규모 자체는 더 이상 궁극적인 것이 아니었다. 정말 중요한 것은 소비자, 그리고 소비자에게 가장 이익이 되는 것이었다.

보크의 책 그리고 효율성에 대한 그의 집중은 인플레에 시달리던 1970년대의 보수 반독점 이론가들과 경제학자들 사이에서 반향을 불러일으켰다. 이것이 판사들이 독점 금지법을 해석하는 방식을 최종적으로 결정하는 법원까지 스며들었다. 그의 아들은 인터뷰에서 내게 "책을 써내자마자 바로 다음 해에, 그러니까 잉크가 아직 마르기도 전에 대법원이 그 생각을 채택하는 경험을 하는 사람이 얼마나 될까요?"라고 말했다. 보크는 법 해석 방식을 바꾸어 기업 행동을 소비자 후생 기준의 렌즈를 통해 평가하게 하는 데 성공했다. 그 이래 법원은 물론 정책 입안자들까지 보다 자유 시장적인 접근 방식을 채택하면서 20세기 전반을 정의했던 규제 감독의 시대는 끝이 났다.

그 영향은 미국 기업과 경쟁의 본질을 재성형했다. 법무부 반독점 분과를 담당했던 전 법무장관보 직무대행 더그 멜라메드Doug Melamed는 이렇게 말했다.

"레이건 행정부를 시작으로 정부가 법을 적용하고 집행하는 방법에는 분명 큰 변화가 있었습니다. '큰 것은 나쁘다'는 정서가 많이 약해졌습니다."

대기업이 중소기업, 즉 흔히 영세업체라고 알려진 것들에 미치는 영향이 대체로 무관해졌다. 기업이 더 효율적인 시장을 만들고 더 나은 가격을 제시할 수 있다면 정부가 간섭할 가능성은 줄어들었다.

이로 인해 인수합병 규제에 대한 보다 초점이 좁혀진 접근 방식이 부상했고, 이미 상당히 집중된 시장에서의 인수합병이 허용되었다. 뉴욕대학교 법과대학 엘리노어 폭스Eleanor Fox 명예교수는 "반독점 혁명 (레이건 행정부에 의해 시작된) 이래, 불법의 선은 대규모 합병은 물론 배타적 거래에 대해 훨씬 수용적인 쪽으로 이동했습니다. 시장은 점점 더 집중화될 수 있게 되었습니다."라고 말한다.

몇 년 후 칸이 공동 집필한 "불치병Terminal Sickness"이라는 제목의 기사는 이 시기 항공 산업의 규제 완화와 끊임없는 인수합병의 물결이 소비자에게 어떤 영향을 미쳤는지를 보여준다. 이 글에서는 더 이상 적절한 현지 항공 서비스가 없거나 이런 소규모 허브 공항에서 여행하기 위해 더 높은 가격을 지불해야 하는 미국 도시들에 대해 자세히 설명했다. 이들은 피츠버그, 세인트루이스, 멤피스가 1978년 가격 경쟁을 자극하기 위해 항공 산업에 대한 규제 완화를 결정한 이후 어떻게 고통을 겪었는지를 보여주었다. 이 새로운 정책은 더 많은 합병으로 이어졌고, 회사를 인수한 사람들은 인수한 회사의 허브를 줄였다. 결과적으로 신시내티 노던 켄터키 국제공항을 통과하는 항공편의 수가 2004년부터 2012년까지 3분의 2로 감소했고 이 지역 소비자들이 지불해야 하는 가격이 상승한데다 다른 지역의 직항 노선도 줄어들었다.[16]

1987년 로널드 레이건 대통령은 보크를 대법관으로 지명한다고 발표했다. 보크의 경제적 사고는 그 시대 주류 보수주의자들(그는 닉슨 행정부에서 법무장관이었다.)이 동경하는 것이었고, 사회 문제에 대한 입장도 보수의 극단에 있었기 때문에 자유주의자들의 반대가 컸다. 무엇보다 보크가 낙태와 피임약에 반대한다는 점이 반발을 야기했다. 시민 평등권 혁명 이후 그리고 법원이 로 대 웨이드Roe v. Wade, 브라운 대 교육위원회Brown v. Board Of Education와 같은 획기적인 판결을 내린 후, 보크는 민권과 관련된 이런 개선을 무효로 만들 가능성이 있는 극단주의자로 인식되었다.

발표 한 시간 만에 매사추세츠 주 상원의원 에드워드 M. 케네디 Edward M. Kennedy는 이렇게 말했다.[17]

"로버트 보크의 미국은 여성들이 몰래 낙태를 할 수밖에 없고, 흑인들이 격리된 런치 카운터lunch counter*에 앉아야 하고, 경찰들이 한 밤중에 시민의 집을 급습해 문을 부수고, 학생들들 진화론을 배울 수 없고, 정부가 즉흥적으로 작가와 예술가의 작품을 검열하고, 사법부가 민주주의의 심장인 개인의 권리를 지켜야 할 사법부(때로 그런 일을 할 수 있는 유일한 기관인)가 바로 그 수백만 시민의 앞에서 문을 닫는 곳이다."

민권 단체와 민주당 의원들은 인준을 막기 위해 노력했다. 이 후보의 인준안은 상원 법사위를 통과하지 못했다.

그러나 반독점 분야에서 보크가 남긴 유산은 확연했고, 그가 정책에 미친 영향은 과소평가할 수 없다. 예일 로스쿨에서 그가 갖는 영향

---

* 간이 식당이나 그런 식당의 카운터. 미국의 민권 운동 기간 동안 활동가들이 백인 전용 런치 카운터에 앉아 서비스를 요구하는 농성을 벌였다.

력은 생전은 물론 사후(보크는 2012년 세상을 떠났다.) 칸이 재학하던 때까지 오랫동안 이어졌다. 보크의 절친한 친구가 이 로스쿨이 기본 강좌로 가르치는 독점 금지법 강의를 맡고 있었다. 그는 친구의 일화 몇 가지를 이야기하면서 학생들에게 수업 시작 전 보크의 책을 읽어볼 것을 권했다.

지금 칸은 기업이 경쟁하는 방식에 있어서 보크의 유산으로부터 빠져나와야 한다고 주장하고 있다. 그녀는 소비자 후생 기준이 아마존 시대에는 더 이상 먹히지 않는다고 주장한다.

록펠러가 스탠더드 오일과 제휴하지 않으면 소멸의 위험을 감수하라고 경쟁업체들을 압박한 것처럼, 아마존에서도 비슷한 역학이 펼쳐지고 있었다. 타벨이 작은 것이라도 피해가는 법이 없었다고 묘사한 스탠더드 오일처럼, 아마존 역시 승리에 대한 갈망 앞에서는 매우 탐욕스러웠고 때문에 작다고 해도 그들의 맹습을 피해갈 수는 없었다.

스탠더드 오일은 경쟁을 줄였다면, 아마존은 중소업체에 소비자에게 다가갈 수 있는 추가적인 방법을 제공하는 것을 비롯해 소매 분야에서 소비자와 공급업체가 이미 가지고 있던 선택지를 늘렸다.(이들 판매자는 번창하고 있다.) 스탠더드 오일은 유가가 오르게 만들었지만, 아마존은 저렴하고 경쟁력 있는 가격으로 그에 걸맞은 명성을 얻었다. 아마존 대변인은 이에 대해 "어떤 객관적인 잣대로 보나, 아마존은 믿을 수 없을 만큼 혁신적인 기업이며 소매업에 친경쟁적인 영향력을 행사하고 있다"고 말했다.

하지만 칸 진영의 사람들은 이를 더 넓게 본다. 보크의 세계관을 통해 아마존과 동시대의 다른 거대 기업(21세기에는 이들이 빅 테크가 된다.)은 소비자 가격을 낮게(또는 무료로)만 유지하는 한 특정 분야를 지배하고 경쟁자를 밀어낼 수 있게 되었다고 말이다.

로버트 보크 주니어는 아버지의 책이 없었다면 아마존이 지금과 형태로 존재할 수 있었을지 알 수 없다고 말한다. 그는 "반독점 및 규제에 대한 아버지의 사상과 가능한 한 시장을 자유롭게 하기 위해 레이건 행정부와 다른 사람들이 해왔던 일들이 아마존을 가능하게 했다고 생각합니다."라고 말했다. 하지만 그는 이렇게 덧붙였다. "규모가 큰 것이 곧 불법은 아닙니다."

칸의 법률 검토 논문은 보크와 그의 소비자 후생 기준을 정면으로 겨냥해 그 기준이 현재의 비즈니스 상황 그리고 대단히 크고 영향력 있는 기업의 제한 없는 성장을 다룰 준비가 전혀 되어 있지 않다는 것을 드러냈다.

칸은 세계 1위를 다투는 대부호 제프 베이조스와 맞설 것 같지 않은 사람이었다. 그녀는 대부분의 시간을 도서관에서 보냈고, 아마존 프라임 계정도 가지고 있지 않았다. 그녀는 이목을 집중시키는 것보다 책에 파묻혀 있는 것이 더 편했다.

칸은 언제나 또래들과는 달랐다. 그녀는 런던에서 대학 시절 만난 파키스탄인 부모 슬하에서 태어나 열한 살까지 런던에 살았다. 가족은 이후 미국으로 이민을 갔다. 그녀의 아버지는 경영 컨설턴트로 일했고 어머니는 정보 서비스 분야에서 일했다.[18] 칸은 직업 윤리와 지칠 줄 모르는 호기심에 이끌려 처음에는 저널리즘에 매력을 느꼈다.

웨스트체스터의 고등학교에 다니던 그녀는 학교 신문에 학생들을 좌석에 앉지 못하게 한 스타벅스의 차별적 관행을 폭로하는 기사를 썼다. 그녀의 보도는《뉴욕 타임스》에까지 언급되었다.

매사추세츠의 윌리엄스대학에서 정치 이론을 공부하는 동안 그녀는 대학 신문 편집자로 활동했다. 그녀는 정치 철학자 한나 아렌트 Hannah Arendt에 관한 졸업 논문을 써 대학을 우등으로 졸업했다. 그 후 그녀는 오픈 마켓 인스티튜트에서 일하던 중 반독점에 대한 뿌리 깊은 열정을 발견하고 예일대학교 로스쿨에 진학했다.

이 분야에 큰 반향을 불러 온 이 논문이 아니었다면 그녀가 이렇게 유명해질 수 있었을까? 1970년대에 보크의 책이 엄청난 영향을 미쳤던 것처럼, 이를 논박한 칸의 글도 변호사와 반독점 전문가들 사이에서 퍼지기 시작했다. 그녀의 주장에 마음을 빼앗긴 대기업의 법률 자문위원들이 연락을 해왔다. 이후 그녀의 논문이 주류에 편입되는 놀라운 일이 일어났다.

칸의 논문이 발표된 직후 아마존은 불가능한 일을 해냈다. 긴장과 갈등이 가득한 정치 환경에서 민주당과 공화당이 공유하는 초당적 관심의 대상이 된 것이다. 아마존이 제기하는 위험이 부각되자 하늘이 푸르다는 데에도 의견 일치를 보지 못하는 이들이 함께 관심을 쏟았다.

아마존은 도널드 트럼프 대통령의 분노의 표적으로 널리 알려지게 되었다. 트럼프는 2018년 3월 "저는 선거 훨씬 전부터 아마존에 대한 우려를 표명했습니다. 다른 기업들과 달리 주나 지방 정부에 세금을 거의 또는 전혀 내지 않으며, 우편 시스템을 자신들의 배달원으로 이용하고(미국에 막대한 손실을 유발하고), 수천 개의 소매업체를 문 닫게 만들고 있습니다!"라는 트윗을 올렸다.[19] 이것은 그만의 생각이 아니었다.

칸의 논문은 실리콘 밸리와 미국의 거대 기술 기업들에 영향을 미치는 광범위한 재평가의 와중에 발표되었다. 2016년 대통령 선거 이후, 미국을 장악한 시대정신이 있었다. 정치인들은 4대 기술 기업(페이스북, 구글, 애플, 아마존)은 물론 이들과 유사한 기술 기업들을 공격하기 시작했다. 이런 적대감은 "테크래시Techlash*"라는 이름을 얻었다. 이런 반감이 페이스북과 같은 거대 소셜 미디어 기업을 향하고 있는 동안, 아마존도 같은 그물에 휘말리게 되었다. 아마존의 행동이나 그에 대한 비판은 실리콘 밸리의 다른 기업들과 다르기는 했지만 말이다.

이 선거는 민주당에게 전환점이었다. 많은 저명한 기술 기업 임원들이 힐러리 클린턴을 지지했다. 거기에는 페이스북의 COO 셰릴 샌드버그, 세일즈포스의 CEO 마크 베니오프Marc Benioff, 박스의 CEO 아론 레비Aaron Levie도 있었다. 애플의 CEO 팀 쿡Tim Cook은 클린턴을 위한 모금 행사까지 열었다. 샌드버그가 힐러리 클린턴이나 그 측근들과 어울리는 동안, 그녀의 회사, 그리고 다른 소셜 미디어 거물들은 이 전 영부인의 2016년 대선에 회복할 수 없는 피해를 입히고 있었다.

가짜 뉴스가 페이스북의 뉴스피드를 어지럽히면서 말도 안 되는 이야기들이 입소문을 탔다. 입증되지 않은 출처에서 나온 뉴스 기사들이 페이스북, 트위터, 유튜브에서 들불처럼 퍼졌다. 러시아 출신으로 의심되는 사기꾼들이 페이스북과 트위터에 몰려들어 이 민주당 후보에 대한 허위 정보와 반 클린턴 콘텐츠를 흘렸다. 두 소셜 미디어 플랫폼 사이에는 수천 개의 가짜 계정과 봇이 정치 담론을 집어 삼키는 양극

---

* 기술을 의미하는 technology와 반발을 의미하는 backlash의 합성어로 빅테크가 시장에서 독점적이거나 우월적인 지위를 남용하는 것에 정부나 소비자들이 반감을 갖는 현상을 의미한다.

화 메시지를 피드에 퍼부었다. 충격적인 콘텐츠는 어처구니없는 것이라도 일단 입소문이 나면 진짜인지 거짓인지 구분하기가 힘들어졌다. 봇은 총기소지권이나 이민 같은 사안을 중심으로 보수적인 유권자들을 투표장으로 가도록 격려하는 일을 했다. 그와 동시에 러시아의 가짜 뉴스 캠페인이 흑인 미국인들이 클린턴에게 투표하지 못하도록 하거나 투표 자체를 하지 못하도록 했다는 사실이 이후 상원 보고서를 통해 밝혀졌다.[20]

이들은 불화를 조장하는 포스팅과 단체를 만들고, 페이스북의 강력한 광고 부서에 자금을 집중해 자신들의 견해를 홍보하는 광고를 게재했다. 페이스북의 프로필 타겟팅 기능은 이들을 특정 유형의 청중에게 도달할 수 있게 해주었다. 페이스북은 웹사이트에서 허위 정보가 게시되도록 허용했을 뿐 아니라 이를 통해 이익까지 얻고 있었다.

대선 후, 연방수사국Federal Bureau of Investigation, 중앙정보국Central Intelligence Agency, 국가안전보장국National Security Agency은 블라디미르 푸틴 러시아 대통령이 클린턴에게 피해를 입히고 그녀의 "당선과 집권 가능성을 낮추기 위해" 선거 운동에 영향을 주라는 지시를 했을 가능성이 "매우 높은" 것으로 판단했다.[21] 또한 거기에는 도널드 트럼프의 당선 가능성을 돕기 위한 목적이 있었던 것으로 보였다. 그래서 러시아가 선택한 도구는 무엇이었을까? 바로 미국 소셜 미디어 기업들이었다. 1억 2,600만 명 이상의 미국인이 선거 기간 동안 페이스북에서 크렘린과 연계된 업체가 구매한 선동적인 정치 광고를 접했다.[22]

클린턴은 소셜 미디어에 확산된 이들 가짜 계정과 가짜 뉴스가 자신의 선거 운동에 피해를 주었다는 점을 인정했다. 그녀는 선거 한 달

후 "지난 한 해 동안 소셜 미디어에서 유행한 악의적인 가짜 뉴스와 가짜 선전으로 이제는 가짜 뉴스가 실세계에서 결과를 만들어낼 수 있다는 것이 분명해졌습니다."라고 말했다.[23] 클린턴은 몇 년이 흐른 2019년에도 다음과 같이 말하며 여전히 그 선거에서 페이스북이 한 역할에 주목하고 있음을 보여주었다.

"마크 저커버그는 우리 민주주의에 그가 하고 있는 일에 대한 대가를 치러야만 합니다. 요즘 주변에서 일어나는 진실과 가짜 뉴스와의 전쟁에 간담이 서늘해진 우리가 직면한 문제는 우리가 그것과 싸우는 데 그리 능숙하지 않다는 점입니다. 알고리즘에, 또 다른 모든 강력한 세력들에 맞서야 하기 때문에 정말 어렵습니다."[24]

민주당 지지자들은 격노했다. 그들은 소셜 미디어의 규제되지 않은 역정보가 선거에 피해를 주는 것을 직접 목격했다. 몇 년 후, 대선에 출사표를 던졌던 엘리자베스 워런 상원의원은 2016년 대선에서 페이스북이 트럼프를 지지했다는 농담을 하면서 이 기술 "독점 기업"의 해체를 요구했다.[25]

공화당 지지자들에 관한 한 기술 기업의 문제를 굳이 상기시킬 필요가 없었다. 그들은 기술 기업과 그 기업을 운영하는 엘리트들에 대해 공통적인 경멸의 감정을 갖고 있었다. 공화당원지지자들은 실리콘 밸리 기업들을 좌파 성향의 조직이자 민주당의 대의와 캠페인에 고액을 기부하는 자들로 보았다. 소셜 미디어 노출을 통해 여러 면에서 혜택을 봤던 트럼프도 빅 테크에는 비판적이었다.

2018년 전 세계가 케임브리지 애널리티카Cambridge Analytica에 대해 알게 되면서 테크래시는 더욱 증폭되었다. 《뉴욕 타임스》는 "전 케임브리지 애널리티카 직원과 관계자, 문서들에 따르면 이 회사는 5,000만 명 이상의 페이스북 사용자 프로필에서 무단으로 개인 정보를 수집했으며, 이는 소셜 네트워크 역사상 가장 큰 데이터 유출 사건이다. 이런 위반 행위를 통해 이 회사는 대단히 많은 미국 유권자 개인의 소셜 미디어 활동을 기반으로 2016년 트럼프 대통령 선거 운동에 영향을 미치는 기법을 개발할 수 있었다."라고 보도했다.[26] 이 정치 데이터 업체는 트럼프와 관련이 있었다. 컴퓨터 과학자에서 헤지펀드 매니저로 변신한 억만장자이며 공화당의 거액 기부자이기도 한 로버트 머서Robert Mercer가 케임브리지 애널리티카의 큰 돈줄이었다. 트럼프 캠프에 선거대책본부장으로 합류하기 전, 보수 언론사 브라이트바트Breitbart를 운영했던 스티브 배넌Steve Bannon은 케임브리지 애널리티카 이사회 멤버였다.

민주당은 수사를 촉구했고, 페이스북은 악당들이 플랫폼에서 비열한 짓을 할 수 있도록 방조했다는 비난을 받았다. 페이스북을 공동 창업한 크리스 휴스Chris Hughes까지 이후 회사를 해체해야 한다고 말했을 정도다.[27]

빅 테크 초기 성공의 동력이 된 이상주의적 견해는 그들의 힘에 대한 훨씬 철두철미한 조사로 대체되었다. 우리를 "연결"하고 고객에 "집착"한다는 기분 좋은 메시지를 지닌 이 기업들은 새롭게 나타난 견해로부터 의심을 받고 있었다. 그들은 자신들이 수집한 방대한 양의 데이터를 어떻게 활용하고 있을까? 광고, 검색, 온라인 상거래 분야에서의 시장 점유율이 지나치게 높은 것은 아닐까? 기술과 자동화의 혁신이 사람들의 일자리를 빼앗고 사람을 로봇으로 대체하고 있지는 않은가? 소셜 미디어 제품이 중독성을 갖도록 설계된 것은 아닐까? 사용자가 항상 연결되어 있는 것이 정신 건강에 문제를 일으키지는 않을까? 역정보를 막기 위해 플랫폼의 콘텐츠를 감시해야 할까? 이런 많은 의문이 제기되었다. 불과 몇 년 전만 해도 이들과 같은 기술 기업들은 오바마 행정부의 구애를 받았다. 오바마 정부는 빅 테크와 친해지기를 원했고 이들 기업이 합병을 통해 규모를 폭발적으로 늘릴 수 있게 해주었다. 오바마는 이들 기업을 혁신의 수호자로 생각했다.

오래전부터 "빅 오일Big Oil" 또는 "빅 파마Big Pharma"라고 칭하던 것과 같은 조롱의 방식으로 기술 기업들을 통틀어 "빅 테크Big Tech"라 부르기 시작했다. 이들은 더 이상 사무실에 탁구대가 있고 언제든 마실 수 있는 콤부차가 준비된 이상주의적인 신생 기업이 아니었다. 대신 규모, 힘, 권력, 영향력을 갖춘 거대한 조직으로 인식되고 있었다.

그런 힘을 가진 다른 업계(자동차 산업, 은행, 제약 회사)는 규제의 대상이다. 왜 테크는 아닐까? 이런 반발과 불만은 빅 테크의 힘을 억제해야 하는지, 방치하기에는 너무 큰 힘을 가진 것이 아닌지를 더 깊이, 더 신중하게 들여다보고자 하는 관심을 갖게 했다.

이들에 주목한 것은 정치인들만이 아니었다. 대중도 이런 새로운 현실에 대해 생각하고 있었다. 오바마 행정부에서 백악관 커뮤니케이션 책임자였던 댄 파이퍼Dan Pfeiffer는 2019년 《워싱턴포스트》에 "2016년 이전의 페이스북은 일반 대중, 특히 진보적인 사람들에게 엄청나게 인기 있는 기업이었습니다. 하지만 지금은 민주당 지지자들을 분노하게 만드는 담배 회사, 석유 회사, 전미총기협회National Rifle Association of American, NRA와 어깨를 나란히 하고 있습니다."라고 말했다.[28]

칸의 글이 발표된 후 그녀는 워싱턴에서 인기 있는 상품이 되었다. 여러 정치인들이 앞 다투어 그녀에게 함께 일하자는 제안을 했다. 오픈 마켓에서 칸과 일했고 현재는 반독점법의 보다 공격적인 집행을 옹호하는 비영리 단체 미국 경제 자유 프로젝트American Economic Liberties Project의 연구 책임자인 매트 스톨러Matt Stoller는 그녀의 논문에 대해 "우리 시대에 쓰인 법률 리뷰 논문 중 가장 중요한 것이 아닐까 싶습니다."라고 말했다.

칸은 본래 예일대를 졸업하고 캘리포니아 제9순회 연방항소법원 스티븐 라인하르트Stephen Reinhardt 연방판사 서기로 일할 계획이었지만, 판사가 갑자기 세상을 떠났다. 그녀는 진로를 바꾸고 다시 DC로 돌아가 배리 린과 오픈 마켓에서 일하게 되었다.

아마존에게는 이제 문제가 있었고 스스로도 그 점을 알고 있었다. 논문이 발표되었을 때, 아마존 법무팀과 공공정책팀은 그것을 읽고 심각하게 받아들였다. 그들은 대외적으로 어떤 반응을 해야 할지 논의했다. 하지만 논문이 널리 퍼지기는 했다고는 해도 칸 자신은 보잘 것 없는 인물이었다. 만약 아마존의 대응이 칸을 괴롭히는 불한당처럼 보이지 않을까? 오히려 칸의 논문에 더 주목하게 만드는 것은 아닐까? 그래서 그들은 아무것도 하지 않기로 결정했다. 아마존의 거의 모든 사람들이 동의하듯이 지나고 나서 보니 큰 실수였다. 당시 회사 내부 사정에 정통한 한 관계자는 "그 글의 신빙성을 떨어뜨리기 위한 더 많은 조치를 취했어야 했다"고 말했다.

6월 초 오픈 마켓에 근무하던 칸은 아마존 법률 고문 데이비드 자폴스키로부터 연락을 받았다. 6월 중순 워싱턴에 오게 되면 만나고 싶다는 내용이었다. 가벼운 만남처럼 들렸다.

약속 장소에 도착한 칸과 린은 그들을 맞이하는 8명의 고위급 아마존 임원과 변호사들을 보고 깜짝 놀랐다. 만반의 준비를 하고 온 것이 분명했다. 가벼움과는 거리가 멀었다. 그들은 칸과 린이 이전에 쓴 글과 칸이 연사로 참여한 컨퍼런스 등을 언급했다. 그들은 계속해서 칸의 논거가 가진 결함을 지적하려는 시도를 했다. 임원들은 칸이 아마존을 이해하지 못한다고 말했다. 그들은 칸이 기사에서 설명한 비즈니스 관행에 관여하지 않았다고 말이다. 그 주에 아마존은 홀푸드의 인수를 발표했다. 칸과의 만남은 부차적인 일에 불과했다. 자폴스키와 그의 팀이 워싱턴에 온 진짜 이유는 규제 당국에 그들의 인수에 대해 알리는 것이었다.

그리고 아마존이 홀푸드를 인수하자 칸의 글에 대한 트래픽이 폭발적으로 늘어났다. 소비자들이 "아마존"과 "독점"을 한 문장 안에서 사용하기 시작했다.

본사로 돌아온 아마존 고급 간부들 일부는 계속해서 칸의 주장을 무시했다. 그들은 칸의 주장들을 아마추어적이라고, 인정받을 가능성이 거의 없다고 생각했다. 아마존의 전직 임원들은, 아마존 리더들이 소비자 후생 기준이 존재하는 한 보호받을 수 있다는 생각을 가졌었다고 말한다.

하지만 워싱턴의 아마존 사무실에서는 반독점이 단골 화두가 되었다. 휴즈먼은 이미 2015년 말부터 이 문제를 수면 아래의 잠재된 위협이라고 생각했다. 칸의 논문이 이 문제에 대한 관심을 크게 높였다. 아마존은 반독점 문제 그리고 그 문제가 회사의 사업에 미칠 영향을 전문적으로 다루는 첫 번째 공공정책 직원을 채용하는 일에 착수했다.

칸과 반독점 운동의 입장에서는 보크의 반독점 기준이 연방거래위원회와 사법부를 크게 무력화시킨 것으로 보였다. 그들은 반독점 규제 당국이 대형 독점의 문제를 거의 제기하지 않는다는 점, 빅 테크에 책임을 묻지 않는다는 점을 비판했다. 그들은 기술 대기업에 대한 주요한 독점 사건은 워싱턴 주의 또 다른 기술 대기업, 마이크로 소프트에 대한 법무부의 소송이 마지막이었다고 주장했다. 1998년 법무부와 20개 주 법무장관들은 인터넷 익스플로러Internet Explorer 웹 브라우저를 윈도우Windows 운영 체제 소프트웨어에 불법적으로 "묶어" 독점 금지법을 위반한 혐의로 마이크로 소프트를 고소했다. 당시 보도 자료에 따르면 "마이크로 소프트는 PC 제조업체에 윈도우 95 운영 체제 라이선스를 취득하는 조건으로 자사 브라우저 인터넷 익스플로러의 라이선스를 취득하고 설치하는 데 동의하라는 불법적인 요구를 했다."고 한다.[29]

2000년, 연방판사는 마이크로 소프트가 개인용 컴퓨터 운영 체제에 대한 자사의 독점적 힘을 이용했다고 판결하며 정부 편에 섰다. 판사는 이 거대 기술 기업을 두 개의 회사(윈도우 운영 체제 부문과 기타 모든 부문)로 분리하라고 명령하는 충격적인 조치를 취했다. 기념비적인 판결이었다. 규모를 더 키우는 합병을 막는 것이 아닌 사업을 통해 대부분 유기적으로 성장해 온 회사를 해체하는 것은 흔치 않은 반독점 처리 방안이었다. 그러나 1년 후 미국 항소법원은 마이크로 소프트가 반독점법을 위반하는 일련의 반경쟁적 행위에 참여했다는 기본 판단은 확정하되, 처리 방안의 문제는 1심 법원으로 환송했다. 이후 양당 사자는 회사 해체가 포함되지 않는 처리안에 합의했다.

그 이후 기술 기업을 상대로 제기된 독점 소송은 거의 없었고, 시카고 학파의 주장이 표준적인 접근법이 된 이래 전반적인 제기된 소송의 수가 가파르게 감소했다. 팀 우는 《뉴욕 타임스》의 기명 논평에서 "1970년부터 1999년 사이 미국은 매년 약 15건의 독점 소송을 제기했지만, 2000년부터 2014년 사이에는 그 수가 단 3건으로 감소했다."라고 언급했다.[30]

보크 견해의 추종자들은 칸의 주장을 조롱조로 "힙스터 반독점 Hipster antitrust"라고 지칭하기 시작했다. 이들이 말하는 반독점법 집행 방식이 1960년대의 기준을 고수한다는 것이 이유였다. 비판가들은 이런 움직임이 사회의 병폐를 치료하기 위해 반독점법을 이용하고, 큰 것을 나쁜 것으로 잘못 해석하고 있다고 비웃었다.

하지만 칸은 혼자가 아니었다. 아마존의 비즈니스 관행에 의문을 제기하려는 노력은 해외에서도 가속화되고 있었다. 2014년 덴마크의 정치인 마르그레테 베스타게르Margrethe Vestager가 EU의 경쟁 담당 위원이 되었다. 이로써 그녀는 막강한 힘을 가진 유럽 정치인 중 한 명이 되었다. 베스타게르는 재임 기간 동안 미국의 거대 기술 기업들에 공격적으로 도전했다. 그들에게 수십억 달러의 벌금을 부과하고, 미국 밖에서도 지배적인 위치를 차지할 정도로 성장한 이들 기업이 수집한 방대한 데이터를 어떻게 사용하는지에 의구심을 가졌다. 그녀는 애플이 10년 이상 미납한 세금 130억 유로를 아일랜드에 납부하라고 명령했다.(이 결정은 이후 뒤집혔다가 항소로 현재 유럽사법재판소에 계류 중이다.) EU는 휴대폰 시장에서의 힘을 남용해 안드로이드 플랫폼에서 자사 소프트웨어의 지배력을 강화한 혐의로 구글에 50억 달러의 벌금을 부과했다.[31] 이는 반독점법 위반으로 사상 최대 금액이었다. 그녀는 이후 페이스북에 대한 조사도 시작했다.

실리콘 밸리는 베스타게르를 두려워했고 거기에는 그만한 이유가 있었다. 다음으로 그녀가 조사한 것은 아마존이었다. 2015년 유럽연합집행위원회는 유럽 전자상거래 부문에 대한 조사에 착수해 수천 명의 판매자, 전자상거래 업체, 브랜드에 설문지를 보냈다. 위원회는 이 응답으로부터 살펴야 할 여러 가지 실마리를 얻었다. 여기에는 판매자들의 불만이 포함되어 있었다. 제3자 판매자들이 아마존에서 판매하던 히트 제품을 아마존이 제조업체에서 직접 공급받아 이들보다 낮은 가격에 판매한다는 내용이었다.(미국 판매자에게 대단히 익숙한 패턴이 반복되고 있었다.) 조사 결과는 위원회로 하여금 공식적인 소송을 진행하도록 하는 자극제가 되었다.

2018년 9월, 유럽 연합 반독점 당국은 아마존의 유럽 내 제3자 판매자 대우에 대한 예비 조사를 시작했다. 당시 아마존은 유럽에서 엄청나게 큰 사업을 펼쳤고 유럽 대륙 도처의 많은 국가에서 프라임 멤버십을 이용할 수 있었다. 내부 문서에 따르면, 2017년 유럽의 프라임 가입자는 3,000만 명이 넘었다고 한다. 미국 판매자, 쇼핑객, 경쟁업체가 불만스러워 하는 문제들이 해외로 수출되었다. 아마존이 유로존 내의 대규모 고용주이자 전자상거래 업체가 된 것은 말할 나위도 없다.

조사의 초점은 아마존이 플랫폼 판매자의 데이터와 고객 구매 데이터를 회사에 불공정한 경쟁 우위를 제공하는 방식으로 사용하고 있는지를 알아내는 것이었다. 예를 들어, 제3자 판매자의 히트 제품을 알고리즘으로 식별한 뒤 동일 제품을 공급업체에 주문하고 자체적으로 판매하고 있지는 않은가를 조사하는 것이다. 유럽 위원회는 이후 아마존 프라임과 "바이 박스(아마존 쇼핑 페이지 중에 장바구니에 추가할 제품을 소개하는 중요한 위치)"에 어떤 판매자를 추천할지 결정하는 방식을 조사하기 시작했다.(미국의 경우 아마존 주문의 거의 98%가 바이 박스에서 이루어진다.[32])

독일은 아마존의 해외 시장 중 가장 큰 규모로, 2017년 아마존 해외 매출의 거의 3분의 1을 차지했다.[33] EU의 아마존 조사 발표와 거의 같은 시점에 독일의 반독점 기관인 연방 카르텔 감독청Bundeskartellamt이 이 전자상거래 대기업이 독일 내에서 공정한 경쟁을 방해하고 있는지 조사하기 시작했다. 연방 카르텔 감독청 청장은 보도 자료를 통해 "많은 불만이 접수되었기 때문에 아마존이 시장 지위를 남용해 마켓플레이스에서 활동하는 판매자들에게 피해를 주는지 조사할 것입니다."라고 말하고 결제 보류, 설명 없는 판매자 계정 차단, 판매자 데이터 사용과 같은 관행을 조사할 것이라고 덧붙였다.[34]

여기에서부터 탄력이 붙기 시작했다. 2019년 이탈리아의 경쟁 규제 기관은 아마존이 다른 물류 사업자가 아닌 아마존의 자체 물류 네트워크 풀필먼트 바이 아마존Fufillment by Amazon, FBA을 사용하는 판매자에게 혜택을 주었는지 여부를 조사하기 시작했다. 2020년에는 인도 경쟁위원회Competition Commission of India가 아마존의 현지 경쟁법 위반 여부를 조사했다.(인도 경쟁위원회는 아마존의 위반을 적발했고, 아마존은 이에 대해 이의를 제기하고 있다.) 2022년 영국의 경쟁 감시 기관, 경쟁시장국Competition and Markets Authority은 아마존이 힘을 남용하고 있는지 "아마존이 제3자 데이터를 사용해 자체 소매 사업을 불공정하게 신장시키는지, 자사 물류 및 배송 서비스를 사용하는 판매자에게 특혜를 주는지 등 경쟁을 약화시킬 수 있는 관행에 대한 조사를 시작했다."고 발표했다.[35] 아마존은 이런 우려에 대응해 영국 마켓플레이스에 변화를 주겠다고 제안했고, 경쟁시장국은 이 제안을 받아들였다.

아마존은 갖가지 방식으로 해외 시장에 영향을 주고 있었다. 2018년에 아마존의 해외 매출(AWS 제외)은 660억 달러를 기록했으며, 이들 국가에서의 매출은 현지의 경쟁에 영향을 주었다. 세계 대부분 지역에서 서점은 탄광의 카나리아 같은 존재다. 아마존의 맹공에 직면해서도 간신히 영업을 계속해 온 일부 서점들도 더 이상 견딜 수 없는 상황에 놓이게 되었다.

2005년 7월의 어느 날, 잠자리에 들 시간이 훨씬 넘은 밤 11시 30분, 영국 슈롭셔의 한 기차역에 아이들이 줄을 지어 있었다. 아이들은 마법사 차림에 지팡이를 들고 있었다. 역은 기억에 남을 밤을 만들기 위해 기대에 차 증기 기관차를 기다리는 망토를 두른 아이들의 소음으로 떠들썩했다. 30분 후면 해리 포터 시리즈의 여섯 번째 책인 『해리 포터와 혼혈 왕자』의 공식 발매 시간이었다. 슈롭셔 카운티 머치 웬록에 있는 서점 주인인 안나 드레다Anna Dreda는 단골 고객과 그들의 아이들에게 완벽한 경험을 만들어 주고 싶었다. 드레다가 전 주인으로부터 웬록 서점을 인수한 것은 2년 전이었다. 14년 동안 그 서점에서 일했던 그녀의 어릴 적 꿈은 서점 주인이 되는 것이었다. 드레다는 열두 살의 나이에 전쟁에서 싸우다가 대성당 마을의 삶으로 돌아온 한 남자가 서점을 여는 이야기, 『종의 도시A City of Bells』를 읽은 후, 언젠가는 직접 서점을 열겠다고 마음먹었다.

이제 그녀는 한때 일했던 서점, 마을의 하이 스트리트에 있는 3층짜리 서점을 맡게 되었다. 그녀는 "제 가게가 된 곳 앞문에 열쇠를 처음 꽂았을 때 가슴이 부풀던 것이 지금도 기억납니다. 꿈이 이루어진 거죠."라고 그녀는 말한다. 웬록 북스는 벌레 먹은 낡은 기둥이 있고 바닥은 흔들리는 15세기 건물에 자리하고 있다. 중세 도시에 있는 이 중세풍 서점은 지역 주민들이 아끼는 매력적인 장소였다. 드레다는 매주 엄마와 아이들이 함께 하는 이야기 시간을 가졌다. 이 시간에는 간신히 걸음마를 하는 아기들도 귀를 쫑긋 세웠다. 매년 크리스마스 전날 저녁에는 마을 사람들을 초대해 촛불만을 켠 채 『크리스마스 전날 밤』을 낭독했다. 북클럽들이 1층의 큰 원형 나무 테이블에 둘러 앉아 셰리를 마시고 고객들에게 무료로 제공되는 갓 구운 케이크를 먹으며 이야기를 나누었다.

7월의 그날 밤, 그녀는 몹시 설레었다. 아이들이 타고 세번 강 계곡을 따라 지역 마을로 가도록 낡은 증기기관차를 전세 냈기 때문이었다. 기차를 타는 시간 자체는 30분에 불과하지만, 드레다는 연극을 하는 학생들에게 마법사 분장을 하게 하고 마술사에게 기차 안에서 마술쇼를 하게 등 그 시간을 마법처럼 만들었다. 열차는 아이들과 가족들이 내는 웃음소리 가득했다. 300명이 넘는 사람들이 이 행사에 참여했다.

장식이 된 작은 기차역에 아이들이 도착하자 드레다는 사람을 시켜

부엉이들을 데리고 마치 현실의 호그와트처럼 아이들을 환영하게 했다. 이후 아이들은 책을 받았다.

돌아가는 기차 안은 조용했다. 아이들이 모두 책을 읽고 있었기 때문이다. 드레다는 이렇게 회상한다. "정말 마법 같았어요." 이 출간 행사에 참석했던 한 어린이는 이 모든 것에 깊은 인상을 받고 이후 성장해서 출판인이 되었다.

처음에는 서점을 베스트셀러, 아동용 도서, 시집 등 고객이 좋아할 만한 책들로 가게를 가득 채웠다. 그녀는 시 축제를 비롯한 마을 행사를 열었다. 그녀는 가게의 수익에서 나온 겨우 1,500파운드만으로 한 달을 살았다. 하지만 가치 있는 일이었다. 그녀는 "큰돈을 벌 생각은 없었습니다. 모두 좋아서 하는 일이었죠."라고 말했다.

하지만 드레다는 매달 생활비를 줄여야 했다. 처음에는 1,000파운드로 줄였다. 다음에는 750파운드로 줄였다. 고객들의 행동이 바뀌기 시작했다. 많은 사람들이 매장에 들어와 느긋하게 서가를 둘러보다가 관심이 가는 책을 사진으로만 찍은 뒤 빈손으로 나갔다. 드레다는 그들이 아마존에서 책을 구매하고 있다는 사실을 알았지만 아마존의 가격은 그녀가 따라할 수 없는 수준이었다. 그녀는 "아마존은 우편 요금만 받고 책을 팔고 있었어요."라고 말했다. 책을 들고 계산대로 와서 아마존 가격에 맞춰줄 수 있냐고 묻는 사람도 있었다. 그녀는 그렇게 할 수가 없었다.

그녀는 비용을 절감하려 재고를 줄였지만 서가가 텅 비는 것은 원치 않았다. 그래서 그녀는 책이 앞을 향하도록 진열해서 책이 눈에 더 잘 띄도록 했고 책들이 가득 차 책등만 보이던 선반 공간을 창의적으로 이용하기 시작했다. 하지만 비용을 계속 줄여다가보니 서가는 점점 비었다. 그녀는 책장 맨 위 단에 목재판을 대어 그곳을 가렸다.

드레다는 "점차 마을에 사는 친구와 사람들조차도 '아마존에서 책을 살 수밖에 없다'고 말하기 시작했습니다."라고 회상한다. 그녀는 배우자의 신세를 지며 아무런 보상도 없이 몇 년을 버텼지만 결국 2019년 5월 초에 가게 문을 닫는 어려운 결정을 했다. 그녀는 그 시기를 "한 달에 걸친 마취 없는 수술"이라고 묘사했다. 드레다가 슬퍼한 것은 물론이고 서점 문을 닫는다는 사실을 알고 고객들도 매일 가게에 찾아와 눈물을 흘렸다. 그녀는 그들을 위로해야 했다. 서점협회Booksellers Association에 따르면 1995년 이후 영국 내 독립 서점 소유자의 수는 1,894명에서 1,072명으로 감소했다.

"사람들은 서점에 관련된 많은 추억을 가지고 있었습니다. 그들은 자신들이 무엇을 잃고 있는지 깨달았죠."

그녀는 이렇게 말하면서 아마존에서 책을 살 수는 있지만 그 업체는 동네 서점과 서적상이 제공하는 경험을 결코 흉내 낼 수 없을 것이라고 덧붙였다.

외국의 반독점 규제 기관들은 아마존이 파트너와 경쟁업체에 제기하고 있는 위협을 분명히 이해하고 있는 것처럼 보였지만, 미국은 자국 기술 기업을 감시하는 데 뒤처져 있었다. 하지만 그런 상황은 곧 바뀌게 된다.

연방거래위원회의 진보적인 위원인 로힛 초프라Rohit Chopra는 이전에 만난 적이 있는 칸에게 연락을 했다. 초프라 역시 반독점 개혁에 찬성했다. 2018년, 그는 칸에게 여름 동안 연방거래위원회의 고문직을 맡아달라고 제안했다. 칸은 이 기관의 도서관에서 많은 시간을 보내며 두꺼운 책들을 꼼꼼히 읽고 연방거래위원회가 역사적으로 반독점 사건을 어떻게 처리해왔는지 연구했다. 이렇게 연방거래위원회에서 일하는 동안 그녀는 이 기관이 사용할 수 있는 많은 도구가 현재는 거의 사용되지 않거나 버려져 있다는 점을 알게 되었다.

칸과 초프라는 공동으로 법률 리뷰 논문을 써《시카고대학교 법학 리뷰University of Chicago Law Review》에 발표했다. 이 논문 "불공정 경쟁 방법'의 규칙 제정 사례The Case for 'Unfair Methods of Competition' Rulemaking"는 연방거래위원회가 강력한 도구를 가지고 있지만 적절히 활용하지 않고 있다고 주장했다. 본질적으로 초프라와 칸은 연방거래위원회가 전통적으로 의존해온 것보다 더 광범위한 규칙 제정 권한을 가지고 있다고 믿었고, 이를 사용해야 한다고 주장했다. 연방거래위원회에 합류할 때 초프라는 잠자고 있던 규칙 제정 권한을 되살리겠다는 목표를 갖고 있었다. 초프라는 칸과 이 점에서 같은 마음이었다.

칸은 연방거래위원회에서 보낸 여름을 잊을 수 없을 것이다. 연방거래위원회 규칙 제정에 대해 배운 것들과 도서관에서 과거 사례를 뒤지며 얻은 교훈은 이 기관과 기관의 역할에 대한 그녀의 견해를 형성했다.

10장

허망한 저항

2018년 비공개 에스팀 회의에서 제프 베이조스는 최고위 부문장들에게 아마존에 대한 부정적인 언론 보도를 언급하며 불만을 터뜨렸다. 언론은 아마존이 창고 직원들에게 어떤 대우를 하는지를 반복해서 보도하고, 메인 스트리트의 빈 매장들을 아마존의 탓이라 비난했고, 정치인들은 세율부터 안면 인식 기술까지 갖가지 문제에 대해 아마존을 공개적으로 비판했다.

베이조스와의 회의에 대해 브리핑을 받은 한 관계자는 "휴즈먼의 팀에서 비상 경보를 보냈기 때문에 그에 대한 확실한 인식이 있었습니다."라고 말했다.

불길한 조짐이 있었다. 미소 짓는 상자로 알려진 이 회사에 좋지 않은 쪽으로 상황이 흘러가고 있었다. 베이조스는 화가 났다.

그는 아마존이 오해를 받고 있고 자신들의 이야기가 충분히 전달되지 못하고 있다고 느꼈다. 그는 "아마존이 비즈니스 커뮤니티를 위해 하고 있는 모든 훌륭한 일들에 대한" 이야기가 퍼지지 않고 있는 것이 불만스러웠다. 아마존은 3년 전에 홍보와 공공정책 부문을 개조했지만 언론에서 받는 대우는 나빠지기만 했다. 아마존은 광범위한 테크래시에 함께 묶여 들어갔고, 칸의 논문은 아마존의 힘에 대한 실존적 의문을 제기했으며, 일반인들 사이에서 아마존의 평판은 바닥을 치고 있었다. 2018년 평판 연구소Reputation Institute의 연례 렙트랙RepTrak 순위는 "아마존의 평판이 설문에서 측정한 모든 부문에서 하락했고, 특히 시민 의식(지역 사회에 환원하는 방식)과 직원을 대하는 방식에서 큰 하락이 있었다."는 것을 보여주었다.[1]

회의에서 에스팀은 회사의 새로운 서사를 만들기 위한 브레인스토밍을 시작했다. 팀원들은 빠른 결정을 내렸다. 아마존은 이미지를 회복해야 했다. 그것도 빠르게.

아마존의 북미 소비자 사업 담당 수석 부사장 더그 헤링턴은 이 아이디어를 가지고 당시 아마존 마켓플레이스 부문의 부사장이었던 닉 데니센Nick Denissen에게 갔다.

그들은 정보에 밝은 그룹(정치인, 미디어, 업계 관계자)과 쇼핑객과 같이 정보에 어두운 그룹들 사이에서 아마존이 중소기업에 미치는 영향에 대한 대중의 인식을 조사했다. 가장 중요한 질문은 "아마존이 사업에 도움이 되는가?"였다. 응답은 경영진을 깜짝 놀라게 했다. 응답자의 절반 이상이 아마존이 사업에 도움이 되지 않는다고 답한 것이다.

이 결과는 베이조스와 당시 아마존의 판매자 서비스 책임자였던 세바스찬 거닝햄Sebastian Gunningham을 화나게 했다. 그들은 1년 내에 이런 인식을 개선하는 것을 그룹의 목표로 삼았다.

2015년, 거닝햄의 그룹은 소규모 판매자의 아마존 성공 사례에 이목을 집중시키기 위해 "아마존 스토리Amazon Stories"라는 이니셔티브를 만들었다. 아마존의 이미지를 소규모 비즈니스의 지원자로 뒤바꾸고 아마존과 경쟁할 수 없어 문을 닫는 전 세계 업체들에게로 집중된 관심의 방향을 돌리려는 아이디어였다. 거닝햄과 그의 팀은 격주로 베이조스와 점검 회의를 열어 카피를 검토했다. 베이조스는 게시물 일부를 직접 편집해가며 이 이니셔티브에 많은 투자를 했지만, 이 계획은 호응을 얻지 못하고 완전히 실패했다.

아마존의 에스팀은 매년 회사의 목표 중 가장 중요한 목표에 관심을 집중하고 "주력" 목표를 12개 정도만을 구분해 그 중요성을 강조한다. 이들 목표는 베이조스의 선에서 정기적인 점검이 이루어진다. 아마존의 대외 이미지를 개선하는 일이 시급했기 때문에, 이것이 곧 주력 목표가 되었다.

데니슨과 헤링턴은 중소기업을 위한 아마존의 노력을 강조하는 아이디어를 브레인스토밍했다. 그들의 첫 번째 아이디어는 중소기업만을 위한 전용 프라임 데이Prime Day를 만드는 것이었지만, 이 아이디어는 받아들여지지 않았다.

대신 아마존은 광고 속에서나 국회 의사당에서 영세업체의 성공 사례를 강조할 방법을 찾기 시작했다. 아마존은 웹사이트의 일부인 아마존 핸드메이드Amazon Handmade를 부각시켰다. 엣시Etsy와 비슷한 이 사이트에서는 몬태나에 사는 목공예가가 직접 만든 치즈용 도마를 팔고 전업주부가 고객을 위해 수를 놓은 손뜨개 스웨터를 팔았다. 그러나 이런 작업에 참여했던 한 관계자는 고객들이 마켓플레이스에서 구할 수 있는 중국산 저가 대체품으로 몰려가면서 이 사업은 완전한 실패작이 되었다고 말했다. 중소기업 팀의 한 구성원은 "아주 멋진 이야기지만, 큰 변화를 불러오지는 못했습니다."라고 말했다.

그들은 아마존 최고 부동산, 그들의 홈페이지를 이용해 대부분의 자리가 고수익을 보장하는 블록버스터 품목에만 배정되는 아마존닷컴에 좀처럼 발을 디딜 기회가 없는 영세 판매자들을 소개했다. 영세 판매자의 제품이 이 홈페이지에서 눈에 띌 기회를 얻는 것은 전례가 없는 일이었다.

아마존은 이런 영세 판매자들을 부각시키는 광고도 만들었다. 베이조스는 크리에이티브 에이전시, 일부 아마존 임원들이 참석한 회의에서 이 광고의 스토리보드를 검토했다. 아마존에서 장인의 비누와 양초를 판매하는 미시간의 한 영세 업체에 대한 광고였다. 그는 직접 이 작품을 승인했고, 이후 이 광고는 TV를 통해 방영되었다.

2018년에 리틀 플라워 비누Little Flower Soap Co.의 광고가 전국 TV에 등장했다. 한 상점 주인이 밤에 가게 문을 닫으며 안내판을 "영업 중"에서 "아마존에서 24시간 영업 중"으로 바꾼다. 그런 다음 카메라가 물러나며 상점의 로고가 선명히 새겨진 흰색 배송 트럭이 이 상점의 제품을 싣고 아마존의 고객들에게 물건을 전달하기 위해 전 세계를 돌아다니는 것을 보여준다. 광고는 다음과 같은 음성으로 끝이 난다.

"아마존에서 판매되는 모든 제품의 절반은 저희와 같은 중소 업체에서 나옵니다."

노트북 화면이 아마존에 이 가게 주인의 주문이 늘어나는 모습을 보여준다. 이후 화면은 다른 영세 판매자들의 로고로 채워지고 결국 아마존 로고인 단순한 오렌지색 미소로 합쳐진다. 이 광고 작업에 참여한 한 사람은 아마존은 중소기업으로 이루어진 대기업이라는 것이 광고의 핵심이라고 이야기한다.

아마존은 영세업체의 주요 후원자라는 서사를 홍보하고 싶었지만, 현실은 현저히 달랐다. 아마존은 전국의 수많은 영세 업체들이 문을 닫게 만든 촉매제이기도 했다.

아마존의 편리함으로 메인 스트리트는 막대한 대가를 치러야 했다. 지역 자립 연구소의 보고서에 따르면, 2007년부터 2017년 사이 미국 내 소규모 소매업체의 수는 65,000개 감소했다.[2] 이 보고서는 "미국의 소규모 의류, 장난감, 스포츠용품 제조업체의 약 40%가 사라졌고 소규모 출판사의 약 3분의 1이 사라졌다."

캐시 맥코슬린-카듀도 그중 한 명이다. 29년 동안 사업을 하며 "어떻게 하면 행복해지실까요?라는 인사와 함께 단골 고객들을 안아주던 68세의 부티크 주인은 힘든 시간을 보내게 되었다.

캐시 맥코슬린-카듀는 지하실에서 어린 아들과 딸을 옆에 두고 보석과 의류를 디자인하며 사업을 시작했고, 아이들에게 기업가 정신의 에너지를 불어넣었다. 그녀는 경영이나 마케팅 수업을 들은 적이 없었다. 하지만 매주 주얼리 쇼와 공예품 박람회를 찾아다니며 자신의 디자인을 팔았다. 사업이 빠르게 성장하면서 자신의 첫 번째 매장을 열게 되었고 많은 고객을 유치하게 되었다.

전성기에는 부티크 3곳을 통한 연간 총매출이 150만 달러가 넘는 놀라운 성공을 거뒀다. 그녀는 25명의 여성을 고용해 고객들이 재킷, 드레스, 액세서리를 고르는 것을 기꺼이 도와주었다. 그녀는 이렇게 말했다.

"저는 매장을 찾는 여성들이 아름답다고 느끼게 만드는 것을 좋아했습니다."

그녀의 매장은 많은 단골 "숙녀분들"(그녀가 고객을 이르는 말) 외에 인근 상점을 찾는 유동인구도 큰 도움이 되었다.

"저는 이 모든 것을 사랑했습니다. 저는 항상 커뮤니티의 일원이었죠. 신의 선물이었습니다."

2013년부터 상황이 바뀌기 시작했다. 유동 인구가 줄어들고, 그녀가 좋아하던 고객들의 방문도 뜸해졌다. 부티크에서 아마존에 대한 이야기가 점점 더 많이 들려왔다. 매장의 수익은 2013년 이후 매년 감소했다.

고객들은 매장에 들어와, 제품을 구경한 뒤, 아무것도 사지 않고 떠났다. 그들은 같은 품목을 아마존에서 주문을 것이다.

맥코슬린-카듀의 한계점은 2017년에 찾아왔다. 그녀와 직원 한 명은 3시간 동안 딸의 결혼식에 입을 드레스를 고르는 것을 도와주었다. 그들은 고객이 몸에 잘 맞고 분위기와 잘 맞는 옷을 고르는 것을 도와주고 프로세코prosecco 한 잔을 대접했다. 드레스 한 벌이 그녀 마음에 쏙 들었다. "그녀는 드레스가 너무 예쁘다고 생각했습니다. 그리고는 '아마존에 있는지 알아볼게요.'라고 말했어요."라고 맥코슬린-카듀는 회상했다.

"그 일을 겪은 후 저는 '여기까지야. 더는 못하겠어.'라고 생각했죠."
몇 주 후, 맥코슬린-카듀는 직원들을 모아 놓고 회의를 했다. 연말 연
휴가 끝나고 문을 닫기로 했다. 모두 부둥켜안고 눈물을 흘렸다.

그녀는 "아마존은 제 즐거움을 빼앗았습니다."라고 말했다.

"저는 이제 더 이상 아마존과 맞서지 않아도 됩니다. 하지만 여전히
소매업을 하고 있는 친구들 때문에 매일 마음이 아픕니다. 그들이 얼
마나 열심히 일하는지, 어떤 일을 겪고 있는지 잘 아니까요. 지금 벌어
지는 일에 스트레스를 받지 않아도 되는 것이 감사한 일이죠."

2012년부터 2017년까지 토이저러스의 매출은 140억 달러에서
115억 달러로 감소했다. 회사 수익의 절반에서 3분의 2는 2005년 토
이저러스의 차입매수로 인한 이자를 지불하는 데 써야했다. 아마존과
월마트가 바닥을 향한 최저가 경쟁을 벌이면서 장난감 카테고리의 싸
움은 극도로 과열되었다.

토이저러스는 아마존과의 온라인 운영 계약이 도중에 중단된 후 몇
년간 자체적으로 온라인 사업을 시도했다. 웹사이트를 통한 매출이 전
체 매출의 10%를 크게 넘어서지 못했다. 물류만으로는 극복하기 어려
운 장애가 있었다. 아마존의 배송 속도를 따라잡을 수 있다고 느낄 때
마다 골대가 움직였다. 아마존의 배송 속도가 더 빨라진 것이다.

아마존이 전자상거래 역량에 엄청난 투자를 하는 반면 토이저러
스는 돈에 쪼들렸다는 것이 2015년부터 2018년까지 토이저러스의
CEO였던 데이브 브랜든Dave Brandon의 말이다. 몇 년 전, 전 CEO 제리

스토치는 당시 뉴저지 주지사 크리스 크리스티에게 아마존과의 공평치 못한 경쟁 환경에 대한 경고를 한 바 있었다. 그 후 몇 년 동안 장난감 소매업체의 상황은 상당히 악화되었다. 브랜든은 비즈니스 모델이나 수익에 대한 압박이 없는 아마존이 장난감 가격을 반복적으로 깎아 장난감을 로스 리더loss leader(미끼 상품)로 사용했다고 말한다. 고객이 아마존에서 장난감을 구매하도록 만들어 다른 범주의 제품까지 구매하게 유도하는 것이다. 고객을 다른 제품으로 끌어들이기 위해 일부 제품을 손해를 보면서 판매하는 로스 리더는 아마존은 사용할 수 있지만 다른 업체는 사용할 수 없는 전략이다. 클라우드 컴퓨팅 운영을 통한 수익이 없는 다른 업체들은 이런 손실을 감당할 수 없었다.

브랜든은 정책 결정에 관여하는 워싱턴의 인사들에게 이런 문제를 알렸다. 그는 "아마존은 이익 동기profit motive가 없습니다. 그들은 손해를 보며 물건을 팝니다. 아마존은 오프라인 소매업체를 으스러뜨리고 있으며, 시장을 독점하기 위해 의도적으로 그런 일을 하고 있습니다. 오프라인 소매업체 대부분은 무방비 상태입니다. 아무도 그런 식으로 경쟁을 할 여력이 없기 때문입니다."

2010년부터 2014년까지 월마트의 미국 CEO였던 빌 사이먼Bill Simon 역시 비슷한 우려를 갖고 있었다. 사이먼은 최근의 인터뷰에서 내게 이렇게 말했다.

"웹 서비스와 같이 전혀 관련이 없는 것에서 나오는 이익을 이용해 사람들을 소매업에서 몰아내고 시장을 점유하는 그들의 비즈니스 접근 방식은 제가 그들이 해체되어야 한다고 생각하는 이유입니다. '월마트도 많은 업체를 폐업시켰다'고 이야기하는 사람들도 있죠. 제 대답은 우리는 그 일을 정직하게 했다는 것입니다. 우리는 석유 회사를 사들여 거기에서 나오는 수익을 소매업에 투자해서 가격을 낮추는 방식을 취하지 않았습니다."

2017년 9월 18일, 토이저러스는 파산을 신청했다. 브랜든은 아마존에 의한 가격과 물류의 압박 그리고 아마존에 정면으로 맞서겠다는 월마트의 결정 사이에서 토이저러스는 경쟁을 할 수 없었다고 말한다.

기린 제프리Geoffrey the Giraffe와 "토이저러스 키즈"로 유명한 이 회사는 700개가 넘는 미국 매장을 폐쇄했다. 3만 명 이상의 직원이 일자리를 잃었다.

카니의 계획 중 하나는 아마존 판매자들의 이야기를 부각시켜 어려움을 겪고 있는 메인 스트리트의 업체들의 문제를 슬쩍 지나치는 것이었다. 판매자의 성공은 미국 내의 일자리 창출을 의미했고, 일자리는 정치인의 마음을 흔들 수 있는 가장 빠른 방법이었다.

아마존은 2015년(아마존의 첫 번째 프라임데이)부터 판매자들을 워싱턴로 보내(물론 이코노미 클래스로) 미 의회 주변을 돌아다니게 했다. 아마존 홍보 전략에 판매자를 앞세우는 방식은 매년 전국 주지사 협회National Governors Association와 같은 행사에 판매자를 참석시키는 등 매년 그 범위가 넓어졌다. 마켓플레이스 펄스Marketplace Pulse의 추정에 따르면 미국 마켓플레이스에서 아마존의 상위 판매자 46%가 중국 판매자라는 점은 문제가 되지 않았다.

판매자들은 지역 하원의원 및 상원의원들이 참석하는 워싱턴의 회의들에 안내되었다. 아마존 관계자들이 따라다니며 꽃에 물을 주었다.

회의 중에는 아마존 담당자와 로비스트가 판매자들에게 해야 할 일과 하지 말아야 할 일에 대해 브리핑했다. 예를 들어 트럼프 참모진과 함께 할 때는 중국 얘기는 꺼내지 말라고 이야기했다. 북미 무역을 감독하는 북미자유무역협정North American Free Trade Agreement, NAFTA팀과의 회의에서는 그들의 사업에 멕시코가 얼마나 중요한지 이야기하면 좋다고 귀띔했다.

예디 가전Yedi Houseware Appliances의 사장 바비 자바헤리Bobby Djavaheri도 워싱턴에서 아마존을 대표할 판매자로 선정되었다. 자바헤리는 의원들에게 보여 줄 모델 판매자였다. 그의 회사는 수비드, 에어프라이어, 압력솥과 같은 주방 가전을 판매해 아마존에서 매년 수백만 달러의 매출을 올렸다. 자바헤리의 회사는 로스앤젤레스에 본사를 두고 있으며 계절에 따라 열 명에서 열다섯 명의 직원을 고용한다. 그는 혁명 이전에 이란을 탈출한 이민자의 아들로 자수성가했고, 아마존에서의 수익으로 다른 미국인들을 고용했다. 그는 아마존의 플랫폼이 경제 전반에 걸쳐 부수적인 일자리를 창출하는 방식을 보여주는 기분 좋은 사례였다.

2019년 4월, 자바헤리는 3일간의 회의를 위해 워싱턴로 갔다. 자바헤리와 다른 판매자들을 받게 될 질문을 미리 들은 뒤 점심 식사와 함께 하는 토론에서 캘리포니아의 피트 아귈라Pete Aguilar 의원과 켄터키의 브렛 거스리Brett Guthrie 의원에게 아마존에서 매출이 늘어난 경험과 주문을 처리하기 위해 일자리를 창출한 경험을 이야기했다. 또한 아마존은 판매자 한 사람 한 사람을 현지 담당자와의 만남에 배정했다.

아마존은 모든 세부 사항을 조정했다. 언론팀 담당자가 판매자에게 보낸 이메일에는 "저도 참석해 주요 화두와 질문에 대한 답변을 준비하는 데 도움을 드리겠습니다."라고 적혀 있었다. 홍보와 공공정책 담당 임원들은 행사 몇 주 전부터 판매자들이 무엇을 말해야 할지 준비했다.

한 판매자는 그런 며칠에 걸친 행사에서 판매자들이 무엇을 얻었는지 묻는 나의 질문에 대답을 하지 못했다. 그는 속아서 아마존의 명령대로 움직인 것 같다는 느낌을 받았다.

2018년, 아마존은 이미지 변신을 위해 미국 최초의 "중소기업 영향 보고서Small Business Impact Report"를 발표했다. 잭 윌크는 보고서 서문에 이렇게 적고 있다.

"우리는 최근 아마존이 중소기업에 어떤 영향을 주고 있는지에 대한 심층적인 조사를 했고, 그 결과는 우리를 들뜨게 만들었다. 미국에 기반을 둔 백만 개 이상의 중소기업이 아마존에서 판매를 하고 있다. 아마존에서 판매하는 중소기업이 전 세계적으로 90만 개 이상의 일자리를 창출한 것으로 추산된다. 전 세계 2만 개 이상의 중소기업이 2017년에 아마존에서 올린 매출이 100만 달러를 돌파했다."[3]

보고서의 나머지 부분에서는 아마존이 앞으로 수년간 고객과 국회를 향한 대외 메시지에서 고수하게 될 몇 가지 통계를 내세운다. 통계는 아마존에서 판매되는 품목의 절반은 많은 중소기업이 포함된 마켓플레이스 사업에서 나오며, 이들 판매자는 수십만 명의 직원을 고용하고 있고, 아마존 판매 덕분에 급여를 계속 지급할 수 있다는 것을 보여준다. 간단히 말해 아마존은 미국에 도움이 되는 기업이며 미국인의 번영을 돕는다는 것이다.

그러나 아마존이 경제와 판매자 기반에 미치는 전체적인 영향은 이렇게 간단치가 않다. 아마존은 자사와 아마존 플랫폼에서 판매하는 회사에서 창출되는 일자리 수를 반복해서 언급한다. 그러나 아마존이 소매업에 미치는 영향을 조사한 다른 연구자들은 아마존이 미국의 일자리를 감소시켰다는 결론에 이르렀다.

미국 서점협회가 시빅 이코노믹스Civic Economics와 함께 발표한 보고서에 따르면 2018년에 아마존으로 인한 미국 내 소매업 일자리의 순손실은 70만 개에 이르는 것으로 추정된다.[4] 지역 자립 연구소는 2015년에 아마존의 오프라인 매장 대체로 인해 약 29만 5,000개의 소매업 일자리가 사라진 것을 발견했다. 당시 아마존의 미국 직원 수를 뺀다면 아마존은 약 14만 9,000개 일자리의 순손실을 이끌었다는 의미다.[5] 전국 소매업 연맹National Retail Federation에 따르면 소매업 일자리는 미국 일자리 4개 중 1개로 미국 경제에 특히 중요하다.[6] 이는 화이트칼라 직종에 진입할 역량이 없는 수백만 명의 미국인에게 필수적인 분야다. 하지만 이것 역시 불완전한 그림이다. 아마존이 수많은 산업으로 성장하고 확장하는 가운데 경제 전반에 미치고 있는 영향에 대한 결정적인 연구는 아직 존재하지 않는다. 이에 대해 아마존 대변인은 다음과 같이 응답했다.

"아마존은 지난 10년간 어떤 미국 기업보다 많은 일자리를 창출했으며, 지난 10년간 미국에 5,300억 달러 이상을 투자했습니다. 아마존의 투자는 자체 인력 외에도 약 160만 개의 간접적인 일자리 창출에 기여했습니다."

아마존이 자주 내세우는 수백만의 중소 규모 판매자의 경우, 상당

수가 아마존과의 관계에 만족하지 못하고 쳇바퀴에 갇힌 듯한 느낌을 받는다고 이야기한다.

이들의 불만은 모든 범위를 망라한다. 우선, 아마존이 자사 플랫폼을 이용하는 판매자에게 부과하는 수수료가 최근 몇 년 동안 폭발적으로 증가하면서 판매의 수익이 감소했고 따라서 판매자들은 가격을 올려 아마존닷컴에서의 판매 비용을 충당해야 했다.

반독점 단체인 지역 자립 연구소의 조사에 따르면, 2023년 아마존은 제3자 판매자의 아마존 매출 중 45%를 가져갔다. 제3자 판매자가 100달러의 매출을 올릴 때마다 아마존은 45달러의 수수료를 거두어 간 것이다. 지역 자립 연구소는 이것이 2014년 아마존이 '가져간' 19%에 비해 크게 증가한 액수임을 발견했다.[7]

아마존 판매자가 아마존에 지불하는 수수료는 각 제품에 대한 수수료(보통 15%), 아마존 풀필먼트 프로그램에 포함시키기 위한 배송비, 광고 비용에 이른다. 판매자들은 아마존 프라임 배송 자격을 갖추려면 풀필먼트 바이 아마존FBA에 등록하는 것 외에 다른 선택지가 없으며, 이 플랫폼에서 성공하기 위해서는 광고가 필수적인 것처럼 느껴진다고 말한다.

마켓플레이스 펄스 보고서에 따르면, 판매자가 성공하기 위해서는 아마존의 FBA(물류) 프로그램을 사용해 주문을 처리하고 배송하는 것이 거의 필수적이다. 이 보고서에는 이렇게 적혀 있다.

"FBA 수수료는 꾸준히 인상되었다. 아마존은 매년 풀필먼트 수수료를 인상하고 보관 수수료도 인상했다. 아마존에서의 판매는 FBA 사용에 묶여 있기 때문에 판매자가 FBA를 사용하지 않고 성공하는 것은 드문 일이다."

아마존 대변인은 아마존에서의 판매는 "판매 파트너에게 윈윈"이라고 말했다. 2022년 아마존은 아마존 미국 스토어 내 독립 판매자들이 분당 평균 7,800개의 제품을 판매했다고 말했다.

판매자들은 FBA 사용을 강요당하는 느낌이라고 불평해 왔으며, 일부 정치인들은 아마존의 프라임과 FBA 프로그램이 사업을 하나로 묶어 경쟁법에 저촉되는 것이 아닌지 공개적으로 의문을 제기했다. 법적으로 강제하기는 어렵지만, 규제 당국은 지배적 기업이 특정 제품이나 서비스(이 경우 아마존 프라임에 속할 수 있는 자격)를 원하는 구매자에게 다른 제품이나 서비스(아마존 물류 이용)도 구매하도록 강요함으로써 고객의 선택권을 제한하고 있는지를 오래 전부터 조사해왔다. 아마존이 위치한 시애틀의 민주당 의원 프라밀라 자야팔Pramila Jayapal은 아마존이 물류 부문에 혜택을 주기 위해 프라임 프로그램과 끼워 파는 전술을 사용하고 있다고 말한다. 그녀는 판매자들로부터 FBA를 사용하지 않으면 아마존 플랫폼에서 제품을 판매하기 힘들게 만들어 FBA 사용을 강요한다는 불만을 들어왔다고 말했다. 특히, 아마존 바이 박스(어떤 판매자의 상품이 눈에 띄게 표시되도록 하는지 결정하는)에 대한 접근권과 검색 결과에서의 좋은 위치를 얻는 것은 판매자의 FBA 참여 여부에 달려있다는 것이 그녀의 설명이다.[8]

아마존은 바이 박스에 표시되는 것이 FBA 참여 여부에 좌우되지 않는다고 말했다.

프라임은 제3자 판매자에게 난제를 던진다. 전 세계 2억 명의 회원이 수수료를 내고 무제한 빠른 배송을 비롯해 비디오 스트리밍과 같은 추가 혜택을 누리는 이 프로그램은 고객들에게 인기가 높다. 많은 판매자가 아마존의 물류 프로그램에 등록해서 프라임 배지를 받지 않으면 안 된다는 느낌을 받을 정도로 인기가 대단하기 때문에 판매자들은 이 프로그램에 참여할 수밖에 없다. 프라임 배지가 있으면 판매자의 아마존 매출은 세 배로 늘어난다.[9] 하지만 물류 프로그램에는 비용이 따른다.

아마존에서 의류와 신발을 판매하는 제리 카베시Jerry Kavesh는 상당한 대가를 치르고서야 이에 대해 알게 되었다. 카베시는 FBA 관련 수수료를 감당할 수 없어 재고의 일부를 FBA에서 뺐냈다. FBA에서 빠져나온 제품은 풀필먼트 프로그램을 유지하고 있는 품목에 비해 판매속도가 느려졌다.

카베시는 이렇게 말한다. "FBA를 사용하지 않는 데에는 여러 가지 영향이 있습니다."검색 가능성에 영향을 미칩니다. 바이 박스 기회에도 영향을 미치죠. 바이 박스에 관한 한 FBA가 모든 것을 능가하기 때문입니다."[10]

판매자들은 아마존에서의 성공은 아마존에서의 광고 구매에 달려 있다고 말한다.

수수료의 폭발적인 인상 때문에, 판매자들은 마진이 크게 줄어 이를 상쇄하기 위해 아마존에서 판매하는 제품의 가격을 인상할 수밖에 없다고 불평한다. 그 결과로 고객의 구매가는 더 높아진다.

플로리다주 게인즈빌의 발명가 조Joe(81세)는 2008년에 아마존에서 골프 카트 액세서리를 판매하기 시작했다.(Joe는 성을 밝히지 말아 달라고 요청했다.) 그는 아마존의 초창기 시절에 대해 "경이로웠다"라고 말한다. 당시 조는 높은 매출을 기록했고 이윤폭도 컸다.

하지만 최근 들어 그의 경험은 달라졌다. 그는 매출을 올리기 위해 광고에 많은 투자를 해야 한다고 말한다. 매달 아마존 사이트의 광고에 쓰는 돈만 3,000~5,000달러라고 한다. 아마존의 수수료가 인상되면서 초창기 약 50%였던 평균 이윤은 현재 약 12%로 줄어들었다. 그는 아마존의 수수료를 상쇄하기 위해 가격을 인상해야만 했다고 말했다.

"수수료를 상쇄하기 위해 지난 5년 동안 가격을 약 30% 인상했죠."

브렌튼 타우시그Breton Taussig는 2018년 가업인 컨솔리데이티드 플라스틱Consolidated Plastics을 물려받았다. 타우시그는 열 살 때부터 회사를 경영하고 싶다고 생각했다. 그는 모든 직원들에 대해 잘 알았고 그중 일부는 지금도 그와 함께 일하고 있다. 또한 그는 학교와 기업에 현관매트 등의 제품을 판매하는 데 자부심을 느끼고 있었다.

10년 전, 타우시그와 남동생은 오하이오주 스토우에 본사를 둔 이 가족 회사의 제품을 아마존닷컴에서 판매하기 시작했다. 현재 회사 매출의 절반은 아마존에서 나오고 있다.

아마존에서 연간 1,000만 달러의 매출을 올리는 데도, 타우시그에게는 수수료가 큰 부담이다. 그는 아마존에 매년 수수료로 150만 달러, 웹사이트 광고비로 150만 달러를 지불한다고 한다. 그는 다른 모든 사업 비용(제품 배송, 직원 급여, 제품 원가)을 제하면 아마존에서의 연간 수익은 세후 총 3만 달러에 불과하다고 말한다. 그는 아마존에서의 판매에 대해 이렇게 이야기한다.

"한 달에 한 번 씩은 아내에게 '내가 지금 뭘 하고 있지?'라고 이야기하며 좌절감을 느끼곤 합니다. 기부하는 것과 다를 바가 없습니다."

아마존 수수료 인상은 그의 제품 가격 인상으로 이어졌다. 지난 해 아마존은 예고 없이 타우시그의 제품에 대한 수수료를 12%에서 15%로 인상했다. 타우시그는 수수료 인상을 상쇄하기 위해 베스트셀러 중 하나인 뚜껑이 달린 양동이 3개 세트의 가격을 65달러에서 72달러로 인상했다고 한다. 양동이 하나의 가격에도 마찬가지 역학이 적용된다. 타우시그는 제조업체로부터 3.90달러를 내고 구입한 양동이를 모든 수수료와 사업 비용을 감안해 아마존에서 개당 30달러에 판매한다.

아마존은 최저 가격이라는 인식에서 혜택을 보고 있다. 초창기에는 시장가보다 저가에 팔았고, 지금도 미끼 상품 카테고리에서는 여전히 그런 전략을 사용하고 있기 때문이다. 그러나 보다 최근에 와서는 상황이 크게 바뀌었다는 것이 판매자들의 말이다. 제3자 판매자들은 아마존에서 사업을 하는 데 드는 비용의 상승과 씨름해야 했다. 많은 판매자의 경우, 이는 가격 인상을 의미했다. 또한 수년 동안 아마존은 계약에서 판매자의 아마존 가격이 최저가일 것을 요구했기 때문에 판매자는 월마트닷컴이나 타겟닷컴과 같은 다른 소매업체에서도 가격을 인상해야 했고 이는 소매업체 전반의 가격 상승을 낳았다.

베이조스가 초창기에 심은 모든 씨앗이 거대한 사업으로 성장하면서 저마다의 사업이 아마존닷컴 사업과 불가분의 존재가 되었다. 그들은 각자의 플라이휠 동력을 공급했다. 아마존에 더 많은 판매자가 있다는 것은 아마존닷컴에서 더 많은 선택지가 있다는 의미한다. 아마존에서 더 많은 선택지가 있다는 것은 더 많은 쇼핑객이 있다는 것을 의미한다. 쇼핑객의 양 때문에 판매자는 아마존닷컴에서 물건을 팔아야 한다고 생각하며, 수많은 다른 판매자를 누르고 검색 결과에서 돋보이기 위해서는 광고를 구매해야 한다고 느낀다. 프라임 프로그램의 강력한 힘 때문에 판매자는 프라임 배지를 얻기 위해 아마존의 물류 서비스를 이용해야 한다고 느낀다. 아마존은 각 단계에서 수수료를 받는다.

"제 아마존 웹사이트에서의 수익은 1년에 약 4%씩 감소합니다. 제 아마존 사업은 연 성장률이 6~8%입니다. 수익의 증가는 없으나 매출만 증가하는 거죠." 타우시그의 설명이다. "저는 지금 어려운 상황에 처해 있습니다. 5년 전에 지금의 상황을 알았다면 아마존에 절대 발을 들이지 않았을 것입니다. 절대로요. 하지만 일단 아마존 생태계에 발을 들이면 빠져나오기가 힘듭니다."

타우시그는 아마존 내의 경제 시스템이 어떤지 알기 때문에 아마존에서 쇼핑을 하지 않는다. 대신 그는 제조업체에서 직접 물건을 사려한다. 타우시그의 아내는 임신 중이다. 최근 한 친구가 아이에게 사업을 물려줄 생각이 있느냐고 물었다. 그는 "지금부터 18년 후에도 제 사업이 존재하리라는 생각이 들지 않습니다."라고 말했다.

판매자는 높은 수수료 외에 다른 문제도 다루어야 한다. 판매자가 다른 곳에서 더 낮은 가격을 제시하면 아마존은 검색 결과에서 제품이 눈에 띄지 않게 만들고, 경쟁 판매자는 가짜 악평을 남겨 판매를 망치며, 위조 판매자가 가짜 제품을 팔고, 합법적인 판매자의 계정이 예고 없이 정지된다. 영세 업체들의 후원자라고 자처하는 기업 입장에서는 걱정스러운 문제다.

캘리포니아주 우키아의 아마존 판매자 빌리 카르멘Billy Carmen은 아마존이 자신의 공급망에 대해 갖고 있는 정보에 대해서 걱정한다. 파티오 제품 제조업체를 운영하는 64세의 그는 아마존이 제조업체의 이름, 주소, 연락처 정보를 비롯한 상세한 사항이 적힌 송장과 민감한 정보를 요청했다고 말했다. 다른 많은 판매자들도 그런 정보를 제공할 때까지 아마존이 판매자 계정을 정지시켰다고 말했다.

카르멘은 이렇게 말한다. "아마존이 우리의 제조 정보로 직접 제품을 만들어낼까 봐 몹시 걱정이 됩니다. 하지만 그들은 정보를 제공하지 않으면 계정을 정지시키겠다면서 정보를 요구합니다." 아마존은 그의 회사 매출의 70%를 차지한다. "문자 그대로 아마존에 포로가 된 것 같습니다. 아마존은 우리 같은 회사가 제품을 판매할 수 있는 다른 곳이 없다는 점을 우리에게 불리하게 이용하고 있습니다."[11]

2020년 카르멘은 제조업체가 보낸 송장을 아마존에 보냈다. 위조품이라는 진정이 들어와 그의 계정을 정지하겠다는 위협을 받았기 때문이었다. 문제의 제품은 그의 회사에서 만든 오리지널 제품이었는데도 말이다. 자신이 만든 제품을 어떻게 위조한단 말인가? 그는 사이트에서 아마존 브랜드의 모조품을 본 적이 없었다. 아마존은 IP 침해 조사 중에 수집된 판매자 정보는 소매팀이나 자체 브랜드팀과 공유되지 않는다고 말했다.

카르멘과 같은 판매자는 비윤리적이라고 판단되는 행동에 대해서도 반박할 수 있는 방법이 없다.

"스스로를 방어하는 것이 정말 정말 어렵습니다. 진퇴양난의 상황입니다. 마피아와 비슷합니다. 우리 같은 브랜드는 아마존 없이는 다른 곳에서 살아남을 수 없고, 아마존은 이점을 잘 알고 있습니다."

아마존의 규모와 힘은 아마존에서 판매하는 데 관심이 없는 브랜드까지 끌어들인다. 뉴욕에 기반을 둔 어도르 미Adore Me는 2012년 여성 란제리를 직접 소비자에게 공급하는 제조업체로 시작되었다.

어도르 미는 디자인 그리고 다른 소매업체를 통해 판매할 때의 수수료가 발생하지 않는 고객 직접 판매 비즈니스 모델 덕분에 수익이 높았다. 이런 성공에 2016년부터 아마존이 자사 사이트에서의 판매를 타진하기 시작했다. 창립자이자 CEO인 모건 허맨드 웨이슈Morgan Hermand-Waiche는 계속해서 아마존의 제안을 거절했다.

2019년 어도르 미는 아마존닷컴에서 자사 브랜드의 노골적인 모조품을 발견하기 시작했다. 어도르 미와 매우 비슷하게 보이는 생긴 어돔Adome이라는 브랜드도 있었다. 허맨드 웨이슈는 어돔이 어도르 미의 성공에 편승하고자 어도르 미 웹사이트의 제품 사진을 훔쳐 자기 제품의 이미지로 삼고 값싼 복제품을 만들었다고 말한다.

허맨드 웨이슈는 아마존 웹사이트에 어도르 미의 이미지를 사용하거나 어도르 미 제품의 값싼 모조품을 만든 십여 개의 브랜드가 있다고 말했다. 어도르 미는 질 나쁜 제품으로 어도르 미 브랜드에 피해를 주는 모조품 제거에 도움을 받기 위해 수차례 아마존에 연락을 했지만 유용한 답을 듣지 못했다.

허맨드 웨이슈는 한 인터뷰에서 "이런 모조품도 아마존에게는 수익이 됩니다. 때문에 우리 브랜드의 힘을 약화시키는 반면 아마존에는 힘을 실어주죠. 우리에게는 매우 해로운 일입니다."라고 말했다. 고객들은 몇 달 동안 그의 브랜드라고 생각한 제품을 구매했다. 그들이 받은 것은 값싸게 만들어진 복제품이었다.

이윤이 줄고 그 결과 고객과의 관계나 고객 경험에 대한 통제권을 잃을 수 있기 때문에 아마존에 합류하는 것이 꺼려졌다. 허맨드 웨이슈는 사면 초가의 기분이었다고 말한다.

그는 그때의 생각을 이렇게 설명한다.

"어떻게 해야 할까? 아마존에 들어가 마진을 줄이고, 아마존이 우리 브랜드에 더 큰 영향력을 갖게 하고, 아마존이 모든 제품에 대해 하는 것처럼 어도르 미를 모방할 수 있는 제3자 데이터를 제공해야 하는 것일까? 아니면 아마존에 입점하지 않고 회사의 가치관을 지키면서, 그들이 위조품과 싸우지 않는다는 사실을 받아들이고, 수백만 명의 사람들이 아마존에서 우리 제품을 우리 제품이라고 믿을 수 있다는 사실을 받아들여야 할까? 최악과 차악 중에 선택해야 하는 상황이죠. 어느 쪽을 택하시겠습니까?"

2020년 여름, 허맨드 웨이슈는 아마존 사이트에서 제품을 판매하기로 결정했다. 다른 선택지가 거의 없었기 때문이다. 그는 거대 기업을 고소하는 데에는 너무 많은 비용이 든다고 말했다.

허맨드 웨이슈는 아마존이 너무 크다고 생각했다.

"이것은 어도르 미만의 문제가 아닙니다. 미국 경제에까지 영향을 미칩니다. 수십만 개의 일자리가 위태로운 상황입니다. 결국 가장 중요한 점은 어떤 조치가 필요하다는 것입니다."

그의 말이다. 이에 대해 아마존은 "위조품에 대한 무관용 정책"을 가지고 있으며 지속적으로 스토어를 모니터링하고 있다고 답했다. 그러나 허맨드 웨이슈는 아마존 마켓플레이스에는 여전히 어도르 미의 모조품이 가득하다고 말한다.

그러나 이런 모든 문제에도 불구하고 아마존에 의지해서 아마존 사이트에서 돈벌이를 잘 하고 있는 판매자들도 있다. 타흐미 데셰퍼Tahmi DeSchepper는 통신 컨설팅 회사를 그만두고 2002년부터 주얼리 제작에 전념하기 시작했다. 주말이 되면 데셰퍼와 남편은 함께 차에 물건을 가득 싣고 여섯 시간에서 열다섯 시간을 운전해 아트 페스티벌에서 자신이 디자인한 제품을 선보였다. 그녀는 매년 30개 정도의 전시회에 참석한 것으로 추산한다.

2015년, 데셰퍼는 긴 시간을 길 위에 버리지 않고도 더 많은 고객에게 다가갈 방법으로 아마존닷컴의 합류를 택했다. 제품을 효과적으로 리스팅하는 방법을 배우는 데 어려움이 좀 있었지만, 2017년에는 정상적인 영업이 가능했다. 그녀는 아마존의 배송 프로그램인 풀필먼트 바이 아마존에 등록했다. 그녀는 "그 이후로 로켓처럼 빠른 배송이 가능했죠."라고 말한다.

이제 그녀의 사업 매출 98%가 아마존에서 나온다. 그녀가 직접 전시회를 찾아가는 판매 방식만을 사용한 것은 2016년이 마지막이었다. 현재 그녀의 매출은 2016년 매출의 5배가 넘는다고 한다. 아이오와주 페어필드에 사는 데셰퍼에게 아마존은 플랫폼에 합류하기 전보다 훨씬 더 많은 고객에게 다가갈 수 있다는 것을 의미한다.

판매자가 불만을 제기하면 아마존은 대안인 판매 장소가 많다고 말하곤 한다. 판매자들은 그렇게 생각지 않는다.

나는 골프 카트 액세서리 제조업자인 조에게 플랫폼 사업의 경제성이 악화되는데도 아마존에서 계속 물건을 파는 이유를 물어보았다. 그는 다음과 같이 답했다.

"아마존이 제 물건을 팔 수 있는 유일한 곳이라고 생각합니다. 다른 소매업체에 의존할 바에는 가게 문을 닫는 게 나았을 겁니다. 아마존은 무엇이든 팔 수 있는 유일한 곳입니다."

아마존은 소규모 비즈니스를 활성화하고 물건을 팔 플랫폼을 제공한다고 내세우면서도 제품을 모방하는 데 주저함이 없다. 포르템Fortem처럼 크게 성공한 업체의 제품이라면 특히 더 그렇다. 포르템은 브루클린에 본사를 둔 직원 4명의 작은 회사다. 세상 물정에 밝은 설립자들은 소매업의 차익거래를 이해하는 데 재능이 있었다.

2016년, 20대 중반의 유리 페트리브Yuriy Petriv와 올렉 마슬라코프Oleg Maslakov는 중국에서 자신들이 직접 디자인한 자동차 액세서리를 제조하기 시작했다. 이들의 첫 번째 제품이자 베스트셀러는 자동차 트렁크 정리함이었다. 트렁크에 이 제품을 끈으로 연결하면 다양한 물건을 제자리에 고정할 수 있어 인기가 높았다. 그들은 좋은 제품을 만들기 위해 수정을 거듭했다. 포르템의 경우 매출의 거의 100%가 아마존 닷컴에서 이루어진다.[12]

페트리브와 마슬라코프는 연금술을 제대로 이해했다. 그들은 열다섯 가지의 자동차 액세서리를 아마존에 론칭해서 매달 수천 개씩 판매했다. 다른 판매자들과 마찬가지로 이들은 판매된 각 품목의 일정 비율, 각 품목의 보관 및 배송 수수료, 플랫폼에서의 광고비 등 매달 수천 달러를 아마존에 지불했다.

페트리브와 마슬라코프의 성공은 아마존의 자체 브랜드팀 직원들의 관심을 끌었다. 2019년 초, 아마존 베이직 신제품 개발 업무를 맡은 한 직원이 포르템 자동차 트렁크 정리함의 지표에 대한 상세 보고서에 접근했다.

　보고서는 12개월 동안 포르템이 33,000개의 정리함을 판매했다는 것을 보여주었다. 25개 세로단으로 이루어진 이 보고서에는 포르템의 재무, 매출, 비용에 대한 상세 정보가 담겨 있다. 이 보고서는 이전 12개월 동안 이 제품의 평균 판매 가격은 약 25달러였으며, 해당 기간 동안 포르템의 판매고가 80만 달러가 넘었고, 아마존이 얻은 수익은 각 품목 당 4달러에 가까웠다는 것을 보여주고 있었다. 이 보고서에는 포르템이 단위 당 광고비와 각 제품 당 배송 비용까지 상술되어 있었다.[13]

　다시 말해, 이 보고서는 해당 연도에 시작에 내놓은 제품 중 성공한 제품의 개수로 평가를 받는 아마존 자체 브랜드팀 직원에게 데이터의 보고와 다름없었던 것이다. 그들에게는 적절한 제품을 개발하기 위해 연구·개발에 많은 돈을 투자하며 실패할 위험을 감수하지 않고도 히트 제품을 빠르게 만들 수 있는 로드맵이 있었다.

　포르템은 2016년 3월 아마존 마켓플레이스에 트렁크 정리함을 출시했고, 결국 해당 카테고리에서 판매량 1위 판매자가 되었다.

　아마존 자체 브랜드 직원이 포르템의 데이터를 본 후 아마존 베이직은 자체 버전의 트렁크 정리함을 개발하기 시작했다. 2019년 10월 아마존은 자체 브랜드 아마존 베이직이란 이름 하에 포르템의 제품과 비슷한 세 가지 트렁크 정리함을 론칭했다.

　창립자들은 자신들의 회사와 제품에 어떤 일이 일어나고 있는지 알지 못했다. 그들은 나를 통해 이 사실을 알게 되었다.

　아마존은 수년 동안 자체 브랜드 부문의 구체적인 정보에 대해 기이할 정도로 비밀스러웠다. 아마존은 자체 브랜드 매출이 소매 매출의 1%도 되지 않는다고 말하면서 이 부문을 소규모로 분류했다.(아마존은 자체 브랜드 매출을 계산할 때 홀푸드 365 브랜드, 아마존 프레시 브랜드, 디바이스 사업에서의 매출은 포함하지 않는다.)

2019년에《월스트리트 저널》에서 아마존 취재를 맡은 나에게는 이 사업이 아마존이 힘을 남용할 가능성이 있는 영역으로 보였다. 아마존은 플랫폼을 소유하고 있으며 대단히 불공정한 정보 우위(다른 누구도 가질 수 없는 데이터에 대한 접근권)를 가지고 플랫폼에서 경쟁할 수 있었다. 이는 불공정한 경쟁의 장의 표본과도 같았다.

자체 브랜드는 소매업만큼이나 긴 역사를 가지고 있다. CVS나 크로거Kroger도 자체 브랜드 치약을 만들 때는 당연히 매장 데이터를 사용해 무엇을 만들지 파악한다. 차이점은 CVS나 크로거의 경우 콜게이트Colgate에서 직접 치약을 구매한다는 데 있다. 콜게이트 재고를 사서, 가격을 책정하고, 고객에게 판매하고, 필요에 따라 할인을 하는 것이다. 재고를 갖고 있고 가격 책정과 할인을 직접 제어하기 때문에 CVS나 크로거가 사용하는 데이터는 자체 데이터다.

더구나 소매업체가 자체 브랜드를 만들 때는 일반적으로 소규모 기업가가 만든 품목을 모방 하기 보다는 피앤지의 키친 타월과 같은 일반 카테고리에서 경쟁할 제품을 선택한다.

아마존이 하고 있는 일은 그것과 완전히 달랐다. 그들은 제3자 판매자의 재고를 매입하지 않았다. 아마존은 가격을 책정하거나 광고를 구매하거나 제3자 판매자와 전통적인 소매 관계를 맺지 않았다. 제3자 판매자에 대한 그들의 사업 모델은 판매자가 아마존에 자체 스토어를 만들고 재고를 얼마나 둘지, 가격을 어떻게 책정할지에 대한 완전한 통제력을 갖는 것이었다. 이런 제3자 판매자는 사실 아마존에 임대료를 내고 가상의 쇼핑몰에 입점하는 것이다. 자체 브랜드 직원이 제3자 판매자의 데이터에 접근하는 것은 이 가상 쇼핑몰이 문을 닫은 후 판매자의 매장에 몰래 들어가 모든 데이터를 가져가는 것과 흡사하다.

아마존 자체 브랜드 부서의 직원들은 매년 윤리 교육을 받으며 거기에서 개별 제3자 판매자의 데이터에 접근하는 것은 금지라는 이야기를 듣는다. 하지만 수십 명의 직원들이 내게 한 이야기에 따르면 실제로는 그들의 데이터 접근을 막을 수 있는 적절한 방화벽이 없었다고 한다. 많은 직원들이 쉽게 보고서를 입수할 수 있었다.

포르템의 문서를 공유했던 사람은 전자제품, 여행 가방, 스포츠용품, 기타 라인 등의 제품을 만들 때 경쟁업체들, 심지어 개별 판매자에 대한 데이터를 입수하는 것이 거의 "표준적인 작업 절차"였다고 말했다. 아마존 자체 브랜드팀은 새로운 제품 라인을 개발하기로 결정하기 전 이런 보고서들에 접근했다. 이 관행은 부정적인 영향 없이 수년 동안 지속됐다. 아마존 대변인은 아마존이 제품을 만들기 위해 개별 판매자 데이터를 사용했다는 이유로 자체 브랜드 직원을 해고한 적이 없으며, 직원이 이런 방식으로 판매자 데이터를 사용한 사례를 적발한 적이 없다고 말했다.

2015년과 2018년에 아마존은 자체 브랜드 사업에 대한 두 차례의 내부 감사를 실시했다. 내부 규정을 위반하는 방식으로 판매자 데이터에 접근하고 있는지 여부를 조사하기 위해서였다. 아마존 대변인은 이렇게 말했다. "변호인단의 요청으로 그들의 감독 하에 이루어져 법적 특권이 있는 감사에 대해서는 언급할 수 없습니다."라고 말했다. 대변인의 이야기는 이렇게 이어진다. "하지만 접근과 사용을 구분하는 것이 중요합니다. 우리는 아마존 직원이 자체 브랜드 제품을 개발하기 위해 판매자별 비공개 데이터를 실제로 사용한 사례에 대해 알지 못합니다." 대변인은 감사에서 자체 브랜드 직원이 그런 데이터에 접근할 수 있었는지 여부를 발견했느냐는 질문에는 답변을 거부했다. 아마존의 반응은 흥미로웠다. 직원과 관리자들은 판매자 데이터 사용이 오랫동안 만연해 있었다는 것을 인정했다.

데이터에는 이들 팀이 빠르게 움직여 히트 제품을 시장에 내놓는데 필요한 정보가 담겨 있었다. 빠르게 움직이고 히트 제품을 시장에 출시하는 것은 아마존에서 일자리를 지키고 승진하기 위한 청사진이었다. 많은 직원들에게 데이터는 너무 소중해서 도저히 무시할 수 없는 존재였다.

아마존의 자체 브랜드팀은 매출 성장에 대한 극심한 압박에 시달렸다. 일부 관리자들은 자신이 맡은 카테고리를 10억 달러 브랜드로 키워야 한다는 기대가 있었다고 이야기했다.

2017년 아마존은 위크들리 프라임Wickedly Prime이라는 새로운 자체 식품 브랜드에 공을 들이고 있었다. 아마존의 전형적인 방식대로 이 팀은 고위 경영진의 승인을 받기 전에 위크들리 프라임이 어떤 브랜드가 될 것인지에 대한 목표가 담긴 식스페이저를 작성했다. 이 보고서는 트레이더 조스Trader Joe's(종교집단과 같은 추종자들이 있는 독특한 식료품점)에서 판매되는 상위 200개 품목을 모사하는 것이 목표라고 설명하고 있었다.

아마존의 자체 브랜드팀은 이 지시를 진지하게 받아들였다. 트레이더 조의 비밀은 철저히 보호되고 있다. 이 식료품점은 온라인 쇼핑을 허용하지 않기 때문에 리뷰를 쓰거나 볼 수 있고 온라인 쇼핑이 가능한 소매업체에 비해 이 회사의 판매 상위 품목에 대해서는 알려진 것이 많지 않았다. 진열대에서 날개 돋친 듯 팔리는 시나몬 번 스프레드, 로즈마리 크루아상 크루통 등 트레이더 조에서 판매하는 제품의 상당수는 자체적으로 제조하는 것이다. 이런 비밀주의 때문에 정확히 어떤 200개 품목을 모방해야 하는지 파악하기가 쉽지 않았지만, 자체 브랜드팀은 이를 반드시 찾아내기로 마음먹었다.

팀은 트레이더 조의 카테고리 책임자를 영입하겠다는 중요한 채용 결정을 내렸다. 이 트레이더 조 직원은 아마존에서 면접을 볼 때 어떤 일을 하게 될지 구체적으로 듣지 못했다. 일을 시작하고 첫 주에 비밀 보장을 위해 크래프트지로 문과 창문을 가린 본사의 회의실에 걸어 들어가서야 비로소 상황을 파악할 수 있었다. 문제의 회의실 선반에는 트레이더 조의 식품 상자들이 산처럼 쌓여 있었다. 아마존은 자체 브랜드를 연구하기 위해 팀원을 트레이더 조에 보내 트레이더 조의 제품(주로 스낵 코너의)을 사들였다. 위클리 프라임의 품목들을 만드는 데 도움을 주기 위해 채용된 이 직원은 그 광경에 깜짝 놀랐다.

이 직원의 매니저는 트레이더 조의 베스트셀러 제품에 대한 정보를 얻기 위해 6개월 동안 그녀를 괴롭혔다. 직원은 상황을 모면하려 애썼지만 압박은 계속 심해졌다. 관리자는 이 직원에게 트레이더 조에서 근무할 때 보관하고 있던 모든 문서를 팀의 다른 동료에게 이메일로 보내라고 요구했다. 이 직원은 일주일 동안 전국적으로 가장 많이 팔린 품목들이 자세히 적힌 엑셀 스프레드시트를 이메일로 보냈다. 거기에는 해당 기간 동안의 품목별 판매 단위가 포함되어 있었다.

하지만 매니저는 판매 데이터에서 멈추지 않았다. 그는 또한 각 제품에 대한 트레이더 조의 이윤을 공유하라고 요구했다. 그 대화를 목격한 한 사람은 이 직원이 거부하자 매니저는 그녀에게 불같이 화를 내면서 "데이터를 내놔!"라고 소리쳤다고 전했다. 몇 달 동안 압력에 시달렸던 직원은 눈물까지 터뜨렸지만 끝까지 이윤 데이터는 공유하지 않았다.

팀은 그녀의 매출 문서를 팀원들과 공유하고 그 자료를 어떻게 통합시킬지 고민하기 시작했다. 하지만 트레이더 조의 독점 데이터를 사용하는 것을 비윤리적이라고 생각한 또 다른 팀원이 이 일을 법무팀에 신고했다. 얼마 지나지 않아 데이터에 접근했던 몇몇 직원이 해고되었다. 아마존은 그 행동에 적절하게 대응했지만, 해당 팀 직원들은 이런 식의 데이터 사용이 그들이 어떤 유형의 압력을 받고 있는지를 상징한다고 말한다.

아마존 대변인은 위키들리 프라임 상황에 대한 응답에서 이렇게 말했다. "우리는 독점 기밀 정보의 오용을 용납하지 않으며, 그런 행위를 하는 직원에 대한 보고가 있으면 철저히 조사하고 해고를 비롯한 조치를 취합니다."

불과 몇 달 후, 그 압박은 더 심해진다. 2017년 베이조스는 자체 브랜드 부서의 고위 임원들과 회의를 가졌다. 베이조스는 타겟과 월마트의 자체 브랜드 사업이 전체 매출에서 상당한 비중을 차지한다고 말했다.

"아마존의 자체 브랜드 매출의 비중은 몇 퍼센트나 됩니까?"

그가 물었다. 임원들은 고개를 들지 못했다. 아마존 자체 브랜드의 수치는 그런 거대 소매업체들의 근처에도 가지 못하고 있었다. 그들은 베이조스에게 아마존의 자체 브랜드는 소매 매출의 약 1%를 차지하는 데 그친다고 말했다.

베이조스는 용인할 수 없는 수치라고 말했다. 그는 5년 내에 자체 브랜드가 아마존 소매 매출의 10%가 되기를 원했다. 자체 브랜드팀원들은 불가능한 일임을 알고 있었지만 노력하는 수밖에 없었다. 베이조스의 직접적인 지시였기 때문이다.

아마존의 한 자체 브랜드 임원은 내게 이렇게 말했다. "그래서 우리는 정말 기하급수적인 계획을 세웠습니다. 자체 브랜드에 대해 알아야 할 점은 판매할 수 있는 배터리가 한정되어 있다는 것입니다. 매출에 큰 도약이 있으려면 매년 수많은 제품을 출시해야 하고, 그 제품이 히트 제품이 되어야 합니다."

자체 브랜드팀은 매년 제3자 판매자 데이터의 적절한 사용과 부적절한 사용에 대한 내부 교육을 받으며 자체 브랜드팀과 제3자 판매자팀 사이에는 방화벽이 존재해야 한다. 하지만, 해당 팀 직원들은 이를 쉽게 우회할 수 있는 느슨한 프로토콜이라고 묘사했다. 아마존 자체 브랜드 업무를 담당했던 여러 사람은 내게 성공할 만한 자체 브랜드 제품을 시작해 내보내기 위해서 히트 제품과 각 품목의 비용, 이윤 등의 세부적인 세부 정보가 포함된 제3자 판매자 데이터를 정기적으로 찾아보았다고 이야기했다.

직접 데이터를 접근할 수 없는 경우에는 광범위한 시스템 접근권을 가진 비즈니스 분석가에게 제3자 판매자에 대한 보고서를 가져와 달라고 요청했다. 관련자 중 한 명은 이 과정을 "울타리를 넘는다"고 칭했다.[14] 그런 데이터 사용은 수년 간 아주 흔해서 직원들이 회의에서 데이터 사용에 대해 공개적으로 논의할 정도였고, 한 자체 브랜드팀 직원은 상사로부터 아마존 자체 비타민 개발의 일환으로 데이터를 찾아오라는 지시를 받기도 했다.

베이조스나 에스팀과 같은 최고 경영자들은 데이터를 그런 식으로 사용하라고 지시하지 않았지만, 직원들은 데이터 접근을 막기 위한 적절한 프로토콜이 확립되어 있지 않다고 말한다. 더구나 이미 아이비리그 출신 인재로 채워진 올스타 풀 가운데에서 매년 하위 6%의 직원을 잘라내는 극심한 경쟁 문화는 데이터에 접근해 우위에 서는 것이 경쟁에서 앞서기 위한 무언의 인센티브라는 것을 의미했다.

수많은 연구 결과가 사내 인센티브가 역효과를 낳는 경향이 있다는 것을 보여주었다. 《하버드 비즈니스 리뷰》의 "인센티브 계획이 효과가 없는 이유"라는 논문에는 이렇게 적혀 있다. "처벌과 보상은 동전의 양면이다. 보상에는 징벌적 효과가 있다. 노골적인 처벌과 마찬가지로 조작에 의한 것이기 때문이다. '이렇게 하면 이걸 받을 거야'라는 말은 '이렇게 하지 않으면 이런 꼴을 당하게 될 거야'라는 말과 크게 다르지 않다. 인센티브의 경우, 보상 자체는 매우 바람직할 수 있지만, 보너스가 특정 행동 여부에 따라 좌우됨으로써 관리자는 하급자를 조종하며, 통제되는 경험은 시간이 흐름에 따라 징벌적 성격을 띠게 될 가능성이 높다."[15] 이 논문은 다음과 같이 이어진다. "협력, 즉 조직의 미덕을 파괴하는 가장 확실한 방법은 사람들이 보상이나 인정을 위해 경쟁하도록 하거나 서로 비교해서 순위를 매기도록 하는 것이다." 그리고 이런 환경은 직원들이 동료를 자기 성공의 장애물로 보게 한다고 덧붙인다.

아마존의 직원들은 매년 성과가 낮은 사람은 해고된다는 현실을 끊임없이 인식했고, 이는 종종 다른 사람보다 우위를 점하기 위한 나쁜 행동으로 이어졌다. 한 전직 에스팀 멤버는 아마존의 엄격한 승진 절차 역시 나쁜 행동을 야기할 수 있다고 이야기했다. 그는 "그런 나쁜 결정을 내리는 사람들은 대부분 승진에 목마른 사람들이라고 생각합니다. 승진 과정과 관련되었을 때는 눈에 보이는 것을 우선시하게 마련입니다. 저는 이것이 대단히 엄격하고 서류가 엄청나게 많은 여러 단계를 거쳐야 승진하는 방식에 수반되는 부수적인 문제라고 생각합니다. 이런 상황이라면 모두가 승진을 위해서 눈에 띄는 주력 제품을 내놔야 한다고 생각하죠."라고 말한다.

최고위 경영진조차 성과에 집착했다. 베이조스가 직원을 소모품이라고 생각하며 그것이 회사 문화를 형성했다고 말하는 사람들도 있다. 아마존에 23년간 근무하면서 소비자 사업부 CEO를 역임했고 에스팀 멤버이기도 했던 데이브 클라크Dave Clark는 내게 이렇게 말했다.

"직급에 상관없이 어제 올린 성과로 평가를 받는다는 것을 명심해야 합니다."

나는 여기에서 은행원들이 고객 모르게 수백만 개의 예금 계좌와 신용카드 계좌를 만든 웰스파고Wells Fargo 스캔들을 떠올렸다. 웰스파고의 CEO가 은행원들에게 가짜 계좌를 개설하도록 한 것은 아니다. 하지만 개설한 계좌 수를 기반으로 하는 비현실적인 목표를 달성하지 못한 직원은 해고했다. 그리고 10년이 넘는 기간 동안 아무도 그런 일을 막지 않았다.(스캔들이 드러난 후 웰스파고는 5,300명의 직원을 해고하고 수십억 달러의 벌금을 냈다.[16]) 달성할 수 없는 목표, 실직의 위험, 잘못된 행동을 눈감아 주는 문화는 위법 행위가 난무하는 더할 수 없이 나쁜 상황을 만들었다.

소식통에 따르면 아마존에는 데이터를 검색한 후 거치는 정교한 브랜드 복제 프로세스가 있다고 한다. 시애틀의 특정 카테고리에서 일하는 아마존 직원은 서류들을 자세히 검토하고 어떤 제3자 판매자의 제품이 가장 잘 팔리는지, 아마존이 자체 제품으로 만들었을 때 경쟁할 수 있는 이윤과 가격인지를 평가했다. 본질적으로 아마존은 제품을 만들어 제3자 판매자보다 낮은 가격으로 팔 때의 이윤이 해당 판매자가 제품을 팔면서 아마존에 가져다주는 이윤보다 높은 제품을 찾은 것이다. 마진 개선의 기준은 보통 5%였지만 일부 카테고리에서는 10%까지 높아졌다.

이후 시애틀에 있는 직원이 중국 선전의 아마존팀에 제3자 판매자 제품에 대해 알린다. 이를 내부적으로는 "참조 ASIN reference ASIN"이라고 부른다. 아마존의 제조사나 생산 시설과의 관계를 관리하는 책임을 맡은 선전팀은 조사를 위해 해당 제품을 사무실로 주문한다. 그다음으로 해당 제품 카테고리를 전문으로 하는 선전의 중국 제조업체에 제품을 가져간다. 공장은 아마존에 제품 제조 견적서를 냈고, 아마존은 비슷한 품질에 제3자 판매자에게서 얻는 것보다 높은 이윤을 낼 수 있는 공장이 있으면 제품을 주문한다는 것이 선전 아마존 직원들의 이야기다.

아마존 입장에서는 이 프로세스로 자체 제품 제작에서의 추측과 디자인에 따르는 위험을 제거할 수 있다. 선전 자체 브랜드팀 직원은 "그들은 제품에 R&D 비용을 지출하거나 재디자인하는 과정을 거치려하지 않습니다."라고 회상했다. 그는 비용을 낮추고 원래의 제품과 다르게 보이도록 아마존 버전에는 약간의 수정을 가하긴 했지만, 그 외에는 다른 큰 변화를 주지 않는다고 말했다. 빠르면 8개월 만에 아마존닷컴에서 이 모조품을 구할 수 있다.

시애틀의 자체 브랜드팀에도 달성해야 할 공격적인 목표가 있지만, 선전팀도 다르지 않았다. 이 팀에서 일했던 사람들에 따르면, 그들은 매년 2,000~3,000개의 신제품을 출시해야 한다는 압력을 받았다.

나는 선전의 한 직원에게 아마존이 독점 금지법을 위반하는 방식으로 데이터를 사용하는 문제에 대해 걱정하지는 않는지 물었다. 그는 "누구든 아마존에 들어가서 컴퓨터를 가져온 뒤 이메일 받은 편지함을 확인하면 어렵지 않게 진실을 알 수 있을 것입니다. 그런 일은 비밀도 아닙니다."라고 대답했다.

아마존 대변인은 "우리는 비공개인 판매자 특정 데이터를 판매자와 경쟁하기 위한 목적으로 사용하는 것에 대해 분명한 선을 긋고 있습니다."라고 대답했다. "정책 위반 혐의는 신뢰할 수 있는 증거가 아닌 오해에 근거한 것입니다."

포르템은 이런 아마존의 관행으로 인한 유일한 피해자가 아니다. 피해자는 포르템과 마찬가지로 기업정신이 왕성한 소규모 업체인 경우가 많았다. 카니의 팀이 아마존이 지원하는 업체들로 묘사하기 위해 공을 들인 바로 그 유형의 판매자 말이다.

트래비스 킬리언Travis Killian도 그런 판매자 중 하나였다. 그는 텍사스 오스틴에서 여섯 명의 직원과 함께 사무용 의자 쿠션, 좌골 신경통 환자를 위한 베개, 여행용 우산을 비롯한 제품을 만들고 판매한다. 킬리언은 2015년 어퍼 에셜런 프로덕트Upper Echelon Product를 설립했고, 매출의 대부분은 아마존에서 올린다. 이 회사의 사무실 의자 쿠션 중 하나는 아마존 웹사이트의 베스트셀러다.

아마존 자체 브랜드 직원들은 아마존 브랜드 시트 쿠션 개발 중에 어퍼 에셜론의 1년 치 데이터를 가져와 사무용 의자 시트 쿠션에 대해 살펴보았다. 그 데이터는 해당 기간 동안 킬리언이 방석을 11만 1,000개 이상 판매해 350만 달러의 수익을 올렸다는 것을 보여주었다.[17] 이 보고서에는 단위당 마케팅 비용을 비롯한 민감한 정보들이 포함되어 있었다. 한 아마존 직원이 2019년 초 이 데이터에 접근했다. 2020년 9월, 아마존 베이직은 자체 버전의 시트 쿠션을 출시했다.

2020년에 나는 그 데이터를 킬리언 공유해 그것이 당시 킬리언의 데이터와 얼마나 일치하는지 확인했다. 그는 완벽히 일치한다고 말했다. 그는 당시 나에게 "그들 내부에 우리와 경쟁하기 위해 우리를 주시하는 사람들이 있다는 사실을 알게 되니 마음이 편치 않습니다. 시트 쿠션을 만드는 것은 좋지만 우리 데이터를 훔쳐서 우리에게 불리하게 사용하진 않았으면 좋겠네요. 그건 정말 뻔뻔한 짓이잖아요."라고 이야기했다.

아마존은 그 기간 동안 어퍼 에클론 시트 쿠션 판매자가 20여 명이라고 밝혔지만, 그 판매자들이 몇 개의 제품을 판매했는지는 말하지 않았다. 킬리언은 만약 그렇다면 아마존 직원이 사용한 그의 판매자

계정에 대한 데이터가 어떻게 그의 내부 판매 데이터와 완벽하게 일치하는 것이냐고 말했다.[18]

아마존 자체 브랜드의 스파이 활동에 대해 알게 된 피해자들은 비슷한 반응을 보인다. 처음에는 격분했다가 다음으로는 겁을 먹는다.

그들의 분노는 정당하다. 판매 채널로 아마존을 사용하는 데 드는 비용이 대단히 비싸기 때문이다. 아마존의 성공은 판매하는 모든 제품에 대해 아마존에 수수료를 지불하는 이런 판매자들을 토대로 한 것이며, 많은 판매자들이 아마존에 돈을 지불하고 검색 페이지에 제품을 광고하고 그들의 FBA 프로그램을 통해 제품을 보관, 배송하는 것 외에는 다른 선택지가 없다고 느낀다.[19]

아마존은 제3자 판매자에게 진퇴양난의 문제를 던진다. 그들은 이용을 당하더라도 웹사이트에서 판매를 할 수밖에 없다. 그들은 뉴스 보도에 자신의 이야기를 포함시키지 말아달라고 간청하곤 한다. 야수를 찔렀다가 계정 폐쇄와 같은 보복을 당할까봐 두려운 것이다.

의회에서 이후의 조사와 관련된 증언을 위해 인터뷰할 때도 그들은 보복이 두려워 익명을 요구하곤 한다. 한 국회의원은 중소업체에 미치는 힘 때문에 아마존을 마피아에 비유했다.

아마존이 수익에서 큰 몫을 가져가는 데에서 그치지 않고 정보까지 빼낸다는 것을 알게 된 판매자들은 그 탐욕에 경악한다. "나에게서 얼마나 더 원하는 건가?"라는 말이 끊임없이 반복되고 있다.

문제는 아마존이 실제로 여러 그룹으로 나뉘어 있고 각자 자기 그룹의 매출과 지표를 높이는 데 도움이 되는 정책을 위해 서로 경쟁한 다는 데 있다. 이 가운데에서 종종 다른 그룹, 심지어는 고객까지 희생 된다. 리더십 원칙은 특정 사업부에게 이익이 되는 결정을 정당화하기 위해 무기가 되기도 하고 완전히 무시되기도 한다.

아마존의 검색팀은 아마존 제국의 거의 모든 곳에서 원칙에 반하는 일을 하라고 괴롭히는 와중에서도 아마존의 "고객 집착" 원칙을 고수 하며 욕을 먹곤 한다.

A9("알고리즘algorithms"이라는 단어의 앞 글자 "A"와 단어를 이루는 나머 지 아홉 글자를 의미하는 "9"가 합쳐진 이름)이라고 불리는 검색팀은 순 수주의 엔지니어들로 이루어져 있으며 아마존의 주된 지도 원리의 기 수 역할을 담당한다.

검색팀의 엔지니어들은 시애틀로부터 격리되어 실리콘 밸리에 자 체 사무실을 갖고 있으며 수년 동안 자체 CEO를 두고 본사와 독립적 으로 운영되었다.(재밌게도 아마존은 캘리포니아 주에서 소매 판매세를 부 과하지 않고 엔지니어를 고용하기 위해서 A9를 독립 법인으로 만들었다.)

아마존은 거대한 제품 검색 엔진이다. 실제로 미국 내 모든 온라인 쇼핑 검색의 절반 이상이 구글이나 다른 검색 엔진이 아닌 아마존닷컴 에서 시작되기 때문에 최대의 검색 엔진이라 할 수 있다.[20]

A9는 아마존 사이트에서 무엇보다 중요한 검색과 랭킹 기능을 통 제한다. 다른 거대 기술 기업과 마찬가지로 아마존은 경쟁 우위를 유 지하고 판매자의 시스템 조작 방지를 위해 내부적으로도 알고리즘을 철저히 기밀로 보호하고 있다.

판매 중인 수백만 개의 품목을 즉각적으로 분류해 고객들에게 그들이 입력한 검색어와 관련된 품목을 제시하는 것이 A9의 중심 목표다. 고객 집착이란 결국 고객이 원하는 것을 제공하는 것이기 때문에 관련성보다 더 중요한 것은 없다.

아마존 알고리즘의 요소에는 좋은 평점, 판매량, 가격, 입수가능성, 낮은 반품률 등이 포함되며, 수년 간 알고리즘 전체의 목적은 고객 만족이었다. 그렇다면 고객에게 관련성이 높은 제품을 좋은 가격에 제공하는 것이 관련된 모든 사람에게 이익일까? 그렇지가 않은 것으로 드러났다.

큰 규모와 이질적인 조직은 아마존 내부의 그룹들이 서로 치열하게 경쟁한다는 것을 의미했다. 예를 들어, 아마존의 제3자 사업 부문에서 일하는 직원들은 제조업체로부터 직접 제품을 구매해 재판매하는 사업 부문보다 외부 판매자들이 성공하기를 원했다. 아마존 브랜드 제품을 만드는 아마존의 자체 브랜드팀에서 일하는 직원들은 제3자 판매자나 자사 사업 부문의 제품보다 자신의 제품이 고객의 장바구니에 더 많이 들어가기를 원했다. 광고가 판매될 때마다 돈을 버는 아마존 광고 부문의 직원들은 검색 결과 페이지에서 가능한 많은 부분이 검색어와 연관성이 높은 품목이 아닌 판매자의 광고에 할애되기를 바랐다. 각 그룹은 내부 수치를 달성하기 위해 노력했고, 그것은 매출을 두고 아마존의 다른 사업 부문과 겨루는 것을 의미했다. 모든 아마존 직원들의 마음 한편에는 아마존의 냉혹한 관리 시스템이 자리 잡고 있다.

아마존 검색에 무엇이 등장할지 결정하는 A9에는 갖가지 요구가 쇄도한다. 아마존 내부에서 매우 심한 압력을 행사하는 그룹은 자체 브랜드팀이었다. 매출 증대에 대한 극심한 압박을 받는 이 경영진 그룹은 A9에 알고리즘을 바꿔달라는 강력한 로비를 자주 벌였다.

변화를 가장 심하게 밀어붙이는 사람은 다이아퍼스닷컴 인수에 관여했던 아마존의 더그 헤링턴이었다. 헤링턴의 이력서에는 프린스턴 대학교, 수석 졸업, 하버드 비즈니스 스쿨 등 빛나는 단어들이 가득하다. 그는 10년 간 컨설팅 회사 부즈 앨런 해밀턴Booz Allen Hamilton의 파트너였다. 그 사이에 다른 곳에서 일하다가 결국 아마존에 합류했다.

A9 엔지니어들에 따르면 헤링턴을 필두로 하는 소매업 부문 경영진은 수년간 A9에 검색에서 자신들 제품에 혜택을 달라고 요구했지만 그들은 거부했다. 자체 브랜드에 특혜를 주는 것은 고객 중심적인 일이 아닐 수 있었기 때문이다. 자체 브랜드팀은 세상 물정을 모르는 이 순수주의자들을 성가시게 여겼고, 아마존의 매장에서 왜 자신들이 우위를 얻을 수 없느냐고 불평했다. CVS는 자사 브랜드의 기침약을 로비투신Robitussin과 같은 전국 브랜드 옆에 진열하지 않는가! 소식통에 따르면 그들은 자신들의 요구가 이 경우와 다르지 않다고 주장했다고 한다.

자체 브랜드팀은 시스템을 자신들에게 유리하게 이용해 자체 제품의 판매를 촉진하기 위해 다른 방법을 실험했다. 아마존 앱의 팝업 화면을 통해 경쟁사 제품에 관심이 있는 고객을 아마존 버전으로 유도하는 방법을 테스트한 것이다. 예를 들어 고객이 앱에서 에너자이저 Energizer 배터리를 클릭하면 아마존 자체 브랜드의 저가 배터리를 선전하는 화면이 페이지를 덮는 것이다.[21]

하지만 항상 알고리즘과 검색으로 되돌아간다는 문제가 있었다. 자체 브랜드팀은 검색 알고리즘의 기준에 수익이 추가되기를 원했다. 그렇게 된다면 자사 제품(경쟁 제품보다 이윤이 높아야 하는) 이 검색 결과 상위에 오르는 데 도움이 될 것이다. 검색 결과 상위에 오를수록 그들은 더 많은 제품을 팔게 된다.

이렇게 그들은 포르템의 두 기업가로부터 아이디어를 훔쳤을 뿐만 아니라 검색 결과에서 그들은 묻어버렸다.

전 A9 고위 임원은 "우리는 검색에서 특혜를 받기를 원하는 그들과 필사적으로 싸웠습니다."라고 말했다.[22]

A9의 엔지니어 중 한 명은 "아마존에서 물건을 파는 모든 팀이 자기가 제품의 순위를 높이기 위해 검색에 접근했습니다."라고 말했다.

A9이 그렇게 오랫동안 저항할 수 있었던 것은 그 그룹의 리더들 역시 순수주의자였기 때문이다. 하지만 아마존의 구조 조정은 고객을 대신해 싸워줄 A9의 능력에 변화를 불러오게 된다.

2015년, A9은 아마존의 소매 부문으로 통합되었다. 하지만 2018년의 리더십 변화는 이제 A9이 헤링턴의 직속이라는 것을 의미했다. 검색팀에 대한 압박이 심해졌고 마침내 댐이 무너졌다.

리더십의 변화는 아마존에서 내부적으로 큰 동요를 일으킬 또 다른 사건과 동시에 일어났다. 베이조스는 에스팀에 소매 부문 전반의 수익성 강화를 지시했다.[AWS 론칭 후 초기에는 AWS의 수익이 아마존의 낮은 소매 가격과 이윤을 상쇄하는 데 도움을 주었지만, 클라우드 컴퓨팅 외 아마존 비즈니스의 수익성이 얼마나 되는지는 공개적으로(심지어는 주주들에게도) 알려지지 않았다. 예를 들어, 2018년 아마존의 AWS 외 사업의 전 세계 수익은 약 170억 달러였다. 그러나 아마존의 연례 보고서에는 북미 AWS 외 사업에서 73억 달러의 수익을 올렸고, 해외 사업은 21억 달러의 손실을 기록해 누적 수익이 51억 달러에 그쳤다고 적혀 있다. 왜일까? 내부 보고서에 따르면 아마존은 그해 디바이스 부문에 50억 달러를 투자했고 아마존 스튜디오의 콘텐츠에 30억 달러 이상을 투자했는데, 이 모든 것이 AWS 사업 수익에서 나온 것이었다. 수익과 관련해, 광고는 2018년 수익에 60억 달러 이상의 기여를 했다. 판매자에게 점점 더 비싼 위치의 광고를 구매하도록 유도하고, 기타 판매자 수수료를 조금씩 인상하는 등 의 내부 결정이 성과를 냈다. 아마존은 이렇게 말했다. "아마존은 새로운 고객 경험을 구축하고 기존 고객 경험을 개선하고자 하는 열망을 토대로 자본을 사업에 재투자합니다. 한 비즈니스의 수익을 다른 사업으로 돌려 그 결과에 영향을 주는 것은 우리의 접근 방식이 아닙니다."]

A9에는 수익성 개선을 돕기 위해 검색 알고리즘을 바꾸라는 명령이 떨어졌다. A9이 지켜온 지도 원리와 완전히 배치되는 일이었다.

대부분의 소비자들은 그들이 보고, 듣고, 구매하는 것을 결정하는 코드 조각에 대해서는 거의 생각하지 않지만, 알고리즘은 결코 중립적이지 않다. 알고리즘은 사람들에 의해 만들어지며 그 사람들은 의도한 결과를 만들어내는 방식으로 알고리즘을 최적화할 수 있다. 따라서 고객은 아마존에서 쇼핑하는 동안 자신들이 보는 검색 결과가 가장 관련성이 높은 것이라고 추정하지만, 아마존은 알고리즘에 변화를 줌으로써 다른 요소를 관련성보다 우선하게 만들 수 있다.

2012년 여행 예약 사이트 오비츠Orbitz는 호텔 검색 결과에서 애플 제품을 사용하는 고객에게 PC를 통해 사이트에 들어오는 고객보다 더 비싼 호텔을 보여주는 알고리즘을 테스트했습니다. 이 테스트는 애플 고객이 PC 사용자보다 호텔에 더 많은 돈을 쓰는 경향이 있다는 사실을 알게 된 데에서 나온 결과였다. 맥Mac 사용자의 가처분 소득에 대한 데이터도 이를 뒷받침했다.

애플 디바이스를 사용하는 고객은 특정 날짜에 말리부 호텔을 검색한 결과가 델Dell 컴퓨터에서 동일한 날짜의 호텔을 검색한 결과와 똑같을 것이라고 생각하지만, 결과는 크게 달랐다. 2012년《월스트리트 저널》이 이 관행을 폭로한 후 오비츠는 맥 사용자에게 더 비싼 호텔을 보여주는 것을 중단했다.[23]

쇼핑객들은 알고리즘이 공정하고 중립적일 것이라고 예상한다. 검색 알고리즘을 조작한 오비츠에 대해 독자들이 분노했다는 사실이 이를 효과적으로 보여준다. 알고리즘은 이런 순진함 덕분에 기업들이 고객이(심지어는 규제 기관도) 알아채지 못하게 많은 죄를 숨길 수 있는 영역이 되었다.

처음에 아마존 경영진은 알고리즘 자체에 수익을 추가해 잘 팔리고 평점이 높은 품목을 보여주는 것에 더해 아마존에 더 높은 수익을 안겨주는 제품을 우선하려는 시도를 했다. 아마존의 자체 브랜드 라인은 사이트에서 경쟁하는 다른 품목들보다 마진이 더 높게끔 설계되었기 때문에 이런 방법으로 자체 브랜드 제품이 검색 결과에서 더 눈에 띄게 하고 판매를 늘릴 수 있다. 아마존에 큰 수익을 주는 제품을 가진 다른 판매자들도 이런 변화의 덕을 보게 된다.

하지만 바라는 결과를 위한 지나치게 뻔뻔한 시도는 결국 문제가 될 수 있다. 막후에서 벌어진 일이라고 하더라도 말이다.

시애틀의 한 회의실에서 변화에 대한 제안이 논의되고 있을 때 아마존의 변호사들이 끼어들었다.[24] 2017년, 유럽연합의 마르그레테 베스타게르 위원은 구글이 비교 쇼핑 서비스에 유리하도록 검색 엔진을 부정하게 사용했다는 것을 발견하고 27억 달러의 벌금을 부과했다. 유럽과 국내의 규제 당국의 조사 수위가 높아지고 있는 상황에서 아마존의 이런 시도가 노출되는 것은 곤란했다.

팀은 알고리즘에 직접 추가하지 않으면서 수익성을 고려할 수 있는 다른 방법을 찾기 시작했다. 그들은 알고리즘이 특정 비즈니스 목표에 이르렀는지 테스트하기 위해 아마존이 사용하는 지표를 사용하기로 했다.

엔지니어가 알고리즘에 추가할 새로운 변수를 테스트할 때 아마존은 결과를 몇 가지 지표와 비교한다. 이런 지표 중에는 고객이 원하는 제품을 찾았는지를 보여주는 매출 증가 여부도 포함된다. 과거 사용했던 지표가 긍정적인 결과를 냈다는 것은 높은 고객 만족도와 연관성이 있으며 따라서 검색이 고객에게 제시하는 순서를 결정하는 데 도움이 된다.

이제 엔지니어들은 수익성 향상이라는 또 다른 지표를 고려해야 하게 되었다. 알고리즘에 추가된 변수는 본질적으로 수익의 대용물이 된다.[25] 이 변수들은 아마존의 수익성 개선과 연관되지만 외부 관찰자에게는 그리 명백하게 드러나지 않을 것이다.

A9 엔지니어들은 요청 받은 작업에 아연실색했다. 아마존에서 판매된 품목들에 대한 수익 데이터를 불러오는 데 몇 개월이 필요할 뿐 아니라, 고객 만족이라는 목표에도 크게 어긋났다. 그들이 진행하려는 프로젝트는 고객에게 혜택이 되지 않았다. 그들은 갈등을 겪었다.

당시 마지못해 프로젝트에 참여했던 A9의 한 엔지니어는 "이 프로젝트는 팀에서 좋은 평가를 받지 못했습니다. 검색 엔진은 수익성이 높은 아이템이 아니라 관련성 있는 품목을 찾아야 합니다."라고 말했다.[26]

아마존 대변인은 아마존이 검색 결과의 순위를 정하는 데 사용하는 기준을 변경해 수익성을 포함시켰다는 점을 부인했다.

A9 엔지니어들은 관련성에 대한 확고한 옹호자였다. 설상가상으로 같은 시기에 아마존은 홈페이지의 검색 결과 정렬 메뉴 중 "관련성"을 제거했다. 대신 "추천"이란 표현을 사용했다. 아마존 검색에서 관련성은 더 이상 최고의 기준이 아니었다.

아마존의 홍보는 미국 대부분의 중소기업과 소비자 환경이 상대적으로 소수인 아마존 직원들의 내부 인센티브와 동기에 의해 형성되었다는 데 초점을 맞추지 않을 것이다.

11장

아마존의 공습을 막아라

밥상을 빼앗긴 것은 소규모 업체만이 아니었다. 수년 동안 거대 소매업체들은 아마존과 아마존의 모든 움직임에 두려움을 느꼈다. 그들은 10여 년 동안 이 기술 기업을 과소평가해 왔다. 특히 의류 소매업체들, 서로 긴밀한 유대를 형성하고 있는 그 업체의 임원들(그 유명한 블루밍데일스Blomingdales's의 경영자 프로그램에서 재고 관리, 전략 계획, 제품 큐레이션에 대해 배운 사람들이 많았다.)은 아마존을 하찮게 보았다.

아마존이 이런저런 도구나 장치는 팔 수 있겠지만, 소비자가 아마존에서 옷을 사게 만들지는 못할 것이라고 생각한 것이다.

하지만 그들은 깨닫기도 전에 포위 공격을 받았다. 2006년 1월, 미국에서 가장 영향력 있는 소매업계 CEO들이 맨해튼 하모니 클럽

Harmonie Club의 우아한 홀에 들어섰다. 캐주얼한 정장 차림의 이들은 샴페인을 마시고 카나페를 먹으며 바쁜 연휴 쇼핑 기간에 대한 이야기를 나누었다.

세계 최대 소매업체의 CEO들, 매년 우리가 무엇을 입고 어떻게 입을지 결정하는 사람들이 이 사교 클럽에 몰려들어 관점을 공유했다.

전설적인 소매 투자 은행가이자 딜 메이킹 업체 파이낸코Financo의 설립자인 길버트 해리슨Gilbert Harrison이 운영하는 이 살롱은 소매업계 엘리트들을 끌어들였다. 제이크루를 미국의 상징적인 프레피 브랜드로 만든 미키 드렉슬러Mickey Drexler가 메이시스Macy's의 CEO, 랩 드레스 분야의 여성 거장 다이앤 본 퍼스텐버그Diane von Furstenberg, 마사 스튜어트Martha Stewart, 기타 소매업계의 왕족이라 할 수 있는 인물들과 친교의 자리를 가졌다. 올해는 P. 디디P. Diddy로 더 잘 알려진 션 콤스Sean Combs가 핀 스트라이프 수트를 입고 이곳을 방문해 자신의 의류 라인에 대한 이야기를 나누었다.

CEO들은 저녁 식사를 하고 칵테일을 마시며 앞으로의 트렌드에 대해 논의했다. 이 행사의 특징은 해리슨이 사회를 보는 활발한 패널 토론이었다. 논점은 브랜딩과 마케팅이었고, 초대장에는 전자상거래에 대한 언급이 없었다.

게스트 목록은 매년 거의 같았다. 하지만 2006년, 참석자들은 이 무리와 어울리지 않는 새로운 인물을 발견하고 깜짝 놀랐다. 짙은 색 정장을 차려입은 젊은 제프 베이조스였다.

드레스 반Dress Barn, 레인 브라이언트Lane Bryant 등의 소매 브랜드를 거느린 아세나 리테일 그룹Ascena Retail Group의 전 회장 겸 CEO 데이비드 자페David Jaffe는 바에서 베이조스를 본 것을 기억한다. 자페의 어머니는 1960년대에 드레스 반을 시작했고, 남편과 함께 작은 제국으로 성장시켰다. 이제 회사를 책임지고 있는 자페는 일하는 여성들에게 합리적인 가격의 패션을 제공한다는 자부심을 느끼고 있었다.

"여기는 어떻게 오셨습니까?" 그가 물었다. 베이조스의 대답에 자페는 깜짝 놀랐다. 젊은 CEO가 "당신들의 이윤은 제게 기회니까요."라고 대답했기 때문이다.(아마존 대변인은 베이조스가 이렇게 말했다는 것을 반박했다.)

베이조스가 이 행사에 참석한 것은 그것이 마지막이었다. 해리슨은 그해 초 아마존이 책과 내구 소비재에서 벗어나 의류로 더 공격적인 확장을 하고 있다는 것을 표면화하는 보도들이 있었다고 회상한다.

"그는 업계에서 무슨 일이 일어나고 있는지 듣고 배우기 위해 참석한 것이 아니었나 생각합니다."

베이조스는 스티브 매든Steve Madden, 션 컴스, 블루밍데일스 최고 경영자 등과 함께 그해의 패널로 참석했다. 당시 아마존의 시장 가치는 190억 달러에 불과했다. 해리슨은 "사람들은 아마존을 아주 흥미롭게 생각했지만 완전히 믿지는 않았던 것 같습니다."라고 말한다.

그런 상황은 곧 변화를 맞는다. 행사 몇 주 후, 아마존은 명품 의류 웹사이트 숍밥Shopbop의 인수 계약을 발표했고, 곧 이어 의류 분야에서 시장 점유율을 높이기 위해 더욱 공격적으로 움직였다. 그해의 참석자 명단은 이제 파산 업체의 일람표처럼 보인다. 린넨스 앤 씽스, 필레네스 베이스먼트Filene's Basement, 니먼 마커스Neiman Marcus, 모델Modell's과 같은 업체의 CEO들이 참석해 평범한 기술 기업의 CEO가 소매업에 대해 늘어놓는 이야기에 귀를 기울이고 있었다. 그들은 무대에서 웃음을 짓고 있는 그 남자가 곧 자신들의 밥상을 차지하게 되리란 것을 전혀 알지 못했다.

소매업체들은 아마존을 너무 빨리 기억 저편으로 보내버렸고, 나머지 미국 기업들은 뒤이은 대학살을 지켜보게 되었다. 지난 10년의 대부분 동안 소매업계의 이야기는 해고, 구조조정, 매장 폐쇄, 파산으로 점철되었고 아마존은 거기에 큰 몫을 했다.

2011년 파산할 때까지 서점 체인 보더스 그룹Borders Group의 CEO였던 마이크 에드워즈는 아마존의 힘에 대해 경고했다가 다른 임원들로부터 묵살 당했던 것을 기억하고 있다.

"스테이플스에 합류해 집행위원회에 참여해서 '다음 차례는 우리입니다, 저를 믿으세요'라고 말하자, 그들은 저에게 '이봐요, 마이크, 당신은 보더스 때문에 너무 예민해져 있어요.'라고 말했습니다."

에드워즈의 회상이다. 하지만 당시 이 사무용품 소매업체 스테이플스의 CEO는 에드워즈의 경고에 귀를 기울여 컨설팅 회사 맥킨지McKinsey를 고용하고 아마존에 대해 알고 있는 모든 것을 알려달라고 요청했다. 스테이플스는 자신들의 비즈니스를 더 잘 보호하기 위해 많은 수의 아마존 직원들을 끌어들였다.

오래지 않아 소매업 외의 기업들도 아마존의 모든 움직임에 겁을 먹기 시작했다. 아마존이 부지런히 이 업계 저 업계로 촉수를 뻗어나가면서 전 세계 거대 기업의 구석구석에 충격파가 가 닿았다. 아마존의 영향력은 무한한 것 같았다.

2010년대 중반이 되자 미국에서 아마존의 경쟁 위협을 화두로 삼지 않은 이사회를 찾아 보기 힘들어졌다. CEO와 경영진이 아마존이 진지한 조치를 취할 경우 자신들의 영역에 어떤 일이 벌어질지 평가하는 동안 새로운 용어가 부상하기 시작했다. 바로 "아마존 프루핑Amazon Proffing*"이었다.

상장 기업들이 아마존으로부터 스스로 보호하려 하는 데에는 그만한 이유가 있었다. 투자자들이 기업의 전망에 대해 그리고 아마존과의 싸움이 기업의 미래 수익과 사업에 미칠 영향에 대해 걱정하고 있었기 때문이다. 2017년에는 기업 실적 회의에서 "아마존"이라는 이름이 트럼프 대통령보다 더 많이 언급되었으며, 10건의 컨퍼런스 중 1건은 이 회사를 언급했다.[1] 아마존이 계속 여러 산업에 진출함에 따라, 아마존이 경쟁업체를 살상하는 모습을 지켜보는 것이 월 스트리트의 오락거리가 되었고, 한 업체는 "아마존에 의한 종말Death by Amazon"이라는 지수를 만들어 추적하기도 했다.

아마존이 어떤 산업으로 확장을 고려하고 있다는 루머가 언급되기만 해도 해당 업계에 있는 모든 기존 업체의 주가가 폭락하곤 했다.

상황은 매번 같은 방식으로 펼쳐졌다. 2018년에는 아마존이 영화관 체인을 인수를 고려하고 있다는 보도가 있었다. 이 소문에 AMC와 시네마크Cinemark의 주가는 잠시 하락했다.[2] 2017년에는 아마존이 밀 프렙 키트와 관련된 상표를 등록했다는 것이 드러나자 밀키트 제조업체인 블루 에이프런Blue Apron의 주가가 장중 최저치를 기록했다.[3] 주식 시

---

* 아마존에 대응하는 보강 활동이라는 의미.

장은 아마존과 정면으로 맞붙게 될 기업에 대한 신뢰가 거의 없었다.

미국 기업의 구석구석 아마존의 이름이 오르내리지 않는 곳을 찾기 힘들 정도였다. 아마존은 미국 기업이 자리한 거의 모든 영역에서 사업을 하는 유일한 기업이었기 때문이다. 여기에 높은 주가까지 가세해 아마존은 지난 10년 동안 아마존을 가장 많이 거론되는 유령 입찰자phantom bidder*가 되었다. 아마존이 실제로 결단을 내리고 어떤 분야에 진출할 경우에는 더 극단적인 결과가 나타났다. 아마존이 2017년 홀푸드를 인수하자 거대 식료품 업체들은 호된 일을 겪어야 했다. 인수 발표가 있던 날 크로거의 주가는 8% 하락했다.[4] 슈퍼밸류SuperValu의 주가는 14% 하락했다. 발표 당일 미국 식료품 체인의 시장 가치 약 220억 달러가 삭제되었다.

당연히 아마존 투자자들은 이 거래에 환호했다. 인수를 발표하자 아마존의 시장 가치는 156억 달러 상승해 서류상으로는 인수 비용을 상쇄했다.[5] 월 스트리트는 아마존이 7,500억 달러 규모의 이 오랜 업계를 와해시킬 것이라고 장담했다.

아마존 프루핑 계획은 광범위한 미국 기업의 필수 전략이 되었다.

2017년 12월 3일, CVS 헬스CVS Health는 690억 달러에 건강 보험사 애트나Aetna를 인수함으로써 54년 역사상 가장 과감한 베팅을 했다.

많은 사람들이 이 거래를 의아하게 받아들였다. 사탕, 카드, 처방 약을 파는 드럭 스토어 체인이 미국 최대 보험사 중 하나를 인수해서 뭘

---

* 입찰이나 인수에 관심이 있다는 추측이나 소문이 자주 들리고 거래 분야에서 자주 언급되지만 실제 프로세스에는 적극적으로 참여하지 않는 업체를 말한다.

하려는 것일까?

그해의 대규모 거래 중 하나였던 이 인수의 배경에는 아마존이 있었다. CVS 이사회 회의에서는 수년 동안 아마존의 이름이 등장했다. 2011년부터 2022년까지 CVS 이사회 의장이었던 데이비드 도먼David Dorman은 "아마존을 무시하려면 위험을 각오해야 한다는 것이 제 생각입니다."라고 말했다. 시애틀에 기반을 둔 이 소매업체는 고객들이 화장품, 화장솜, 탐폰을 사러 자주 찾는 곳이 되었고, CVS의 소매 수익에 눈에 띄는 영향을 주었다.

2017년 초, 이 거대 기술 기업은 건강 관리 업계 전체를 오싹하게 만들었다. 몇몇 주에서 의약품 도매 유통업체 면허를 신청했기 때문이었다. CVS는 사람들이 충동구매 품목impulse item**과 잡화를 구매하는 오프라인 매장에서 아마존의 영향을 느껴왔다. 하지만 이제는 처방약을 판매하는 매장의 안쪽, 수익성이 높은 그곳까지 표적으로 하는 것같이 보였다. 처방약 사업은 카지노와 비슷하다. 사람들은 매달 약을 타기 위해 통로를 지나 매장 안쪽으로 걸어 들어가면서 필요한 줄도 모르고 있었던 물건으로 카트를 채운다. 약을 사러 들어왔다가 약뿐만 아니라 욕실과 주방 용품들까지 사서 나가는 것이다.

아마존에 맞서 사업을 보강하는 것은 당시 CVS의 CEO였던 래리 메를로Larry Merlo와 경영진이 오랫동안 우선 과제로 삼아 온 일이었다. 실적 발표 때면 월 스트리트 분석가들은 메를로에게 아마존이 헬스 케어 분야에 진출할 경우 어떻게 할 것인지 묻는 질문을 퍼붓곤 했다.[6]

** 고객의 시선을 사로잡거나 추가 구매를 유도하기 위해 눈에 띄는 위치에 배치되어 사전 계획이나 의도 없이 고객이 자발적으로 구매하는 제품.

당시 헬스 케어 분야는 미국 국내총생산의 약 18%를 차지했다.[7] 시장 규모를 고려할 때 아마존이 눈독을 들이는 것은 필연적인 듯했다.

약사 출신 CEO인 메를로는 2015년부터 선택지들을 파악하기 시작했다. CVS의 관련성을 계속해서 유지하려면 회사는 방향을 전환해야 했다. 메를로와 이사회는 합병 가능성이 있는 파트너 목록을 만들었다. 몇 년 전 CVS는 보험약제관리기업 케어마크Caremark를 인수해 헬스 케어 분야에 발판을 마련했다. 그는 헬스 케어 부문에 집중적으로 관심을 기울이는 것이 타당하다고 생각하고 애트나와 앤섬Anthem과 같은 보험 회사로 관심을 돌렸다. 도먼은 "우리는 전통적인 소매 드럭스토어 사업만을 고수하지 않기로 결정했습니다."라고 회상한다.

메를로가 주요 보험사 중 한 곳과 결합하는 아이디어를 검토하는 동안 헬스 케어 부문의 다른 업체들도 인수·합병에 나서고 있었다. 곧이어 2015년 7월 3일 애트나가 휴마나Humana를 인수하는 340억 달러 규모의 거래를 발표했고, 같은 달에 앤섬은 시그나Cigna를 480억 달러에 인수하는 데 합의했다. 이런 블록버스터급 거래는 헬스 케어 업계를 재성형하고 메를로의 선택지를 제한하게 된다. 방금 합병을 발표한 회사에 경쟁 입찰을 하는 것은 매우 적대적인 조치다. 따라서 메를로는 당분간 합병 계획을 보류했다.

그럼에도 불구하고 CVS의 경영진은 아마존이 의미 있는 방식으로 헬스 케어 분야에 진출한다는 징후가 있는지에 거의 강박적으로 촉각을 곤두세우고 있었다. 2017년, 아마존이 이 분야에서 심각한 움직임을 보이고 있다는 소문이 들려왔다. 도먼은 CVS 이사회가 아마존이 2017년 시장 가치가 370억 달러에 달하는 거대 보험약제관리기업 익스프레스 스크립츠Express Scripts를 인수하기 위한 초기 협상을 진행 중이라는 소문을 들었다고 회상했다.

CVS와 은행가들은 애트나와 앤섬 같이 아마존을 방어하는 데 도움을 줄 인수 대상들에 다시 관심을 가지며 즉각적인 행동에 나섰다. CVS는 회사의 매각까지 고려했다. CVS는 2017년 초 미국의 거대 헬스 케어 업체인 유나이티드헬스UnitedHealth에 거래 가능성을 타진했다. 이것은 예비 논의에 불과했고 그리 큰 진전을 보지 못했다. 유나이티드헬스는 사업이 잘 되고 있었고, 경영진은 10,000개의 매장을 거느린 소매업체를 인수한다는 아이디어에 부담을 느꼈다.

관련 회의에 참여한 한 관계자는 "그것이 래리가 소매업이 대단히 부담스러운 일이라는 것을 깨닫게 하는 사건이었습니다. 근본적으로 사람들은 여전히 래리의 회사를 헬스 케어업체가 아닌 소매업체로 보고 있었고, 저는 그것이 래리로 하여금 보험약제관리 분야에서 뭔가를 해야겠다는 더 큰 확신을 주었다고 생각합니다."라고 말했다.

2월의 애트나에 의한 휴매나 인수 제안은 법무부의 차단으로 무산되었다. CVS는 여기에 주목했다. 합병이 성공했다면 애트나의 규모가 지나치게 커졌겠지만, 거래가 불발되면서 인수에 적절한 규모가 되었다.

당시 애트나의 CEO였던 마크 베르톨리니Mark Bertolini는 "말 그대로 거래를 포기한 바로 다음 날 래리가 저에게 전화를 걸어 '우리 얘기 좀 할까요?'라고 말했습니다."라고 이야기했다. 두 사람은 오래 전부터 아는 사이였다. 3월, 메를로는 베르톨리니를 만나 저녁 식사를 했다. 두 사람은 영리조합부터 합작 투자, 합병에 이르는 다양한 선택지들에 대해 논의했다.

베르톨리니는 당시 CVS는 매장의 소매 제품 판매가 아마존 등으로 인해 압박을 받고 있었고, 메를로는 다각화를 위한 새로운 수익원을 찾는 데 관심이 있었다고 회상한다.

두 CEO의 저녁 식사 후, CVS는 보험 또는 관리 의료managed care 분야로의 사업 다각화를 결정했다. 애트나에 관심이 있었지만 애트나는 월마트, 월그린Walgreens과 동시에 논의를 갖고 있었다.

CVS는 몇 달 동안 이 상황을 유심히 살피고 실사를 진행했다. CNBC가 5월 아마존이 약국 전략 개발을 위한 새로운 매니저를 채용할 것이란 보도를 했다. 여기에는 다음과 같은 등골이 서늘해지는 내용이 포함되어 있었다. "아마존은 약국 시장 진출 여부를 논의하기 위한 연례 회의를 진행한다."[8]

6월, 아마존이 홀푸드를 인수하자 CVS와 경쟁사인 월그린의 주가가 하락했고, CVS의 경영진은 여기에 짜증이 났다. 아마존이 이 부문에 진출한다는 속삭임만으로도 주가가 급락했다.

애트나는 몇 달에 걸쳐 CVS, 월마트, 월그린이 서로 경쟁하게 만들었다. 특히 아마존이 헬스 케어에 대한 진입 의사를 더 노골적으로 드러내면서 애트나는 이 모든 구혼자들에게 큰 영향력을 가진 무도회의 여왕이 되었다. CVS의 이사회 멤버들은 9월 이사회에서 관리 의료 서비스 분야의 인수 후보들을 보여주는 바클레이즈Barclays 은행의 자료를 검토했다.

이 프레젠테이션에는 아마존이 제기하는 경쟁 위협에 대한 여러 장의 슬라이드가 들어 있었다. 한 슬라이드는 CVS가 아무것도 하지 않기로 결정하고 아마존이 이 분야로 확장해 나갈 경우 CVS의 사업에 어떤 일이 일어날 수 있는지를 보여주었다. 좋은 상황은 아니었다. "이 사회는 아무것도 하지 않는 것이 더 위험한 전략이라는 결론을 이미 내린 상태였습니다. 아마존이 무엇을 할지 하지 않을지 완벽하게 보장할 수가 없기 때문입니다."라고 CVS 회장인 도먼의 말이다.

이사회 멤버와 고문들은 각 인수 후보의 장단점을 논의한 후 공식적으로 애트나에 입찰하기로 결정했다.

2017년 10월 11일, 베르톨리니는 메를로가 보낸 서한을 열었다.[9] 거기에는 그가 지난 7년간 운영해 온 회사를 주당 195달러에 인수하겠다는 제안이 담겨 있었다. 타이밍이 좋게 그 달 말, 아마존이 여러 주의 제약위원회로부터 도매 유통업 승인을 받았다는 뉴스가 나왔다.

CVS와 애트나는 몇 주에 걸쳐 거래의 윤곽에 타결을 보았다. 주당 195달러의 제안은 너무 낮다는 이유로 기각되었고, CVS는 더 높은 금액을 가지고 다시 돌아왔다. 12월 3일, 그들은 주당 207달러, 690억 달러 규모의 거래를 발표했다.[10]

대담한 거래였고 투자자들은 위험한 베팅이라고 생각했다. 규제 당국이 거래를 승인하자 CVS의 주가가 7% 이상 하락하면서 시장 가치 60억 달러가 증발했다.[11] 2023년, 베르톨리니는 이 거래의 영향을 평가하면서 합병된 두 회사의 시장 가치가 거래 전 각 회사의 시장 가치를 합친 것보다 훨씬 낮다는 점을 지적했다. 그는 "CVS는 거래 성사로 업계를 변화시킬 수 있을 것이라 생각했었지만 저는 그들이 그 일을 해내지 못할 것이라고 생각합니다."고 말했다.

12장

더 적은 마찰, 더 많은 판매자, 더 높은 매출(심지어는 위조)

대기업들은 스스로를 보호하기 위해 아마존 프루핑 계획을 수립한 반면, 아마존이 자신의 사업을 침해한다고(혹은 아이디어를 도용한다고) 느낀 스타트업들은 의지할 곳이 없는 경우가 많았다. 이것은 아마존에서 오랫동안 지속된 패턴이었으며, 알렉사 펀드부터 자체 브랜드, 마켓플레이스에 이르기까지 다양한 부서가 규모와 영향력을 키워감에 따라 부적절한 행동을 지적하는 목소리는 점점 커져 갔다.

에코의 전신인 유비의 발명가인 레오 그레블러는 아마존으로부터 술과 음식을 대접받은 후 버려진 일을 겪고 4년이 지난 2016년 말, 라스베이거스에서 열린 아마존의 대규모 클라우드 컨팹confab*에 참여하고 있었다. 전 세계의 엔지니어, CEO, AWS 파트너들이 영화배우 로버트 다우니 주니어Robert Downey Jr. 같은 특별 게스트와 함께 거대한 강당에서 영향력 있는 AWS 관계자들의 프레젠테이션을 듣기 위해 라스베이거스 스트립으로 모여들었다.

이 행사는 현저한 대조를 보여준다. 보통 대화보다 코딩 언어를 더 편안하게 여기는 단정치 못한 옷차림의 엔지니어들이 환락의 도시, 도박꾼과 보틀 서비스** 테이블 VIP를 위해 만들어진 화려한 도시로 몰려들었다.

그레블러는 유비 디바이스 사업이 아마존 에코로 인해 심각하게 손상된 후 방향을 전환해야 했다. 그는 실리콘 밸리 벤처캐피탈이 가득한 샌드힐 로드를 누비면서 200개 기업과 벤처캐피탈을 상대로 투자 기회를 찾았지만 실패했다.

때문에 그는 음성 기술에 대한 자신의 전문성을 이용해 다른 사람들이 이 기술을 습득하는 것을 돕는 소프트웨어 회사를 만들었다. 그는 여전히 화가 풀리지 않은 상태였지만 이 분야에서 아마존이 갖는 지배력을 고려할 때 알렉사와 협력할 수밖에 없었다. 그는 "우리는 모욕감을 참아낼 수밖에 없었습니다."라고 말한다. 그렇게 그는 라스베이거스의 베네시안 리조트에서 열리는 대규모 아마존 콘팹에 참석하게 되었다.

컨퍼런스 기조연설이 이어진 긴 하루를 끝낸 후, 그레블러와 한 고

---

* 전문가들이 모여 특정 주제에 대해 토론하는 모임.
** 테이블을 예약하면 주류 한 병과 전용 서비스가 제공되는 것을 뜻한다.

객은 사람들과 어울리기 위해 컨퍼런스 해피아워에 걸어 들어갔다. 컨퍼런스 참석자들은 화려한 베네치안 호텔Venetian Hotel과 팔라조 호텔Palazzo Hotel의 여러 고급스러운 바와 라운지에서 열리는 펍 크롤Pub Crawl 이란 행사에 초청되었다. 서버들이 오르 되브르를 들고 행사장을 누비는 동안 참가자들은 청바지와 티셔츠 차림으로 수제 맥주와 와인 한 잔을 마셨다. 해피아워에서 해피아워로 여기저기 행사장을 오가다 보면 살짝 취하는 손님들도 있었다.

한 바에서 그레블러의 고객은 알고 지내는 아마존의 고위급 임원을 발견했다. 그는 그레블러를 소개하기 위해 그에게 다가갔다. 그 임원을 마주한 그레블러는 그가 3년 전 유비 디바이스 시연을 위해 토론토를 찾아왔던 알 린제이라는 것을 깨달았다. 린제이는 명랑하게 외쳤다.

"아, 이제야 기억이 나네요. 분명 우리가 당신 제품을 훔쳤다고 생각하겠죠?"

그레블러는 그의 말을 회상했다. 왜인지 모르겠지만 린제이는 그레블러가 현재 아마존의 직원이라고 생각하고 그에게 속사정을 털어놓았다. 린제이는 아마존 그의 팀이 유비 기술의 중요한 부분인 텍스트-음성 변환 엔진 이보나Ivona에서 그레블러의 유비 디바이스를 차단하는 것을 고려했다고 말했다. 아마존은 회의 후 이 기술을 인수했고, 이 기술에서 유비를 비활성화하는 일에 대해 논의했다는 것이 린제이의 고백이었다. 하지만 그것은 논의할 가치가 없는 문제였다. 에코가 출시되자 유비는 경쟁을 할 수가 없었고 결국 문을 닫았기 때문이다.

그레블러는 그 아마존 경영진이 뻔뻔하게 이 모든 이야기를 지껄이는 것을 믿을 수가 없어 멍하니 서있기만 했다. 그레블러는 순수한 마음으로 아마존이 자신을 도와줄 것이라 믿었다. 논평을 요청하자 린제이는 라스베가스에서 그레블러를 소개받은 것은 기억하지만 대화 내용은 기억하지 못한다고 말했다.

한편 제이슨 존슨Jason Johnson은 2016년 3월 캘리포니아 팜스프링스 파커 팜스프링스 호텔의 우뚝 솟은 오렌지색 문을 지나 아르데코 양식의 홀로 걸어 들어갔다. 이 어거스트 홈August Home CEO는 아마존 경영진의 개인적인 초대를 받아 아무나 참석할 수 있는 이 행사에 온 것은 매우 기쁘게 여겼다. 마르스Mars라 불리는 이 행사는 초대받은 사람만 참석할 수 있었으며, 손님 명단에는 혁신가, 과학자, 기술 창업자 등 명사들의 이름이 올라 있었다. 심지어 우주 비행사도 포함되어 있었다. 베이조스는 이 3일간의 행사를 주재하며, 시연, 강연, 칵테일 파티에서 손님들과 어울렸다. 칵테일 파티에서는 로봇이 음료 서비스를 맡았다.

존슨이 어거스트 홈의 아이디어를 떠올린 것은 2011년 하와이에서 열린 결혼식에 참석했을 때였다. 친구 한 명이 그의 집에 머물고 있었는데 열쇠 없이 집을 나온 것이다. 그 친구가 집으로 들어 갈 방법이 없자 그는 또 다른 친구에게 전화를 걸었다. 결국 이웃집 담장을 뛰어 넘고 개구멍으로 기어 들어가 집으로 들어가야 했다. 존슨은 친구와 가정부가 열쇠를 사용하지 않고도 집에 들어갈 수 있는 더 나은 방법이 필요하다는 것을 깨닫고 해법을 찾는 일에 착수했다.

그는 정해진 시간 안에 키패드에 입력할 일련의 숫자 세트를 생성함으로써 방문객이 집에 들어갈 수 있게 하는 스마트 잠금 장치의 개발을 목표로 2012년 회사를 만들었다. 2014년에 그의 첫 번째 스마트 잠금장치가 출시되었다. 에어비앤비Airbnb와 같은 홈셰어링 업체가 인기를 얻으면서 집주인들은 잠금 장치를 손님이 집에 들어갈 수 있게 하는 것으로 바꾸었다. 어거스트 홈은 성공 가도에 진입했다.

샌프란시스코에 기반을 둔 이 회사는 고객이 알렉사를 이용해 문을 잠글 수 있게 하는 기능을 내놓으려 하고 있었고, 제품들의 통합을 위해 아마존 개발팀과 긴밀히 협력하고 있었다. 존슨이 "학계, 스타트업,《포춘Fortune》100대 기업의 참가자들이 한 자리에 모여 배우고, 공유하고, 더 나아가 상상하는"(행사 웹사이트에서 인용) 마르스 2016에 초대받게 된 것도 이런 혁신 덕분이었다. 참가자들이 그곳에서 새로운 식견을 찾아다니는 동안, 아마존의 창립자도 세계에서 가장 똑똑한 150명의 사람들과 함께 어울리며 행사를 즐겼다. 그해에는 할리우드 감독 론 하워드Ron Howard와 베스트셀러 작가 댄 브라운Dan Brown도 행사에 참여했다.

검소하기로 악명이 높은 아마존이 이 3일간의 화려한 콘팹의 비용을 전부 부담했다. 5성급 호텔의 숙박도 책임졌다.(이 호텔은 숙박 요금은 보통 1박에 500달러가 넘는다.) 호화로운 식사, 주류, 행사 모두 아마존이 돈을 댔다.

조나단 애들러Jonathan Adler가 디자인한 밝은 색상의 객실 안으로 들어가면 기둥 네 개짜리 캐노피 침대 옆에서 고상한 선물이 손님을 맞이했다. 이 쌀쌀한 사막에서 밤에 별을 볼 때 사용할 수 있는 캐나다 구스Canada Goose 다운 재킷(소매가 750달러)이었다. 모든 참석자는 아마존 에코 스피커를 선물로 받았다.

컨퍼런스 기간 동안에는 베이조스와 그의 리더십팀에게 매우 쉽게 다가갈 수 있었다. 어느 날 아침, 12명의 다른 참석자들과 존슨은 이 억만장자와 함께 하는 트레킹에 초대받았다. 이들은 캐딜락Cadillac 에스컬레이드Escalades를 타고 사막으로 가 인기 TV 프로그램 베어 그릴스의 러닝 와일드Running Wild with Bear Grylls를 기반으로 한 생존 훈련을 받았다. 사람들은 숲에서 생존하는 방법을 배우고, 들것을 직접 만들고, 함께 지렁이를 먹었다. 베이조스도 지렁이를 입에 넣는 일을 해냈다.

트레킹이 끝나자 베이조스는 함께 한 모험가들에게 작별을 고했다. 에스컬레이드가 멈춰 섰고 이 억만장자는 리조트로 돌아갔다. 한편 손님들은 어떻게 돌아가야 할지 혼란에 빠졌다. 일부는 새로 알게 된 생존 기술을 이용해 스스로 길을 찾아야 하는 것이 아니냐는 추측을 내놓았다. 이후 경비들이 자세를 낮추라고 소리를 치기 시작했다. 위에서 헬리콥터의 소음이 선명하게 들렸다. 그들이 탈 것이 도착했다.(몇 년 전 헬리콥터 추락 사고를 당한 베이조스는 이 무렵 헬리콥터를 타는 위험을 감수하지 않았다.)

호텔에서 준비를 마친 존슨은 그날 저녁의 야외 리셉션 장소로 향했다. 그곳에서 베이조스와 다시 마주쳤다. 거의 온종일 함께 한 두 사람은 대화를 시작했다. 존슨은 어거스트 홈과 아마존의 협업에 대한 이야기를 꺼냈다. 그는 어거스트 액세스 플랫폼August Access Platform이라는 제품에 대해 논의했다. 이 스마트 잠금장치는 배달원에게 집 안에 물건을 두고 갈 수 있는 접근권을 부여하며 배달의 전 과정을 기록한다. 존슨은 베이조스의 눈빛이 환하게 밝아졌다고 회상한다.

"그는 바로 저를 제프 윌크에게 안내하고 '제프, 제이슨과 이야기를 해보는 게 좋겠어요. 그가 배송 문제에 대한 뛰어난 해법을 가지고 있어요.'라고 말했습니다."

존슨의 회상이다.

"제가 윌크에게 이야기를 하니 그가 '회의 날짜를 잡자.'고 말했습니다."

마르스 컨퍼런스 이후, 존슨과 그의 팀은 아마존과의 협업 계획 초안을 만들기 위해 시애틀로 갔다. 회의실에는 디바이스 부문 책임자인 데이브 림프와 물류와 배송 부문의 사람들을 비롯한 여러 사업부서의 사람들이 가득했다. 존슨은 제품 엔지니어들이 림프와의 회의에 동행한 것이 조금 불편하게 느껴졌다.

"전자제품을 만드는 사람들이 제 시스템에 대해 파악해 직접 제품을 만드는 것은 아닌가 하는 생각이 들었습니다."

이 회의에서 존슨과 아마존 경영진은 제품이 어떤 모습이 될지, 두 회사가 어떻게 이 제품에서 혜택을 얻을지에 대한 윤곽을 잡았다. 어거스트는 하드웨어를 제공하고, 아마존의 고객은 주문한 제품이 집 안까지 안전하게 도착하는 혜택을 누리게 된다. 윈윈이었다.

두 팀은 몇 달 동안 제품 개발에 매진했다. 하지만 이 프로젝트의 아마존 책임자가 점점 존슨을 피하기 시작했다고 한다. 다음 해, 존슨은 마르스 컨퍼런스에 다시 초대를 받았다. 그는 일이 어떻게 되어 가고 있는 것인지 알고 싶었다. "약간 불안해졌습니다. 우리 관계가 어디를 향하고 있는지 이해가 되지 않았습니다."라고 그는 회상한다.

그는 한 행사에서 지난 해 알게 된 림프와 대화를 갖게 되었다. 존슨은 이렇게 회상한다.

"저는 '스마트 잠금 장치를 만들어서 저와 경쟁하실 생각인가요?'라고 물었습니다."

림프는 아마존이 조사를 해보았고 그것은 꽤 복잡한 과정이었다고 대답했다. "당신이나 예일Yale 기타 다른 스마트 잠금 장치 회사가 맡는 것이 훨씬 나을 겁니다."

림프가 대답했다. 대화는 존슨을 불안하게 만들었다. 존슨은 "저는 그가 다른 스마트락 회사의 이름을 알고 있다는 사실을 알아차렸습니다."라고 회상한다. 림프에게 프로젝트의 상황을 묻자 림프는 그의 팀의 다른 사람에게 떠넘겼다.

2017년 11월, 아마존은 존슨이 피칭에서 제안한 것과 똑같은 데에 한 가지 변화만을 더한 제품을 출시했다. 어거스트의 제품은 사용되지 않았다. 그는 분노했다.

"전부 제 아이디어였습니다. 제가 직접 베이조스에게 말했죠."

그가 말했다. 존슨은 이 작업을 맡은 아마존 그룹의 책임자에게 이의를 제기했다. 그 사람은 그들이 그의 아이디어를 사용했다는 것을 인정했다고 한다. 설상가상으로 그들은 어거스트의 경쟁사인 예일, 퀵셋Kwikset과 파트너십을 맺고 최종 제품을 만들었다. 그들은 이 제품에 아마존 키Amazon Key라는 이름을 붙였다.

또 다른 불안한 패턴은 고객에 대한 집착을 구실로 내리는 이 회사의 결정이다. 아마존 마켓플레이스는 플라이휠의 속도를 높이기 위해 무제한의 선택지가 있는 소매업체가 되겠다는 미명 하에 일반 소매업체에서 금지되는 위험한 제품의 조달업자와 위조업체들을 받아들이고 있다.

이런 시나리오에서 고객에 집착한다는 아마존 주장에 모순이 나타
난다. 아마존은 제3자 판매자가 정품을 판매할 때나 위조품을 판매할
때 똑같이 수익을 올리기 때문에 어느 쪽이든 회사의 지갑은 두둑해진
다. 위험한 물건이나 위조된 물건을 받는 것이 고객에게 최선의 이익
이 아니라는 것은 아무도 부인할 수 없다. 하지만 이런 일은 항상 일어
난다.

아마존의 성장을 가속한 무제한 선택지의 핵심은 판매자(중국의 판
매자를 포함해)를 적극적으로 끌어들이고 판매자가 플랫폼에 등록할
때 사용하는 자동화 프로세스를 갖추는 것이다. 자동화 프로세스에
참여한 사람들의 말에 따르면 이 프로세스 덕분에 판매자들은 몇 시
간만에 제품 판매를 시작할 수 있다고 한다. 아마존은 공급업체의 적
격 심사에서 소프트웨어에 크게 의존해 사람의 개입은 최소화된다.
내부 경고, 적격 심사에 절차를 추가하려는 시도, 시스템 확인 등은 제
3자 판매자의 성장과 그것이 고객 선택지 확대, 매출 증대, 이윤 확대
에 가져다주는 혜택을 우선하는 임원들에 의해 거부되거나 약화되기
일쑤였다.

아마존 마켓플레이스에서 카테고리 매니저로 근무했던 한 사람은
"아마존의 누군가에게 성장을 둔화할 가능성이 있는 아이디어를 제언
하는 것은 자살 행위입니다."라고 말했다. "저는 아마존 마켓플레이스
가 더 많은 판매자, 더 적은 마찰, 더 많은 돈 이외의 다른 방향으로 움
직이는 것을 본 적이 없습니다."

아마존의 사기 판매자로 인한 위험은 합법적인 브랜드와 잠재 고객
모두에게 심각한 문제가 될 수 있다. 많은 경우 규제 없이 아마존에서

팔리는 제품은 이에 대해 잘 모르는 고객에게 위험할 수 있다.

크리스찬 플레처Christian Fletcher는 택메드 솔루션즈TacMed Solutions의 지혈대(비상 시에 동맥에서의 혈액 흐름을 막아 혈액 손실을 방지하는 데 사용되는 장치)라고 생각한 제품을 구입했다. 그가 이 제품을 구입한 것은 시에라 네바다에서의 하이킹을 계획하고 있었기 때문이다.

지혈대가 도착한 후 플레처는 제품의 설명서와 기능을 진짜 제품을 만드는 택메드 사이트의 사진과 비교했고 받은 제품이 가짜라는 것을 깨달았다. 그는 가짜 제품을 택메드에 보냈고, 택메드는 그들의 제품이 아니라고 확인해 주었다. 플레처는 "이 제품을 사용했는데 제 기능을 하지 못한다면 죽게 되는 겁니다."라고 말했다.

택메드의 설립자 로스 존슨Ross Johnson은 아마존 고객들이 그에게 연락해 쉽게 부러지는 위조 지혈대에 대해 묻는다고 이야기한다. 그는 '가지고 있는 지혈대 하나만 부러지거나 작동을 하지 않아도 결과는 치명적'이라고 이야기한다.

텍사스주 패서디나 경찰서에서 경찰관의 보건·안전 교육을 담당하는 제이슨 미첼Jason Mitchell 형사는 훈련용으로 10개의 지혈대를 갖고 있는데 모두가 다른 미국 브랜드의 위조품이라고 말한다. 그는 그것들이 가짜라는 것을 알면서도 아마존에서 저가에 물건을 주문했으며, 제 기능을 하지 못하는 경우가 드물지 않다고 말한다.

"수업을 할 때마다 '아마존에 가서 이런 지혈대를 살 경우, 중국산 쓰레기를 받을 수 있다'고 꼭 이야기를 합니다."

아마존 같이 다양한 이해관계가 경쟁하는 회사에서는 리더십 원칙이 개인별 혹은 팀별 목표를 달성하기 위한 무기가 되는 경우가 많다는 것도 문제다. 여러 팀이 모두 "고객 집착"을 들먹이며 자신들의 주장을 펼치는 경우, 최종 결산 결과에 도움이 되는 아이디어를 가진 팀이 승리하는 경우가 많다.

2017년 말, 아마존의 의류 판매를 감독하는 관리자들은 일부 리스팅의 문제를 논의하기 위해 고위 경영진과 만났다. 그해 초, 아마존은 전 세계 공급업체들이 자사 플랫폼에서 의류를 더 쉽게 판매할 수 있도록 만들었다. 이는 제3자 판매를 확대하기 위한 베이조스의 노력의 일환이었다. 회의에 참석했던 여러 관리자들은 그 조치로 인해 위조품이나 안전하지 않은 제품을 판매하는 판매자가 급증했다고 말했다. 직원들은 문제가 되는 품목 중에는 방염 가공이 되어 있지 않거나나 석유 같은 냄새가 나는 아기 의류도 있었다고 말했다.

리스팅된 제품의 품질에 불안을 느낀 유아복 담당 관리자들은 이를 스스로 책임지기로 하고 자동 등록 프로세스를 변경해 그들이 맡은 카테고리 판매자에게 더 높은 장벽을 적용되도록 했다.("마찰" 추가라고 한다.) 이로 인해 의심 없이 물건을 구매하는 전 세계 부모들에게 제품을 팔고자 하는 판매자는 더 높은 기준을 충족해야 하게 되었다. 회의 참석자들의 전언에 따르면, 회의에 참석한 고위 임원, 다르메쉬 메타 Dharmesh Mehta는 사이트를 감시하는 것은 그들의 일 아니며, 아마존에는 제품 문제에 대응하는 일을 전문으로 하는 팀이 있다고 말했다.

전 매니저는 "그래서 우리는 마찰을 제거했고 매출이 크게 늘어나는 것을 목격했습니다."라고 말했다. 급격히 증가한 리스팅 중에는 목 근처에 끈이 달린 파자마나 후드 셔츠가 있었다. 이전에는 아마존이 허용하지 않던 품목들이다.

미국 소비자 제품 안전 위원회US Consumer Product Safety Commission는 끈이 있는 아동복은 목을 조를 위험이 있다는 이유로 금지해왔다. 이 위원회 대변인은 "소매업체가 미국에서 후드와 목 부분에 끈이 있는 2~12세 사이즈 제품을 판매할 경우 해당 업체는 위법 행위를 하고 있는 것"이라고 말했다.

유아용품팀은 고객들이 유아 자녀들을 위한 안전하고 신뢰할 수 있는 제품에 집착한다고 주장했지만 결국 승리한 것은 메타였다. 아마존의 대변인은 이 일화를 반박하고 이 이야기가 "부정확하며 전후 관계가 불분명하다"고 말했다.

메타와의 회의 같은 일은 계속 반복되었다. 이 거대 온라인 소매업체의 경영진은 제품의 품질과 안전성을 유지하는 것보다 선택지를 넓히는 일을 우선하는 경우가 많다.

2019년 나는 아마존에서 끈이 달린 아동복을 파는 판매자 20명을 신고했다. 신고를 하자 판매자가 사라졌다. 팀원들에게 자녀를 위해 쇼핑하는 부모들을 위해 더 안전한 웹사이트를 만드는 것이 그들의 일이 아니라고 말했던 메타는 이후 고객 신뢰·파트너 지원 담당 부사장으로 승진했다.

2019년, 《월스트리트 저널》은 아마존 마켓플레이스에 대한 광범위한 조사를 실시했다. 이 조사에서 연방 기관에서 안전하지 않다고 선언했거나, 연방 규제 기관에서 금지했거나, 가짜 라벨이 붙은 4,000개 이상의 품목이 발견되었다. 《월스트리트 저널》은 장난감과 의약품에 대한 최소 2,000개의 리스팅에 어린이 건강 위험에 대한 경고가 없는 것을 발견했다. 《월스트리트 저널》은 10개의 어린이 제품을 안전 테스트 업체에 보냈고, "테스트 업체에 따르면 4개 제품이 연방 안전 기준에 근거한 테스트를 통과하지 못했으며, 그중에는 납 수치가 연방 기준치를 초과하는 제품도 있었다."고 보도했다.[1] 납이 함유된 제품(실로폰)의 경우 어린이가 제품의 일부를 입에 넣었을 때 위험할 수 있다. 미국 질병예방통제센터Centers for Disease Control and Prevention에 따르면 "어린이에게 안전한 혈중 납 농도에 대해서는 확인된 바가 없다. 혈중 납 농도가 낮더라도 어린이의 지능, 주의력, 학업성취도에 영향을 주는 것으로 나타났다."고 한다. 아마존 대변인은 당시 《월스트리트 저널》에 보낸 논평에서 "아마존의 최우선 순위는 안전"이라고 말했다.(아마존은 법정에서 아마존은 리스팅된 제품들을 직접 판매한 주체가 아니라면서 자신들은 제3자 판매자가 리스팅한 제품에 대한 법적 책임이 없다고 말했다.[2])

만연한 위조품 문제와 아마존 웹 사이트 판매에 대한 규제가 거의 없다는 사실은 나와 이야기를 나눈 전직 아마존 직원들조차도 자신들이 직접 구축을 도왔던 아마존 웹사이트에서 쇼핑을 하지 않게 만들고 있다. 2015년까지 아마존 소비재 부문에서 일했던 한 직원은 "브랜드에서 직접 판매하는 제품이 아닌 한 더 이상 아마존에서 소비재를 구입하지 않습니다."라고 말했다. 대부분의 아마존닷컴 쇼핑객은 아마존에서 판매되는 제품 중에 제3자 판매자가 판매하는 제품이 많다. 60%는 것을 알지 못한다. 제3자 판매자에는 합법적인 판매자와 업체도 있지만, 안전 기준과 규제 기준을 준수하지 않는 신뢰할 수 없는 판매자, 위조범, 조잡한 브랜드도 있다. 이런 판매자가 아마존에서 유통하는 제품에는 다른 소매업체에서는 판매가 허용되지 않는 것들도 있다. 이렇게 진입 장벽이 낮아 아무나 들어갈 수 있는 환경은 합법적인 브랜드에도 해를 끼친다. 어돔과 어도르 미의 경우처럼 고객은 무엇이든 살 수 있는 가장 좋은 장소로만 생각하는 아마존보다는 유명 브랜드를 비난할 가능성이 더 높기 때문이다.

인기 게임 카탄의 개척자Settlers of Catan의 제작 회사에 무슨 일이 일어났는지 생각해 보자. 제3자 판매자의 제품에서 많은 위조품을 발견하고 수년간 아마존에 신고했지만 응답을 받지 못한 이 게임 제작사는 2018년에 더 극단적인 조치를 취했다.

카탄 스튜디오Catan Studio의 CEO 피트 펜론Pete Fenlon은 2016년 아마존의 제3자 마켓플레이스에 수십만 개의 위조 카탄 게임이 넘쳐나면서 회사가 수백만 달러의 매출 손실을 보게 하고 별 1, 2개의 낮은 평점으로 브랜드 평판에 영향을 주고 있다는 것을 알게 되었다고 말한다.

펜론과 직원들은 2년에 걸쳐 이 문제를 조사하고 아마존의 도움을 얻기 위해 노력했다. 아마존은 매출의 20% 이상을 차지하는 카탄의 가장 큰 계정이었다고 한다. 펜론은 매출 손실 외에 위조품이 고객에게 피해를 주는 부분에 대해서도 염려했다. 펜론은 카탄의 경우 자사 보드 게임에 사용하는 페인트와 마감재를 엄격하게 테스트해 어린이가 입에 넣는 경우에도 피해를 입지 않도록 한다고 말했다.

펜론은 이렇게 말한다.

"우리는 아마존 바이어와 회사 전체가 이 상황을 인지하도록 하려 노력했지만, 우리가 직면한 문제는 아마존의 문화였습니다. 누구와 이야기해야 할지 파악하기가 어려웠고, 이야기를 나눌 때는 책임감이 없었으며 부정의 문화가 있었습니다."

아마존의 대응이 부족한데 불만을 느낀 펜론과 그의 팀은 증거와 정보를 직접 수집하기 시작했다. 그들은 아마존에서의 위조품 문제에 대한 타임라인, 국경에서 압수된 아마존 창고행 카탄 위조품의 수, 기타 문제가 되는 정보 등을 정리했다. 2018년 봄, 이들은 아마존이 사이트를 관리하고 규제해서 브랜드와 고객을 보호해 주리란 기대로 정보를 바인더에 모두 묶어 문제를 자세히 설명하는 편지와 함께 베이조스를 포함한 전 세계 수십 명의 아마존 최고 경영진 사무실로 우편으로 보냈다.

펜론은 "우리는 사회 전체에 대해 큰 우려를 갖고 있었고 안주하고 싶지 않았습니다."라고 말한다. "우리는 어딘가에 있는 중요한 사람이 '세상에, 이건 우리가 진작 단호하게 대처했어야 하는 문제잖아!'라고 말하도록 만들고 싶었습니다."

바인더는 고위 경영진에게 전달되었고, 그들은 조치를 취했다. 카탄은 한 달 내에 아마존으로부터 위조 문제를 막기 위해 협조하겠다는 답변을 받았다. 아마존의 대변인은 카탄의 걱정이 해소되었다고 말했다.

아마존은 알고리즘과 사람에 의지해 사이트에서 악성 판매자를 탐지한다. 아마존은 2022년 한 해 동안 이 문제를 방지하기 위한 브랜드 보호 작업에 12억 달러를 지출했다고 말한다.

하지만 플랫폼의 규모 때문에 문제가 있는 판매자를 모두 찾는 것은 불가능하다. 예를 들어, 목 주변에 끈이 있는 어린이 옷, 즉 다른 소매업체에서 판매를 금지하며 미국 소비자제품안전위원회에 따르면 판매가 불법인 옷이 다시 아마존 웹사이트에서 판매되고 있다.

13장

정치 권력의 한복판으로
뛰어들다

테크래시의 초기 징후가 드러나기 시작하자 베이조스는 의도적이고 체계적인 방식으로 워싱턴의 정치 지형에 참여하게 된다. 2016년 말, 정치 환경이 크게 바뀌자 그는 워싱턴의 고급 주택가 칼로라마에 있는 옛 섬유 박물관을 사들였다. 매입가는 호가보다 100만 달러 높은 현금 2,300만 달러였다.[1] 1908년에 지어진 이 유서 깊은 저택은 워싱턴 국립미술관National Gallery of Art 서관 및 토마스 제퍼슨 기념관Jefferson Memoria을 설계한 건축가가 건축의 일부를 맡은 건물이기도 하다. 둥근 기둥이 지탱하는 입구와 붉은 벽돌 외관을 지닌 위풍당당한 건물이다.

칼로라마는 DC에서 가장 고급스러운 지역 중 하나로, 섬유 박물관은 오바마 부부, 이방카 트럼프와 재러드 쿠슈너 부부의 집에서 불과 몇 블록 거리에 있다. 인근에는 대사관과 영향력 있는 로비스트, 고문들의 집도 있다. 주민들의 면면은 워싱턴 정계의 명사인명록과 다름없어 미국 최고 의사 결정권자들과 만날 기회가 많다.

베이조스는 즉시 야심찬 개조 작업을 시작했다. 내부에서 거대한 응접실 공사가 시작되었다. 워싱턴에서 가장 영향력 있는 인사들을 위한 살롱(과거 상류 가정 응접실에서 흔히 열리던 작가, 예술가들을 포함한 사교 모임)과 칵테일 파티를 열게 될 곳이었다. 개조 공사에는 25개의 욕실, 11개의 침실, 위스키 저장고, 사람이 서서 드나들 수 있는 와인 룸 등이 포함되었다.[2] 리노베이션 계획들은 집이 반으로 나뉘어 있는 것을 보여준다. 한쪽은 베이조스와 손님들을 위한 곳이고, 다른 한쪽에는 접대에 필요한 모든 것(케이터링 주방, 가구 보관실, 행장실, 직원 탈의실)이 마련된다. 약 1,500평방피트(약 139㎡) 크기의 연회장은 이 집에서 가장 중요한 부분이다. 석회암 벽난로와 천장부터 바닥까지 이어지는 기둥, 바를 특징으로 한다.[3] 이 집은 기술 기업의 수장인 억만장자가 출장 때 들르는 단순한 임시 숙소가 아니다.

이것은 수십 년 동안 정치를 모르고 사는 축복을 누리며 아마존의 성장에만 집중했던 남자에게 변화가 일어났다는 것을 보여준다. 이제 베이조스는 미국에서 가장 중요한 정치 신문을 소유하게 되었고 워싱턴에서 가장 큰 집도 갖게 되었다.

지역 자립 연구소의 스테이시 미첼은 이렇게 말한다.

"베이조스는 정부의 개입 외에는 아마존에 가해질 만한 위협이 없다고 생각하는 것 같습니다. 최근 들어 그가 워싱턴에 얼마나 주의를 기울이는지를 보면 알 수 있죠."

이런 생각의 맥락에서 베이조스는 2018년 이사회 멤버 제이미 고렐릭의 요청에 따라 워싱턴 비즈니스 위원회Business Council의 회원이 되었다. 이 집단은 미국 비즈니스의 이익을 수호하는 데 큰 목소리를 낸다. 아마존 대변인은 베이조스가 항상 워싱턴에서 아마존을 대표해 정치인들과 만나는 데 시간을 투자해왔다고 말했지만 베이조스는 최근 역사에서 누구보다 기술 친화적인 대통령을 그가 재임한 지 거의 7년이 지나서야 만났다. 한 행사 후 카니의 소개로 오바마를 만난 것이다. 워싱턴의 베이조스팀, 에스팀 멤버, 이사회 멤버들은 베이조스가 워싱턴에 총력을 기울인 것은 CEO로서의 마지막 해(2021년, 앤디 재시가 베이조스의 뒤를 잇고 베이조스는 회장이 된다.), 즉 회사에 대한 조사가 강화된 해부터였다고 말한다. 그들은 이 창업자가 압력이 가중될 때까지는 이런 종류의 활동에 관심이 없었다고 설명한다.

그리고 베이조스가 에너지를 시애틀에서 워싱턴로 돌리자 회사도 뒤를 따랐다. 2019년, 아마존은 북부 버지니아에 제2 본사를 설립하기로 결정했다.(238개 도시가 새로운 아마존 본사와 그에 따른 일자리를 유치하기 위해 치열한 경쟁을 벌였다.[4]) 북부 버지니아는 워싱턴의 뒷마당에 있다. 따라서 새로운 본사의 근접성 덕분에 워싱턴의 유력 인사들이 아마존에 혜택을 주는 일에 참여할 것이고, 아마존과의 거래나 파트너십으로 더 많은 돈을 벌고, 그들의 자녀가 직원 자녀와 같은 학교에 다니고, 더 넓게는 같은 사교계 내에서 지내게 될 것이다. 이 회사는 사고의 초점이자 비즈니스의 초점이 될 것이다. 아마존은 다른 모든 것을 집어 삼킨 것처럼 수도도 집어삼킬지 모른다.

트럼프 취임 전 트럼프 타워 회의에서 베이조스가 얻은 호의는 오래가지 못했다. 트럼프는 취임을 하자 베이조스, 아마존,《워싱턴포스트》를 표적으로 삼았다.

2017년 말, 트럼프 대통령 보좌관들의 손에 『아마존 지배력의 대가 The Cost of Amazon's Dominance』라는 제목의 백서가 들어갔다. 맨 위에는 "기밀 & 모든 연방법에 따른 공시로부터 보호됨"이라고 적혀 있었다.

저자들은 아마존의 두드러진 힘을 고려할 때 정부의 개입이 필요하다고 주장했다. 보고서는 "정부가 개입을 미루고 장래를 생각하지 않는다면, 너무 늦게 될 것이다. 다른 효과적인 경쟁자를 찾을 수 없게 될 것이다."라고 말하고 있었다. 이후 보고서는 산업 전반에 걸친 아마존의 광범위한 영향력에 대한 심층 분석에 들어갔다.

트럼프 대통령의 참모들은 소비자 후생 기준이라는 반독점 프레임워크를 비판하고 리나 칸이 논문에서 주장한 바를 거의 그대로 반복한 이 보고서를 다 읽고 동조했다. 이 보고서는 특히 상사의 천적 제프 베이조스에 비판적인 태도를 취하고 있었고 그가 어떻게 반경쟁적 행동으로 부를 축적했는지를 자세히 설명하는 섹션이 포함되어 있었다.

한 페이지에서는 "베이조스 제국은 스탠더드 오일의 문어발을 연상시킨다"라는 제목 아래 베이조스가 거느린 방대한 복합기업을 보여준다. 다른 페이지에서는 "베이조스는 반경쟁적 지렛대를 통해 세계에서 가장 부유한 사람이 되었다", "반경쟁적 지렛대가 베이조스로 하여금 엄청난 영향력을 축적할 수 있게 했다"라는 제목의 글들이 있었다. 이 보고서는 아마존이 일자리 손실, 메인 스트리트 파괴, 임금에 미치는 영향을 상술했고 "미국우체국USPS 우편 요금은 아마존의 유용한 보조금이다."라는 주장으로 마무리 되었다.

이 보고서는 트럼프의 친구가 운영하는 헤지펀드에서 나온 것이다. 트리안 펀드 매니지먼트Trian Fund Management의 억만장자 CEO 넬슨 펠츠Nelson Peltz는 업계의 거물이었다. 당시 70대였던 펠츠는 월 스트리트에서 누구에게도 뒤지지 않을 큰 권위와 영향력을 가지고 있었다. 기업의 지분을 사들여, 경영 전략을 바꾸도록 하고, 해체고, CEO를 몰아내는 그의 행동주의 헤지 펀드는 운영 중인 헤지펀드 중 가장 막강한 힘을 자랑했다. CEO들은 펠츠가 회사 주식을 매입하는 것을 몹시 두려워했다. 막강한 영향력 덕분에 그의 이름은 전설적인 행동주의 투자자 칼 아이칸Carl Icahn과 나란히 언급될 정도였다.

펠츠는 미국 기업에 대한 전문가였다. 그는 기업의 대차대조표와 수익 보고서를 신중하게 조사해 그들의 약점을 찾았다. 그 결과 그는 피앤지, 듀폰DuPont, H. J. 하인즈H. J. Heinz(회사 이름을 딴 케첩으로 유명한) 등 미국 최대 기업들과 주주총회에서 위임장 쟁탈전을 벌였다. 그와 그의 동료들은 수많은 상장 기업의 이사회에 자리를 차지하고 세계 최고 기업들의 상태가 어떤지, 그들에게 가장 위협이 되는 것이 무엇인지를 내부자의 시각으로 볼 기회를 얻는다.

이것이 아마존 백서에 주목할 수밖에 없는 이유다. 펠츠의 경영진이 백서를 작성한 것은 다른 회사에 했듯이 아마존의 지분을 확보하고 변화를 강요하기 위해서가 아니다. 처음에는 자체적인 분석을 위해서 백서를 만들었다. 아마존이 현대 비즈니스의 가장 큰 위협이라고 판단했기 때문이다. 트리안은 아마존이 소매업계의 목을 조르고 있다는 점, 공급업체에 대한 아마존의 협상력, 가격에 미치는 영향에 대해 우려했다. 펠츠만이 아니었다. 트럼프의 다른 억만장자 친구들 역시 대통령에게 아마존을 막아야만 한다고 말하고 있었다. 부동산 업계의 친구들은 한때 막강한 힘을 가지고 다양한 기업의 이익을 뒷받침했던 쇼핑몰의 쇠퇴처럼 아마존이 자신들의 사업에 주고 있는 피해에 대해 이야기했다. 세쿨로우가 내게 전한 이야기에 따르면, 실제로 몇 개월 전 펠츠와 당시 트럼프의 변호사였던 제이 세쿨로우, 트럼프가 함께한 점심 식사 자리에서 트럼프 대통령은 두 사람에게 아마존을 조사해 달라고 요청하고 아마존을 "문제"라고 지칭했다고 한다.

트럼프 측근들에게 특히 깊은 인상을 남긴 것은 트리안 보고서의 마지막 페이지(아마존이 미국포스탈서비스를 악용하는 데 대한 부분)였다. 트럼프는 아마존의 낮은 가격이 미국우체국의 재정 건전성과 생존에 부정적인 영향을 미치고 있다면 아마존이 이 기관을 이용한 택배에 더 많은 배송료를 내야 한다고 생각했다. 백악관에 보고서가 도착하기 전에 대통령이 아마존의 우편 서비스 이용에 대한 조사를 계획했었는지는 확실치 않지만, 그는 2018년 3월 일련의 트윗을 통해 자신의 의견을 명확히 했다. 트윗의 내용은 이렇다.

"우리가 이 이야기를 하고 있는 순간에도 미국 우체국은 아마존의 택배를 배송하면서 택배 하나 당 평균 1.50달러의 손실을 입는다고 합니다. 이들을 합치면 수십억 달러에 달하죠. 망하고 있는 《뉴욕 타임스》는 '이 회사에서 로비를 담당하는 직원의 수가 늘어났다'고 보도하고 있습니다. 여기에는 '로비스트' 역할을 하는 《워싱턴포스트》가 포함되지 않았는데 빼놓으면 안 됩니다. 우체국이 '택배 요금을 인상하면 아마존의 배송비는 26억 달러 증가할 것'입니다. 우체국을 이용한 이런 사기 행위는 반드시 중단되어야 합니다. 아마존은 현실적인 비용 (과 세금)을 지불해야 합니다, 그것도 지금 당장!"[5]

4월 트럼프는 우체국의 재정을 조사하기 위한 전담팀을 마련했다. 스티븐 므누신Steven Mnuchin 재무장관이 이 팀을 이끌었다. 대통령의 행정 명령은 다음과 같다.

"미국우체국의 재정은 지속불가능한 상태이며 납세자의 돈을 이용하는 구제 금융을 막기 위해서는 구조조정이 반드시 필요하다."

이 전담팀의 창설(그리고 아마존 택배에 대한 미국우체국의 가격 인상과 같이 아마존의 사업에 타격을 줄 수 있는 권고의 가능성)에 아마존은 초조해졌다. 아마존 공공정책팀 고위 관계자는 "내부적으로는 공황 상태였습니다. 당장 분석에 나섰죠. 아주 조금이라도 요금을 인상한다면 아마존은 심각한 손상을 입게 되는 상황이었습니다."

아마존은 택배 연합Package Coalition이라는 로비 단체에 가입했다. 또 다른 아마존 임원은 이렇게 회상한다.

"우리는 이 문제에 많은 시간을 투자했습니다. 싸움에 나설 수밖에 없는 정말 끔찍한 일이었고 변경이 있었다면 대단히 심각한 결과가 뒤따랐을 것입니다. 회사로서는 정말 부담이 큰 문제였습니다."

트럼프는 막후에서 천적 베이조스에게 일격을 가할 방법을 찾고 있었다. 《워싱턴포스트》는 미국우체국에 대한 검토가 이루어지는 동안 대통령이 미국우체국 총재에게 아마존에 부과하는 요금을 두 배로 올리라고 개인적인 압력을 넣기까지 했다고 폭로했다.[6]

므누신의 백악관 전담팀 보고서는 미국우체국에 보다 지속 가능한 재정 기반을 되찾으라는 권고를 했지만, 트럼프 대통령이 원했던 것과 같은 일격을 날리지 못했다. 이 보고서는 사실 미국우체국의 아마존 택배 배송이 미국우체국에 수익이 된다는 것을 발견했다. 트럼프의 수사들과는 크게 배치되는 결과였다. 최소한 이 문제에 대한 아마존의 걱정은 줄었다. 그럼에도 불구하고 트럼프는 므누신이 이 일을 잊도록 내버려두지 않았다. 몇 년 후, 트럼프는 생각날 때마다 아마존에 칼을 꽂지 못한 므누신의 무능력을 언급했다. 2020년 COVID-19 대책 회의에서도 "당신은 여전히 아마존 사태를 해결하지 못했다!"라며 므누신 장관에게 불만을 표했다고 당시 회의에 참석했던 사람들은 회상한다.

당시 〈악시오스Axios〉의 보도에 따르면, 트럼프는 여전히 아마존과 베이조스에게 "집착"하고 있었다.[7] 트럼프는 아마존으로 인해 큰 피해를 입은 "영세 소매업체"를 돕기 위해 아마존에 대한 과세에 변화를 주겠다고 위협해왔지만, 그의 변덕스러운 성격 때문에 언제나 명확한 의도를 알기가 어려웠다. 정말 미국우체국이나 중소기업을 도우려 한 것일까 아니면 베이조스에 대한 커다란 증오에 대한 핑계일까? 어쨌든 그는 계속해서 이 회사를 공격했다.

한 소식통은 〈악시오스〉에 "그는 반독점법을 이용해 아마존을 공격할 방법이 없는지 노골적으로 궁금증을 표현했다."라고 전했다.[8] 아마존은 국방부의 100억 달러 규모 10년짜리 클라우드 계약에서 아마존이 가장 유력한 후보였으나 트럼프가 개입해 아마존이 기회를 잡을 수 없게 했다고 주장했다. 당시 국방장관 제임스 매티스James Mattis와 일했던 가이 스노드그래스Guy Snodgrass는 2018년 트럼프가 클라우드 계약에 관여했던 매티스에게 직접 전화를 걸어 아마존이 계약을 따 내는 것을 막으라고 말했다고 한다.

이 수익성이 높은 클라우드 계약은 결국 마이크로 소프트에게 돌아갔고 아마존은 부당하다고 항의에 나섰다.

"도널드 트럼프 대통령으로부터 부적절한 압력이 있었다. 트럼프 대통령은 그가 정적으로 여기는 AWS의 모회사인 아마존닷컴의 설립자 겸 CEO이며《워싱턴포스트》의 소유주인 제프리 P. 베이조스에게 피해를 주기 위해 공개, 비공개 공격을 계속해 JEDI 계약에서 AWS가 고배를 마시게 만들었다."[9] (결국 계약은 철회되었다가 이후 변경되었다.)

아마존은 트럼프에게 영원한 혐오의 대상이었다. 대통령은 내각이 무역 정책이나 경제와 같은 심각한 문제를 논의하는 상황에 끼어들어 큰소리로 제프 베이조스에 대한 불평을 늘어놓곤 했다. 백악관 집무실에서는 이런 일이 몇 번이고 반복되었다. 내각의 소식통들은 트럼프가 폭언을 시작하면 래리 커들로 국가 경제 회의National Economic Council 의장과 스티븐 므누신 장관이 눈을 마주치고 "또 시작이다"라고 말하는 것처럼 눈알을 굴렸다고 회상한다.

한 내각 구성원은 이렇게 회상한다.

"우리는 아마존을 엄청난 회사라고 생각했습니다. 기막히게 좋은 서비스죠. 소비자들도 좋아하고요. 그런데 왜 거기에 시간을 낭비해야 하는 걸까요?"

이런 발언에 대통령은 눈살을 찌푸렸다. 그는 "우리 레이더가 추적하고 있는 것(인플레이션, 금리, 성장률, 일자리, 임금) 중에 어떤 것도 아마존에 해당이 되질 않았습니다."라고 말했다. 트럼프 주변의 사람들은 아마존보다는 공화당 지지자들을 검열할 가능성이 있는 소셜 미디어 기업을 걱정하고 있었다. 하지만 트럼프 대통령은 아마존에 집중하는 듯 보였다.

트럼프가 베이조스에게 반감을 가지는 데에는 여러 가지 요인이 있었다. 《워싱턴포스트》의 백악관 관련 보도, 경쟁에 대한 아마존의 영향, 개인적인 차원에서는 질투심도 있었다. 트럼프의 한 측근은 트럼프가 갖는 적개심의 주된 원인은 베이조스의 부라고 말했다.

"베이조스의 재산이 수천억 달러에 달한다는 것을 생각해야 합니다. 알다시피 트럼프는 6번이나 파산을 경험했죠."

또 다른 측근은 "이 모든 것이 베이조스의 재정적 성공에 대한 도널드의 질투에서 비롯되었습니다. 도널드는 모든 것을 돈의 측면에서 판단합니다. 그는 기회만 있다면 베이조스를 깎아내리고 공격할 것입니다. 도널드에게 비판적인 《워싱턴포스트》까지 베이조스가 인수했으니 쓰나미가 지진이 만난 것과 다름이 없죠." 트럼프의 무역 담당 고문 피터 나바로의 생각은 달랐다. 그는 "저는 그것을 아마존에 대한 복수라고 보지 않습니다. 저는 트럼프 대통령이 아마존이 제기하는 경제적 위협을 정확히 이해하고 있었다고 생각합니다. 아마존의 비즈니스 모델은 근본적으로 공산주의 중국과의 경제적 관계에서 이익을 얻는 특성을 갖고 있으니까요. 그리고 정치적으로는 베이조스가 자신이 부당하게 얻은 이득을 이용해 대통령을 공격하고 있기 때문이죠."

트럼프의 끊임없는 공격 덕분에 아마존은 발라드 파트너스를 가장 바쁘게 하는 고객이 되었다. 발라드는 아마존과 백악관의 긴장 관계를 잘 다루어야 했다.

트럼프와 베이조스의 개인적인 문제 외에, 규제 당국도 이 거대 기술 기업의 규모와 비즈니스 관행에 주목하기 시작했다. 그들은 아마존이 독점인지 의문을 가지면서 끝을 모르고 뻗어나가는 이 회사의 권력을 파고들기 시작했다.

분석해야 할 것이 많았다. 다음은 2023년의 아마존 영향력에 대한 간략한 설명이다.

- 전 세계적으로 2억 명이 넘는 사람들이 유료 아마존 프라임 계정에 가입해 멤버십을 사용해 아마존에서 쇼핑을 하고 TV, 영화, 음악, 비디오 게임을 스트리밍하고 있다. 아마존은 그들이 무엇을 샀는지부터 무엇을 장바구니에 추가했다가 이후에 삭제했는지까지 수년에 걸친 구매 데이터를 저장하고 사용한다. 아마존 직원들은 이 데이터를 사용해 겉보기에는 이질적이고 무관한 카테고리, 비즈니스, 서비스의 매출을 올린다.

- 5억 대 이상의 알렉사 지원 디바이스가 전 세계 사람들의 침실, 거실, 심지어는 욕실까지 자리를 잡고 명령에 응답하면서 그 모든 가정에서 헤아릴 수 없이 많은 데이터를 빨아들이고 있다. 이들 디바이스는 당신이 좋아하는 팟캐스트가 무엇인지, 당신이 매일 아침 몇 시에 알람을 설정하는지, 당신 자녀가 〈아기 상어〉를 틀어달라고 몇 번이나 졸랐는지, 당신의 식료품 목록에는 무엇이 있는지 알고 있다. 그들은 현관문 잠금장치나 차고 문 열림 장치와 같은 스마트 홈 디바이스도 제어할 수 있다.

- 한편 AWS는 세계에서 가장 큰 클라우드 컴퓨팅 회사다. 수백만의 기업, 정부 기관(CIA를 포함한), 심지어 아마존의 경쟁사들도 비즈니스 데이터를 아마존 클라우드에 저장하는 것 외에 달리 방법이 없

다고 느낀다. 넷플릭스, 애플, NBC 유니버설 등 아마존과 치열하게 경쟁하는 기업들이 비용을 지불하면서 AWS를 이용한다.

- 아마존은 전 세계 소매 인프라에서 아마존 쇼핑객에게 제품을 파는 판매자 군단을 거느리고 있다. 수백만에 이르는 이들 제3자 판매자는 무한대에 가까운 마켓플레이스 선택지의 중추다. 아마존은 판매자가 사이트에서 사업을 영위하는 데 필요한 모든 것에 수수료를 받는다. 수수료 외에 방대한 양의 판매자 데이터까지 수집한다. 이후 자체 브랜드 부문을 통해 같은 플랫폼에서 아마존 브랜드 제품을 팔며 이들과 경쟁한다.

아마존은 수년 동안 별다른 간섭 없이 복합기업으로 성장해 여러 산업 분야에서 거경쟁업체를 집어 삼키고 문을 닫게 만들었다. 이제는 이런 상황이 변화의 목전에 있었다. 2019년 6월, 아마존을 비롯한 거대 기술 기업들을 겨냥한 규제 광풍이 우려에 그치고 있던 독과점 문제를 공식 조사나 규제 조치의 가능성이 보이는 수준으로 전환시켰다. 미국 최고의 반독점 기관인 연방거래위원회와 법무부는 엄청난 지배력을 가진 이 기술 기업의 사업 관행에 대한 예비 조사를 시작했다. 연방거래위원회는 페이스북과 아마존을 법무부는 구글과 애플을 맡았다. 연방거래위원회는 조셉 사이먼스Joseph Simons 위원장(2021년에는 리나 칸이 위원장직을 승계한다.)의 지휘 아래 아마존의 비즈니스 관행에 대한 조사를 시작했다.

같은 달, 민사나 형사 행위와 관련된 광범위한 문제의 적법성을 다루는 하원 법사위원회도 같은 4개 기술 기업에 대한 조사를 발표했다.

이 초당파 위원회의 목표는 해당 기업의 사업 관행에 대해 더 많은 것을 파악하고 기존의 독점 금지법과 그 집행이 기술 혁신의 속도를 따라가고 있는지 판단하는 것이었다.

몇 달 전부터 워싱턴의 로비 중심지로 유명한 K 스트리트 도처에 조사가 임박했다는 소문이 돌기 시작했다. 아마존의 로비스트들은 조사가 시작되기 전에 조치를 취하기 위해 노력했다. 그들은 로드아일랜드의 민주당 의원 데이비드 시실린David Cicilline 의원실에 전화를 걸어 아마존의 법률 고문이나 기타 임원들과의 회의 일정을 잡기 시작했다. 시실린 의원은 하원 법사위원회 위원이자 반독점 소위원회 위원장이었기 때문에 중요한 로비 대상이었다.

이들 회의에서 아마존은 고도로 조율된 메시지를 전달했다는 것이 참석자들의 전언이다. 아마존의 주된 메시지는 그들이 중소기업에 도움이 된다는 것이었고, 시실린과의 논의에서는 아마존에서의 판매로 혜택을 본 그의 지역구 출신 기업가들을 내세웠다. 경영진과 외부 로비스트로 구성된 팀은 다른 의원들에게도 같은 메시지를 일관되게 전달하려고 노력했다. 일부 의원들에게는 아마존이 그들의 지역구에서 얼마나 많은 유권자를 고용하고 있는지 지적하거나 그곳에 창고를 세울 수 있다는 가능성을 제시했다고 한다. 곧이어 지역 신문에 지역 소규모 기업가들이 쓴 기명 논평이 실렸다. 아마존에 대한 징벌적 조치로 그들이 피해를 입을 수 있다는 내용이었다. 7월에 조사에 대한 공식 발표가 있기 전부터 아마존의 로비 기계는 전속력으로 돌아가고 있었다.

7월, 법무부는 아마존을 포함한 기술 기업들이 불법적으로 경쟁을 억제하고 있는지에 대한 광범위한 반독점 조사를 시작한다고 발표했

다. 당시 윌리엄 바_{William Barr} 법무장관이 이 끈이 조사는 온라인 소매,
소셜 미디어, 검색 엔진을 지배하는 플랫폼들에 대한 조사에 초점을
맞추고 있었다.

역사적으로 미국보다 기술 기업에 훨씬 더 공격적인 자세를 취해
온 유럽은 이미 수년 전부터 아마존의 독점 금지 문제가 진행 중이었
다. 이제 미국에서도 아마존에 대한 압력이 커지고 있었다.

규제 당국이 화살을 준비하는 동안, 아마존 내부에서도 그 영향을
느끼고 있었다. 아마존 법무자문 데이비드 자폴스키의 사무실 화이트
보드에는 금지 단어의 목록이 있었다. 직원들은 이메일, 문서, 기타 다
른 형태의 커뮤니케이션에서 "시장 점유율", "플랫폼", "생태계"라는
단어를 사용하면 안 된다. 이들 용어는 규제 당국의 눈에 반경쟁적 관
행의 신호로 비칠 수 있기 때문이다. 금지 단어의 목록은 매년 길어지
고 있다. 아마존의 에스팀과 딜메이킹팀도 반독점과 M&A와 같은 민
감한 문제를 이메일 대신 시그널_{Signal} 앱을 통해 논의하기 시작했다.
시그널은 암호화된 메시지 앱으로, 이메일과 달리 사용자가 삭제하면
그 문제는 규제 기관도 복구할 수 없다.

규제 기관이 특정 관행을 알아낼 수 없도록 관리자로부터 모든 유
형의 커뮤티케이션에 "기밀"이라는 표시를 하라는 지시를 받았다고
수십 명의 직원들이 내게 말해주었다. 법률 자문이 필요한 서류가 아
닐 때에도 말이다.

초창기, 기술 기업들이 제공하는 용이성, 평의, 와해적 혁신(긍정적
인 것으로 추정되는)으로 찬사를 받던 시기 입사한 아마존의 직원들 중

에도 회의적인 시각을 갖는 사람이 생겨났다. 경쟁 업체들의 희생으로 수익을 늘리고 시장 점유율을 높이는 것이 전 세계에 미치는 파급 효과 만큼의 가치가 있는 일일까?

아마존의 지배력과 그에 따른 주가 상승으로 많은 직원들이 믿을 수 없을 정도로 부유해졌지만, 이제는 양심이 그들을 괴롭혔다. 금융 위기 동안 투자 은행에서 일하는 것이 부끄러워 직원들이 회사 로고가 새겨진 물건들을 착용하지 않았던 것처럼, 아마존 직원들도 공개 조사를 받는 회사와의 연관성에 대해 비슷한 감정을 느끼기 시작했다.

팀 브레이Tim Bray는 2014년 아마존의 클라우드 컴퓨팅 사업부에 입사했을 때만 해도 "우리는 그저 세상을 더 나은 곳으로 만드는 명랑한 사람들이었다."고 말했다. 그는 기술 기업의 초창기를 회사 CEO들이 고급 잡지의 표지에 화려하게 등장하던 시절이라고 말한다. 브레이는 AWS에서 승진의 사다리를 밟아 성공한 엔지니어가 되었지만, 아마존의 일부 행동이 걱정되기 시작했다. 또한 아마존의 규모와 힘에 대한 경계심도 커졌다. 그는 이제 아마존을 해체해야 한다고 생각한다. 그는 "한 사업 영역을 이윤의 원천으로 이용해 다른 사업 영역을 침범하는 조직이 있다면 자유 시장에 대단히 해롭습니다. 그래서 저는 아마존을 향해 반독점의 도끼를 들고 싶습니다."라고 말했다. 아마존에서 5년 넘게 일한 브레이는 2020년에 회사를 떠났다.

아마존 초창기의 직원 중 일부는 이전 고용주에 대해 상충되는 견해를 가지고 있다. 베이조스, 첫 번째 직원인 쉘 카판과 함께 아마존 웹사이트를 프로그래밍했던 두 번째 직원 폴 데이비스 역시 아마존이 해체되어야 한다고 생각한다. 그는 인터뷰에서 내게 이렇게 말했다.

"저는 아마존의 소매 부문과 제3자 마켓플레이스가 아마존을 제외한 모든 사람에게 건강하지 않아 보이는 방식으로 얽혀 있는 것이 문제라고 생각합니다."

데이비스는 아마존이 제3자 판매자 데이터를 아마존에 유리한 방식으로 사용하고 있다는 확신을 갖고 있다.

"저는 틀림없이 그런 일이 일어나고 있다고 생각합니다. 아마존은 이런 혐의나 비난을 부인하겠지만, 저로서는 아마존이 그렇게 하지 않았다고 생각할 수가 없습니다. 저항하기가 너무 어려운 일이니까요."

그의 해결책은? 아마존을 제3자 플랫폼과 자체 플랫폼으로 분리하는 것이다. 하지만 이런 데이비스에게도 아마존에서 쇼핑을 하지 않는 것은 어려운 일이다. 그는 여전히 프라임 계정을 가지고 있다. 여덟 번째 직원인 토드 넬슨도 비슷한 감정을 느낀다. 그는 "아마존이 제게 가져다 준 모든 것, 아마존에서의 경험에 대해서는 감사한 마음입니다. 하지만 저의 지금 생각은 아마존이 세상에 도움이 되지 않는다는 것입니다. 그들이 모든 영향력을 독차지 하고 있습니다."라고 말했다.

1997년 아마존에 합류해 그 유명한 원클릭 쇼핑 기능을 만든 페리 하트먼Peri Hartman은 이렇게 말했다. "그들은 지배적인 위치에 있습니다. 그럼 반독점일까요? 그건 모르겠습니다. 그들이 지배적인 위치에 있다는 사실에는 양면적 효과가 따릅니다. 하나는 경쟁업체의 의미 있는 시장 점유가 어렵다는 것입니다. 하지만 다른 한편으로는 원하는 제품을 매우 쉽게 찾는 방법을 갖게 됩니다."

하트먼은 여전히 아마존에서 쇼핑을 한다.

14장

의회의 출석 요구

2019년 7월 16일, 아마존, 애플, 페이스북, 구글의 최고 경영진이 의회 청문회를 위해 국회의사당 2141호실로 줄지어 들어갔다. 그 전 달에는 오랜 역사를 가졌지만 보통은 조용한 하원 법사위원회 산하 반독점 소위원회가 수십 년 만에 야심찬 반독점 조사를 시작했다. 당시 거침없는 비판과 호전성으로 유명한 데이비드 시실린 로드아일랜드 민주당 의원이 위원장을 맡고 있던 이 위원회는 빅 테크의 권력 남용 가능성과 아마존, 애플, 페이스북, 구글이 견제가 필요한 강력한 독점 기업인지에 대한 조사에 들어갔다.

시실린은 2017년 처음 반독점 소위원회의 키를 맡으라는 제안을 받았을 때 주저했다. 당시 반독점은 야심찬 정치인들의 흥미를 끄는 분야가 아니었다.

반독점 소위원회는 중요하거나 흥미로운 활동이 있는 곳이 아니었다. 어떤 의원도 맡고 싶어 하지 않는 일이 아니었다고 해도 과장이 아니었던 것이다. 사실 당시에는 가장 마지막에 채워지는 소위원회였다. 반독점법은 지루하고 시시했다. 사람들은 반독점법이 무엇인지도 몰랐다. 그곳의 얼굴이 된다? 시실린은 확신이 없었다. 더구나 그는 관련 사안들에도 친숙하지 않았다.

시실린은 이후 내게 "사실 저는 반독점에 대해 아무것도 몰랐습니다."라고 말했다. 그는 하원 법사위원회 위원장이었던 뉴욕의 민주당 소속 제리 내들러Jerry Nadler를 만나 조언을 구하기로 마음먹었다. 내들러는 시실린에게 "가끔은 새로운 주제에 대해 배우고 지적 도전을 하기 위해 과제를 맡아야 할 때도 있잖아요."라고 말해주었다.

이렇게 시실린은 그 자리에 앉았고 그 후 2년 동안 독점 금지법의 세부 사항에 대해 철저히 공부했다. 주제는 방대하고 이해하기 어려웠지만 그는 가능한 모든 것을 배우기 위해 공공정책 분야에 몰입했다.

소위원회에는 민주당의 진보주의자부터 열렬한 트럼프 지지자까지 다채로운 정치적 스펙트럼의 위원들이 있었다. 무엇보다 중요한 것은 반독점이 민주당과 공화당이 공통되는 기반을 찾을 수 있는 몇 안 되는 영역 중 하나라는 것이었다.

시실린은 소위원회 소속 콜로라도 공화당 의원 켄 벅Ken Buck에 대해 "저는 켄 벅의 의견에는 별로 동조하지 않습니다. 사실 반독점 이외에는 의견이 일치되는 분야가 없죠. 재미있지 않습니까?"라고 말했다.

조사 시작 전, 소위원회의 일부 위원들은 아마존을 비롯한 거대 기술 기업들을 순전히 미국의 성공 스토리로만 보았다. 이 기업들은 도처에 흩어진 가족들이 페이스타임으로 할머니를 만날 수 있게 하고 이틀 만에 주문한 물건을 문 앞에 배달해 준다. 그들은 혁신의 중심지이자 아메리칸 드림의 상징이었다.

벅은 아마존을 비롯한 빅 테크에 대한 자신의 생각을 이렇게 요약했다.

"모두들 차고에서 사업을 시작했습니다. 그들은 위험을 감수했죠. 자금을 모으고 결국 성공해서 그것을 기반으로 사업을 키웠습니다. 저는 그 회사들을 보면서 '미국은 이런 곳이지.'라고 생각했습니다."

사실 벅은 이들 기업에 대한 공식적인 조사가 필요한지에 대해서조차 회의적인 입장이었다. 그는 "저는 시장 스스로 이 문제를 알아서 해결할 것이라고 믿었습니다."라고 회상한다. 하지만 이후 그는 마음을 바꾸었다. 위원회가 문제를 파헤치기 시작하면서 놀라운 것들을 알게 되었다. 조용한 항의의 의미로 바로 아마존 프라임 계정을 해지하고 월마트닷컴에서 주문을 하기 시작할 정도였다. 동네 주유소에 길게 늘어선 아마존 배송 차량을 보고는 그 사진을 시실린의 전화로 전송하며 "아마존의 긴 팔"을 피할 수 없다고 불평하기도 했다.

두 의원은 소위원회에서 활동하는 것 외에는 정치적 견해가 크게 달랐다. 2021년 1월 6일 시실린이 마이크 펜스Mike Pence 부통령에게 대통령의 해임을 허용하는 수정헌법 25조를 발동하라고 권고했을 때, 벅은 말도 안 되는 아이디어라고 생각했다고 한다. 하지만 아마존을 비롯한 빅 테크를 길들이는 일에 있어서라면 그들은 확고한 동맹이었다.

반독점 소위원회에도 매우 눈에 띄는 막후의 후원자가 있었다.

2020년 초 소위원회에 합류한 짐 조던Jim Jordan(오하이오주 공화당) 의원을 비롯한 몇몇 소위원회 위원들과의 회의에서 트럼프의 무역 담당 고문 피터 나바로는 중요한 메시지를 전달했다.

"백악관은 이 조사를 지지합니다. 지금은 우리는 위조와 불법 복제가 만연한 상황에 있으며, 대통령은 아마존에서 대량으로 판매되고 있는 중국산 사기 및 위조 제품의 유입을 막고자 합니다."

시실린은 자신이 얼마나 중요한 일을 하고 있는지 깨닫게 되었다. 그는《더 힐The Hill》과의 인터뷰에서 이렇게 말했다.

"이 역할을 맡은 지 오래지 않아 케임브리지 애널리티카의 대규모 정보 유출이 드러났고, 온라인에서 일어나는 일에 대한 많은 정보가 퍼지면서 이런 기술 플랫폼이 우리 경제뿐만 아니라 민주주의에서 어떤 역할을 하는지에 관심이 집중되었습니다. 지난 몇 년 동안 이 문제에 대해 많은 것을 배우면서 조치가 시급하다는 믿음이 더 강해졌습니다. 독점적인 힘을 가진 이들 기술 기업이 어떤 규제도 없이 계속 운영하며 그 힘을 키우고 시장 점유율을 높여가게 놓아둔다면 피해는 더 커질 것입니다."[1]

빅4 기술 기업의 임원들이 2141호실로 들어설 때, 아마존의 수석 변호사 네이트 서튼Nate Sutton은 몹시 불안했다. 법무부에서 반독점 관련 업무를 담당하는 재판 변호사로 9년 이상 일했던 것이 무색했다. 하지만 그는 준비가 되어 있었다. 아마존 경영진과 변호사들이 앞으로 받을 만한 모든 질문을 그에게 쏟아 부었었기 때문이다. 아무리 준비가 되어 있어도 의회 청문회라는 자리는 불편했다. 더구나 천장이 높고 벽 쪽으로 우아한 갈색 목재 가구가 놓인 방 자체도 위엄이 있었다.

청문회는 시실린이 진행했다. 그의 전문지식은 크게 늘어나 있었고 그 부분에서 당시 소위원회에서 변호사로 일하고 있던 리나 칸의 조언이 큰 도움을 주었다. 그녀는 그의 뒤에 앉아 있었다.

서튼은 애플, 페이스북, 구글의 대리인들과 함께 오른손을 들어 진실을 말할 것을 선서했다. 이후 절차가 시작되었다.

서튼이 준비한 모두 진술은 강력했다. 그는 아마존이 경쟁이 매우 치열한 시장에서 운영되고 있다고 주장하며 아마존이 미국에서 얼마나 큰 고용주인지를 내세웠다. 그는 아마존이 무수히 많은 방식으로 경제에 얼마나 유용한지에 대해 이야기했다.

"아마존이 약 25조 달러에 달하는 세계 소매 시장에서 차지하는 비율은 1% 미만, 미국 소매 시장에서는 4% 미만입니다."

그가 읽은 이 발언서는 아마존이 그런 상황에서 늘 반복하는 대사를 인용하고 있었다. 이후 질문이 시작되었다.

위원회는 아마존의 제3자 판매자 대우, 광고 혜택을 받기 위해 돈을 지불해야 하는지 여부, 클라우드 컴퓨팅 부문의 시장 점유율에 대한 세부 사항, 자체 브랜드 개발 방식 등 온갖 방면에서 서튼에게 질문을 퍼부었다. 시실린은 전투견처럼 아마존의 자체 브랜드 사업에 대해 변호사를 철저하게 심문했다.

시실린이 아마존이 마켓플레이스를 운영하고 판매자와 경쟁하는 자체 브랜드 제품을 만드는 것에 집중해 이렇게 물었다.

"서튼 씨, 이해가 상충되지 않습니까?"

서튼은 대답했다.

"질문해 주셔서 감사합니다. 죄송한 말씀이지만 동의하지는 않습니다. 우리는 제3자 판매자와 매우 긴밀하게 협력하고 있습니다. 저희는 그들에게 의지해 고객에게 폭넓은 선택지과 가격을 제공하며, 이들이 저희 매장의 대부분을 차지할 만큼 성장하고 성장 속도를 두 배로 가속하도록 투자한 것을 매우 자랑스럽게 생각합니다."

로드아일랜드주 하원의원이 그의 말을 끊었다.

"그 질문이 아닙니다. 저는 아마존이 통제하는 플랫폼에서 자사 제품을 판매하고 있고, 그 제품이 마켓플레이스에서 다른 판매자의 제품과 경쟁하고 있다고 말하고 있는 것입니다."

변호사가 자체 브랜드 제품은 소매업에서 흔하다는 말로 대답을 시작하자 의원이 다시 말을 막았다.

"하지만 아마존은 수백만 건의 구매와 수십억 건의 상거래에 대한 실시간 데이터가 생성되는 온라인 플랫폼을 운영하며 플랫폼에서 알고리즘을 조작해 자사 제품의 판매를 도울 수 있는 1조 달러 규모의 회사라는 차이가 있습니다. 이는 CVS 브랜드와 전국적인 브랜드를 가진 지역 소매업체와는 다릅니다. 전혀 다르죠. 그래서 자야팔 위원의 질문에 더 깊이 접근하고 싶습니다. 지금 '판매자 데이터를 사용해 온라인에서 다른 판매자와 경쟁하지 않는다'고 말씀하셨는데, 그럼 아마존은 어떤 제품이 인기 있는지, 어떤 제품이 판매되고 있는지, 어디에서 판매되고 있는지에 대한 방대한 데이터를 수집하지만 어떤 방식으로도 아마존 제품을 홍보하는 데 사용하지 않는다는 말씀이신가요? 선서 하셨다는 것을 상기시켜 드리겠습니다."

긴장된 대화가 끝나자 서튼은 말했다.

"우리는 자체 브랜드 론칭에 대한 결정을 할 때 판매자의 개별 데이터를 사용하지 않습니다."[2]

나는 뉴욕의 내 책상에 앉아 이 대화를 지켜보면서 깜짝 놀랐다. 그해 초, 나는 아마존의 취재에 집중하기 시작했고, 정보 수집 과정에서 아마존의 자체 브랜드 팀원들로부터 제3자 판매자를 정기적으로 염탐해 자체 브랜드 제품을 만든다는 이야기를 들었다. 그는 선서를 하고 거짓말을 한 것일까?

청문회는 2019년 7월에 끝났지만, 나는 막후에서 진실을 알아내기 위해 노력했다. 나는《월스트리트 저널》에 기사를 쓰기 위해 아마존이 제3자 판매자에 대한 방대한 데이터를 자체 브랜드 사업부에서 어떻게 사용했는지 정확히 알아내는 일을 하고 있었다. 청문회 전에 한 아마존 소식통이 내 의혹을 확인해 주었다. 그들은 정기적으로 판매자의 개별 데이터를 사용해 자체 브랜드의 모조품을 만들어 원 판매자를 짓밟았던 것이다.

나는 시애틀로 가 자체 브랜드팀에서 일했던 전·현직 아마존 직원들과의 만남으로 일정을 가득 채웠다. 시애틀 캐피톨 힐 근처 고급 굴 레스토랑의 바에서 소식통 한 명이 주맥을 알려주었다. 이 소식통은 자체 브랜드 신제품을 만들 때면 정기적으로 이런 데이터를 사용했다. 이 소식통의 동료들 모두가 그렇게 했다. 더구나 이 소식통은 동료들이 그런 제품을 만들 때 사용했던 문서를 갖고 있었고 그것을 내게 이메일로 보내주었다.

몇 주 후, 뉴욕으로 돌아온 나는 그 문서가 담긴 첫 번째 압축 파일을 받았다. 파일은 아마존이 제3자 판매자를 어떻게 카피했는지 보여주는 흔적이었다.

한 세트의 문서는 포르템 자동차 트렁크 정리함에 대한 매출 데이터를 보여주었다. 이 보고서에는 얼마나 많은 단위가 판매되었는지, 배송비와 광고비는 얼마가 들었는지, 아마존에서의 각 제품의 이윤은 얼마인지 등 정리함에 대한 가장 민감한 정보를 상술하는 25개 항목이 있었다. 이것은 포르템의 베스트셀러를 역설계하기 위한 로드맵이었다. 아마존은 설계에 그치지 않고 이를 실행에 옮겼다.

2020년 3월 COVID-19로 인한 뉴욕 봉쇄 직전, 나는 로어 맨해튼의 한 레스토랑에서 유리 페트리브와 올렉 마슬라코프를 만났다. 이 두 포르템 창립자는 만남의 목적을 모르는 데도 그날의 만남을 허락해 주었다. 그들이 도착하자 나는 아마존에서 나온 문서를 테이블 건너의 그들에게 밀어 주었다. 그들은 망연자실했다.

아마존 직원이 전해 준 그 기간의 데이터는 같은 기간 그들의 수치와 정확히 일치했다. 페트리브는 테이블 앞에서 휴대 전화로 판매자 계정에 로그인해 두 데이터를 비교했다. 아마존 데이터의 판매량 3만 3,000단위가 포르템의 데이터의 판매량 3만 3,000단위가 일치했다. 두 문서의 광고 지출액도 일치했다. 25개 항목 모두가 같았다.

아마존은 《월스트리트 저널》이 검토한 데이터의 기간 동안 포르템 트렁크 정리함을 판 판매자가 한 명 더 있었고, 따라서 그 데이터는 "개별" 제3자 판매자 데이터가 아니라고 말했다. 그러나 다른 판매자가 며칠 동안 활동했는지 또는 그 판매자의 판매량이 얼마나 되는지에 대해서는 언급하지 않았다. 나는 포르템 트렁크 정리함의 다른 판매자에게 연락을 취했고, 그는 해당 기간 동안 판매한 정리함이 17개에 불과하다고 말했다. 이는 문서에 해당되는 기간 동안 아마존 전체 트렁크 정리함 판매량의 99.95%가 포르템의 제품이라는 의미다.

페트리브는 "그들은 자신들의 인프라를 이용해 불공정하게 시장에 진입하고 개별 판매자를 밀어내고 있습니다. 누구도 그들과 같은 자원을 갖고 있지 않습니다."라고 말하며 믿을 수 없다는 듯 고개를 저었다.

이후 페트리브와 마슬라코프는 거의 모든 아마존 피해자들과 같은 반응을 보였다. 그들은 극심한 공포를 느꼈다. 아마존의 행동은 잘못되었지만 판매자와 파트너는 거대 기업의 블랙리스트에 오를까 봐 두려움에 떨었다. 그런 상황에서 뉴스에 오르내리는 것은 누구나 겁을 낼 만한 일이다.

마슬라코프는 《월스트리트 저널》 기사에서 자신의 이름이 언급되는 것을 불안하게 생각했다.

"아마존이 어떻게든 우리에게 보복하겠다고 마음을 먹으면 어쩌죠?"

그가 동유럽과 브루클린의 뿌리가 모두 드러나는 억양으로 물었다. 페트리브는 아마존이 자체 트렁크 정리함의 가격을 대폭 인하해 폐업을 시도하지 않을까 궁금해 했다.

"우리는 그들을 막을 수 없을 겁니다. 힘을 남용하는 모습을 이미 보여주지 않았습니까?"

그가 말했다. 그 플랫폼에 불만이 있더라도 결국 이 두 사람은 아마존에 생계가 걸려 있었다.

페트리브는 아마존의 염탐에 화가 나기 시작했다. 그는 "아마존에 가운데 손가락을 들어주고 싶네요."라고 말했다. 그는 중립적인 태도를 취하던 마슬라코프를 구슬렸다. 나에게 협조하자고 말이다.

내 원래 소식통은 자체 브랜드 회의에서 제3자 판매자 보고서를 처음 보고 충격을 받았다고 말했다. 다른 아마존 부서의 데이터를 그런 식으로 사용하는 것은 금지된 일이었다. 이 소식통은 문제의 보고서를 자료로 사용하는 회의에서 이렇게 물었다.

"그 보고서들을 어디서 구하신 거에요?"

상사는 몸을 돌려 믿기지 않는다는 듯이 그를 보았다. 그리고 말했다.

"그냥 비즈니스 분석가들에게 요청만 하면 돼."

의회 청문회가 열리고 9개월이 지난 2020년 4월 말, COVID-19 팬데믹이 한창일 때《월스트리트 저널》1면에 내 조사 내용이 실렸다.

4월 23일 아침 데이비드 시실린은 격분했다. 이 반독점 소위원회 위원장은 믿기 힘들다는 표정으로《월스트리트 저널》기사를 읽었다. 위증의 벌을 받겠다고 선서한 아마존의 변호사 네이트 서튼이 자신과 동료들에게 거짓말을 했다고 느꼈다. 그는 화가 나서 씩씩댔다.

58세의 이 하원의원은 신뢰를 저버린 사람들을 용납하지 않는다. 그는 투사 집안에서 태어났다. 그의 아버지는 마피아 전쟁이 한창이던 1970년대와 80년대에 로드아일랜드 마피아 조직원들을 변호한 변호사였다. 그의 아들은 비슷하지만 다른 길을 갔다. 브라운대학교를 졸업하고 조지타운 로스쿨을 거쳐 결국 공직에 출마한 것이다.[3]

시실린은 러다이트Luddite*가 아니다. 그는 테슬라를 몰고, 애플워치를 차고, 트위터를 자주 사용한다. 심지어 아마존 프라임 계정도 가지고 있다.[4]

시실린은 골리앗과 싸우는 데 익숙하다. 동성애자임을 공개한 이 정치인은 2002년 로드아일랜드의 왕족과 정면 대결에 나섰다. 현직 시장인 빈센트 "버디" 시앙시 주니어Vincent "Buddy" Cianci Jr.에게 도전한 것이다. 논란이 많은 이 정치인은 20년 넘게 프로비던스의 시장 자리에 있었으며 로드아일랜드의 정치적 정체성과 불가분한 인물이다. 시실린은 결국 2002년 시장 선거에서 승리했지만, 이는 시앙시가 공갈 공모 혐의로 5년의 징역형을 선고받았기 때문이었다. 2010년, 시실린은 8선을 연임했던 그 유명한 케네디 왕조의 패트릭 케네디Patrick Kennedy가 떠난 하원의원 자리에 앉았다.

평범한 사람들이 공감할 수 있는 모든 특성을 모아 놓은 데에다 브라운대학교와 조지타운대학교 법대를 졸업한 엘리트의 배경이 완벽하게 조합된 시실린은 던킨도너츠의 대형 아이스커피를 즐겨 마시고, 경력 초기에는 맨즈웨어하우스Men's Wearhouse에서 파는 저렴한 정장을 입었다.[5] 그의 뿌리는 보잘 것 없었다. 시실린은 학비를 벌기 위해 웨이터, 간호조무사, 변호사 서기 등 잡다한 일을 했다. 그는 "저는 성공하려는 의지가 강했고 수완도 좋았습니다. 남의 집 마당에 있는 꽃을 꺾어 집집마다 찾아다니며 팔곤 했죠."라고 말했다.[6] 시실린은 어릴 때부터 정치에 관심이 많았다. 중학교 시절에는 마을 의회와 학교 위원

---

* 19세기 초반의 기계 파괴 운동을 지지한 사람. 신기술 반대자.

회 회의에 참석했다.

《월스트리트 저널》 기사가 나온 날 아침, 시실린과 하원 법사위원회 위원장인 제리 내들러는 서튼이 저질렀을 것으로 보이는 일을 어떻게 처리할지 고민했다. 위원회가 가진 선택지는 크게 두 가지였다. 첫째, 아마존의 변호사를 위증 혐의로 기소해 책임을 묻는 것이다.(일부 위원들이 고려한 방법이지만 조사의 추진력을 저하할 수 있기 때문에 기각되었다.) 결국 추진하게 된 두 번째 방법은 이 일을 이용해 제프 베이조스가 증언하도록 하는 것이었다. 아마존은 이에 "아마존 임원이 의회에서 거짓말을 했다는 모든 의견은 거짓"이라고 대응했다.

반독점 소위원회는 2019년 첫 청문회 이후 수개월 동안 막후에서 4명의 CEO를 의회 증언대에 세우기 위해 노력해왔다. 소위원회에 따르면 당연히 출석을 원하는 사람은 없었지만 그 중에서도 아마존의 저항이 가장 컸다고 한다.

2020년 초, 시실린은 모든 기술계 거물들과 반독점위원회 조사에 대한 통화 일정을 잡았다. 특히 CEO와 직접 통화하기 위해 노력했다. 애플의 팀 쿡은 이 의원과 생산적인 통화를 했다. 구글의 CEO 순다르 피차이Sundar Pichai도 통화를 했다. 페이스북은 한 걸음 더 나아가 저커버그가 국회의사당의 내들러 사무실에서 시실린, 내들러와 만남을 가졌다. 그러나 아마존은 제이 카니와의 통화를 주선했다. 다른 회사 CEO들은 시실린과 소통했지만 베이조스는 눈에 띄게 다른 대응을 했다.

대신 카니가 베이조스의 워싱턴 특사로 조사에 임했다. 문제는 카니와 소통한 많은 사람들이 그를 비호감으로 생각했다는 데 있었다.

설상가상으로 쿡, 피차이, 저커버그는 시실린과의 만남에 공손하게 임했지만, 카니는 거만하다는 인상을 주었다. 그는 시실린에게 베이조스는 다른 기술 기업 CEO들과 달리 의회에 증언할 수 없고 아마존은 임원을 내보낼 것이라고 말했다. 이 통화에 대해 잘 알고 있는 한 사람은 "그는 일을 개판으로 만들었습니다. '팬데믹 상황을 처리하는 와중이지만 내부적으로 참여할 사람을 찾아보겠습니다.'라고 말했어야죠."라고 말했다.

아마존은 의원들의 화를 돋우면서 한편으로는 워싱턴주 상원의원을 고용했다. 윤리 지침을 위반할 수 있는 방식으로 말이다. 가이 팔룸보Guy Palumbo는 2017년 상원의원에 당선되어 2년째 공직에 있는 상태였다. 2019년 2월, 아마존은 이 워싱턴 주 민주당 상원의원에게 은밀하게 공공정책 부문의 고위직을 제안했다. 팔룸보는 1999년부터 2004년까지 아마존에서 일했던 전력이 있고, 재합류 당시 AWS의 CEO였던 앤디 재시의 친구였다.

2월에 팔룸보와 아마존은 재취업에 대해 합의한 상태였다. 물론 고용 계약서에 서명을 하지 않았다. 나는 2월에 휴즈먼이 직원에게 보낸 이메일에 팔룸보가 팀에 합류할 것이며, 그 직원은 팔룸보의 직속 하급자 밑에서 일하게 될 것이라는 내용이 담겨 있는 것을 확인했다. 아마존과 팔룸보는 몇 달 동안 이 사실을 비밀로 했다. 그 동안 팔룸보는 워싱턴주에서 아마존에 큰 도움이 될 법안을 지원하는 작업을 했다. 이 법안은 주 정부 기관이 새로운 정보 기술 투자를 위해 클라우드 컴퓨팅을 사용하도록 하는 내용이었다. 내가 본 팔룸보와 아마존 관계자 사이의 이메일들은 그가 아마존의 제안을 받아들인 때로부터 주 상원에서 공식 사임할 때까지 몇 달 동안 아마존 그리고 아마존 로비스트들을 도와 해당 법안 통과를 위해 일하고 있었다는 것을 보여준다.

팔룸보는 3개월 이상 법안 통과를 위해 노력했다.(결국 통과에 실패했다.) 5월 말, 팔룸보와 아마존은 상원의원직 사퇴 발표를 조율했다. 그러나 그 전에 아마존과 팔룸보는 만남을 가졌다. 이 만남의 이유는 내가 입수한 아마존 전략에 관한 이메일에 담겨 있다. 그의 정부 이메일 계정을 검토해 기록 공개 요청에 따라 공개가 될 시에 팔람보와 아마존의 밀접한 관계에 대한 공개 조사를 유발할 수 있는 아마존에 대한 언급이 있는 이메일이 있는지 "확인"하려는 것이었다. 아마존의 기밀 미디어 계획에는 이런 구절이 있었다.

"가이는 주 상원의원으로서 아마존과 기술 전반에 대해 옹호해왔다."

아마존의 발표 세부 계획에는 팔룸보에게 3일간의 연휴를 앞둔 금요일에 사임을 발표하도록 조언한다는 전략이 있다. 기자들이 이를 놓치고 실제로 무슨 일이 일어나고 있는지 심도 깊게 조사하지 않을 것이란 계산이 담긴 의도적인 전략이었다. 이 발표에서 아마존에게 중요한 부분은 실제로는 2월부터 팔룸보의 아마존 합류가 예정되어 있었지만 팀에는 제안이 회기 후에 이루어졌다고 말하도록 지시하는 것이었다. 아마존은 미디어 대응 계획에서 홍보팀에 "아마존은 팔룸보를 채용할 예정이라는 것을 언제 알았나요? 상원의원이 기피해야 했던 것은 아닌가요?"라는 질문에는 "제안은 회기 이후에 이루어졌습니다."라고 답하라고 지시했다. 이는 그가 2월 중순이 아닌 5월 말에 제안을 받았다는 것을 의미한다. 미디어 대응 계획에 따르면 아마존이 대비한 또 다른 질문으로 "아마존이 현직 상원의원을 매수한 이유는 무엇인가요?"가 있다. 이 질문 자체가 그들이 부적절한 행동을 했고 그 사실이 노출 될 때 상원의원이나 아마존 모두에게 문제가 된다는 것을 보여주고 있는 것이다. 때문에 아마존은 미리 선정된 "우호적인" 언론사에만 채용 소식을 공개함으로써 "향후 보도에 대비해 분위기를 조성하고 폭로를 미리 차단"하는 등 발표의 가시성을 최소화하기 위해 노력했다. 아마존의 법률 고문, 데이비드 자폴스키, 제이 카니, 브라이언 휴즈먼이 이 계획에 서명했다. 이 글을 쓰는 현재 팔룸보는 여전히 아마존에 고용된 상태다.

이 문제에 대해 잘 알고 있는 사람들에 따르면 팔룸보는 2월 워싱턴주 윤리위원회에 상원의원 재임 기간 동안 취업 제안을 받을 수 있는지에 대해 비공식적인 문의를 했다. 다만 아마존과 논의 중이며 아마존에 혜택을 주는 법안을 지지하고 있다는 것은 공개하지 않았다. 윤리위원회는 팔룸보에게 취업 면접을 보는 것이 허용된다는 답변을 주었다. 채용 제안을 받아들인 뒤 회기가 끝날 때까지 주 상원의원직을 수행할 수 있는지를 다시 물었을 때는 윤리 규정 위반이 될 수 있다는 답을 들었다. 관계자들은 팔룸보가 고용주나 업무 범위에 대한 더 자세한 사항을 제공하는 것을 거부했다고 말했다. 그는 공식 의견을 서면으로 받을 수 있는지 물었고, 공식 의견을 받으려면 더 자세한 정보를 제공해야 한다는 답변을 듣자 서면으로 의견을 받는 것을 포기했다. 아마존 내부 이메일에 따르면 워싱턴 입법부는 발표 며칠 전까지 팔룸보가 아마존에서 일할 것이라는 점을 알지 못했다고 한다. 내가 이 채용에 대한 세부 사항을 설명하자 윤리위원회의 사람들은 윤리 규정 위반일 수 있다고 말했다.

아마존 대변인은 이렇게 말했다.

"저자가 하고 있는 주장은 거짓입니다. 가이는 어떤 역할도 제안 받지 않았고 따라서 상원 회기가 끝나기 전에 그 역할을 수락할 수도 없었으며, 그의 채용에 관한 커뮤니케이션은 정확하고 진실했습니다."

아마존 대변인은 팔룸보가 그해에 아마존에 합류하는 사안에 대한 2월의 커뮤니케이션(내가 확인한)은 "회사가 팔룸보에게 연락해 채용 제안을 하는 경우, 부적절한 접촉이 발생하지 않도록 하기 위한 목적이었다."고 말했다.

서튼이 아마존의 자체 브랜드 관행을 옹호하는 바로 그 순간, 자체 브랜드팀은 인기 많은 미국 브랜드를 모방하고 있었다.

2019년 9월, 작업복 제조업체 칼하트Carhartt의 한 임원은 옷을 제조하는 중국 공장에서 제품을 검사하고 있었다. 그 과정에서 그는 같은 공장의 다른 한쪽에서 칼하트의 베스트셀러인 빕 오버올과 작업복 바지처럼 보이는 것을 만드는 생산 라인을 우연히 발견했다. 하지만 그곳은 칼하트가 지정한 영역이 아니었다.

경영진은 당황했다. 다른 생산 라인의 제품은 미시간주 디어본에 기반을 둔 이 가족 소유 기업과 똑같은 소재였다. 똑같은 색상에 심지어 지퍼와 트림까지 정확히 같았다. 그는 공장에 누가 그 라인에 생산을 의뢰했는지 물었고 아마존 에센셜이라는 것을 알게 되었다.

이 발견은 칼하트와 아마존의 연쇄 반응을 유발했다.

시애틀에 본사를 둔 이 거대 기업은 웹사이트에서 제3자 판매자가 판매하는 베스트셀러를 바로 따라 만듦으로써 그들을 이용한 것과 마찬가지로, 소매업체 역할을 함으로써, 즉 국내 브랜드들로 하여금 아마존에 직접 대량으로 물건을 팔게 하고 아마존이 이 제품들을 고객에게 재판매함으로써 브랜드를 소외시키곤 한다.

칼하트는 수년 동안 아마존의 중요한 판매자였다. 1889년 디트로이트에서 설립된 이 산업복 업체는 역사의 대부분 동안 건설 노동자, 전기 노동자, 농업 분야 사람들이 즐겨 입는 튼튼한 바지와 재킷을 만들며 노동자들의 수요를 충족시켰다. 최근에는 일부 품목이 스트리트웨어 분야에서 유행하기도 했지만, 대부분 블루칼라 작업복과 밀접하게 연관된 업체다.

칼하트는 수년 동안 아마존과 협력했지만 전체 매출에서 아마존이 차지하는 비율을 아마존이 원하는 것보다 항상 낮게 유지해왔다. 이 회사는 아마존에 지나치게 의존해 이 거대 소매업체가 더 높은 이윤이 더 많은 광고비 등 더 가혹한 조건을 요구할까봐 주의를 기울였다.

여러 면에서 칼하트는 아마존과 매우 달랐다. 이는 의도적이었다. 2018년까지 칼하트에서 근무하고 은퇴한 임원 해리 맥퍼슨Harry McPherson은 "우리는 월 스트리트가 아닌 메인 스트리트에 보고를 합니다."라고 말했다. 그 결과 이 회사는 본사 근처의 지역 사회 발전에 적극적으로 참여했고, 직원들이 서로를 배려하는 회사 문화를 갖고 있다고 한다.

관계자들은 아마존의 자체 브랜드 관리팀은 칼하트의 임원이 아마존 모조품을 발견하기 1년 전부터 칼하트를 디자인팀이 모방할 표적으로 정했다고 말했다. 아마존의 한 브랜드 관리자가 자체 브랜드팀에 작업복 분야에서 가장 많이 팔리는 품목들에 대한 자료를 제공했다. 자체 브랜드 관리자는 이 목록을 사용해 칼하트의 품목 중 아마존 자체 브랜드, 아마존 에센셜에서 복제할 품목을 정했다. 이후 아마존 자체 브랜드 직원들은 아마존의 모든 베스트셀러를 공급업체와 스타일별로 구분한 이 목록을 사용해 해당 공급업체를 "추적"했다는 것이 이 팀에서 일했던 한 관계자의 말이다. 이들 중 한 사람은 이 전략이 아마존 자체 브랜드 사업의 핵심이며, 에스팀 멤버인 헤링턴을 비롯한 고위 경영진은 2018년부터 팀이 이런 데이터를 사용해 어떻게 관행을 개발했는지 알고 있었다고 말했다.

아마존 에센셜은 이 데이터를 사용해 칼하트의 베스트셀러 후드 재킷, 빕 오버올, 작업복 바지의 거의 똑같은 버전을 만들기로 결정했다. 아마존은 칼하트가 이 제품들을 제조하는 공장을 찾아 2019년 여름부터 같은 공장에서 일부 제품을 생산하기 시작했다.

경영진이 자사 제품과 똑같이 보이는 제품을 발견하자, 칼하트는 아마존에 연락해 모조품에 대해 알렸다고 한다. 아마존은 즉시 이 똑같이 보이는 제품의 생산을 중단하고 자체 브랜드 디자인 관행에 대한 내부 조사를 시작했다. 이는 "오류 수정" 작업으로 이어졌다. 직원들이 자신들이 저지른 실수를 분석하고, 실수의 영향을 측정하고, 다시는 같은 일이 발생하지 않도록 해결책을 마련하는 긴 과정으로 말이다. 아마존은 칼하트 모조품을 버리지 않고 다시 판매하기 위해 칼하트 자체 디자인과 차별화되는 새로운 기능을 추가했다는 것이 직원들의 전언이다.

조사 결과, 아마존 자체 브랜드 관리자들은 아마존 에센셜 제품을 디자인할 때 영감으로 삼을 품목 하나만 찾는 것을 중단시켰다. 복제라는 것을 발견하기가 쉽기 때문이다. 대신, 아마존 에션셀 제품을 위해 참조할 세 개의 품목을 골라, 자사 제품에서 이 세 가지의 측면을 모두 결합함으로써 앞으로 유사한 문제가 발생하지 않게 하는 것을 목표로 삼았다.

한 관계자는 이 새로운 정책이 아마존 사이트에서 브랜드 복제 사건이 생기지 않는 데는 도움이 되었지만 실상은 크게 달라진 것이 없다고 말했다. 이 정책은 복제를 중단시킨 것이 아니라 복제하는 법을 더 잘 알아내게 했을 뿐이다.

아마존이 자사 사이트에서 판매를 하도록 만들고 싶었지만 거절당했던 브랜드들도 비슷한 결과에 직면했다. 2016년에 올버즈Allbirds는 첫 번째 운동화 울 러너Wool Runner를 출시했다. 독특한 디자인에 가볍고 친환경적인 이 신발은 시장에 나오자마자 성공을 거뒀다. 올버즈의 CEO 조이 즈윌링거Joey Zwillinger는 인터뷰에서 "저희는 이 신발 덕분에 유명해졌습니다."라고 말했다.

울 러너의 연구·개발에는 3년이 소요되었다. 이 회사는 이탈리아의 한 공장에서 특허 원단을 개발했다. 브라질의 한 화학 회사와 손을 잡고 이산화탄소 배출이 없는 지속 가능한 밑창을 만들었다. 신발의 형태를 주형한 이탈리아의 구두골 제작자부터 매력적인 디자인을 만든 뉴질랜드의 수석 디자이너까지 수십 명의 인력이 투입됐다.

즈윌링거는 아마존이 올버즈에 끈질기게 연락을 해 아마존 사이트에서의 판매를 권했다고 말했다. 이 스타트업은 계속해서 제안을 거절했다. 결국 올버즈 팀은 구글 검색 엔진에서 흥미로운 현상을 발견하게 되었다. "울 러너"라고 입력을 하면 아마존 사이트의 제3자 판매자가 판매하는 울 러너의 모조품이 맨 위에 등장했다. 아마존이 이 히트 제품에 대한 수요를 자사 사이트로 빼돌리기 위해 구글 광고를 구매하는 듯했다는 것이 그의 말이다. 아마존은 검색어를 가로채고 쇼핑객을 가짜 신발로 유도함으로써 울 러너에 대한 수요로부터 수익을 얻고 있었다.

즈윌링거는 "아마존 같이 충분한 자금력을 가진 회사가 타회사 제품에 대한 수요를 모조품 쪽으로 빼돌리려 하는 것은 시도는 정말 실망스러운 일입니다."라고 말했다.

수년간 올버즈가 자사 웹사이트에서 물건을 팔도록 하기 위해 노력한 아마존은 2019년 울 러너와 거의 똑같은 갈렌Galen이란 신발을 내놓았다. 아마존 버전은 울 러너의 절반도 안 되는 가격에 판매되었고 친환경적(고객의 관심을 끄는 올버즈를 차별화해 고객에게 어필하는 요소 중 하나)이지도 않았다. 아마존 갈렌에 대한 리뷰에서 고객들은 올버즈를 언급한다.

즈윌링거는 "50%가 넘는 제품 검색이 아마존닷컴의 검색창에서 시작됩니다. 그들은 분명히 엄청난 양의 정보를 갖고 있으며 많은 사람들이 아마존 검색창에 '올버즈'를 입력하리란 것은 충분히 예상할 수 있는 일입니다."라고 말했다. 그는 자신의 히트 제품과 "섬뜩할 정도로 비슷한" 모방 버전을 만들기로 한 아마존의 결정에는 검색 데이터가 영향을 미쳤을 것이라고 생각한다.

그는 아마존의 갈렌이 자기 제품의 매출 감소를 가져온 것에는 의심의 여지가 없지만 어느 정도인지에 대해서는 확신하지 못한다. 즈윌 링거는 2020년 나와의 인터뷰에서 "1조 달러 규모의 회사가 제 모든 경력을 쏟아 부어 만든 것에 그들의 힘, 자금력, 그리고 자체 브랜드, 리뷰어, 알고리즘을 이용한 교묘한 책략을 쏟아 붙는 것을 바라보고 있을 수밖에 없었습니다."라고 말했다.[7]

그는 아마존에 대해 "미국의 모든 사람들이 무엇을 검색하는지 훤히 알 수 있는 위치에 있다면, 그 데이터로 하고 싶은 일이 무엇일까요? 이런 때라면 유혹이라는 말은 매우 절제된 표현이죠."라고 말했다.

"그 데이터를 가지고 그 수요를 최대한 빠르고 효과적으로 빼돌리는 무언가를 만드는 데 사용해보자고 생각할 겁니다."

2023년 11월, 올버즈는 갑자기 태도를 바꾸어 아마존에서의 판매를 시작했다. 즈윌링거는 자사 핵심 고객층의 50% 이상이 신학기 용품 구매를 위해 첫 번째로 선택하는 소매업체가 아마존 닷컴이란 설문조사 결과를 보았다고 말했다. 그는 그 이유를 이렇게 말한다.

"우리가 직면하고 있는 현실은 소비자들이 프라임의 인식된 편리함 때문에 그곳에서 쇼핑하고 있다는 것입니다. 무시할 수 없죠."

그 사이 아마존은 갈렌 운동화 생산을 중단했다.

워싱턴의 이야기로 돌아와서, 반독점 소위원회는 위증 가능성에 비추어 베이조스의 증언을 성사시킬 기회를 드디어 찾은 것 같았다. 4월 23일 오전, 내들러와 시실린은 아마존의 진실성에 대한 공동 성명을 발표했다. 시실린은 이 성명에서 "선서를 한 증인의 증언이 탐사 보도와 정면으로 배치되는 사례입니다."라고 말했다. "가장 좋게 해석한다면 아마존 증인은 아마존 사업 관행의 핵심적인 측면을 잘못 전달하고 날카로운 질문에 대해 중요한 세부 사항을 누락시킨 것으로 보입니다. 최악의 경우라면, 아마존이 회사를 대표해 증언하도록 보낸 증인이 의회에 거짓말을 한 것일 수 있습니다."

상황은 아마존에게 불리하게 돌아가고 있었다. 2020년 대선을 앞두고 열린 민주당 대선 후보 토론회에서 후보 지명을 두고 겨루는 후보들은 계속해서 아마존을 언급했다.

버니 샌더스Bernie Sanders 상원의원은 아마존이 정당한 몫의 세금을 납부하지 않는다고 공격했다. 앤드류 양Andrew Yang은 아마존이 메인 스트리트를 망치고 있다고 공격했다. 양은 "여러분 중 사시는 곳에서 문을 닫는 상점을 본 분이 계시다면 손을 들어주십시오."라고 말했다.[8] "그런 경험은 흔한 일입니다. 미국 상점과 쇼핑몰의 30%가 아마존 때문에 문을 닫고 있지만 아마존은 그런 일을 하는 동안 세금을 한 푼도 내지 않고 있습니다." 엘리자베스 워런은 급소를 찔렀다. 워런은 "야구 경기에서는 심판이 될 수도 구단주가 될 수도 있습니다. 하지만 두 가지를 동시에 할 수는 없죠."라고 말하며 아마존의 자체 브랜드 사업을 공격하고 회사를 해체해야 한다고 암시했다.

대선 후보로 지명된 조 바이든조차도 아마존에 그다지 우호적이지 않았다. 부통령 시절에는 제이 카니가 가까운 동료였지만, 그는 이 전직 공보비서의 현재 고용주에 대한 호의를 베풀 생각이 없었다.

아마존의 법률 고문 데이비드 자폴스키는 그의 대선 출마를 지원하는 여러 펀드에 총 25만 달러 이상을 기부한 바이든 캠페인의 중요한 기부자였다.[9] 놀랍게도 바이든은 자폴스키가 자신을 위해 개최한 모금 행사에서 아마존의 규모와 힘을 강하게 비판했다.

자폴스키의 집에서 열린 1인당 2,800달러의 모금 행사에서 바이든은 자신이 어떤 상황에 있는지 알고 있다고 표현했다.

"저는 여기 아마존 임원의 집에 있습니다." 이후 이 대선 후보는 아마존이 경제에 미치는 영향을 비판했다.

"지금 일어나고 있는 변화에 대해, 사람들이 두려워하는 이유에 대해 진지하게 생각해 보십시오. 나쁜 일은 아닙니다. 여러분은 좋은 일을 하셨죠. 그런데 사람들이 온라인 쇼핑을 하게 되면서 20만 명의 영업 사원이 일자리를 잃었습니다."[10]

이 행사에 참석했던 아마존의 물류 책임자 데이브 클라크(온건 공화당 지지자)는 다른 아마존 임원들과 마찬가지로 이 발언을 불쾌하게 받아들였다.

아마존의 자체 브랜드 직원들이 판매자 데이터를 이용해 아마존 브랜드 제품을 만들었다는《월스트리트 저널》기사가 나가고 일주일이 지나 의회는 대담한 요청을 했다. 의회는 베이조스 앞으로 서한을 보냈다.

"현재 진행 중인 조사, 최근의 보도, 아마존의 이전 위원회 증언에 비추어, 귀하가 아마존의 최고 경영자로서 위원회에서 증언해주시기를 바랍니다."

베이조스가 의회를 피할 수 있는 날은 얼마 남지 않았다.

THE EVERYTHING WAR

3부

결전

15장

세계 봉쇄,
아마존을 승자의 자리로

베이조스가 가능한 데까지 의회를 피해 다니려 노력하는 동안, 그의 칼로라마 저택은 지역의 유력 인사들 앞에 데뷔를 준비하고 있었다. 그는 7월까지 의회 증언을 하지 않을 예정이었지만, 2020년을 인상적인 쇼로 시작했다. 1월 25일 밤, 턱시도 차림의 제프 베이조스는 세계에서 가장 영향력 있는 인물들을 워싱턴에 있는 자신의 저택으로 초대했다.

손님 명단은 트럼프 대통령의 딸 이방카 트럼프, 그녀의 남편 재러드 쿠슈너, 트럼프 대통령의 수석 고문 켈리앤 콘웨이, 마이크로 소프트 공동 창업자 빌 게이츠 등 트럼프 대통령의 중추 세력을 아울렀다. 폴 라이언Paul Ryan 전 공화당 하원의장, 미트 롬니Mitt Romney 상원의원,

연방준비제도이사회의 제롬 파월Jerome Powell 의장도 초대되었다. 워싱턴, 기술, 금융계에서 유명 인사들이 모인 자리였고, 베이조스는 이 행사를 주관하는 가장 주목받는 인물이었다.

이날 저녁에는 워싱턴의 엘리트들이 알팔파 클럽Alfalfa Club이 주최한 비공개 갈라에 참석했다.(베이조스도 그 중 한 명이었다.) 200여 명에 불과한 이 클럽의 구성원들은 매년 1월 마지막 토요일 필레 미뇽과 랍스터로 이루어진 연례 만찬을 위해 캐피털 힐튼Capital Hilton 호텔에 모인다.

워싱턴에는 수많은 회원 전용 클럽이 있지만 알팔파 클럽의 회원 자격은 얻기가 어려운 것으로 유명하다. 이 클럽은 1913년 로버트 E. 리Robert E. Lee 장군의 생일을 기념하기 위해 만들어졌다. 회원으로 닐 암스트롱Neil Armstrong, 매들린 올브라이트Madeleine Albright, 캐서린 그레이엄 등이 있다. 회원 수에 제한이 있기 때문에 초대를 받으려면 기존 회원이 세상을 떠나야 한다.

2020년 행사의 기조 연설자는 공화당 유타주 상원의원 미트 롬니였고 그는 할리우드 배우 벤 스틸러Ben Stiller를 게스트로 초대했다. 롬니는 개회사에서 "모두가 인공지능과 로봇이 세상을 장악할까 걱정하고 있습니다. 그런 일은 없을 겁니다. 그게 아니라면 지금 대통령은 저일 걸요."라고 말했다.[1]

갈라가 끝나자 대부분의 게스트는 애프터 파티를 위해 조지타운에 있는 DC의 명소 카페 밀라노Cafe Milano로 이동했다. 하지만 2020년에 가장 인기 높은 애프터 파티는 베이조스의 저택의 파티였다. 베이조스는 이미 명사 인명록에 가까웠던 초대 명단을 축소해 아무나 올 수 없는 파티라는 느낌을 강화했다. 직원들이 잔디밭과 연결된 뒤쪽 데크에 텐트와 가열등을 설치해 손님들이 야외에서 칵테일을 마실 수 있게 했다. 베이조스는 약속대로 몇 년 간 워싱턴에 머무는 시간을 늘렸다. 워싱턴에서의 시간에는 그가 인수한 신문사의 회의와 미국 최고 기업 CEO들로 구성된 모임인 비즈니스 라운드테이블Business Roundtable 일원으로서의 활동도 포함되었다. 하지만 오늘 밤 그는 역할은 파티의 주인이다. 몇몇 사람들이 "아마존 대사관"이라고 부르는 이 저택은 이제 영업을 시작했다.

빨간색, 흰색, 파란색 줄무늬 리본이 달린 금색 메달을 자랑스럽게 매단 알팔파 클럽 회원들은 화려하게 장식된 베이조스의 붉은 벽돌집 정문으로 들어서서 아름다운 인테리어에 감명을 받았다.

재러드와 이방카가 등장했다는 사실 그 자체가 대단한 일이었다. 그 주 초, 트럼프는 트위터에 다음과 같은 글을 올렸었다.

"아마존《워싱턴포스트》의 두 멍청이. 나와 우크라이나와의 통화 내용을 가짜로 만들어낸 부패 정치인 쉬프티 쉬프Shifty Schiff처럼 거의 모든 이야기가 지어낸 거짓말입니다. 허구입니다!"[2]

그는 그로부터 며칠 후 『매우 안정적인 천재: 도널드 J. 트럼프의 미국 테스트A Very Stable Genius: Donald J. Trump's Testing of America』라는 제목의 책을 출간하게 될 두《워싱턴포스트》기자와 최초의 현직 대통령 탄핵을 이끈 민주당 하원의원 아담 쉬프를 예의 조롱조로 언급하고 있었다.

파티 도중 베이조스의 새 여자 친구 로렌 산체스Lauren Sánchez는 또 다른 게스트에게 개인적인 조언을 구했다. 트럼프의 선임 고문 켈리앤 콘웨이였다. 베이조스는 이 때는 이미 이혼한 맥켄지 스콧MacKenzie Scott

과 25년간의 결혼 생활이 끝날 무렵부터 산체스와 사귀었다.

"엄청난 일을 겪으셨는데, 어떻게 감정을 다스리셨어요?"

콘웨이가 타블로이드 신문의 먹잇감이었던 산체스에게 물었다. 산체스의 오빠가 두 사람의 불륜 그리고 이혼에 대한 세부 사항을 《내셔널 인콰이어러National Enquirer》에 흘렸고 이것이 전 세계 언론에 크게 보도된 일이 있었다.

콘웨이는 "거울을 보세요. 사람들은 당신을 질투하고 있는 거에요."라고 외쳤다. 그녀는 베이조스를 가리키며 "당신이 그와 사귀기 때문에 질투하는 거죠."라고 말했다. "하지만 그와 만나기 전에도 거울은 보고 사셨겠죠? 당신은 정말 아름다워요."

산체스가 얼굴을 붉히자 콘웨이는 인스타그램에 자신의 운동 상황을 기록하는 그녀에게 자신과 더 이야기를 나누고 싶다면 함께 동네에서 조깅을 할 때 합류하라고 권유했다. 산체스가 운동을 진지하게 생각한다는 것을 아는 그녀의 호의적 표현이었다.

그 전 해에 콘웨이는 또 다른 워싱턴의 연례 만찬인 그리다이언 클럽Gridiron Club 만찬에서 베이조스에게 자발적으로 사적 조언을 한 적이 있었다. 베이조스는 얼마 전 불륜 스캔들로 홍역을 치른 상태였다. 콘웨이는 그에게 "저 바보 같은 놈들이 당신의 콧대를 꺾게 놔두지 마세요."라고 말했다.

베이조스와 아마존에 대한 트럼프 대통령의 분노에도 불구하고 그의 측근들, 심지어는 그의 가족조차도 베이조스나 그의 회사에 그리 부정적인 것 같이 보이지 않았다.

하지만 전부 그런 것은 아니었다. 그날 밤 알팔파 클럽에서 베이조스는 어떤 약속을 했고 그것을 지키지 않음으로써 트럼프 측근 하나를 적으로 돌렸다. 트럼프의 무역 담당 고문 피터 나바로는 전부터 중국산 위조품과 위험한 제품들이 미국으로 밀려들어오는 데 짜증이 난 상태였다. 미국 브랜드 제품의 가짜 버전부터 콜레스테롤 약 리피토Lipitor와 발기부전 치료제 비아그라Viagra 같은 브랜드 이름으로 판매되는 가짜 약까지 온갖 것이 다 있었다. 아마존은 미국에서 가장 큰 전자상거래 플랫폼이었다. 온라인 판매의 거의 40%가 아마존에서 이루어지고 아마존 마켓플레이스가 해외 판매자에게 개방되어 있었기 때문에, 나바로는 아마존을 불법 제품과 위험 제품의 가장 큰 전달자로 생각했다. 그는 몇 달 동안 베이조스와 만나기 위해 노력을 기울였다. 나바로는 자신의 팀이 발견한 것들에 대해 공유하고 이 문제를 줄이거나 완전히 없앨 방안, 양쪽이 공감할 수 있는 방안을 찾기를 원했다. 하지만 그의 요청은 답을 얻지 못했다. 나바로의 상사도 이 사안의 해결에 관심이 있었다. 나바로는 트럼프가 "이 사람들을 불러서 일에 착수하라."고 했다고 말한다.

나바로는 알팔파 클럽 만찬에서 베이조스를 발견하고 그에게 다가갔다. 베이조스는 대화중이었지만 나바로는 어쨌든 자기소개를 했다. 그는 미국으로 들어오는 해외 화물을 적극적으로 검색해 그 안에 무엇이 들어 있는지 확인하라고 지시한 상태였고 방금 관세국경보호청Customs and Border Protection으로부터 보고를 받았다. 나바로는 인터뷰에서 내게 한 이야기에 따르면 조사 결과 개봉한 소포 10개 중 1개에 위조품이나 공중 보건에 문제가 될 수 있는 제품이 들어 있었다고 한다.

"저는 베이조스에게 이에 대해 이야기했습니다. 그는 본성의 선한 천사들로부터 관심을 끌어보려 했던 거죠."

그날 밤 다가간 그에게 베이조스는 미소를 지으며 이렇게 말했다.
"만나서 그 문제에 대해 이야기할 수 있길 기대하겠습니다."

베이조스는 나바로에게 카니의 전화번호를 알려주며 만남을 주선
했다. 다음 날 나바로는 일정을 잡기 위해 카니에게 전화를 걸었다. 하
지만 카니는 베이조스는 그를 만나지 않을 것이고 대신 카니가 그와
만날 수 있다고 말했다. 나바로는 격분해서《워싱턴포스트》와의 인터
뷰 때 이 일에 대해 불평했다. 베이조스는 이를 힐난하는 인스타그램
게시물을 올렸다. 온통 흰색 배경에 검은색 진한 글씨로 "비즈니스에
관한 질문"이 적힌 이미지에 다음과 같은 설명이 있었다.

당신이 큰 칵테일 파티에 갔는데, 낯선 사람이 다가와서 아버지, 여자
친구와 이야기를 나누고 있는 당신에게 만남을 청한다고 가정해 봅시
다. 또한 이 사람이 자신을 위해 일하는 사람들을 묘사할 때 "아랫것들"
이란 단어를 사용하는 사람이라고 가정해 봅시다.

당신의 대응은?

A) 예, 꼭 만나겠습니다.

B) 아니요, 만나지 않겠습니다.

C) 좋은 생각이 있습니다. 아무개에 전화하시면 그들이 답을 찾아 줄
겁니다.

D) 다시는 나다니지 않기로 조용히 결심한다.

E) 기타(빈칸을 채워 보세요.)

가장 좋은 답을 주시는 분께 "사인펠드Seinfeld"의 "이제 평온함!" 버튼

(두 번째 사진)을 드립니다.[3]

나는 이후 나바로에게 왜 베이조스가 그를 만나려 하지 않는다고 생각하는지 물었다. 그는 "거기에는 두 가지 가정이 있습니다. 하나는 그가 소시오패스라는 것입니다. 그는 미국 국민이나 미국 대중에게 전혀 신경을 쓰지 않고 돈만 벌기를 원합니다. 둘째, 그는 자신에게 대단히 심각한 문제가 있으며, 이를 해결하려면 그 대가로 이익을 잃게 되리란 것을 알기 때문입니다."라고 대답하고 베이조스와 카니에게 '혐오감'을 느낀다고 덧붙였다.(나바로는 이후 1월 6일 국회의사당 공격과 관련된 소환장에 응하지 않아 두 건의 의회 모독죄로 유죄 판결을 받았다.)

당연히 나바로는 애프터 파티에 참석하지 않았다. 그러나 트럼프 백악관의 다른 구성원들은 그 자리에 있었다. 이 모든 것은 호감을 얻기 위한, 필요에 의한(그리고 계산된) 노력의 일환이었다. 회사는 워싱턴에서 포위 공격을 받고 있었고 베이조스는 자신의 방식으로 배의 진로를 바로잡기 위해 자기 몫의 일을 하고 있었다.

워싱턴와 정치에 대한 이전의 무관심은 1월의 그 밤에는 분명하게 눈에 띄지 않았다. CEO에게 호감을 느낄 때라면 그의 회사에 고통을 가하기는 더 어렵다. 그 날 밤에는 이를 위한 베이조스의 노력이 여실히 드러났다. 베이조스는 바에서 빌 게이츠(마이크로 소프트와 관련된 반독점법 문제로 곤경에 빠졌던), 워런 버핏과 적극적으로 어울렸다. 그는 쿠슈너 부부와 JP모건 CEO 제이미 다이먼Jamie Dimon, 제임스 매티스 전 국방부 장관 등과 대화를 하며 파티장을 돌아다녔다.

베이조스는 25년 동안 제국을 건설했고, 앞으로도 그런 식으로 제국을 유지할 계획이었다. 타이밍이 이보다 더 좋을 순 없었다. 전 세계가 곧 봉쇄되려는 참이었기 때문이다. 행정부에서 일하던 많은 사람들이 대응을 위해 재빨리 움직이고, 기업은 물론 전 세계의 모든 사람들이 그 때문에 크게 동요하게 된다. 그러나 신중한 의도로 광범위하게 구축되어 이미 엄청난 지배력을 가진 아마존은 이 상황을 적극 활용해 후한 이득을 얻게 된다.

COVID-19 이전에는 아마존이 독과점이 될 수 있다는 우려가 있었다면, 그 후의 위기는 아마존의 힘에 관한 우려를 훨씬 더 명확하게 만들었다. 봉쇄 기간 동안 소비자들은 생필품을 비축하기 위해 아마존으로 몰려들었다. 소비자들은 아마존닷컴에서 크로락스Clorox 물티슈를 주문하고 홀푸드에서 식료품을 주문했다. 아마존 프라임에서 동영상을 스트리밍하며 시간을 보냈다. 기업들은 직원들이 재택근무를 하는 동안 AWS에 의존했다.

단 하나의 기업만이 미국인들, 집에서 나가지 못하고 실시간으로 발생하는 뉴스를 보면서 두려움에 떨며 사재기를 하는 미국인들의 거의 모든 니즈(전 세계 사람들의 니즈는 말할 것도 없고)를 충족시킬 수 있었다.

또한 미국 소매업 전반이 얼마나 위축되었는지(아마존의 지배력이 큰 몫을 한)도 분명하게 드러났다. 2020년에 아마존의 대안이 몇 개가 있었는지 생각해 보라. COVID-19 위기는 일용품에 대한 선택지의 수가 줄어들고 있는 상황을 뚜렷하게 드러냈다. 집에 쭈그리고 있는 사람들은 화장지, 종이 타월, 청소용품을 충분히 구할 수 없었다.

팬데믹이 한창일 때는 트럼프 대통령조차 다른 곳에서 생필품을 구할 수 없어 아마존에 의존해야 했다. 2020년 4월, 백악관은 연방재난관리청Federal Emergency Management Agency, FEMA에 아마존에서 약 1,300만 달러에 달하는 체온계를 구매하라는 지출 명령을 내렸다.[4]

주들이 연이어 봉쇄령을 발표했다. 이는 사람들은 집에 머물러야 한다는 것을 의미했다. 그 결과 사무실 건물은 비었고 도심의 유동 인구는 감소했다. 대부분의 오프라인 소매점은 필수 서비스로 간주되지 않기 때문에 문을 닫을 수밖에 없었다. 또한 식료품점과 같은 필수 서비스여서 영업을 계속하더라도 바이러스 감염을 걱정하는 사람들은 직접 매장을 찾는 위험을 감수하려 하지 않았다. 사람들은 자연스럽게 인터넷 쇼핑에 의지하게 되었다. 소규모 상점과 영세 업체들 대부분은 전자상거래가 불가능했고, 따라서 월마트, 타겟, 아마존과 같이 온라인 부문을 갖춘 소매업체들이 이런 소비자 습관의 변화로 인한 혜택을 가장 많이 누렸다.

전 세계가 어려움을 겪는 동안 아마존은 엄청난 이득을 보았다. 팬데믹 첫 몇 개월간 전국의 실업 수당 청구는 기록적인 수준까지 상승했지만 베이조스는 순자산이 740억 달러 이상 늘어나 2020년 7월 1,890억 달러에 이르렀다.[5] 한편, 미국 노동부에 따르면 "총 민간 고용은 2019년 4분기부터 2020년 2분기까지 2,100만 명이 감소한 반면, 실업률은 3.6%에서 13.0%로 3배 이상 상승했다."[6]

그야말로 가진 자와 가지지 못한 자의 이야기였다. 팬데믹 첫 해 동안 미국에서 폐업한 업체는 평년보다 약 20만 개가 많았다.[7] 니먼 마커스, JC페니, 로드 앤 테일러Lord & Taylor, 제이크루와 같이 잘 알려진 소매업체들은 이 기간 동안 사업을 유지하지 못하고 파산 보호를 신청했다. COVID-19는 200년 가까이 소비자 취향의 변화, 전쟁, 과거의 팬데믹들 속에서 살아남았던 로드 앤 테일러를 몰락시켰다. 전 세계가 고통을 느꼈다. 영국에서는 데번햄스Debenhams 백화점이 폐업을 발표했다. 톱숍Topshop과 미스 셀프리지Miss Selfridg를 소유한 아카디아 그룹Arcadia Group은 법정관리를 신청하고 브랜드들을 매각하기 시작했다. 아마존은 이미 수년 동안 많은 경쟁 업체들을 제거해왔지만, 팬데믹은 아마존이 사실상 제1의 선택지로서의 입지를 굳히게 만들었다.

아마존의 주가는 2020년 상반기 동안 거의 50% 상승해 시가 총액은 1조 5,000억 달러라는 기록적인 액수에 이르렀다. 미국 500대 상장 기업의 주가를 추적하는 S&P 지수는 같은 기간 4% 하락했다.

명암이 심한 또 다른 부분이 있다. 다른 기업들이 규모를 줄이거나 고용을 동결하거나 아예 폐업을 하는 반면, 아마존은 밀려드는 주문을 처리하기 위해 고용을 대거 늘린 몇 안 되는 대기업 중 하나였다. 아마존은 팬데믹 초기 2년 동안 창고 근로자 수십만 명을 고용해 소비자에게 보낼 박스를 포장하고 배송하는 고된 작업을 맡겼다. 이 회사는 창고, 선별 스테이션, 기타 필수 인프라로 이루어진 이미 방대한 물류 네트워크를 2년이 안 되는 기간 동안 두 배로 늘리게 된다.

베이조스의 주머니가 두둑해지는 동안 이미 한계까지 내몰려 있던 일부 창고 직원들은 근무 중 바이러스에 감염되었다. 일부는 사망했다. 아마존은 COVID-19로 사망한 물류창고 근로자의 수를 밝히지 않았다. 팬데믹 초기에 아마존 창고 직원들이 결성한 비공식 그룹이 자신들의 네트워크를 통해 정보를 공유하면서 밝혀낸 숫자는 2020년 9월까지 최소 10명이지만 실제는 이보다 많을 수 있다. 이 조직의 한 사람은 확인되지 않은 사망자가 훨씬 더 많다고 들었다고 전한다.

극단적인 시기였다. 경제는 자유 낙하 중이었고, 필요 이상의 자격을 갖춘 화이트칼라 근로자부터 소규모 업체를 운영하던 사람까지 온갖 종류의 사람들이 그런 상황이 아니었다면 고려하지도 않았을 선택을 하게 되었다. 직장 생활에 타격을 입은 이들은 창고에서 일할 사람을 구하던 아마존으로 갔다. 창고에서 일한다는 것은 목숨을 건다는 뜻이었다. 노동 집약적인 직종에서 일하기에는 자격이 과했고, 이전에는 그런 일을 해본 적도 없었다. 그러나 달리 어떤 선택지가 있었을까? 그들은 돈을 벌어야 했고, 가족을 먹이고 집세를 내야 했다.

유치원 교사, 자영업자, 수석 셰프, 기업가들이 시급 17달러짜리 창고직에 지원했다. 이들은 긴 시간 서서 상자를 포장하는 일을 꿈꾸었기 때문이 아니라 돈이 필요해서 그 일에 지원했다. 팬데믹으로 인해 삶이 뒤바뀐 많은 사람들에게 아마존은 일을 구할 수 있는 기회였다. 팬데믹 와중에도 수천 개의 일자리를 제공할 수 있는 몇 안 되는 기업 중 하나였기 때문이다. 다른 사람들이 집에 쭈그리고 있을 때, 이 신입 사원들은 최전선 근로자가 되어, 나라의 나머지 부분이 의존하는 "필수" 직업군에 합류했다. 하지만 간호사나 의사, 심지어 운수업 종사자들과도 다르게 이들은 극심한 격변의 시기 동안 생계를 위해 마지못해 영웅이 되었다.

50세의 지네트 주라스-홈멜Ginette Zuras-Hummel도 팬데믹 초기 그 대열에 합류했다. 그녀는 필요를 훨씬 넘어서는 자격을 갖추고 있었지만 다른 선택지가 없었다. 오리건주 윌슨빌에서 자신의 사업체 인테그리티 빌링 앤 컨설팅Integrity Billing & Consulting을 운영하던 그녀는 감염이 확산되면서 일시적으로 회사 문을 닫아야 했다. 그녀의 고객은 카이로프랙틱 의사, 마사지 치료사, 침술사 등 사회적 거리두기 조치 때문에 영업을 중단해야 했던 사람들이었다. 그 결과 주라스-홈멜의 월수입은 약 1만 2,000달러에서 2,500달러 미만으로 줄어들었다. 집과 사무실 임대료도 감당할 수 없는 돈이었다. 주라스-홈멜은 사업을 위해 중소기업청Small Business Administration의 재난 대출을 신청했지만 3,600만 명이 대기 중이라는 이야기를 들었다. 당시 그녀는 "대출을 받기 전에 회사 문을 닫게 될 것"이라고 말했다.[8] 다른 선택지가 필요했다.

그렇게 주라스-홈멜은 2020년 4월 아마존의 홀푸드 식료품점에서 피커picker*로 일하게 되었다. 그녀는 오리엔테이션 동안 각계각층의 사람들, 비슷한 처지에 있는 많은 사람들을 만났다. 그녀는 팬데믹이 시작될 무렵 연봉 10만 달러를 받던 인텔에서 해고 당한 사람과 금방 친해졌다.

주라스-홈멜은 4월부터 6월까지 일주일에 30시간씩 고객이 주문한 귀리 우유와 유기농 스테이크를 포장했다. 홀푸드에 새로 채용된 다른 피커들과 매장을 찾은 고객들 때문에 사회적 거리를 지키기가 힘들었다. 그녀는 "굉장히 불안했죠."라고 말했다.

6월에 그녀는 다시 자신의 사업에 에너지를 집중하기 위해 피커 일을 그만두었다. 하지만 그녀는 아마존에서 일하던 짧은 시간 동안 팬

---

* 배송할 물건을 고르는 사람.

데믹 기간에 회사가 장사를 얼마나 잘했는지 직접 확인했다고 말했다.

"그 기간 동안 아마존은 돈을 엄청나게 벌었습니다. 세계를 장악했죠."

봉쇄 기간 동안 쇼핑몰 소유주들보다 매장 폐쇄의 고통을 극심하게 목격한 사람은 많지 않았다. 이 CEO들은 수년 동안 아마존과 같은 업체들 때문에 임차인과 앵커 스토어_{anchor store}** 가 폐업하는 문제를 처리해야 했다. 공실을 채우고, 온라인으로 이동하는 쇼핑 습관 때문에 사라진 유동인구를 다시 끌어들일 방법을 찾고, 임대인 기반을 소매업 너머로 다각화하기 위해 재빨리 움직여야 했다. 팬데믹 봉쇄 조치가 시작되자 문제는 많은 사람들이 극복할 수 없을 정도로 커졌다. 쇼핑몰 운영사 CBL 프로퍼티_{CBL Properties}와 워싱턴 프라임 그룹_{Washington Prime Group}은 팬데믹 기간 동안 파산을 신청했다.

2020년 11월 1일에는 PREIT로 더 잘 알려진 펜실베니아 부동산 투자 신탁_{Pennsylvania Real Estate Investment Trust}이 파산 보호를 신청했다. 수개월 간 이어진 봉쇄로 세입자들이 임대료를 지불하지 못하자 필라델피아에 기반을 둔 이 쇼핑몰 운영업체는 채무불이행 상태가 되었다. 1960년에 설립되어 20개의 쇼핑몰을 운영하고 있던 PREIT는 본래 아파트와 오피스 빌딩에 집중했었다. 하지만 2003년에는 소매업 쪽으로의 방향 전환을 위해 쇼핑몰 운영업체를 인수했다. 당시 월 스트리트는 아파트나 오피스 빌딩보다 쇼핑몰의 멀티플_{multiple}*** 을 더 높게

** 대형 쇼핑몰에서 손님을 끌어들이는 유명 상점을 의미한다.
*** 주식의 가치를 평가하는 지표. 주식 가격을 기업의 재무 지표로 나눈 값.

평가했기 때문에 PREIT는 그 기회를 이용하려 했다. PREIT는 전성기에 70개의 쇼핑몰을 보유했다.

쇼핑몰이 도시의 필수적인 커뮤니티 허브 역할을 맡은 이래 수십 년이 흐르면서 많은 것이 변했다. 쇼핑몰은 만남의 장소로서의 기능을 할 뿐 아니라 세금과 같은 재정적 혜택을 주고 주민들이 지역 업체에서 소비를 하도록 유도하는 등 마을과 주정부에도 유용한 존재였다. 하지만 인터넷 시대가 변화를 불러왔고, 쇼핑몰은 공동체 정신을 불어넣는 등의 여러 면에서 이전과 같은 힘을 발휘하지 못했다. COVID-19 팬데믹은 이런 추세를 한층 더 악화시켰다.

PREIT의 CEO 조 코라디노Joe Coradino는 업계가 초창기 아마존의 위협을 자신들에게 유리하게 해석해 버리던 것을 기억하고 있다. 그는 "'사람들은 공동체적 특성 때문에 계속 쇼핑몰을 찾을 거야.'라고들 이야기했죠."라고 회상한다. "정말 스스로에게 솔직해진다면 '세상에, 이거 영향이 크겠는데. 우리는 어떤 조치를 취해야 할지 깊이 생각을 해 봐야겠어.'라고 말했어야 합니다."

2014년, 대부분 대학생이었던 회사의 여름 인턴들과 이야기를 나누던 코라디노는 그들에게 전자상거래가 소매업의 몇 퍼센트를 차지하는지 아느냐고 물었다. 수십 년간 소매 업계에 몸을 담았던 코라디노는 그들의 대답에 당황했던 것을 기억한다. 당시 온라인으로 이루어지는 쇼핑은 전체 쇼핑의 10% 미만이었다. 학생들은 70퍼센트라는 추측을 내놓았다. "아하"하는 순간이었다. 그는 "학생들이 그렇게 생각한다는 것은 그들이 그렇게 살고 있다는 것을 의미했습니다."라고 말했다. 그의 핵심 고객 중 일부(대학생)가 70%의 제품을 온라인에서 구매하고 있다면 쇼핑몰 소매업체에게는 좋은 징조가 아니었다.

온라인 쇼핑은 쇼핑몰 매출을 잠식했고, 시간이 지나면서 코라디노는 앵커 매장들이 파산을 신청하거나 수백 개의 매장을 폐쇄하는 경험을 하기 시작했다. 그는 대규모 공실로 꼼짝 못하게 되는 상황을 피하기 위해 실적이 저조한 쇼핑몰을 우선적으로 매각했다. CEO가 된 2012년에는 20개의 쇼핑몰을 매물로 내놓았다. 다른 소규모 입점 업체들(서점, 장난감 가게 등)이 문을 닫는 것에도 대응해야 했지만 앵커 스토어는 채우기가 더 어렵기 때문에 공실 위험이 훨씬 더 큰 문제였다.

앵커 스토어 중 상당수가 아마존과 경쟁할 능력이 없어 어려움을 겪고 있었다. 시어스는 2018년 파산을 신청을 했다. JC페니도 영향력을 모두 잃고 결국 파산을 신청을 했다. 이런 현상은 너무나 확연해서 미디어에서 "소매업의 파멸retail apocalypse"라는 이름을 붙일 정도였다.

2016년 8월 코라디노가 저지 쇼어에서 즐거운 하루를 보내고 있을 때 전화벨이 울렸다. 나쁜 소식이었다. 대형 쇼핑몰의 앵커 스토어 메이시스가 100개의 매장을 폐쇄한다고 발표한 것이다. 그에게는 메이시스가 입점한 쇼핑몰이 여섯 개 있었다. 메이시스가 사라지면 그 자리를 뭔가가 대신해야만 한다. 그는 "큰일이었습니다."라고 말하며 "빌어먹을 순간"이라고 표현했다.

코라디노는 "백화점이 매장을 폐쇄한 데에는 아마존의 온라인 위협이 큰 몫을 했습니다."라고 말했다. 《워싱턴포스트》의 분석에 따르면 2016년부터 2021년까지 미국 대형 백화점 체인들은 매장을 약 40% 줄였다.[9] 같은 기간 아마존의 시가총액은 2,990억 달러에서 1조

7,000억 달러로 증가했다. 무디스Moody's의 데이터에 따르면 2000년 이후 쇼핑몰의 공실률은 꾸준히 증가해 2000년의 5%에서 2022년에는 11%를 넘어섰다.

더구나 백화점 매장의 감소는 엄청난 일자리 감소로 이어졌다. 2001년부터 2017년 사이 백화점 고용은 3분의 1로 감소했다. 백화점에서만 50만 개의 일자리가 사라진 것이다.[10] 이는 같은 기간 동안 석탄 산업에서 사라진 일자리보다 약 18배 많다.

미시간주 먼로의 카파로Cafaro 쇼핑몰은 이런 문제의 전형이다. 이 쇼핑몰에는 타겟, JC페니, 시어스 등의 앵커 스토어들이 있었다. 이들이 자리 잡고 있을 때에는 주말이면 수십만 명의 사람들이 쇼핑몰을 찾았다. 카파로는 그 이후로 "모든 앵커 스토어가 떠났다."고 말한다. 이제 이 쇼핑몰의 주말 방문객은 수백 명에 그친다. 카파로는 부채 수준을 낮게 유지하고 쇼핑몰의 방향을 다른 임차인 쪽으로 전환해 고비를 넘길 수 있다. 많은 쇼핑몰 운영자들은 그만큼 운이 좋지 못했다.

2016년 PREIT은 17억 달러의 시장 가치를 자랑했다. COVID-19의 영향을 받기 전인 2019년 말, 이 회사의 시장 가치는 4억 1,000만 달러로 줄어들었다. 그 사이 PREIT은 성장 대신 상환 능력을 유지하기 위해 많은 쇼핑몰을 없애야 했다.

팬데믹이 시작되었을 때만 해도 쇼핑몰 운영자들은 봉쇄령이 몇 주 지속되는 데 그칠 것이라고 생각했다. 하지만 몇 주는 몇 달이 되었고, 임차인들은 임대료를 체납했다. 그의 쇼핑몰들이 문을 닫은 동안 코라디노는 창밖으로 이웃집 현관에 높이 쌓인 상자들을 보았다. 매일같이 온라인으로 새로 주문한 물건들이 도착했다. 그는 "골판지 공장이라도 있는 것 같았습니다."라고 농담을 했다. 그 중 많은 상자들에 미소가 그려져 있을 가능성이 높았다.

그 이웃만 그런 것이 아니었다. 점점 더 많은 쇼핑객이 온라인 쇼핑으로 눈을 돌렸다. 쇼핑몰에 입점해 있거나 전국 도시에 개별 매장을 갖고 있는 소매업체들이 이미 겪고 있던 어려운 상황이 더 심화되었다.

2020년 11월 1일, PREIT은 재무 재편을 위해 파산을 신청했다. 이후 재기했고, 남은 쇼핑몰은 의류보다 식음료와 엔터테인먼트에 집중했다. 심지어 고객이 아마존 택배를 찾아갈 수 있는 아마존 라커까지 설치해 유동 인구와 지출을 늘려보려 노력했다. 하지만 월 스트리트가 쇼핑몰 소매업체에 높은 가치를 부여했던 2000년대 초반과 달리이제는 그런 믿음이 사라졌다. 2023년 대부분의 기간 동안 PREIT는시장 가치가 200만 달러 미만인 동전 주식이었다. 2023년 12월 11일, PREIT은 또 다시 파산을 신청했다.

윈스턴 처칠은 "좋은 위기를 낭비하지 말라"고 말했다. 아마존의 고위 경영진들은 팬데믹 기간 동안 이 조언을 가슴에 새겼다. 에스팀은미국인들에게 일용품을 배달하는 역할을 영웅 이미지로 바꾸고 워싱턴과의 관계를 손볼 수 있는 기회로 여겼다.

팬데믹 기간 동안 평소에는 사회에 기여한다고 인정받지 못했던"필수" 근로자들이 갑자기 국민적 영웅이 되었다. 무시당하곤 했던 식료품점 점원, 배달원, 감염의 위험을 무릅쓰고 전 세계로 물건을 배송하는 사람들이 이제 대중의 관심을 얻고 있었다. 아마존은 이런 많은사람들을 급여 대상자 명단에 두고 있었다. 게다가 수십만 명을 고용하는 역할은 이 나라를 덮친 실업 위기에도 도움이 되었다. 에스팀의 한 멤버는 "대부분의 기업이 수많은 사람을 해고할 때 우리는 수많은 사람을 고용하고 있었습니다. 우리가 실업률에 눈에 띄는 영향을 미쳤다는 데에는 의심의 여지가 없습니다."라고 말했다.

그들은 이를 통해 회사가 대통령의 환심을 살 수 있다고 판단했다. 베이조스는 쿠슈너 등 백악관 고위 관리들에게 전화를 해 행정부의 COVID-19 대응을 어떻게 도울 수 있을지 논의했다. 효과가 있었다. 대통령이 연설을 했고, 이번에는 긍정적인 측면에서 아마존을 언급했다.

아마존은 이것을 자신들의 규모와 영향력을 좋은 것으로 인식시킬 기회로 보았다. 당시의 한 인터뷰에서 이사회 구성원 한 명은 "이것이 이들 기업에 대해서 그리고 규모와 편재성이 어째서 도움이 되는지에 대해서 보다 균형 있는 관점을 만들 수 있기를 바랍니다. 트럼프의 악마 만들기를 누그러뜨릴 수 있을 지도 모릅니다."라고 말했다.

한동안은 그런 것 같았다.

2020년 3월 중순, 트럼프 대통령은 미국 최대 식료품 체인점들과의 전화 회담을 개최했다. 월마트, 크로거, 타겟, 코스트코의 CEO들은 식품 공급망이 전국적으로 일어나고 있는 수요와 사재기를 처리할 준비가 되어 있는지에 대해 논의했다. 트럼프는 계속 문을 열겠다는 약속도 요구했다. 당시 아마존의 전 세계 운영 담당 수석 부사장으로 홀푸드를 관리·감독하던 데이브 클라크도 회의에 참여했다. 클라크는 댈러스 자택의 아내 옷장 안에서 회의를 하고 있었다. 두 어린 자녀가 봉쇄로 인해 학교에 가지 않는 상태였고, 그곳은 집안에서 휴대폰 서비스가 되면서도 조용한 유일한 장소였다. 그는 아직 적절한 홈 오피스를 마련하지 못했다. 클라크는 이렇게 회상한다.

"전화를 끊고 아내에게 '좋아, 우리는 1년 동안 격리야.'라고 말했습니다. 정말 큰일인 게 분명했습니다. 생각보다 심각한 일일 수도 있었습니다. 정말 답이 없었죠."

그 날 회의가 끝난 후, 트럼프는 파란색 넥타이에 성조기 핀을 착용하고 코로나바이러스 대책 팀원들에게 둘러싸인 채 연단에 서 대국민 연설을 했다.

"방금 매우 인상적인 사람들과 통화를 했습니다. 상점과 식료품점 분야에서 가장 큰 기업을 이끄는 사람들이었습니다. 이름을 알려드리자면…."

그가 처음으로 언급한 것은 아마존의 데이브 클라크였다.

아마존은 신이 났다. 그 주 베이조스는 회사 전체에 이메일을 보내 직원들을 독려했다. 그의 이메일에는 이렇게 적혀 있었다.

"정부 최고위층에서 여러분의 노력에 주목하고 있습니다. 이번 주 초 트럼프 대통령은 우리 팀에 깊은 감사를 표했습니다."

백악관은 빅 테크에 대한 불만을 잠시 떨치고 그들에게 행정부의 팬데믹 대처를 도우라고 요청했다. 백악관은 구글, 애플, 아마존에 다양한 역할을 부여했다. 어떤 의미에서 이것은 불가피한 일이었다. 이들 기업은 너무 크게 성장했고 너무 큰 힘을 갖고 있었다. 비판가들조차, 위기에 포위되자 이들과 손을 잡는 것 외에 선택의 여지가 없었다.

아마존에 대한 호의는 오래가지 않았다. 아마존 스스로의 처신도 거기에 한몫을 했다.

뉴욕 스태튼 아일랜드의 한 창고 노동자가 자신과 동료들이 근무 중에 바이러스에 감염되지 않도록 보호해 줄 마스크, 장갑 기타 보호 장비가 충분하지 않다며 큰 목소리를 냈다. 적극적으로 의견을 표명한 이 사람은 크리스 스몰스Chris Smalls였다. 2020년 3월 그는 자신이 일하는 창고에서 파업을 벌였다. 얼마 지나지 않아 그는 해고되었다. 아마존은 스몰스가 파업 때문에 해고된 것이 아니라고 말했다. 그들은 그가 해고된 것이 격리가 필요한 때 사회적 거리두기를 하지 않았기 때문이라고 주장했다. 그러나 아마존은 공개적으로 회사를 비판하거나 파업에 참여했던 근로자를 해고한 전력이 있다.

흑인인 스몰스는 아마존이 물류창고 직원을 혹사시켰다는 주장을 펼쳤다. 전국 언론이 그의 주장에 주목했다. 이것은 미국인들에게 생필품을 배송하고 있다는 것으로 좋은 여론을 만들려는 아마존의 노력을 약화시키는 문제가 되었다. 스몰스 그리고 팬데믹 상황에서 안전하지 못한 근무 환경을 부각시키려는 스몰스의 노력이 장악한 헤드라인이 경영진을 괴롭혔다. 스몰스는 한 설명서에서 말했듯이 "아마존은 우리와 우리 가족, 우리 지역사회를 안전하게 지키기 위해 해야 할 일을 하지 못한 총체적인 실패를 마주하지 않고 근로자를 해고하는 것을 택했습니다."

베이조스가 참석한 에스팀 회의에서 고위 경영진들은 창고 노동자의 COVID-19 안전을 둘러싸고 형성된 서사에 대해 논의했다. 아마존의 법률 고문인 데이비드 자폴스키는 스몰스의 약점을 조사할 것을 제안했다. 그가 회의 중에 기록한 메모에는 이렇게 적혀 있다.

"그는 똑똑하지도, 설명을 잘 하지도 못한다. 언론이 우리와 그의 대결 구도에 초점을 맞추고 싶어 하는 경우라면, 우리가 근로자 보호를 위해 어떤 노력을 하는지 수없이 설명하는 것보다 홍보의 측면에서 훨씬 강력한 입장에 서게 될 것이다."[11]

〈바이스 뉴스Vice News〉가 입수한 유출 문서에 따르면, 이 계획은 스몰스의 평판을 떨어뜨리고 이후 그를 "전체 노동 조합 조직 운동의 얼굴"로 만드는 것이었다. 아마존 창고의 일부 직원들이 사망하고 많은 직원이 COVID-19로 인해 병에 걸리는 동안, 자폴스키를 비롯한 에스팀은 공장에 관련된 이야기의 신빙성을 떨어뜨리기 위해 스몰스(그는 이후 노조 활동을 시작해 미디어로부터 더 주목을 받게 된다.)를 공격할 방안을 찾고 있었다.(흥미롭게도 카니는 개인적으로 친노조 성향인 것으로 밝혀졌다.)

이 메모는 대중의 비판과 우려에 맞서기 위한 아마존의 홍보 노력을 들여다볼 수 있는 흔치 않은 기회였다. 자폴스키의 메모는 이 전략에 대해 주요 에스팀 구성원들 사이에 "전적인 합의"가 있음을 보여주었다. 아마존 경영진은 아마존의 팬데믹 대응의 중추인 직원들과 공감하고 직장에서 병에 걸리는 것에 대한 그들의 두려움에 대해 고심하기보다는 그런 서사로부터 주의를 돌리고 스몰스를 악마로 몰아가는 것이 최선이라고 생각했다. 하지만 이 전략은 성공하지 못했다.

〈바이스 뉴스〉의 기사가 나간 후 대중은 자폴스키의 언급을 인종 차별적이라고 보았다. 알렉산드리아 오카시오-코르테즈Alexandria Ocasio-Cortez 의원은 "창고 직원인 크리스 스몰스를 '똑똑하지도, 설명을 잘 하지도 못한다.'고 비방하려는 아마존의 시도는 인종차별적이고 계급주의적인 홍보 캠페인"이라는 트윗을 올렸다.[12] 아마존은 인종 차별 혐의를 부인하면서 자폴스키는 그 언급을 할 때 스몰스의 인종을 알지도 못했다고 말했다. 자폴스키는 스몰스에게 직접 사과하지 않고 자신의 발언에 대한 성명을 발표했다. 사실 이 가짜 사과에는 스몰스에게 여전히 책임을 떠넘기는 원래 메모와 똑같은 내용이 포함되어 있었다.

같은 달 말, 베이조스와 나바로의 공개적인 입씨름은 새로운 국면을 맞았다. 미국 무역대표부US trade representative가 아마존의 캐나다, 프랑스, 독일, 인도, 영국 웹 도메인을 위조를 조장하는 것으로 여겨지는 플랫폼들을 나열한 "악명 높은 시장notorious markets" 목록에 올린 것이다. 아마존은 이를 나바로의 보복으로 간주했다. 당시 아마존 대변인은 "이 순전히 정치적인 조치는 행정부가 아마존에 대한 개인적인 복수에 미국 정부를 이용하는 또 다른 사례"라고 말했다.

"아마존은 악의적인 판매자와 위조 가능성이 있는 제품이 아마존 스토어에서 판매되는 것을 감지하고 차단하기 위해 사전 예방적 기술과 프로세스에 상당한 투자를 하고 있습니다."

나바로의 관점은 달랐다. 그는 "이것은 세계 최악의 위조 조장자인 아마존의 행동으로 명백히 정당화되는 조치입니다. 아마존의 두뇌 집단은 위험한 위조품으로 인한 사기와 신체적 피해로부터 미국 국민을 보호하고 방어하는 데 필요한 긴급한 방안으로 시장을 정리하기보다는 비윤리적인 전략가들을 통한 미디어 전술로 이 문제를 해결하려고 합니다."라고 말했다.[13] (아마존은 트럼프 대통령이 퇴임한 후 "악명 높은 시장" 목록에서 제외되었지만, 여전히 아마존 웹사이트의 위조품에 대한 주장들이 많이 존재한다.)

집을 나갈 수 없는 미국인들은 지루함을 달래기 위해 넷플릭스의 〈타이거 킹Tiger King〉을 비롯한 프로그램을 스트리밍하며 조 이그조틱Joe Exotic*과 대형 고양이과 동물원의 세계로 도망쳤다.(팬데믹 기간 동안 사람들의 콘텐츠 스트리밍 시간이 급증했다.) 집에 투자하기로 결심하는 사람들도 많았다. 이들은 이전에는 시간을 내지 못했을 업그레이드 작업에 집중했다. TV를 스마트 TV로 바꾸고 홈 엔터테인먼트 환경을 개선하기 위해 기기를 구입하고 초인종 카메라와 같은 새로운 보안 장치를 사들였다.

물류 기술을 완벽하게 만든 아마존조차 들어오는 주문의 처리를 감당할 수 없었다. 수요가 엄청났다. 아마존은 부러운 시선을 받는 위치에 올랐다. 들어오는 주문이 너무 많아 상당 부분은 거부해야 할 정도였다. 2020년 3월, 아마존은 그 역사상 처음으로 고객이 봉쇄 기간 동안 생존하는 데 필요한 청소용품, 마스크, 저장 식품, 재택근무에 필요한 도구와 물품 등과 같은 "필수" 품목을 우선하는 방향으로 사업 모델을 바꾸었다. 이 기간 동안 "비필수" 품목의 카테고리는 미국과 유럽에 있는 창고로의 배송이 금지되었다. 필수 제품이 평소와 같이 효율적으로 배송될 수 있게 하기 위한 조치였다.

심지어 고객이 카트에 제품을 많이 추가하도록 하는 많은 마케팅 도구나 편의 기능을 제거했다. 그만큼 아마존은 소비자의 일상에서 큰 의미를 갖고 있었다.

하지만 아마존의 "필수품" 우선 작업에서 기이한 패턴이 드러났다.

---

* 〈타이거 킹〉의 주인공 격인 인물.

당시 미국에서 가장 큰 스트리밍 디바이스 제조업체였던 로쿠는 더 이상 아마존 사이트에서 스트리밍 디바이스를 판매할 수 없게 되었다. 하지만 아마존 파이어 TV의 판매는 빠르게 늘고 있었다. 아마존 브랜드인 링 초인종은 구매할 수 있었지만 경쟁업체 아를로 제품은 배송이 엄청나게 지연되었다. "필수품"으로 간주되지 않았기 때문이다. 그들이 집중하는 "필수품"에는 화장지처럼 실제 필수적인 제품뿐만 아니라 객관적으로는 필수품이 아니지만 그들의 웹사이트에서는 "필수품"이 되는 아마존 자체 디바이스도 포함되는 것으로 보였다.

아마존은 팬데믹 초기에 이미 엄청난 돈을 벌었음에도 불구하고, 자체 브랜드가 웹사이트에서 경쟁업체보다 우위에 서도록 손을 썼다.

경쟁 디바이스 제조업체는 해결하기 힘든 문제였다. 고객은 한 제품을 사고 거기에 만족하면 그 브랜드를 고수하고 그 제품군에 속한 다른 제품들도 사는 경향이 있다. 따라서 팬데믹 기간 동안 쇼핑객들이 아를로 초인종을 구매했다면 집의 다른 부분을 위해서도 아를로의 다른 스마트 보안 디바이스를 계속 구매하게 된다. 아마존의 디바이스 브랜드를 구매한 고객도 마찬가지다.

아마존은 의회에서 팬데믹 기간 동안 다른 업체의 디바이스는 배송이 불가능한 반면 자사 디바이스는 배송이 가능했던 이유에 대해 질문을 받자 "실수"의 탓으로 돌렸다. 아마존은 우선 범주에 속하지 않는 특정 아마존 디바이스의 배송이 부주의하게 빠른 배송 제품 목록에 포함되었었다는 것을 알게 되었다. 아마존은 의회에 제출한 서면 답변서에서 "이것은 고의가 아니었다."고 말했다.[14]

아마존은 3월 29일에 그들이 말하는 소위 이 실수를 수정했다. 이는 일주일 넘게 아마존 제품은 고객에게 배송되어 가정에 설치된 반면 주요 경쟁업체의 제품은 그렇지 못했다는 것을 의미한다.

이렇게 아마존 사이트의 유일한 제품이었기 때문에 선택된 모든 파이어 TV 디바이스는 지속적인 영향을 미쳤다. 예를 들어 고객이 파이어 TV로 영화를 구매할 때마다 아마존은 수익을 챙겼다. 유일한 제품이었기 때문에 선택된 모든 링 초인종에 대해 아마존은 월간 결제 방식의 보안 플랜을 판매할 기회를 얻었다.

팬데믹으로 인한 수요 감소로 많은 기업들이 무릎을 꿇는 와중에도 아마존은 파트너들에게 가혹한 요구를 했다. 최근 들어 규모와 힘이 대단히 커진 이 회사의 공급업체가 되는 특전을 누리려면 신주인수권의 형태로 회사의 지분이나 미래 수익의 일부를 내놓아야 했다. 이 방식이라면 기업이나 개인이 시장 가치보다 훨씬 낮은 가격으로 회사의 지분을 얻을 수 있다.

2020년 4월, 미국의 대형 전기자동차 충전소 네트워크 차지포인트 ChargePoint는 매출이 감소하기 시작하는 것을 목격했다. 차지포인트의 고객 대부분은 회사 주차장에 충전소를 설치하는 대기업들이었다. 사람들이 사무실로 출근하지 않게 되자 충전소와 소프트웨어 주문이 줄어들었고, 회사는 재정적으로 어려움을 겪기 시작했다. CEO 파스퀘일 로마노Pasquale Romano는 직원의 5%를 해고하면서 차지포인트가 향후 어떤 길을 가야 할지 생각했다. 당시 이 비상장 기업의 가치는 약 10억 달러였다.

4월 초의 전화 회의에서 로마노는 회사가 어렵다는 것은 인정하면서도 큰 승리에 대해 언급했다. 그는 직원들에게 차지포인트가 아마존

유럽 배송 차량에 충전소를 제공하는 수백만 달러 규모의 계약을 체결했다고 말했다. 이는 추가 자본 확보를 위해 노력하고 있던 회사에게 생명줄과 같은 것이었다.

하지만 6월 30일 직원들에게 보낸 이메일에서는 분위기가 바뀌었다. 아마존과의 거래가 무산된 것이다. "아마존"이라는 제목의 이메일은 이런 내용이었다.

여러분 중 일부는 아마존과의 요청과 관련된 작업에 참여했을 것입니다. 우리는 그들과의 상호작용을 심화시킨 몇 건의 사업에 대해 자랑스럽게 생각했습니다. 최근 우리는 아마존 유럽 배송 밴 파일럿 대부분에 대한 충전 사업을 수주했습니다. 모든 관계자들이 공급자로 선정된 것에 대단히 흥분했습니다. 우리는 아마존과의 사업을 신중하게 생각했습니다. 그들이 전략적 공급업체를 수직 통합*한 전력이 있기 때문입니다. 그래도 우리는 그들과 사업을 하지 않는 것보다는 그들과 사업을 하면서 도전에 맞서는 편이 낫다는 입장이었습니다. 차지포인트에게 학습의 기회일 테니까요? 멋지지 않습니까?

그런데 왜 그런 좋은 거래를 포기하는 걸까요? 맞습니다. 우리는 그 계약을 포기했습니다. 계약 협상 중에 대단히 변칙적인 몇 가지 조건이 있었습니다. 기밀유지 때문에 세부적인 설명을 드릴 수가 없습니다. 그 조건들은 우리 솔루션의 가격이나 기타 이런 거래에 포함되는 다른 요소들과는 아무런 관련이 없었습니다. 가격 책정은 적절했고,

---

* 회사가 사업을 확장해 외부 공급업체의 기능을 직접 수행하는 것.

지원 약관도 철저했습니다…. 여기에서 얻은 교훈이 있습니다. 아마존이 아무리 매력적인 고객이더라도 거래가 좋지 못한 것으로 변하는 지점이 있다는 것입니다. 돌이켜 보면 우리의 수정안은 우리가 마땅히 받아들여야 했던 것보다 훨씬 더 관대했습니다. 하지만 빠르게 성장하는 경쟁이 치열한 시장에서 고객을 차지하려 경쟁하다 보면 사업에서의 판단이 흐려지게 마련입니다…. 아마존과의 거래의 매력에 너무 큰 비중을 둠으로써 나중에 후회하는 일을 만들 수는 없습니다. 평가를 내리기 어려운 문제입니다만 장기적으로 우리에게 이익이 되려면 절제력을 발휘해야 합니다.

차지포인트의 CEO가 직원들에게 밝힐 수 없었던 세부 사항은 협상 과정에서 힘을 이용하는 아마존의 흔한 조치를 말한다. 아마존의 전기차팀과의 계약을 마무리하는 최종단계에서 아마존의 기업 개발팀이 갑자기 끼어들어 차지포인트에 다른 조건을 제시했다. 차지포인트 경영진은 아마존이 협상을 통해 합의된 계약을 이행할 준비가 되어 있지만(협상 타결까지 몇 개월이 걸렸다.) 신주인수권을 요구했다고 전했다. 회사 주식의 15%를 "희석된 기준^{**}"으로 달라는 이 요구는 사실상 자사 주식의 18~20%를 제공해야 한다는 의미였다.(즉, 아마존이 회사 지분의 5분의 1을 취득할 수 있다.) 회사가 인수되면 아마존은 계약한 주식을 인수할 수 있게 된다. 차지포인트의 CEO는 이 조건을 받아들이지 않았고 그 결과 아마존은 거래를 철회했다.

** 미래의 발행 주식 증가를 고려한다는 의미.

차지포인트는 이후 상장되었고 한때 시장 가치는 110억 달러에 육박했다.

아마존의 조건을 거부한 차지포인트의 결정은 비슷한 상황에 처한 모든 기업들이 배포 있게 내릴 만한 결정이 아니다. 사실 지난 10년 동안 아마존은 부담스런 신주인수권을 다양한 분야의 공급 업체를 찾을 때 일상적으로 사용하는 사업 책략으로 만들어왔다. 아마존은 얼마나 많은 회사로부터 신주인수권을 받아냈는지 공개하려 하지 않았다. 그러나 소식통들은 아마존이 신주인수권으로 100개 이상의 비상장 회사는 물론이고 다수의 상장 기업의 지분을 시장 가치 이하로 받았다고 확인해 주었다. 특히 아마존은 지난 몇 년 동안 이 관행을 공격적으로 밀어붙였다는 것이 아마존 경영진들의 말이다.

10년 전 아마존이 이 관행을 시작했을 때만 해도 거래 협상에 신주인수권을 추가한 전례가 없었다. 한 아마존 경영진은 2008년 불황 때의 재무 문서를 철저히 검토해 구제 금융과 관련된 대출 서류에 신주인수권이 포함되어 있는 것을 발견했다고 말했다.[15] 딜메이킹팀에게는 계시와 다름없었다.

아마존의 경영진은 일부 투자자들이 위험한 거래에 신주인수권을 종종 요구한다는 것을 발견했다. 재정 강화나 구제 금융이 필요한 회사에 투자할 때 이런 조건을 포함시킨다. 버크셔 해서웨이의 CEO 워런 버핏이 금융 위기 당시 GE와 같이 자신이 지원한 회사로부터 신주인수권을 받은 것이 그 예다. 하지만 대부분의 기업은 상업적 합의의 일환으로 신주인수권을 취득하지 않는다는 것이 아마존 경영진들의 말이다.

일반적인 관행은 아니었던 것이다. 하지만 아마존은 이 방식을 채택했다. 내부 문서에는 회사의 공식적인 신주인수권 취득 프로그램이 자세히 설명되어 있다.

관리자는 상대 회사에 중대한 영향을 미칠 것으로 예상되고 상업적 관계에서 얻는 것 이상의 가치를 창출할 것으로 예상되는 경우마다 일상적인 계약 협상의 일환으로 신주인수권을 요구할 만한 기회가 있는지 확인하고 신주인수권을 확보해야 한다. 다음 중 하나 이상이 충족되는 경우 아마존의 영향이 중대하다고 간주한다.

- 아마존과의 관계가 상대 회사의 매출 또는 수익의 10% 이상을 창출할 것(직접적인 비즈니스 관계의 규모를 통해서나 우리를 통해 새롭게 창출되는 기회를 통해)으로 예상되는 경우
- 상대 회사가 홍보자료, 마케팅자료 기타 홍보를 통해 아마존 또는 그 계열사를 고객으로 언급하는 경우
- 아마존의 상대 회사의 전반적인 가치에 의미 있는 기여를 하는 경우(기술 검증, 확장성 개선, 핵심 역량 이전, 시장 입지 개선, 새로운 제품 또는 서비스 출시, 데이터 공유 등)

이 프로그램이 채택된 후, 아마존이 체결한 공급업체 계약의 상당 부분이 내부 지침이 제시하는 세 가지 기준 중 하나를 충족했다. 실제로 이 지침은 매우 공격적이어서 기준을 충족한 기업에 신주인수권을 요구하지 않기로 결정할 경우 아마존 CEO나 CFO의 허가가 필요했

다. 문서에는 "위의 기준을 충족하지만 신주인수권 포함하지 않는 계약에 들어가려면 아래의 승인이 필요하다: 예상되는 지출 또는 수익이 미화 1,000만 달러 이상일 경우: 아마존닷컴 CEO 또는 CFO 승인"이라고 적혀 있다.

거래에 참여한 전직 아마존 임원들에 따르면, 많은 기업이 거절하지 못하리란 것을 아는 아마존은 신주인수권이 포함된 공급업체와의 거래에서 유리한 조건을 끌어내기 위해 권력을 휘두른다. 아마존은 대차대조표에 신주인수권의 액수를 미화로 환산해 보고해야 하며, 그 금액은 20억 달러에 달한다.

아마존이 상장 공급업체와 처음으로 대규모 신주인수권 거래를 한 것은 2016년이었다. 아마존은 거대한 물류 네트워크 구축에 도움을 줄 화물기 파트너를 찾고 있었다. 경영진은 아마존의 잠재 파트너들이 모두 성장 침체를 겪고 있는 잘 알려지지 않은 소규모 업체들이고, 아마존과의 대규모 계약이 이들의 주가를 끌어올릴 것이라고 판단했다.[16] 이 거래에 참여한 사람에 따르면, 아마존은 이런 상승 잠재력을 원했다고 한다.

아마존은 오하이오에 본사를 둔 에어 트랜스포트 서비스 그룹Air Transport Services Group, ATSG에 신주인수권이 포함된 거래를 제안했다. 이 항공기 대여 업체는 처음에는 신주인수권 약정에 반발했다. ATSG팀은 시애틀로 가 "장시간에 걸친 치열한 협상"을 벌였지만 결국 약정에 동의했다. 이 회의에 참석했던 한 사람은 "상당한 노력과 설득이 필요했습니다."라고 말했다.[17] 이 합의로 아마존은 현재 ATSG의 지분 약 19.5%를 소유해 최대 주주의 위치에 있다.

아마존 경영진은 폭발적인 배송 증가로 더 많은 비행기를 임대해야 한다는 것을 알고 있었고, ATSG와의 신주인수권 계약에 성공함으로써 다른 업체에도 대담하게 비슷한 조건을 요구할 수 있게 되었다.

아틀라스 에어 월드와이드 홀딩스Atlas Air Worldwide Holdings와의 협상에서 아마존은 비슷한 조건의 10년 임대 계약을 제안했다. 이번에 아마존은 아틀라스에 얼마나 많은 일감을 주느냐에 따라 5년 동안 아틀라스 지분의 최대 20%에 해당하는 신주인수권을 요구했다.(이후 10%를 추가할 수 있는 옵션과 함께) 아마존은 특정 목표를 달성하는 조건으로 아틀라스 이사회의 이사 선출권도 요구했다.

양측 관계자들은 신주인수권이 아틀라스 파트너십의 조건이었다고 말했다. 아틀라스 관계자 중 한 명은 "이 조건에 동의하지 않으면 거래가 성사되지 않으리라는 것이 분명히 느껴졌다."라고 말했다.[18] 아틀라스 경영진은 아마존으로부터 얻을 수 있는 수익의 기회를 포기하고 싶지 않았고 신주인수권을 내주는 것을 사업의 대가로 보았다.

아틀라스는 2016년 5월에 이 거래를 발표하면서 지분에 대한 합의를 포함해 이 거래를 대단히 긍정적으로 언급했다.[19] 그날 아트라스의 주가는 27%나 급등했다. 이런 급등은 아마존이 상장된 공급업체와 신주인수권 계약을 체결할 때 흔하게 일어나는 일이었다.

아틀라스 신주인수권 행사 가격은 37.50달러로, 거래가 발표되기 전의 시장가보다 약간 낮았다. 아틀라스 대변인에 따르면, 아마존은 이후 아틀라스 주식의 9%에 대한 신주인수권을 행사하고 주식을 매각했다. 아마존은 아틀라스 주식 매각으로 얼마의 수익을 올렸는지 언급하지 않았다.

아틀라스 대변인은 아틀라스가 이와 유사한 거래를 한 적이 없다고 말했다. 아마존은 아틀라스 이사회의 이사 선출권을 행사하지 않았지만, 이런 옵션이 거래의 조건이었다는 사실은 "결국 공급업체를 수직 통합하는 것"이란 차지포인트 CEO의 우려를 상기시킨다. 아마존은 수년간 전략적으로 파트너를 교체해가며 아마존이 기술을 익히고 아마존이 직접 운영할 수 있도록 내부로 끌어들였다. 아마존이 그들의 기술을 습득하고 그 역량을 내부로 이전하고 나면 협력사가 아마존(보통 가장 큰 고객인)을 통해 올리던 매출에는 큰 공백이 생긴다. 아마존은 이사회에 접근권을 가짐으로써 회사의 운영 방식에 대한 더 많은 정보를 빨아들이고 그 사업 부문에 대해 더 많은 것을 배울 수 있었다. 이로써 아마존은 미래의 로드맵, 장기적인 사업 계획, 경쟁 위협에 접근할 수 있다. 아마존은 이런 식으로 고객에서 운영자로의 전환을 결정했을 때 행동에 필요한 모든 데이터를 손에 쥐게 된다.

그리고 아마존은 이런 조건으로 지분을 얻어내는 동안 규제 기관에 적발되지 않기 위해 신중하게 흔적을 덮었다. 전직 아마존 경영진은 공급업체와 협상을 하는 동안 최후통첩을 서면으로 작성하는 등 증거를 보여주는 문서를 남기는 일을 하지 않았다고 말했다.

신주인수권 거래 범위는 콜센터 운영업체와의 신주인수권 거래부터 식료품과 천연가스 공급업체에 이르기까지 아마존의 구조 전체에 걸쳐 있으며, 전직 임원들에 따르면 대부분의 업체들이 이 조건에 응했다고 한다. 이들 업체는 인터뷰에서 거래가 불공정하고 편파적이라는 것을 발견했다는 것을 인정하면서, 자신들은 거절할 수 있는 입장이 아니었고 이득의 대부분이 아마존에게 돌아갔다고 말했다.

2020년, 아마존은 역사상 가장 큰 복합기업 중 하나였다. 각 이질적인 사업의 영향력은 고객의 대부분이 아마존이란 문어의 한 촉수만이 아닌 여러 촉수와 접한다는 것을 의미했다. 테이블을 사이에 두고 아마존과 마주 앉은 기업들은 자신들의 조건과 서비스를 강요하거나 징벌적 조치로 위협을 할 수 있는 아마존의 힘을 실감했다.

아마존은 한 사업에서의 지배력을 이용해 다른 사업 분야의 파트너가 아마존이 제시하는 조건을 받아들이도록 강요하는 전술을 완성했다. 이들 전략은 전형적인 끼워 팔기나 힘든 협상의 범위를 넘어섰다. 소매 플랫폼과 같은 필수적인 서비스에 대한 징벌적 조치로 위협을 한 것이 부분적인 이유였다. 따라서 아마존 알렉사팀이 강요하는 특정 조건을 거부한 디바이스 제조업체는 아마존닷컴에서 제품을 판매하지 못하게 하겠다는 위협을 받게 된다. 스마트 온도조절기 제조업체 에코비처럼 말이다.

파트너들은 다양한 시장에서 갖는 아마존의 영향력 때문에 아마존의 요구를 수용하는 경우가 많다. 2020년 봄, AT&T 워너미디어 WarnerMedia도 이와 같은 상황에 처했다. 이 회사는 COVID-19 팬데믹 초기에 사람들이 집 안에서 몰아보기 하는 습관에서 수익을 얻어 보고자 넷플릭스나 기타 거대 스트리밍 업체들과 경쟁할 새로운 프리미엄 스트리밍 서비스 HBO 맥스HBO Max를 론칭했다.

하지만 HBO 맥스는 아마존의 파이어 TV에서 찾아보기가 힘들었다. HBO 워너미디어의 경영진이 다양한 사업과 관련된 추가 조건에 동의하도록 강제하려는 아마존의 시도에 저항하면서 두 회사가 몇 개월에 걸쳐 싸움을 벌여왔기 때문이었다. 두 회사는 수년간 파트너십

관계였다. HBO는 아마존 프라임 비디오의 한 채널이었다. 이 거래의 일환으로 아마존은 고객이 매달 HBO에 지불하는 구독료의 일부를 가져가고 고객 데이터를 소유했다.

워너미디어는 HBO 맥스를 출시할 때 더 이상 아마존 프라임 플랫폼의 일부인 프라임 비디오의 채널로 있지 않고 아마존의 다른 디바이스 사업부, 파이어 TV를 통해 앱을 배포하는 것만을 원했다. 관련 논의들에 참여했던 여러 사람들에 따르면, 아마존은 프라임 비디오에 남아 있지 않으면 파이어 TV를 통한 배포가 불가능하다고 말했다고 한다. 아마존은 워너미디어가 아마존의 파이어 TV를 통한 배포 능력을 프라임 비디오 채널이라는 조건과 묶고 있었던 것이다.

콘텐츠 제작사와 아마존 프라임 비디오는 긴장 관계인 경우가 많았다. 아마존은 여러 엔터테인먼트 회사의 채널에 대한 구독을 판매하고 그 수익의 상당 부분을 차지하며 플랫폼에 광고가 있는 경우 광고에서도 이익을 얻는다.

당시 워너미디어의 CEO로 아마존 초창기에 고위 임원으로 베이조스 가까이에서 일을 하기도 했던 제이슨 킬라Jason Kilar는 팀원들에게 양보는 없다고 지시했다. 그들은 아마존에 굴복하지 않고 2020년 5월에 맥스를 론칭했다. 위험한 조치였다. HBO는 아마존 프라임 비디오에 약 5백만의 가입자가 있었는데, 이들이 새로운 스트리밍 플랫폼에 접근하는 데 어려움을 겪을 것이기 때문이다.

8월이 되자 양측은 협상을 재개했다. 킬라와 재시는 아마존에서 함께 일했기 때문에 서로를 잘 알았다. 워너미디어는 AWS의 큰 고객이었다. 킬라는 재시에게 양측이 원만한 합의에 이르지 못하면 워너미디어는 클라우드 파트너십을 재고할 것이라고 말했다.

이에 아마존은 워너미디어에 몇 개월 간 프라임에 채널을 유지하고, 아마존에 일정 금액의 광고비를 쓰고, AWS와의 클라우드 컴퓨팅 계약을 유지한다면, HBO 맥스를 파이어 TV를 통해 배포할 수 있다고 말했다. 양측은 이후 몇 달 동안 양측은 합의를 위해 진지하게 노력했다.

하지만 11월에 아마존은 워너미디어에 전화를 걸어 예상치 못한 요구를 했다. 워너미디어와 모회사 AT&T가 클라우드 컴퓨팅 계약에 10억 달러를 추가로 지출하는 데 동의하지 않는다면 거래는 중단될 것이라는 내용이었다. 워너미디어 경영진은 어이가 없었다. 이미 AWS 사용에 많은 비용을 지출하고 있는 상황을 고려할 때 그 정도의 비용을 정당화할 수 없었다. 하지만 아마존의 힘이 여실히 드러났다. 결국 그들은 AWS에 대한 1억 달러의 추가 지출에 합의했다. 대가가 큰 거래였다. 이것은 아마존의 영향력으로 인해 파트너가 할 수밖에 없는 전형적인 악마와의 거래다.

워너미디어의 임원들은 아마존의 사업 관행을 조사하는 하원 반독점 소위원회에 협상 과정에서의 아마존의 행동을 고발했다는 것이 이 조사에 대해 잘 알고 있는 사람들의 전언이다. 이들은 다른 규제 기관의 문의에도 답변했다.

여름 내내 팬데믹의 기세가 꺾이지 않는 와중에, 의회는 마침내 그토록 원하던 인물과의 인터뷰 기회를 얻게 된다.

16장

베이조스,
(마침내) 워싱턴에 가다

2020년 7월, 베이조스는 가시 방석으로 향하고 있었다. 의회는 마침내 네 명의 빅 테크(구글, 페이스북, 애플, 아마존) CEO을 한 번에 청문회에 세우게 되었다.

아마존 경영진은 몇 개월 간 이 억만장자가 의회에 서는 것을 막기 위해 필사의 노력을 기울였다. 아마존의 변호사들과 만난 자리에서 앤드류 드보어Andrew DeVore 법무 자문은 참석자들에게 "내 눈에 흙이 들어가기 전에는 제프가 증언하는 일은 없을 것"이라고 단언했다. 그리고 그 말은 꽤 오랫동안 지켜졌다.

내부적으로 아마존 경영진은 이로 인해 생기는 부정적 인식을 두려워했다. 그들은 1990년대에 의회에 출석한 담배 회사의 CEO들의 모습을 상상했다. 오른손을 들고 어깨를 나란히 한 그들의 모습은 좋지 못한 이미지를 만들었다. 그들은 역사가 반복되는 것을 원치 않았다. 재산에 관해, 창고 노동자의 근무 조건에 대한 질문이 쏟아지는 베이조스의 청문회가 구경거리가 될 수 있다는 점도 걱정이었다.

시애틀 경영진은 베이조스의 증언을 막기 위해 전력을 다했지만, 흥미롭게도 워싱턴 사무실의 경영진들은 회사가 위원회와 불필요한 긴장 관계를 만들고 있다고 생각했다. DC팀에는 아마존에 합류하기 전에 국회에서 일했던 직원들이 있었다. 그들은 아마존이 왜 베이조스의 증언에 그렇게 비협조적인지 이해할 수가 없었다. 그들은 의회가 베이조스를 소환할 경우 베이조스는 상황을 통제할 수 있는 모든 힘을 잃고 출석하는 것 외에는 다른 길이 없어지기 때문에 오히려 상황이 악화되는 셈이란 것도 알고 있었다. 아마존의 고위 경영진은 의회가 소환권을 사용할 수 있다는 소문이 많이 들려오자 베이조스에게 증언을 권했다.

이는 시애틀의 지침과 워싱턴의 지침 사이의 해묵은 단절을 보여주는 예였다. 아마존 워싱턴팀의 임원들은 워싱턴에서 어떻게 일이 돌아가는지 잘 알고 있었다. 그들에게는 법무부, 연방거래위원회 기타 의회의 다른 정부 기관에서 일한 경력이 있었다. 그들은 워싱턴이 늪지처럼 복잡하고 불투명할 수 있지만, 그곳에서의 일은 초토화 전술이 아닌 관계 구축을 통해서 이루어진다는 것을 알고 있었다. 워싱턴과 시애틀의 단절은 이 시기에 절정에 이른다.

시애틀팀은 워싱턴에서 다리들을 구축하는 데 큰 관심이 없었다. 공공정책 부문의 한 고위 직원은 그들이 워싱턴의 운영 방식에 대해서 전혀 모르고 있었다고 말했다. "DC에 대한 이해도는 아주 기본적인 수준이었습니다." 그 사람의 말이다.

베이조스가 최근 고위 임원들에게 DC와 언론의 비판에 대해 "반격하라"고 지시한 것도 도움이 되지 않았다. 베이조스가 《워싱턴포스트》와 블루 오리진 벤처로 인해 수도 워싱턴에서 더 많은 시간을 보내는 동안 회사의 행동 방향은 비방하는 사람들과 공격적으로 싸우는 것이었다. DC팀은 이런 전략에 어리둥절해졌다. 이는 아마존과 입법자, 아마존과 언론의 대립적인 관계를 보여주었다. 홍보에 대한 회사의 접근 방식과 사업 방식에서 나온 공격적이고, 종종 오만한 모습은 공공정책에도 영향을 주는 경우가 많았다.

그들의 접근 방식은 다른 기술 기업들과 현저한 차이가 있었다. 다른 기술 기업 CEO들은 적극적이고 존중하는 자세로 의회와 교류했다. 의회 직원들은 회의에 너무 자주 나타나는 마크 저커버그를 두고 의회 견학을 하는 게 아니냐고 농담을 했다.

마이크로 소프트의 브래드 스미스Brad Smith는 정부와의 관계를 어떻게 관리해야 하는지 보여주는 교과서였다. 마이크로 소프트의 부회장이자 규제, 법무, 기업 업무를 총괄하는 사장이었던 이 변호사는 워싱턴를 자주 방문해 고위 관리들과 만남을 가졌다. 그는 자신의 상사인 사티아 나델라 마이크로 소프트 CEO가 백악관의 권위 있는 행사나 라운드테이블에 초대 받게 하는 일에 있어 매우 유능했다. 스미스는 트럼프가 대통령직에 있는 동안 백악관에서 정기적으로 회의를 가졌다. 광범위한 테크래시가 워싱턴을 뒤덮고 있는 상황에서 쉽지 않은 일이었다.

그에 반해 카니가 이끌었던 두 팀, 홍보팀과 공공정책팀 모두 카니가 정체를 알 수 없는 사람이라는 것을 발견했다. 그의 팀원들은 이 임원이 두 조직에서 중요한 결정을 내릴 때 자리를 비우기 일쑤였고, 반독점 문제가 아마존이 직면한 가장 큰 장애물임에도 불구하고 거기에 그리 관심을 두지 않는 것처럼 보였다고 말했다.

　그는 종종 자리에 없었지만 아무도 그 진짜 이유를 알지 못했다. 시애틀의 경영진은 그가 공공정책 문제로 워싱턴에서 바쁜 것이라고 생각했다. 한편, 워싱턴팀은 그가 시애틀팀과의 홍보 업무로 바빠서 워싱턴에 없는 것이라고 생각했다. 카니는 시애틀과 워싱턴 모두에 집이 있었기 때문에 팀원들은 그가 다른 곳에 있을 것이라고 생각했다. DC에 없으면 시애틀에 있을 것이라고, 시애틀에 없으면 DC에 있을 것이라고 말이다. 수년 동안 많은 사람들이 나에게 "제이 카니가 뭘 하는지 전혀 모른다."고 말했다.(카니를 변호하는 사람들은 그가 베이조스에게 개인적으로 조언하는 데 많은 시간을 보냈고, 그 대부분은 팀원들의 눈에는 띄지 않는다고 말한다.)

　그리고 다른 빅 테크 세 기업의 경영진은 자신들의 고삐를 죄는데 초점을 맞춘 법안을 결정하는 국회의원 기타 관계자들과 적극적으로 접촉했지만, 카니는 아니었다. 조사에 관련된 의회 직원들과 그들의 상사들은 카니가 구체적인 질문을 해도 기꺼이 상세한 답변을 내놓는 법이 없고 부아를 돋우는 것을 발견했다. 곧 아마존은 소위원회가 조사 중인 네 개 기업 중 최악의 평판을 얻게 되었다.

　의회 조사에 긴밀히 협력했던 켄 벅 의원의 전 수석 보좌관 가렛 벤트리Garrett Ventry는 "아마존은 지금까지 제가 대해 본 어떤 기업보다도

의회를 무시하는 도전적인 접근법을 취했습니다."라고 말했다.[1]

나는 시실린에게 아마존이 베이조스의 의회 출석을 그렇게 강경하게 막는 이유가 무엇이라고 생각하는지 물어본 적이 있다. 그는 "아마존은 그들이 시장에서 가진 힘, 그리고 별다른 규제나 책임 없이 행동할 수 있었다는 점 때문에 보기 드문 오만함을 갖게 되었습니다. 따라서 그들은 어떤 것에 대한 누구의 질문에도 답하지 않는 데 대단히 익숙한 것 같습니다." 그는 말을 이었다. "그들의 일부 행동은 우리가 조사에서 본 그 어떤 것보다 악의적이었기 때문에 그들이 사업 관행, 문서를 공유하거나 증언을 하고 싶지 않을 만하다고 생각합니다. 증언은 조사 과정에서 우리가 확인할 수 있었던 것, 그들이 소비자와 중소기업과 혁신을 해치고 세계 역사상 볼 수 없었던 이익을 창출하는 매우 반경쟁적이고 독점적인 행동에 관여하고 있다는 것을 더욱 분명히 밝힐 수 있게 될 것이기 때문입니다."

청문회가 다가오자 소위원회는 몇 시간에 걸친 팀스Teams 전화 회의 일정을 잡으며 준비에 열을 올렸다. 소위원회는 네 회사로부터 수천만 페이지에 달하는 이메일과 문서를 수집했다. 이들은 위원회 서버의 97%를 차지했다. 그들은 청문회에 제출할 증거를 찾기 위해 이 자료를 면밀히 검토했다.

아마존도 행동을 개시했다. 아마존의 로비스트들은 아마존이 전달하고자 하는 내용을 담은 한 페이지짜리 자료로 의사당을 뒤덮었다. 한 위원은 그들이 특히 민주당 소속 위원들에게 의지해 시실린의 관점과 거리를 두게 하려고 노력했다고 회상한다. 그러나 민주당 위원들은 움직이지 않았다. 그들은 청문회에서 공동 전선을 폈다.

　베이조스의 준비는 5월에 시작됐다. 그의 팀은 베이조스를 위해 브리핑 북들을 정리했다. 6월 말 그들은 전화 회의를 통해 베이조스에게 청문회 과정을 설명하고, 진술과 응답을 준비하고, 청문회에서 해야할 일과 하지 말아야 할 일의 예시로 다른 CEO들의 의회 증언 영상을 보여주었다. 여기에는 2018년 마크 저커버그의 어색한 의회 청문회, 팀 쿡 애플 CEO의 동영상, 심지어 은행 CEO들의 동영상들도 포함되어 있었다.

　청문회 2주 전, 베이조스는 제이 카니, 데이비드 자폴스키, 홍보 담당 임원 드류 헤르데너, 브라이언 휴즈먼, 로펌 폴, 와이스, 리프킨드, 와튼앤 개리슨Paul, Weiss, Rifkind, Wharton & Garrison LLP의 카렌 던Karen Dunn 변호사 등과 조용한 시애틀 본사에 들어갔다. 워싱턴 사무소의 공공정책 담당 직원 몇 명도 도착했다. 이 팀은 이후 거의 매일 오전부터 초저녁까지 아마존 데이1 빌딩 회의실에 모여 준비 작업에 집중했다. 여기에는 모의 심문도 포함되었다.

　백신이 아직 나오지 않은 때였기 때문에 베이조스나 팀원이 병에 걸리지 않도록 조치를 취했다. DC팀은 마스크를 쓰고 호텔 대신 에어비앤비에서 묵었다. 처음에는 베이조스 이외의 모든 사람이 마스크를 썼지만, 소리가 들리지 않고 표정이 보이지 않아 곤란하자 마스크를 벗었다. 대신 회의실 내 각 좌석 사이에 대형 플렉시 유리판을 설치해 마스크를 대신한 예방책을 두었다.

　경력 초기 던은 버락 오바마 재선 캠페인에서 토론 준비를 공동으로 지휘했다. 그녀는 단호하고 대담했다. 특히 보기 민망하고 어색했던 2012년 미트 롬니와의 토론을 본 던은 오바마에게 직설적인 조언을 했다. "그의 얼굴에 주먹을 날려야 합니다!" 그녀는 2016년 대선을 앞두고 예측이 불가능한 도널드 트럼프와 상대해야 하는 힐러리 클린턴의 토론 준비를 공동 지휘했다.

토론 준비는 어떤 질문과 비판이 제기될지 직관적으로 파악하고 그 사이에서 능란하게 길을 찾을 수 있도록 미리 준비된 답변을 만드는 데 중점을 둔다. 또한 이런 훈련을 시키는 사람은 당사자를 자극하는 방식으로 그들이 평정을 잃게 하는 질문, 화나게 만드는 질문에 어떻게 대응하는지 확인하고 어떻게 하면 가능한 모든 시나리오에 대처하는 방법을 가장 효과적으로 가르칠지 판단한다. 던은 준비 과정에서 베이조스를 난처하게 만들어 당황하게 하려고 노력했다. 관련자들의 말에 따르면, 베이조스는 모의 심문 중에 세금, 재산, 심지어 조지 플로이드(2020년에 경찰관에게 살해당해 인권 문제에 대한 전국적인 관심을 불러일으키고 여름의 시위를 촉발했으며 그 과정에서 법 집행 기관의 흑인에 대한 대우의 상징이 되었다.)에 대한 어려운 질문에도 결코 화를 내지 않았다고 한다.

흥미롭게도 베이조스는 청문회에서 세금을 너무 적게 냈다는 것을 인정할 준비를 하고 있었다. 너무 빈약한 세금 청구서는 이 억만장자가 계속 비판을 받아온 문제였기 때문에 준비팀은 청문회가 이 사안에 집중할 것이라고 예상했다. 베이조스는 세제 개혁의 방향이 잘못되었다는 견해를 갖고 있었다. 소득세 인상은 베이조스와 같이 재산에 비하면 급여가 큰 금액이 아닌 CEO들에게 영향을 미치지 않기 때문이다. 베이조스와 같은 억만장자들이 공정하게 세금을 내게 하려면 양도 소득세를 인상해야 한다.(준비팀에게는 대단히 실망스럽게도 결국 의회는 베이조스에게 개인 재산에 대한 어떤 질문도 하지 않았다.)

준비팀은 초점이 될 또 다른 문제, 아마존의 자체 브랜드 사업에 대한 질문도 퍼부었고 베이조스에게 답변에 대한 대본을 주었다. 그들은 개별 제3자 판매자 데이터를 사용하지 않는다는 아마존의 내부 정책을 참고하라고 말했다. 이 준비에 참여한 사람들에 따르면, 베이조스는 한 가지 말을 덧붙이겠다고 고집했다고 한다. 그는 "그런 정책이 있기는 하지만 결코 위반한 적이 없다는 말씀은 드릴 수 없습니다."라고 말이다. 관계자들은 그가 그 문장에 매달린 것은 위증을 피하기 위해서라고 말했다.(아마존 대변인은 "아마존과 같은 규모를 가진 기업의 고위 임원이 정책 위반 사실이 전혀 없다고 단언하는 것은 바람직하지 않다"고 말했다.)

베이조스는 당연히 공개 성명을 직접 썼다.(그는 회사에 식스페이저 메모의 문화를 도입하고 초창기에 공개 성명을 직접 수정하기도 했다.) 이 글은 열일곱 살 고등학생 신분에 자신을 임신한 미혼모 어머니에 대한 이야기로 시작된다. 초라한 시작을 보여주고 그를 아메리칸 드림을 이룬 사람으로 묘사했다. 개인적인 일화를 부각시키는 것은 공공정책팀의 예상과는 달랐지만, 그들은 악조건을 딛고 미국에서 성공을 이룬 기업가이자 혁신을 통해 정상에 이른 똑똑한 사업가로서 인간적인 면모를 돋보이게 한다는 점에서 이것이 괜찮은 아이디어라고 생각했다. 청문회 준비에 참여한 사람들은 이 준비 과정의 주된 목표는 베이조스가 질문에 솔직하게 답하고, 겸손하고 공손하다는 인상을 주는 것이었다고 말했다.

큰 청문회 전에는 CEO들이 각 위원에게 전화를 걸어 시간을 내 자

신들의 관점을 열린 마음으로 들어 줄 기회를 주어서 감사하다는 뜻
을 전하는 것이 보통이다. 팀 쿡과 마크 저커버그는 청문회 일주일 전
위원들에게 전화를 걸었다. 이는 긴장이 고조될 가능성이 높은 청문
회 전에 위원들의 환심을 사는 방법이다. 하지만 베이조스만은 침묵을
지켰다. 그런데 청문회 전날 갑자기 베이조스 측 대리인이 위원들에게
전화를 걸어 이 억만장자와 대화를 나눌 수 있다는 말을 전했다. 대부
분이 이 제안을 거절했다.

　프라밀라 자야팔 민주당 의원의 지역구에는 시애틀이 포함되어 있
다. 그녀는 2016년 하원의원에 당선된 이래 베이조스에게 여러 차례
만남을 제안했지만, 베이조스는 초대에 응하지 않았다. 자야팔 의원
지역구의 유권자 상당수가 베이조스의 직원이며, 그의 사업은 시애틀
과 그 주변 지역에 직접적인 영향을 미친다. 자야팔은 반독점 소위원
회 위원이기도 하다.

　자야팔은 "청문회 전날 전화를 받았습니다. 그가 통화를 원한다는
내용이었습니다."라고 회상한다. 속이 뻔히 보이는 초대였기 때문에
그녀는 거절했다. "'청문회 이후에 시간을 정하면 좋겠습니다'라고만
말했습니다."

　아마존은 청문회 날짜가 변경되어 청문회 일정이 언제 다시 잡힐지
확실치 않았고, 팬데믹 때문에 청문회 전에 위원 사무실에 들르는 정
례적인 계획에 지장이 생겼다고 말했다.

　반독점 소위원회는 각 CEO들이 청문회에서 따로 증언할 것을 요
청했지만 베이조스 진영은 그 아이디어에 격렬히 반대했다. 그들은 베
이조스가 저커버그, 피차이, 쿡과 함께 증언하기를 원했다. 그런 상황

이라면 대부분의 질문이 페이스북과 구글을 향할 것이라고 확신했기 때문이다.

하지만 아마존팀의 생각은 틀렸다. 반독점 소위원회의 한 위원은 "청문회의 주된 이유는 아마존이었습니다. 다른 모든 CEO들은 이전에 증언을 했으니까요."라고 말했다. 베이조스만 피해갈 수는 없었다.

청문회는 원래 7월 27일로 예정되어 있었지만, 이후 예상치 못했던 비극적인 일이 일어났다. 열흘 전 전설적인 민권 운동가이자 오랫동안 하원에서 조지아를 대표했던 존 루이스 의원이 사망한 것이다. 소위원회는 의사당 원형 홀에 누워 있는 루이스 의원에 대한 존중의 의미로 청문회 일정을 다시 잡을 수 있는지 물었다. 당연히 세 명의 CEO는 거기에 동의했다. 페이스북은 이 새로운 날짜에 맞춰 수익 발표 일정까지 조정했다.

베이조스는 이를 거절한 유일한 CEO였다. 조사에 참여한 사람들 일부는 그의 팀이 원래의 날짜에만 출석할 수 있지만 필요하다면 다른 날짜에 출석해보겠다고 말했다는 이야기를 전해주었다. 위원들은 이런 태도를 오만하다고 생각했다. 격분한 위원도 있었다. 위원회에서 일했던 한 보좌관은 "그의 주변에 있는 사람들은 그가 본질적으로는 '내가 존 루이스의 추모식보다 더 중요하다'라는 뜻이라는 것을 이해하지 못하는 것 같다"고 말했다. 시실린은 아마존이 스케줄 변경에 동의하도록 하기 위해 권력까지 동원했다. 카니가 휴즈먼을 비롯한 다른 공공정책 담당자들과 회의를 하고 있을 때 그의 전화가 울렸다. 하원 의장 낸시 펠로시Nancy Pelosi였다. 그녀는 새로운 청문회 날짜에 대해 이야기하고 카니 그리고 더 나아가 그의 상사가 정신을 차리게 하고 싶었다.

그 통화 후 아마존은 변경에 동의했다. 청문회 날짜는 7월 29일로 변경되었고 베이조스는 이를 수용하기로 했다. 아마존 대변인은 일정 변경이 곤란하다고 반응했다는 점을 부인했다.

청문회 당일 오후, 반독점 소위원회 위원들은 국회의사당 2141호실로 다시 모였다. 이번 청문회의 모습은 기존과 달랐다. 위원들은 마스크를 썼고 사회적 거리두기 규칙을 따르기 위해 서로 떨어져 앉았다.

일부 의원들은 청문회를 위해 워싱턴으로 갔다. 반면 CEO들은 팬데믹으로 인해 회의에 직접 참석하지 않고 웹엑스Webex 원격 회의 라인으로 회의에 참여하기로 했다. 큰 기대를 모은 이 극적인 청문회는 거대한 줌 미팅 같았다.(약간의 기술적 문제도 있었다.) 참석자 중 한 명은 청문회장이 조지 오웰의 느낌이었다고 회상했다. 높은 곳에 있는 거대한 스크린으로 세계에서 가장 부유하고 힘 있는 사람들이 보였다.

시실린의 모두 발언에서 이렇게 말했다.

"이들 기업이 해온 많은 관행은 경제에 부정적인 영향을 줍니다. 기업가 정신을 꺾고, 일자리를 없애고, 비용을 높이고, 품질을 떨어뜨립니다. 간단히 말해, 그들은 지나치게 많은 권력을 가지고 있습니다."

그의 오른쪽에는 남색 마스크를 쓰고 하늘색 블레이저를 입은 리나 칸이 앉아 있었다.

"이들 플랫폼은 디지털 경제의 게이트키퍼로서 승자와 패자를 결정하고, 중소기업을 무너뜨리고, 경쟁자를 질식시키면서 자신들의 배를 불리는 힘을 누리고 있습니다. 조건을 강요하고, 명령을 하고, 산업 전체를 뒤집고, 공포를 불러일으키는 이들의 능력은 정부의 힘을 연상시킵니다. 이 나라를 세운 사람들은 왕 앞에 굴복하지 않았습니다. 우리도 온라인 경제의 황제들 앞에 굴복해서는 안 됩니다."

이어서 각 CEO가 모두 진술을 했다. 짙은 색 정장과 넥타이 차림의 베이조스는 당시 세계 최고 부자인 자신을 평범한 사람으로 묘사하기 위해 노력했다. 열일곱에 미혼모가 어머니가 야간 수업에 그를 데려간 이야기, 10대 때 영어도 모르는 채 쿠바에서 온 양부의 이야기 등 그의 개인사는 진심이 담긴 설득력 있는 것이었다. 당시 약 1,890억 달러의 가치를 지닌 그의 제국 덕분에 자연스럽게 일반인들과는 거리가 먼 엘리트 집단에 속하게 되었지만 그의 뿌리는 보잘 것 없었다.

이후 그는 제이 카니가 승인한 모든 논점을 짚었다. 아마존은 지난 10년 동안 미국에서 다른 어떤 기업보다 많은 일자리를 창출한 거대 고용주다. 그는 규모에 대해 형성되는 서사에 맞서기 위해 아마존이 종종 내놓곤 하는 진부한 수치들을 나열했다.

"우리가 참여하고 있는 소매 시장은 특히 크고 경쟁이 치열합니다. 이 25조 달러 규모의 세계 소매 시장에서 아마존이 차지하는 비중은 1% 미만, 미국 소매 시장에서는 4% 미만입니다."

아마존은 4%라는 수치가 어디에서 비롯되었는지에 대한 거듭된 질문에 답변을 거부했다. 소식통에 따르면 아마존은 2021년 미국에서만 3,250억 달러 가치의 소매 제품을 판매했다.

질문이 시작되자 이상한 일이 일어났다. 청문회의 첫 1시간 동안 베이조스를 향한 질문이 단 한 건도 없었던 것이다. 이 세계에서 가장 부유한 기술 재벌에게 기술적인 문제가 있었던 것으로 드러났다. 시실린은 연결을 고칠 수 있도록 휴회를 요청했다.

휴회 후 웹엑스 연결이 작동하면서 베이조스가 답변할 수 있게 되었다. 청문회에서 한 시간을 놓쳤지만 결국 베이조스는 59개의 질문을 받았다. 구글의 CEO가 받은 것보다 단 두 개가 적었다. 승자는 단연 애플의 팀 쿡이었다. 그를 향한 질문은 35개에 불과했다.[2]

자야팔 의원은 베이조스에게 자체 브랜드팀이 제3자 판매자 정보를 사용해 제품을 만드는지에 대해 심문하는 유난히 긴장된 대화가 오갔다. 그녀는 이렇게 말했다.

"베이조스 씨, 2019년 7월에 아마존 직원 네이트 서튼은 위증의 선서를 하고 아마존은 '자체 브랜드 제품을 만들 때 특정 판매자 데이터를 사용하지 않는다'고 말했습니다. 그렇다면 베이조스 씨에게 묻겠습니다. 아마존은 사업상의 의사 결정에 제3자 판매자 데이터에 접근해 이를 사용한 적이 있습니까? 예 또는 아니오로만 답해주십시오."

베이조스는 더듬거리며 간단한 설명을 한 후 이렇게 말했다.

"그 질문에 예, 아니오로만 답할 수는 없었다. 제가 말씀드릴 수 있는 것은 저희는 자체 브랜드 사업을 돕기 위해 개별 판매자의 데이터를 사용하는 것을 금하는 정책을 가지고 있다는 것입니다. 하지만 그 정책을 위반한 적이 없다고 확언할 수는 없습니다."

베이조스는 이렇게 그가 고집했던 문장으로 답변을 시작했다.

이후 자야팔은 2020년 《월스트리트 저널》에 실린 내 기사를 언급했다. 시실린은 이 기사로 인해 서튼이 2019년에 위증을 했는지 의문스러웠다. 그녀는 베이조스가 보도 내용을 부인하는지 물었다.

"말씀하신《월스트리트 저널》기사에 대해서 잘 알고 있습니다. 저희는 그에 대해 매우 신중하게 조사를 계속하고 있습니다. 아직 충분히 진상을 규명했다고 보지 않기 때문에 계속 조사할 것입니다."

자야팔은 "부인하지 않는다는 뜻으로 받아들이겠습니다."라고 답했다. "제3자 판매와 채용을 담당했던 전직 아마존 직원은 이 위원회에 '규칙은 있지만 아무도 이를 강제하거나 점검을 하지 않습니다. 그저 '데이터에 함부로 접근하지 마세요.'라고만 할 뿐이죠. 사탕 가게나 마찬가지입니다. 누구나 원하는 것에 접근할 수 있습니다.'라고 말했습니다."

소위원회 위원들은 베이조스와 그의 팀이 더 확정적인 답변을 내놓지 않은 데 충격을 받았다. 기사가 자세히 설명한 내용을 고려하면 특히 더 그랬다. 아마존은 베이조스가 자체 브랜드 관행에 대해 조사를 받을 것이라는 사실을 알고 있었는데도 내부 조사를 끝내지 않은 상태였다.

베이조스는 다음 2시간 동안 자체 브랜드 관행, 사이트 내의 위조품, 판매자를 대하는 방식, 알렉사 펀드를 통해 기업가들의 기술을 훔쳤는지 여부 등에 대한 질문 세례를 받았다.

베이조스는 자기 회사가 판매자를 대하는 방식에 대해 알게 된 후회한에 찬 모습을 보이기도 했다. 한 의원이 이유 없이 사이트에서 제품을 팔 수 없게 된 한 판매자의 음성 파일을 재생하자, 그는 "그 판매자를 대하는 방식이 전혀 적절치 않아 보입니다. 거기에 몹시 놀랐습니다."라고 말했다.

그가 아마존의 운영 방식에 대해 잘 모르는 것 같을 때가 많았다. 적어도 위원회가 아마존의 관행을 인식하는 방식에서는 말이다. 한 의원이 베이조스에게 경쟁사인 다이아퍼스닷컴을 무릎 꿇리기 위해 얼마나 많은 손해를 기꺼이 감수할 생각이었냐고 묻자 베이조스는 이렇게 대답했다. "저… 저는 답이 무엇인지, 그 질문에 대한 직접적인 답이 무엇인지 모르겠습니다."

그는 의원들이 언급하는 것에 친숙하지 않다면서 잘 모르겠다며 알게 되면 다시 답을 하겠다고 말하는 경우가 많았다.

조 네구스Joe Neguse 하원의원(콜로라도주, 민주당)은 아마존이 딜메이킹 부문과 벤처 캐피탈 부문을 통해 혁신을 억누르고 있는 것은 아니냐는 이야기를 꺼냈다. 네구스 의원은 이를 실제로 보여주기 위해《월스트리트 저널》의 최근 기사를 언급했다. 이에 베이조스는 "그 기사를 읽었지만 그 부분은 기억이 나지 않습니다. 죄, 죄송하게 생각합니다. 그 상황에 대한 자세한 것은 알지 못하지만 의원님 사무실을 통해 그에 대한 보다 자세한 정보를 전달하겠습니다."라고 답했다.

아마존을 구축하는 데 필요한 모든 데이터와 모든 수단을 가지고 있는 사람이 갑자기 말을 잃었다.(약 100년 전, 스탠더드 오일의 사업 관행을 다루는 오하이오 대법원의 위원회를 만난 존 록펠러 역시 답을 제대로 하지 않았다. 조사 후 한 신문에는 "록펠러, 조개를 흉내 내다."라는 헤드라인과 함께 "망각의 미덕은 독점기업이 반대 심문 때 가질 수 있는 가장 중요한 이 덕목이다. 록펠러의 이 미덕은 최고의 수준을 자랑한다."고 보도했다.[3])

아마존 대변인은 "제프는 선서를 하고 증언 중이었기 때문에 자신의 답변에 100%의 확신을 가져야 했습니다." 말하고, 베이조스는 최선을 다해 의원들의 질문에 답했으며 그가 청문회에서 하지 못한 답변에 대해서는 회사가 후속 조치를 취했다고 덧붙였다.

반독점 소위원회는 청문회를 승리로 간주했다. 위원회는 대상 회사들에 대한 깊은 이해를 보여주었고, 문제를 충분히 조사했으며, 조사가 반드시 필요하다고 생각하는 위법 행위에 회사가 효과적으로 책임을 지게 했다고 생각했다.

하지만 베이조스의 팀도 청문회를 성공으로 평가했다. 증언이 후 시애틀로 돌아온 베이조스는 준비를 위해 노력한 팀원들에게 감사를 전했다. 청문회를 앞두고 팀원 대부분은 일주일에 80시간을 일했다. 베이조스와 준비팀의 일부 고위 임원들이 다른 회의에 가고 나자, 다른 팀원들은 아마존 사무실의 야외 파티오에서 맥주를 마시며 긴장을 풀었고, 일부는 시애틀의 한 레스토랑에 저녁 식사를 하러 갔다. 마라톤처럼 느껴졌던 일을 끝내고 마침내 잠시 휴식을 취할 수 있었다. 준비팀에 참여했던 한 사람은 팀이 베이조스가 대체로 "큰 상처 없이" 몇 시간의 심문을 잘 견뎌낸 것으로 평가했다고 말했다. 그러나 그들은 베이조스가 이번 일을 넘겼지만 조사는 이제 막 시작이라는 것을 알고 있었다. 아마존 사업에 대한 청문회, 증언, 조사는 새로운 표준이 될 가능성이 높았다.

CEO 청문회와 비슷한 시기에 아마존은 연방거래위원회의로부터도 질문을 받고 있었다. 당시 트럼프 행정부 하에 있던 연방거래위원회는 아마존을 조사 중이었다. 연방거래위원회는 내부 문서, 이메일, 사업 계획서를 비롯한 많은 정보를 요구했다.

마켓플레이스 부문의 한 임원은 서류와 사업계획서 제공을 요청 받았다. 거기에는 인쇄물 여백에 적힌 메모까지 포함됐다. 이 임원은 새로운 직장을 구해 아마존을 떠날 예정이었기 때문에 법무팀이 연방거래위원회에 전달할 수 있도록 문서 더미를 자신의 사무실 책상 위에 남겨 두었다. 이상하게도 그 문서는 사라졌다. 아마존은 이 임원이 COVID-19 팬데믹 와중에 회사를 떠났고 그의 사무실은 다른 사람이 사용하게 되었다고 말했다. 아마존 대변인은 서류를 수거하기 위해 그의 사무실에 갔을 때 "우리는 이미 새로운 직원(연방거래위원회 조사와 관련이 없는)을 위해 사무실을 치우고 비워놓았다는 것을 알게 되었습니다. 그 결과 해당 자료를 수거할 수 없었습니다."라고 말했다. 나는 2022년 3월에 아마존에 전화를 걸어 사라진 문서에 대한 의견을 요청했다. 아마존은 바로 이 시점에 연방거래위원회에 서류가 사라진 것을 알렸다. 서류가 사라진 것은 2020년 8월이었는데 말이다. 아마존은 《월스트리트 저널》의 기사는 아마존이 제한된 수의 인쇄 문서를 부주의하게 폐기한 일을 연방거래위원회에 공개할지 여부를 결정하는 데 어떤 영향도 주지 않았습니다."라고 말했다.

여름이 끝나가면서 아마존의 공공정책팀은 대통령 후보인 조 바이든의 선거운동팀으로부터 환심을 사기 위해 노력했다. 8월, 카니는 미국 농촌 지역의 일자리 창출 문제를 다루는 한 민주당 집회의 패널로 참여했다. 이 컨퍼런스 콜에서 카니는 조 바이든의 포스터 앞에 앉아 고용주로서 아마존의 역할을 내세웠다. 그는 "우리는 지난 10년 동안 미국에서 60만 개의 일자리를 창출했으며, 이는 어느 곳의 어느 기업보다도 높은 수치입니다."라고 말했다. 사실이지만, 그 일자리의 대부분은 창고직이었고 카니는 자세히 설명하지 않았다.

그는 사회자의 말도 바로잡았다. 그는 미국에서 가장 큰 소매업체는 아마존이 아닌 월마트라면서 아마존이 내세우는 미국 소매업의 4%라는 진부한 통계를 다시 반복했다.

하지만 아마존의 법무 부서 내부에서는 아마존이 규모 면에서 월마트를 내세워 위기를 모면하는 전술을 얼마나 더 쓸 수 있을까에 대한 불안이 생겨났다. 아마존은 보통 소매 매출 규모에 있어서는 월마트를 더 큰 업체로 꼽았지만, 아마존 법무팀이 준비한 2021년 내부 메모는 아마존이 곧 월마트를 따라잡으리란 것을 보여주었다.

"우리는 아마존에 대한 반독점 포퓰리즘이 시작된 초기부터 소매업계에서 아마존의 규모와 관련 경제력에 대한 우려를 불식시키기 위해 '아마존의 소매 매출은 월마트보다 작다"는 간단한 메시지에 의지해 왔다. 그러나 아마존의 지속적인 성장으로 아마존을 통한 총 매출은 월마트에 근접할 것이다."

이런 설명 후 계속해서 아마존의 성장을 경시하는 화두를 던진다.

"영원한 것은 없다. 역사적으로 대형 소매업체의 위치는 항상 큰 변화를 겪어왔고, 그들이 채용하는 비즈니스 모델도 변했다. 예를 들어 대형 슈퍼마켓을 보유한 월마트는 1991년에 최대 소매업체 시어스를 앞질렀고, 처음에는 우편 주문 모델을 채용했던 시어스는 1960년대에 최대 소매업체의 자리를 차지했다."

그 후 몇 달 동안 아마존의 직원과 정치 활동 위원회는 바이든의 선거 운동에 돈을 쏟아 부었다. 아마존 직원들은 바이든 선거 운동에 다섯 번째로 많은 기부금을 냈다. 알파벳 직원과 마이크로 소프트 직원만이 그들에 앞서 있었고 기부액수는 230만 달러가 넘었다.[4]

2020년 10월 6일, 의회는 16개월에 걸친 빅 테크 조사의 정점인 가차 없는 보고서를 발표했다. 이 보고서는 네 개 기술 기업 각각이 특정 분야에서 독점력을 가지고 있다고 말했다. 449페이지에 이르는 이 보고서는 각 기업에 대한 조사 결과를 제시하면서 기술 기업의 운영 방식을 완전히 재성형하는 방법을 권고했다. 가장 극단적으로는 해체, 가장 가볍게는 보다 공정한 운영을 위한 입법을 요구한 것이다.

이 보고서는 인터뷰와 아마존 내부 이메일 및 문서 24,299건을 자세히 조사해 발견한 아마존의 모방 경향, 제3자 판매자에 대한 "괴롭힘", 풀필먼트 바이 아마존과 연관된 관행, 광고 사업 관련 관행, 기타 수많은 반경쟁적 행동을 공격했다.

소위원회는 아마존이 자사 사이트에서 판매자에 대한 "독점력"을 축적한 것으로 판단했다. 보고서에는 아마존에 관한 내용이 다른 어떤 회사에 관한 내용보다 많았다. 보고서에는 이렇게 적혀 있었다.

"간단히 말해, 한때는 기존 체제에 도전하던 작고 약한 스타트업이었던 업체들이 석유재벌과 철도재벌 시대에 마지막으로 목격되었던 종류의 독과점 기업이 되었다."[5]

주요 권고 사항 중 하나는 이들 거대 기술 기업이 자사 플랫폼의 판매자와 경쟁하는 제품을 만드는 일을 막는 것이었다. 이런 입법의 결과는 아마존에게 가장 큰 피해를 입힐 것이다. 의원들이 이 제안을 채택한다면 아마존은 자체 브랜드나 디바이스 사업과 등의 부문에서 빠져나와야 한다. 다른 조치들은 자기 특혜를 막는 것을 목표로 했다.

화요일 오후 보고서를 발표한 시실린과 다른 위원회 위원들은 권고안에 초점을 맞춘 법안 초안 작업에 착수했다.

같은 달, 브라이언 허즈먼은 공공정책팀 회의를 소집했다. 이 임원은 팀의 상황에 대한 자신의 관점을 설명하고자 했다. 그는 이를 공공정책 3.0Public Policy 3.0, 아마존의 공공정책 노력의 세 번째 단계라고 불렀다. 그는 참석자들에게 공공정책 1.0은 타운하우스 단계로, 아마존이 소수 직원과 소수의 사안만을 가지고 외부 지원 없이 공공정책 업무를 해나가는 단계였다고 말했다. 공공정책 2.0에서는 팀을 구축하고 전략적으로 인재를 채용했다. 이제 그들은 공공정책 3.0의 단계에 있다. 그들에게는 직원도 있고 자원도 있다. 따라서 이제 다음 단계로 나아가야 할 때라는 것이 그의 말이었다. 그 일환으로 아마존팀은 아마존과 관련된 혹은 아마존의 사업을 축소시킬 임박한 입법에 관해 사후 대응을 할 것이 아니라 상황을 앞서서 주도하게 된다. 그런 노력의 일환으로, 그들은 전국에 걸쳐 아주 좁은 범위부터 시작하는 관계 구축에 나서야 했다.

아마존의 공공정책이 본격적으로 진행되는 것처럼 보였다. 자원이 넘쳤고 다음 단계로 나아간다는 휴즈먼의 비전을 실행할 직원들도 있었다. 마침 결전의 날이 다가오고 있었다. 2020년 말에는 빅 테크에 대한 압박을 강화하는 조치가 잇따라 등장했다. 2020년 10월, 법무부는 검색 배포 계약과 연관된 반독점법 위반 혐의로 구글을 고소했다. 12월에는 연방거래위원회가 불법적 독점을 이유로 페이스북을 고소했다. 마침내 미국에서 반독점의 외침이 힘을 얻고 있었다. 대호황 시대 이후의 정부 조치를 연상시키는 강력한 반발이었다.

17장

가치를 두기에는
독성이 너무 많은

2020년 내내 아마존은 트럼프가 4년 더 집권할 것이라는 전망에 직면했다. 아마존과 그 창업자에게는 힘겨운 일이었다.

하지만 카니는 바이든이 대통령이 되리라고 자신했다. 이 아마존 임원은 선거를 앞두고 몇 개월 동안 자신의 트위터 계정을 전 상사를 찬양하는 트윗으로 채웠다. 한 게시물에는 파란색 수술용 마스크를 쓰고 "바이든 해리스"가 적힌 팻말을 들고 있는 자신의 사진이 있었다. 또 다른 게시물에서는 카고 반바지를 입고 선글라스를 쓴 그가 델라웨어에 있는 바이든 환경 교육 센터Biden Environmental Training Center 간판 옆에 서 있었다. 하지만 지난 대선에서 아마존의 공공정책팀이 겪었던 것처럼 트럼프의 당선이 불가능한 일이 아니었고, 늦게 개표된 우편투표 때문에 대결은 상당한 박빙으로 보였다. 아마존의 고위층을 비롯한 대부분의 미국인들이 손에 땀을 쥐었다.

2020년 11월 7일, 여러 날에 걸친 개표 끝에 바이든이 승자가 되었다. 카니는 이 소식을 축하하며 "새 마우스패드가 필요하다는 사실에 무척 신이 난다! #46, 조 바이든@JoeBiden!"이라는 트윗과 함께 "미국 부통령"이라는 글씨 밑에 바이든의 서명이 있는 흰색 마우스 패드의 사진을 올렸다.[1] 그는 트위터 배경도 몇 년 전 한 기자회견장에서 자신의 어깨를 감싼 바이든과 함께 웃고 있는 사진으로 바꾸었다.

카니가 기다려온 순간이었다. 아마존의 효과적인 정치 운영자가 되어주기를 기대하고 그를 영입한 것은 2016년 대선 전이었다. 하지만 예상을 뒤엎은 트럼프의 승리로 그는 4년 동안 공화당 행정부와 긴장 관계에 놓였다. 마침내 민주당이 다시 정권을 잡았다. 더 중요한 것은 그의 민주당이 정권을 잡았다는 것이었다.

바이든이 팀을 꾸리면서, 카니의 입지는 점점 좋아지는 듯했다. 오바마 백악관에서 바이든 부통령의 수석 보좌관으로 카니와 함께 일했던 론 클레인Ron Klain이 바이든 대통령의 수석 보좌관이 되었다.(특히 클레인은 카니가 오바마 대통령의 공보비서직을 맡을 수 있도록 지지한 인물이기도 했다.) 카니와 잘 아는 다른 사람들도 일자리를 얻었다. 카니와 DC 지역 잼 밴드에서 같이 공연했던 안토니 블링컨Antony Blinken이 국무장관에 임명되었고, 오바마 정부 시절 친구였던 젠 사키Jen Psaki가 백악관 공보비서가 되었다.

아마존이 트럼프 백악관, 영향력 있는 공화당 의사 결정권자들과 대규모 회의를 갖는 4년 동안 열외였던 카니는 마침내 자신이 고용한 회사가 발휘해주길 바랐던 워싱턴에서 영향력을 갖게 된 것 같았다.

하지만 과거의 동료들이 아마존의 특사인 카니를 환대하리란 것은 엇나간 예상으로 밝혀졌다. 시대가 바뀌었고 그를 기다린 것은 따뜻한 환영이 아니었다.

2021년 2월의 어느 날 아침, 론 클레인 수석 보좌관의 휴대 전화에 카니의 문자 메시지가 떴다. 항의의 문자였다. 며칠 전, 바이든 대통령과 참모들은 JP모건 체이스JPMorgan Chase, 로우스, 갭, 월마트의 최고 경영자들을 백악관으로 초청해 팬데믹의 와중에 경제를 소생시킬 목적으로 제안된 부양책에 대해 논의했다. 백악관이 아마존의 가장 치열한 경쟁자 중 하나인 월마트의 CEO를 초청했다는 점이 특히 상처가 됐다. 카니는 전 동료에게 다음 행사 때는 아마존을 고려해 달라고 부탁했다. 그는 불만을 살짝 내비치며 아마존이 미국에서 두 번째로 큰 고용주이며 첫 번째 COVID-19 파동의 와중에 수요를 처리하기 위해 수십만을 고용했다는 사실을 클레인에게 상기시켰다. 함께 일해 온 긴 세월에도 불구하고 특별한 대우나 편애는 없었다. 사실 어떤 날은 아마존의 적수로 느껴지기도 했다.

백악관 보좌관들은 이 문자가 카니가 불만을 담아 보낸 일련의 메시지 중 하나였으며, 그런 메시지들은 종종 노기를 띠고 있었다고 말했다. 이들을 "화염탄"이라고 부르는 사람도 있었다.

12월, 카니는 클레인에게 또 다른 메시지를 보냈다. 월마트가 바이든 행정부의 "주요 동맹"이 되었다고 주장한 《폴리티코》기사에 대한 반응이었다. 이 보도는 대통령과 월마트 CEO 더그 맥밀런Doug McMillon

의 또 다른 만남을 언급했다. 그것은 카니의 화를 돋웠다. 틀린 말이 아니었다. 백악관은 인플레이션 문제에 대해 월마트 CEO를 비롯한 경영진과 상당히 자주 소통하고 있었기 때문이다. 식료품과 소매업에서 월마트의 사업 규모를 고려하면, 이 회사는 경제 전반을 대변하는 좋은 대리인이었고 그들이 경험하는 공급업체의 가격 인상에 대한 세부 정보를 행정부와 공유할 수 있었다.(이 무렵에는 유가와 식료품 가격 상승으로 물가가 오르기 시작했다.) 카니는 클레인에게 그 관계에 대해 질문했다. 카니는 월마트가 민주당에게 공공의 적이었던 그리 멀지 않은 역사를 기억했다.(2016년, 자유주의자들은 월마트를《포춘》500대 기업 중 '미국에 가장 해가 되는 기업' 1위로 선정했다.[2]) 5년 후, 바이든 행정부는 이 회사를 두 팔 벌려 환영하는 것처럼 보였다. 백악관 관리들이 베이조스를 대통령 원탁회의나 기타 행사에 초대하는 것이 엘리자베스 워런 상원의원이나 버니 샌더스 상원의원 등 아마존 비평가와 같은 진보 정치인들의 불만을 살까 염려한다는 것을 알게 된 카니의 좌절감은 더 커졌다. 한 사람의 표현을 빌리자면 아마존과 베이조스는 "가치를 두기에는 독성이 너무 많았다."

정치를 잘 아는 카니는 이런 인식에 대해 이해하고 있었지만 그런데도 계속 밀어붙였다. 비판이 있기는 하지만 아마존은 임금을 인상해 왔고 사실 월마트보다 시급이 더 높다. 물론 아마존은 노조에 반대하는 입장이지만, 월마트도 직원을 노조에 가입시킨 것이 아니다. 이 나라가 어려움에 처했을 때 아마존이 제공했던 그 모든 일자리는? 하지만 이런 주장에는 아무도 귀를 기울이지 않았다.

아마존은 고위 경영진을 대통령과 함께 테이블에 앉혀 정책에 영향을 미치고 의회에서 인맥을 만들 수 있도록 하기 위해 카니를 고용했었다. 하지만 효과가 없었다. 카니가 자신의 인맥을 이용하는 것을 거절하는 때도 있었다. DC 직원이 카니에게 어떤 문제에 대해 블링컨 국무장관에게 전화해 달라고 부탁했지만, 평소 그와의 친분을 자랑하던 카니는 팀원들에게 이렇게 말했다.

"그렇게는 할 수 없어요. 그는 친구에요."

정권은 바뀌었지만 아마존 공공정책실의 많은 사람들은 카니가 아무런 성과를 내지 못한다고 느꼈다.

아마존 고위 정책팀의 고위 관계자는 "처음에 사람들은 제이가 자산이 될 것이라고 생각했습니다."라고 말했다. "하지만 행정부와의 관계에 관한 한 잘 진행되지 않았습니다. 아마존 내부사람들은 '그는 행정부에 영향력이 없다.'고 수근댔습니다."

아마존은 반독점 조사에 대한 질문에 답할 때마다 "모든 대기업은 규제 당국의 관심을 끌며, 우리는 그런 조사를 환영합니다."라는 틀에 박힌 진술을 내놓았다. 그러나 실제로 베이조스는 호전적인 자세를 권장했다. 2021년 3월, 사방에서 화살이 날아오고 있었지만 아마존은 입법자들과 만나 정책 입장을 설명하거나 여론을 바꾸기 위한 홍보 캠페인을 이용하는 대부분의 기업이 취하는 외교적 접근 대신 다른 접근법을 택했다.

베이조스는 몇 달 동안 워싱턴의 아마존에 대한 비판의 강도가 끊임없이 높아지는 느낌을 받았다. 정치인들은 앨라배마주 노동자들이 노조 결성을 위해 노력하자 공개적으로 회사를 공격했다. 그들은 노동자들의 편을 들며 아마존을 몰인정하다고 묘사했다. 다른 공격에서와 마찬가지로 공화당과 민주당 모두가 공격에 가담했다. 3월 중순, 공화당 상원의원 마르코 루비오Marco Rubio는 《USA 투데이USA Today》의 기명 논평에서 놀랍게도 창고 노동자들의 노조 결성 노력을 지지했다. 루비오는 이렇게 적고 있다.

"내 기준은 이렇다. 경영진이 노동계급의 가치관에 반대해 전쟁을 벌이기로 결정한 회사와 노동자 사이에 갈등이 있을 때라면, 나는 노동자들을 지지한다. 때문에 나는 오늘 아마존 베세머 물류창고 노동자들의 편에 서 있다. 아마존과 같은 특출나게 악의적인 기업 행동은 노사 관계에 대한 보다 적대적인 접근 방식을 정당화한다. 아마존 노동자들이 이런 부정한 짓에 맞서 자신을 보호할 수 있는 유일한 선택지가 노조 결정이라고 생각하는 것은 그들의 잘못이 아니다. 아마존은 중소기업과 노동계급의 가치관에 맞서 전쟁을 벌이는 것이 이전 동맹들과 연결하는 다리를 태워버린다는 것을 알아야 한다."[3]

베이조스와 에스팀의 관점에서, 미국 역사상 입법자들이 이렇게 적의를 표현한 회사는 없었다. 물론 정치인들은 빅 파마나 빅 타바코 같은 산업을 공격했었다. 하지만 오로지 한 기업만을 향한 독설은 전례가 없었다는 것이 그들의 생각이었다. 그들은 다른 빅 테크 기업들이 받고 있는 대우와도 다르다고 주장했다. 페이스북도 정치계의 따돌림을 받지만, 그들은 아마존이 받는 대우가 더 심하다고 생각했다.

펀치가 계속 날아들었다. 3월 22일, 바이든 대통령은 리나 칸을 연방거래위원회 위원으로 지명한다고 발표했다. 연방거래위원회에는 위원장을 포함해 5명의 위원이 있다. 아마존이 보기에는 자신들이 가

장 두려워하는 후보를 바이든이 손수 뽑은 상황이었다.(막후에서 엘리
자베스 워런 상원의원과 다른 진보주의자들은 행정부에 칸을 지명하라는 압
력을 넣었다.)

3월 24일, 아마존의 소매 부문 CEO 데이브 클라크는 트위터에서
버니 샌더스를 공개적으로 공격했다. 이 버몬트주 상원의원은 오래 전
부터 창고 노동자에 대한 아마존의 처우를 비난했고, 노동자들이 노조
결성을 위한 역사적인 투표를 앞두고 있는 아마존 앨라배마 창고를 방
문할 계획이었다.

클라크의 트윗은 제프 베이조스를 비롯한 아마존 최고 경영진들이
진행한 회의의 산물이었다. 이 전화 회의에서 베이조스, 클라크, 카니,
앤디 재시, 홍보 담당 임원인 드류 헤르데너와 타이 로저스Ty Rogers는
워싱턴이 어떤 잘못을 했는지(그들의 입장에서), 그리고 정치 지도자들
이 아마존을 표적으로 삼는 것이 얼마나 부당한지 이야기했다. 베이조
스와 클라크는 이 그룹에서 가장 호전적인 것으로 유명했다. 그렇게
클라크는 샌더스에 초점을 맞춘 트윗을 궁리하기 시작했다.(클라크는
트위터에서 도발적인 발언을 하는 선동가로 유명했다. 당시 페덱스의 CEO
였던 프레드 스미스Fred Smith가 아마존이 페덱스의 물류 사업을 방해할 것이
란 아이디어를 "허황하다fantastical"고 일축하자, 클라크는 "호!호!호! 모두들
환상적인fantastical 휴일 보내세요!!!"라는 글과 함께 아마존 프라임 로고가 그
려진 제트기 사진을 올렸다.)

베이조스는 트위터에서는 우위를 점하지 않으면 아무도 주목하지
않는다는 생각을 가지고 있었다. 그는 정중하게 사실만 트윗해서는 얻
는 것이 없다고 느꼈다. 아무도 그런 트윗을 읽지도 참여하지도 않을

것이라고. 그는 경영진에게 단순히 비판을 논박하거나 기록을 바로잡는 대신 관심을 얻을 수 있는 신랄한 트윗을 올리라고 충고했다.

이 전화 회의에서 클라크는 버니에게 보내게 될 트윗의 한 버전을 읽었다. 그들의 논지를 분명이 전달하기 위해 모두가 거들어 이곳저곳의 단어를 수정했다. 회의에 참여했던 사람들은 테스토스테론이 많이 분출되었고, 어조에 대해서 반대하는 사람은 전혀 없었다고 말했다. 한 관계자는 샌더스 상원의원이 아마존을 지금보다 더 싫어하게 만들 길이 없었기 때문에 그들은 이 상원의원을 불쾌하게 하는 데 대해 걱정하지 않았다고 말했다.

이 전문가답지 못한 초안을 본 휴즈먼과 DC 홍보 담당 임원은 경고를 내놓았다. 그들은 부정확한 것에 반발하는 것은 괜찮지만, 의원을 개인적으로 공격하는 것은 용인되지 않는다고 주장했다. 곧 두 사람은 자신들이 이메일 수신자 목록에서 제거되었다는 것을 발견했다. 그렇게 클라크의 글이 트위터에 올라갔다.

"버밍엄에 오신 샌더스의원@SenSanders을 환영하며, 진보적인 직장을 위한 그 분의 독려에 감사를 전합니다. 저는 종종 우리가 고용주계의 버니 샌더스라고 말하지만, 그것은 꼭 맞는 말은 아닙니다. 우리는 이미 우리 직원들에게 최저 시급 15달러, 입사 첫날부터 제공되는 의료 보험, 경력 발전 수단, 안전하고 포용적인 근무 환경 등 진보적인 직장을 제공하기 때문입니다. 따라서 15달러 최저 시급과 의료 보험에 대한 이야기를 듣고 싶다면 샌더스 상원의원이 시내에서 연설하신다는 것을 알아두십시오. 하지만 시간당 15달러 이상을 벌고 좋은 의료 서비스를 받고 싶다면 아마존이 채용 중이라는 것을 알아두십시오."[4]

당시 많은 선출직 공직자들이 노조를 만들려는 노동자들의 편에 서서 아마존 경영진이 이들의 요구를 묵살한다고 비난했다. 보통 에스팀은 회사에 대한 이런 부정적인 보도에 대단히 민감했다. 한 에스팀 멤버는 "정부가 이런 문제에(특히 그들이 전혀 알지 못하는 이런 노동 문제에) 의견을 내는 방식이 적절치 못하게 느껴졌습니다."라고 말했다. 베이조스는 회사를 방어하고 반격을 원한다는 면에서 특히나 저돌적이었다. 그는 "약 한 달 간 그는 '사소한 것 하나도 놓치지 않는' 사람이었습니다. 그는 '사실에 비추어 부정확한 것이라면 어떤 것이든 그냥 두면 안 된다. 반박을 해야 한다.'고 말하곤 했습니다. 정말 단호했죠."라고 말했다.

세계에서 가장 부유한 사람과 막강한 힘을 가진 그의 회사 임원들이 어떻게 하면 트위터에서 현직 상원의원을 가장 효과적으로 공격할지 고민하는 데 몇 시간을 보냈다는 것은 이 우스꽝스러워 보이는 일이 그들에게 얼마나 중요했는지를 보여준다.

이 트윗은 즉시 역효과를 낳았다. 소매·도매·백화점 연합Retail, Wholesale and Department Store Union의 회장은 이 트윗을 "오만하며 문제의식이 없다"고 묘사했다. 샌더스는 이 트윗에 "나는 세계에서 가장 부유한 제프 베이조스가 왜 노동자들이 더 나은 임금, 복지, 근로 조건을 협상할 수 있는 노동 조직을 막으려 수백만 달러를 쓰는지 알고 싶을 뿐"이라고 답했다.[5]

아마존 경영진은 스스로를 자랑스럽게 여겼다. 그들은 강타를 날렸다고 생각했다. 하지만 그들은 입법자들에게 의도적으로 핵을 날리고 전쟁을 벌임으로써 그렇지 않아도 위태위태하던 의회에서의 관계를 파괴했다. 심지어 아마존 직원들까지 화나게 했다. 대중들까지 어이없어하며 온라인을 통해 감정을 드러냈다.

그날 오후, 위스콘신의 마크 포칸Mark Pocan 하원의원이 끼어들었다. 그는 클라크의 트윗에 이렇게 답했다.

"노조를 파괴하고 물병에 소변을 보게 하면서 노동자에게 시급 15달러를 주는 것이 당신들을 '진보적인 직장'으로 만드는 것은 아닙니다."[6]

몇몇 아마존 배송기사들이 화장실을 찾는 데 시간을 낭비해 배송 시간이 늦어지는 것을 막기 위해 병에 소변을 본다는 신랄한 보도를 언급하는 내용이었다.

그 몇 년 전, 아마존은 포칸을 위스콘신주 케노샤에 있는 물류창고로 초청했었다. 그 방문에서 그는 전시된 기술과 혁신에 깊은 인상을 받은 한편, 창고 노동자들이 견뎌야 하는 몹시 힘든 육체 노동에 충격을 받았다고 회상한다.

"저는 함께 창고에 갔던 사람에게 피커들을 촬영해서 그 영상을 미국의 모든 고등학교에서 상영하면 좋겠다고 말했습니다. 모든 학생이 고도의 숙련직을 얻거나 대학 학위를 받아야겠다고 생각하도록 말입니다."

그의 말이다. 이후 실적에 대한 엄청난 압박을 받기 때문에 화장실에 갈 시간이 없다는 아마존 노동자들의 이야기를 읽은 그는 그 말을 믿을 수밖에 없었다.

아마존은 이번에는 이런 반발에 맞서 기업 계정 아마존뉴스@AmazonNews에 트윗을 올렸다.

"병에 소변을 본다는 말을 정말 믿으십니까? 정말 그렇다면 아무도 우리 회사에서 일하지 않을 것입니다. 진실은 자신이 하는 일에 자부심을 느끼고 있는, 입사 첫날부터 높은 임금과 의료 혜택을 제공받는 훌륭한 직원들이 전 세계에 백만 명 이상 있다는 것입니다. 다른 고용주들도 우리가 이미 하고 있는 이런 일을 하게끔 하는 정책을 만드실 수 있기를 희망합니다."[7]

이 트윗은 경영진이 아닌 소셜 미디어팀이 쓴 것이지만, 그들 역시 클라크의 공격적인 어조를 본보기로 삼았다.

아마존은 댓글 공격을 받았다. 아마존 계정이 해킹당한 것이라고 추측하는 사람도 있었다. 사람들은 아마존의 태도를 오만하다고 표현하면서, 자사 창고 직원의 주장을 부인한 것을 비난했다. 트윗이 너무 충격적이어서 기자들이 그에 대한 기사를 썼고, 그 자체가 뉴스거리가 되었다. 포칸도 이 기업 계정의 트윗에 응답했다.

"예, 저는 당신 회사 직원들을 믿습니다. 당신은 그렇지 않은가요?"

워싱턴 공공정책팀은 경악했다. 두 트윗 모두 그들이 게시한 것이 아니었다. 설상가상으로 휴즈먼은 의회 성소수자 평등 이익단체LGBTQ+ Equality Caucus 공동회장인 포칸과의 관계에서 상당한 진전을 이룬 상태였다. 휴즈먼은 평등 정치 활동 위원회 행사에서 포칸 의원, 그의 남편과 함께 저녁 식사를 하며 유대감을 키웠다.

게다가 아마존의 힘에 대한 감시의 눈이 점점 많아지고 있었다. 회사에 영향을 미칠 법안에 투표하는 현직 상·하원의원들을 적으로 만드는 것은 당혹스런 일이었다. 포칸은 "정책 입안자를 대하는 어조로는 너무 공격적이었습니다."라고 회상했다. "홍보의 대참사였죠."

온라인에서의 역류에도 불구하고, 또한 트윗으로 인해 창고 노동자 처우에 대한 관심이 더 커졌음에도 불구하고, 베이조스와 그의 참모들은 방향을 바꾸지 않았다. 다음으로 그들의 분노가 향한 곳은 엘리자베스 워런 상원의원이었다.

이 매사추세츠주 상원의원은 오래전부터 아마존이 너무 커서 해체가 필요하다는 견해를 표명해 왔다. 3월 25일, 그녀는 아마존이 정당한 몫의 세금을 납부하지 않고 있으며 이 문제를 해결하기 위한 법안을 발의할 것이라는 트윗을 올렸다. 아마존은 이에 대응해 기업 계정에 일련의 트윗을 올렸다. 그 첫 번째 트윗은 다음과 같다.

"세법은 워런 상원의원님@SenWarren께서 만드십니다. 우리는 그저 법을 따를 뿐이죠. 자신이 만든 법이 마음에 들지 않는다면 얼마든지 바꾸시면 됩니다. 사실 아마존은 지난 몇 년 동안만 수십억 달러의 법인세를 납부했습니다."[8]

워런은 이렇게 답했다.

"아마존@Amazon, 당신들이 악용하는 허점은 제가 만든 것이 아니라 당신네 변호사 군단과 로비스트들이 만든 것입니다. 하지만 저는 당신들이 정당한 몫을 지불하도록 하기 위해 싸울 것입니다. 그리고 노조 파괴에도 맞서 싸울 것입니다. 그리고 빅 테크의 해체를 위해서도 싸워서 당신들이 오만한 트윗으로 상원의원들을 야유할 만한 힘을 갖지 못하도록 할 것입니다."[9]

아마존은 기업 계정을 통해 이렇게 대응했다.

"흥미로운 사실을 드러내는 보기 드문 일이군요. 대단한 영향력을 가진 미국 정치인이 방금 말하길 미국 기업 하나를 해체해 더 이상 자신을 비판할 수 없게 하겠답니다."

베이조스와 참모들은 이 모든 트윗에 관여해 영향을 미쳤다.

이번에도 아마존은 온라인에서 신랄한 비판을 받았다. 사람들은 아마존을 스탠더드 오일과 동일시했다. 아마존에서 쇼핑을 하는 사람이지만 그들이 소셜 미디어에서 하는 옹졸한 행동에 실망했다고 말하는 사람들도 있었다. 블루 체크_{blue-check}* 계정들도 합류했다. 한 인증된 사용자는 이렇게 반응했다.

"아마존뉴스_{@Amazonnews} 소셜 미디어 팀에서 일하려면 얼마나 비윤리적이어야 하는지 보십시오. 도덕성이란 전혀 없는 완전한 쓰레기입니다."

일주일 간 역풍을 맞은 아마존은 "소변" 트윗(내부적으로 이렇게 불렀다.)에 대한 사과 성명을 냈다. 그것은 몰이해뿐 아니라 부정확한 발언이었다고. 아마존은 블로그 게시물에서 상황을 누그러뜨리기 위해 한 발 물러섰다.

자기 발등을 찍는 일이었습니다. 이에 대해 유감스럽게 생각하며 포칸 의원님께 사과드립니다.

첫째, 해당 트윗은 부정확했습니다. 배송 기사가 대단히 많다는 것을 고려하지 않고 부당하게 풀필먼트 센터에만 초점을 맞추었습니다. 전형적인 아마존 풀필먼트 센터에는 수십 개의 화장실이 있으며, 직원들은 언제든지 작업 공간에서 벗어날 수 있습니다. 풀필먼트 센터에서

---

* 플랫폼에서 검증한 계정. 이름 옆에 파란색 체크 표시가 있다.

다른 경험을 한 직원이 있다면, 관리자에게 이야기하기를 권합니다. 우리는 문제를 해결하기 위해 노력할 것입니다.

둘째, 우리의 프로세스에 결함이 있었습니다. 해당 트윗은 적절한 검토를 거치지 않았습니다. 우리는 항상 정확성에 극히 높은 기준을 유지해야 하며, 다른 사람의 의견을 비판할 때는 특히 더 그렇습니다.

셋째, 우리는 배송 기사들이 교통체증 때문에 혹은 시골길에서 화장실을 찾는 것이 힘들 수 있고, COVID-19로 많은 공중 화장실이 폐쇄된 상황에서는 특히 더 그렇다는 것을 알고 있습니다.[10]

그러나 아마존은 이전 트윗에 잘못된 정보가 있다는 것에 대해서만 사과를 했고 너무 공격적이고 비전문적이었다는 사과는 하지 않았다. 사과문에는 다음과 같은 내용이 포함되어 있었다.

"우리는 잘못 전해지는 정보가 있을 때 계속해서 목소리를 낼 것이며, 항상 정확성을 유지하기 위해 노력할 것입니다."

샌더스와 워런에 대한 트윗 작성 회의에 참석했던 임원 중 한 명은 기업 계정의 "소변" 트윗이 아니었다면 이 일련의 커뮤니케이션은 성공이었을 것이라고 말한다. 그는 "과거로 돌아가서 일 전체를 되돌릴 수 있다면 그렇게 할 것입니다. 하지만 대부분은 소변 트윗 때문이라고 생각합니다."라고 말했다.

휴즈먼은 포칸 의원에게 사과의 문자를 보냈다.

"포칸 의원님, 아마존의 브라이언 휴즈먼입니다.(이전에 평등 이익단체 행사에서 만나 뵈었습니다.) 최근 회사의 트윗에 대해 사과드리는 이 블로그 게시물에 대해 알려드리려 연락드렸습니다. 회사를 대신해 개인적으로도 사과드리고 싶습니다. 부활절 주말이지만 언제든 통화할 수 있으며, 의원님과 공식적인 일정을 잡을 수 있습니다. 감사합니다. 브라이언 드림.”

포칸은 답하지 않았다. 아마존은 관계를 파괴했다.

“소변” 트윗의 결과로 아마존 소셜 미디어는 입법자를 향한 신랄한 반응은 공개 전에 팀 내 고위직의 승인을 받아야 한다는 규칙을 도입했다.

베이조스도 이 일련의 커뮤니케이션 후에 달리 행동하기 시작했다. 일부 에스팀원들에 따르면, 그는 트위터에 매서운 메시지를 올리라고 아마존 경영진을 압박하는 일을 중단했다. 2021년 7월 공식적으로 CEO 자리에서 물러나기 직전, 그는 기존의 문화와는 크게 다른 두 가지 리더십 원칙을 새롭게 도입했다. “지구 최고의 고용주가 되기 위해 노력한다.”와 “성공과 규모는 광범위한 책임을 야기한다.”였다. 내부적으로 많은 사람들이 새로운 리더십 원칙이 아이러니하다고 생각했다. 우선 전 에스팀 멤버는 베이조스가 직원은 소모품이라는 시각을 가지고 있었다고 말한다. 그리고 회사의 힘과 규모를 조사하는 규제 당국과의 전투적인 관계는 아마존이 규모에 따른 책임을 진지하게 받아들이고 있다는 것을 보여주지 못했다. 첫 트윗 초안 작성 회의에 참석했던 한 사람은 이 새로운 리더십 원칙들이 소셜 미디어에서의 대실패에 대한 반작용인 것 같다고 말했다. 아마존 대변인은 새로운 리더십 원칙들은 그 트윗들과 무관하다고 말했다.

베이조스가 물러나기 직전, 바이든 행정부는 아마존에 가장 치명적인 일격을 날렸다. 2021년 6월 15일, 아마존의 공공정책팀은 상원 법사위원회의 스마트 홈 기술에 대한 반독점 청문회를 지켜보고 있었다. 그들은 알렉사팀 변호사의 청문회 증언을 준비해 두었다. 질의가 진행되던 중 에이미 클로버샤Amy Klobuchar 상원의원은 한 가지 소식을 전했다.

"방금 리나 칸이 연방거래위원회 위원장에 임명되었습니다. 반독점의 관점에서 매우 흥미로운 전개입니다."

아마존의 정책과 법무 담당 최고위 임원들이 하나같이 집단적으로 "이런 젠장!"이라는 반응을 보였다. 이메일과 문자가 오가기 시작했다. "방금 클로버샤 상원의원이 리나가 그 기관의 대표가 될 거라고 말한 거야?" 그들이 물었다.

아마존 관계자들은 재빨리 정보원에게 전화를 걸었다. 상원의원이 말실수를 한 거 아냐? 반독점계의 신동, 아마존을 독점으로 규정한 일을 통해 부상한 칸이 독점을 규제하는 기관을 이끌게 되었다. 아마존의 한 공공정책 담당자는 "정말 '빌어먹을'이란 말이 튀어나오는 순간이었습니다."라고 말했다. 충격을 받은 것은 아마존만 아니었다. 연방거래위원회의 많은 고위 관리들도 크게 놀랐다.

몇 달 전만 해도 아마존의 최고위 임원들은 칸이 연방거래위원회에서 어떤 역할을 맡게 된다는 것만으로 분통을 터뜨리고 있었다. 이제는 그녀가 책임자가 된다.

이 임명은 아마존의 워싱턴 사무실은 물론 시애틀 본사 내부에도 경보음이 되었다. 아마존은 수년 간 더 큰 규모로 성장하는 과정에서 소비자 후생 기준을 고수했다. 데이브 클라크는 나와의 인터뷰에서

"그 문제에 대해 대체로 우리는 늘 같은 방식으로 생각했습니다. 즉, 소비자에 집중하면 그것이 대부분의 문제를 해결할 것이라고 말입니다. 반독점에서 중요한 것은 소비자 보호이기 때문에 거기에 집중하면 우리는 괜찮을 거라고요."라고 말했다.

"우리가 그 문제에 더 많은 주의를 기울여야 한다고 생각합니다. 그래야 하니까요. 정기적으로 얼굴을 맞대게 될 테니까요."(에스팀 멤버였던 클라크는 23년간 근무하고 2022년 아마존을 떠났다.)

차기 바이든 행정부가 이전 행정부보다 아마존에 더 우호적일 것이라는 희망이 있었다면, 이제 그 모든 것이 내동댕이쳐졌다. 칸의 임명은 의심의 여지를 남기지 않았다.

대통령은 이것을 비롯한 인선을 통해 보크 지지자들이 조롱조로 "힙스터 반독점 운동hipster antitrust movement"라고 부르는 것을 공식적으로 지지했다. 이 운동은 독점 금지법에 대한 다른 해석, 지금 적용되고 있는 것과 극적으로 다른 해석을 요구했고, 이는 칸의 주장이 아마존의 비즈니스 모델을 직접 겨냥하는 정책으로 전환될 가능성을 품고 있다. 이후 바이든은 또 다른 저명한 빅 테크 비평가 조나단 칸터Jonathan Kanter를 법무부 반독점 분과의 법무차관보로 임명했다. 그해 초에는 2018년 『거대함의 저주The Curse of Bigness』에서 우리가 "새로운 대호황 시대"를 어떻게 살아가고 있는지 설명한 법학 교수 팀 우를 국가 경제 회의National Economic Council 기술·경쟁 정책 특별 보좌관으로 임명했다. 진보 반독점계에서는 "우 앤 칸 앤 칸터"가 새겨진 머그잔이 인기 아이템이 되었다. 이 운동은 주류가 되어가고 있었다.

이 새로운 세대는 1916년 우드로 윌슨이 임명한 전 연방 대법관 루이스 브랜다이스Louis Brandeis 시절에 번성했던 트러스트버스터, 독점 금지법 해석을 지지하는 이들의 현대판인 셈이었다. 브랜다이스는 재판관의 자리에 있을 때와 그 이전 변호사 활동을 할 때 독과점을 타파하는 데 앞장섰던 것으로 유명하다. 1914년에는 독점적 비즈니스 관행을 막기 위해 고안된 클레이튼 반독점법과 연방거래위원회법Federal Trade Commission Act이 의회에서 통과되었다. 브랜데이스는 이런 작업에 큰 영향을 미쳤다. "힙스터 반독점" 운동을 더 정확하게 설명하는 또 다른 용어는 "뉴 브랜다이스 운동"이었다.

행정부 역시 칸의 견해를 공유했다. 바이든은 몇 주 후 더 엄격한 반독점법 집행에 초점을 맞춘 행정 명령에 서명하기 전, 이 사안에 대한 자신의 생각을 분명히 했다. 연단에서 그는 이렇게 말했다.

두 루스벨트는 미국의 한 가지 전통, 바로 반독점 전통을 확립했습니다. 이는 우리 경제의 중심이 자본주의를 위해 일하는 사람이 아닌 사람을 위해 일하는 자본주의임을 보장하는 방법입니다.

그러나 시간이 지나면서 우리는 진정한 자본주의는 공정하고 개방적인 경쟁에 달려 있다는 근본적인 생각을 잃어 버렸습니다. 40년 전, 우리는 로버트 보크와 같은 사람들의 그릇된 철학을 따르는 잘못된 길을 선택했고, 경쟁을 촉진하기 위한 법 집행에서 발을 뺐습니다.

거대 기업이 점점 더 많은 힘을 축적하도록 내버려두는 이 실험을 한지가 이제 40년입니다. 그래서 우리는 어디에 와 있습니까? 우리가 얻은 것은 무엇입니까? 성장 둔화, 투자 약화, 중소기업 감소. 뒤처졌다고 느끼는 미국인이 너무나 많습니다. 부모보다 더 가난하다고 느끼는 사람들이 너무나 많습니다.

저는 이 실험이 실패했다고 생각합니다. 우리는 하향식 성장, 중산층 성장의 경제로 돌아가야 합니다.[11]

칸이 위원장이 된 직후, 아마존은 25페이지 분량의 신청서를 제출했다. 칸이 아마존과 관련된 모든 반독점 조사를 기피해야 한다는 내용이었다. 그들이 내건 이유는 아마존을 비판한 칸의 전력이었다.

"칸 위원장은 시장의 규정, 특정한 해악 행위와 그에 대한 주장, 그런 행위의 목적, 효과, 적법성 등 아마존과 관련한 대단히 상세한 공개 발언을 수없이 많이 해왔습니다. 실제로 그녀는 여러 차례 아마존이 독점 금지법을 위반했으며 해체되어야 한다고 주장했습니다."[12]

2021년 6월, 하원은 5개의 법안을 발의했다. 통과될 경우 빅 테크의 힘을 제한할 수 있는 법안들이었다. 그 중 하나는 특정 기준을 충족하는 지배적 기업은 자사 제품에 이점을 부여할 능력이 있는 경우 자사 소유의 어떤 플랫폼에서도 경쟁할 수 없다고 명시하고 있어 아마존과 같은 기업의 해체를 강제할 수 있었다. 이 법안이 통과되면 아마존은 디바이스와 자체 브랜드 사업 부문을 분사하거나 매각해야 할 수 있다.

하원이 법안 발의를 발표한 후 아마존 정책팀은 이를 저지시키기 위한 적극적인 조치에 나서야 했다. 내가 입수한 내부 전략 보고서에 따르면, 아마존은 제3자 판매자와 접촉해 그들이 판매 플랫폼으로서 아마존이 갖는 중요성에 대한 지역 신문 사설 작성을 도왔다. 내부 메모에는 "2021년 7월부터 10월까지 개별 판매자들이 지역 뉴스 매체에 계류 중인 연방법이 자신들의 사업에 해로운 영향을 줄 수 있다고 반대하는 의견서를 제출하도록 권장할 것이다. 내부적으로는 여러 팀의 노력을 조율해 7~9월에 활성화되는 모든 판매자 정책이 법안과 관련된 메시지에 부합되도록 조정할 것이다."라고 적혀 있었다.

언론인들에게 기술 기업이 지원하는 변호 단체와 미국 진보 회의소Chamber of Progress, 넷초이스NetChoice, 커넥티드 커머스 협의회Connected Commerce Council와 같은 무역 협회의 성명이 쏟아졌다. 각 단체는 제안된 법안의 장점을 반박했다. 아마존은 세 단체 모두에 자금을 지원하는 것으로 알려져 있다. 아마존은 빅 테크와 마찬가지로 이 모든 정부 조치를 실존적 위협으로 보았고 로비 시스템을 적극 가동했다.

하원이 빅 테크에 대한 조사를 실시하고 법안을 손질한 후, 미네소타 민주당 소속 에이미 클로버샤 상원의원은 하원에서 도입된 법안과 관련된 동반 법안 마련에 착수했다. 2022년 1월, 상원 법사위원회는 미국 온라인 시장의 혁신 및 선택에 관한 법률American Innovation and Choice Online Act을 추진하기로 결정했다. 대형 기술 기업이 자사 플랫폼에서 자사 제품과 서비스를 경쟁사보다 유리하게 만들지 못하도록 하는 이 법안이 통과되려면 상원 전체의 투표가 필요하다.(상원에는 애플과 구글에 영향을 미치는 또 다른 법안도 상정되어 있었다.)

법안의 통과를 위해서는 2022년 크리스마스로 휴회하기 전에 표결에 부쳐져야 했다. 클로버샤 의원과 아이오와주 공화당 상원의원 척 그래슬리Chuck Grassley는 시간 제약을 염두에 두고 신중한 대응을 했고 법안에 대한 표를 확보하기 위해 노력했다. 2023년 새 의회가 출범하기 전에 표결이 이루어지는 것이 이들이 바라는 그림이었다.

3월 9일 오전, 메릭 갈랜드Merrick Garland 미국 법무장관은 하원 법사위원회 일부 위원들로부터 서한을 받았다. 다소 대담한 요청을 상세히 설명하는 편지였다. 위원들은 갈랜드 장관에게 아마존과 아마존 최고경영진 일부에 대한 의회 방해 혐의를 조사해 달라고 요청했다.

이 서한은 아마존이 반독점 소위원회의 의원들이 아마존의 경쟁 관행에 대한 조사의 일환으로 요청한 정보 제공을 거부했다고 고발하고 있었다. 이 서한은 아마존의 정보 제공 거부가 거짓말, 즉 이 회사가 자사 플랫폼에서의 외부 판매자 대우에 대해 의원들에게 말한 내용을 은폐하려는 시도라고 주장했다.(이들은 "아마존은 판매자와 경쟁하기 위해 판매자 데이터를 사용하지 않는다"고 말한 아마존 변호사 네이트 서튼의 2019년 증언을 언급했다.)

의회 보좌관들은 아마존의 변호사, 로비스트, 공공정책 담당자와의 싸움에 열중하고 있었다. 그들은 아마존이 제출을 거부했다고 소위원회가 말했던 증거를 두고 논쟁을 벌였다. 증거 중에는 《월스트리트 저널》기사를 통해 자체 제품을 역설계하기 위해 판매자 데이터를 사용하는 패턴이 드러난 후 아마존이 자체 브랜드 사업에 대해 실시한 내부 조사도 포함되었다. 2020년 10월, 아마존은 내부 조사에서 자체 브랜드팀이 제3자 판매자 데이터를 오용하지 않은 것으로 판단이 내려졌다는 내용의 서한을 위원회에 보냈다. 그런데도 의회는 실제 보고서를 원했지만, 아마존의 변호사들은 기밀 정보라고 주장하며 의회의 요청을 묵살했다.

갈랜드에게 보낸 소위원회의 서한에는 이렇게 적혀 있다.

"아마존은 아마존의 비즈니스 관행에 대한 진실을 밝히려는 위원회의 노력을 좌절시키기 위한 반복적인 시도를 했습니다. 아마존은 반드시 이에 대한 책임을 져야 합니다."

이는 아마존이 워싱턴에서 공격적인 태도를 취하고 조사 관계자들에게 협조하지 않은 또 다른 사례였다. 아마존을 조사하는 규제 기관들은 회의 일정을 잡거나 아마존으로부터 문서를 받아내는 사안들에 대해 이야기하면서 아마존이 얼마나 전투적인 경향이 있는지 인정했다. 그들은 아마존은 협조하지 않고 항상 일을 어렵게 만들었다고 말했다. 심지어 그들에게 잘못이 없다는 것을 입증한다는 보고서도 공유하지 않았다. 시실린 의원은 내게 "아마존은 처음부터 갖은 방법을 동원해 조사를 방해했습니다."라고 말했다. 그는 조사를 받는 4개 기술 기업 중 아마존이 문제를 가장 많이 일으켰다고 말했다.

과거 자체 브랜드 사업에 대한 감사는 내부에서 진행하는 것이 보통이었지만 이번에 아마존은 로펌 K&L 게이츠K&L Gates LLP를 고용했다.[13] 이 결정에 관련된 사람들은 이렇게 한 것이 감사 결과에 증언을 거부할 수 있는 면책 특권이 생겨 외부 기관이 감사 결과를 입수할 수 없도록 하기 위해서였다고 말했다. 한 사람은 "이점은 회의에서 분명하게 표명되었습니다. 내부적으로 가장 큰 문제는 회사에 조사 결과를 넘기도록 강제할 수 있는지 여부였습니다."라고 말했다. 또한 관련자 중 두 명은 아마존은 규제 기관이 이 문제에 대해 인터뷰해야 하는 내부 인사를 알아내는 문제는 걱정했기 때문에 보고서에 면책 특권을 부여하는 것이 관련 팀원의 증언을 막는 데 도움이 됐다고 말했다. 보고서의 내용은 내부적으로도 기밀이었다. 에스팀원 대부분은 보고서에 접근하거나 읽는 것이 허용되지 않았다. 일부 자체 브랜드팀의 책임자들도 보고서를 보지 못했다. 자체 브랜드팀의 고위 임원에 따르면 흥미로운 점은 감사가 끝난 후 갑자기 강력한 방화벽이 설치되었다는 것이다.

"시스템 전체에서 (데이터를 빼내는 것)이 불가능하도록 취해진 조치들이 있었습니다. 데이터를 특정 클러스터로 격리하고 데이터 테이블과 구조를 잠갔습니다."

법무장관에게 가기 몇 달 전인 2021년 10월, 의회는 아마존의 신임 CEO 앤디 재시에게 서한을 보내 베이조스와 아마존 변호사 서튼이 한 증언을 확증할 "무죄 증거"를 제공하라고 촉구했다. 아마존은 이 요구에 응하지 않았다.

그해 11월과 12월, 아마존을 대표하는 변호사들이 의회 변호사들과 보고서와 기타 문제에 대해 일련의 회의를 가졌다. 회의에 참석한 의회 직원 중 일부는 아마존이 내부 보고서를 제공하고 의회를 오도하지 않았다고 증명할 것이라 낙관했다. 그런 경우라면 아마존을 법무부에 형사 고발하려는 계획을 폐기했을 것이다.

워싱턴에서 열린 회의에서 의회 변호사들은 아마존의 자체 브랜드 사업에 대해 왓첼, 립톤, 로젠 앤 카츠Wachtell, Lipton, Rosen & Katz와 로펌 코빙턴 앤 버링Covington & Burling LLP의 변호사팀을 조사했다. 사람들은 이 법무팀이 K&L 게이츠의 조사에 참여하지 않았으며 보고서의 내용을 공유할 권리가 없었다고 말했다. 소위원회가 아마존에 보고서 제공을 요구하자 왓첼은 그 보고서에 면책 특권이 있다고 말했다. 아마존은 내부 보고서가 위법 행위의 증거를 보이지는 않지만 모종의 이유로 의회와 공유하지 않겠다고 선언했다. 그들은 의회가 자신들의 말을 믿어주기를 원했다. 이 시점에서 의회 변호사들은 법무부 장관을 개입시키는 방안을 모색하기 시작했다.

아마존 대변인은 이렇게 말했다.

"신빙성이 있어 보이는 혐의들에 대해 조사했지만 직원들이 자체 브랜드 제품을 만들기 위해 개별 제3자 판매자 데이터를 사용한 정황은 발견하지 못했습니다."

자체 브랜드팀 직원이 판매자 데이터에 접근한 사례를 발견했는지에 대한 내 질문에 아마존은 답변을 거부했다. 형사 입건을 포함한 모든 혐의를 해소하는 보고서를 공유하지 않는 이유에 대한 질문에도 아마존은 답변을 거부했다.

내부적으로 자체 브랜드 사업은 일부에서 생각하는 것보다 훨씬 더 큰 골칫거리가 되고 있었다. 최고 경영진은 규제 압력을 완화하기 위해 사업에서 완전히 손을 떼는 가능성에 대해 논의했지만 결국 그 아이디어를 보류하고 뒤로 미뤘다. 대신 경영진은 연방거래위원회가 아마존을 상대로 독점 소송을 제기하기로 결정할 경우 자체 브랜드 사업에서 철수하는 양보안을 제안하는 데 대해 논의했다.[14]

5월, 노동자들에게 노조 구성의 힘을 불어넣은 스태튼 아일랜드의 아마존 직원 크리스 스몰스는 카멀라 해리스Kamala Harris 부통령, 마티 월시Marty Walsh 노동장관과 함께 하는 회의에 참석했다. 아이러니하게도 스몰스는 바이든 백악관에서의 회의에 참석할 기회를 베이조스보다 더 쉽게 얻었다. 이 회의에는 스타벅스와 소매업체 알이아이REI의 노조 조직책들도 참석했다. 아마존에게는 실망스럽게도 바이든은 "미국 역사상 가장 친노조적인 대통령"이 될 계획이라고 말한 것으로 알려졌다.

스몰스는 아마존 노동조합 셔츠에 양키스 야구 모자를 쓰고 "부자를 잡아먹어라Eat the Rich"라고 적힌 화려한 재킷 차림이었다. 놀랍게도 바이든이 회의장으로 들어와 인사를 건넸다. 그는 활짝 웃는 얼굴로 스몰스에게 다가가 악수와 포옹을 나누었다.

바이든은 싱긋 웃으며 "문제아시군요."라고 말했다.

스몰스는 "네, 그렇습니다."라고 답했다.

바이든은 "나는 당신이 좋아요, 내가 좋아하는 종류의 문제아에요."라고 말했습니다.

스몰스는 민권 운동가 존 루이스John Lewis의 유명한 말을 언급하며 "선한 말썽good trouble을 일으키죠."라고 답했다.

바이든은 "기억하실지 모르지만 분란이 좀 있었습니다. 저는 아마존 근로자의 조직화를 고대하고 있다고 말했습니다. 여러분은 각자의 자리에서 그 일을 해내셨습니다. 멈추지 말고 나아갑시다."라고 말하고 이 대화 영상을 트위터에 올리기까지 했다.[15]

아마존 경영진은 화가 나서 졸도할 지경이었다. 대통령이 스몰스를 포용하는 모습까지 봐야 하다니. 정책팀의 한 임원은 "정말 실망스러운 일이었습니다."라고 말했다. 다른 임원은 "사람들은 '이제 우리는 백악관과 끝이야.'라고 말했죠."라고 회상했다.

클레인은 곧장 제이 카니가 보낸 분노의 메시지를 받았다. 백악관 관리들에 따르면, 이것은 아마존과 바이든 행정부의 관계에서 일어난 가장 걱정스러운 일이었다.

베이조스 역시 짜증이 나서 트위터에서 대통령을 비난했다. 스몰스를 초청하고 며칠이 지났을 때, 바이든 대통령은 "물가를 낮추고 싶습니까? 부유한 기업들이 자기 몫을 공정하게 내도록 합시다."라는 트윗을 올렸다.[16] 베이조스는 대통령을 리트윗하면서 "새로 만들어진 허위정보관리청Disinformation Governance Board에서 이 트윗을 검토해야 합니다. 아니 어쩌면 새로운 불합리한추론청을 구성해야 할지도 모르겠네요. 법인세 인상을 논의하는 것은 좋습니다. 물가를 잡는 것도 꼭 논의해야 하죠. 하지만 두 가지를 섞어 곤죽을 만드는 것은 적절치 못합니다."[17]

불과 몇 주 전에 트위터에서 자제력을 잃어 대형 사고를 친 이후 대리인들에게 트위터에서 회사의 공격성을 낮추라고 지시하는 듯 보였던 베이조스가 이번에는 대통령에 무차별 사격을 가하고 있었다.

다음 날 대통령은 이런 트윗을 올렸다.

"전임자 시절에는 매년 적자가 늘어났습니다. 올해 우리는 적자를 1조 5,000억 달러 줄인다는 목표를 향해 나아가고 있습니다. 연간 감소로 역대 최대 규모죠. 이것은 가정에 중요한 문제입니다. 재정 적자를 줄이는 것은 인플레이션 압력을 완화하는 중요한 방법 중 하나이기 때문입니다."[18]

베이조스는 다시 트윗으로 대응했다.

"사실, 정부는 이미 과열된 인플레이션 경제에 추가적인 부양책을 투입하려고 노력했지만 만친Joe Manchin 혼자 그들을 막아냈습니다. 인플레이션은 가장 소득이 적은 사람들에게 가장 큰 피해를 주는 역진세입니다. 그릇된 방향은 이 나라에 도움이 되지 않습니다."

베이조스의 트윗은 이를 비생산적이라고 생각한 일부 에스팀 멤버들을 화나게 했다. 한편 백악관은 이런 트윗을 스몰스와의 만남에 대한 보복으로 여겼다. 클레인과 카니가 마침내 통화를 하게 되자, 카니는 백악관이 고의적으로 아마존을 무시했다고 비난했다. 백악관 보좌관들은 그의 어조에 몹시 놀랐다. 바이든 대통령은 자신이 친노조 성향이라는 것을 비밀로 하지 않았기 때문에, 아마존이 그 회의 때문에 기분이 상해서는 안 된다는 것이 그들의 논리였다.

그러나 아마존의 에스팀은 대통령이 현재 진행 중인 노동 분쟁에서 어느 한 편을 드는 것은 전례가 없는 일이라고 생각했다. 한 에스팀 멤버는 "대통령이 협상에 개입하는 대규모 노동 쟁의에서도 누가 옳고 누가 그른지 이야기하지 않는 것이 보통입니다. 바이든과 그의 행정부가 '아마존은 근로자에게 해롭다'는 쪽으로 그토록 기울어 있는 것은 놀라운 일입니다."라고 말했다.

클레인은 베이조스의 트윗을 언급하며 카니에게 "경제는 꽤 잘 돌아가고 있고, 우리는 상당한 진전을 이루고 있어요. 왜 베이조스가 이런 말을 했는지 나는 이해가 안 됩니다."라고 말했다. 백악관의 한 관리는 "베이조스는 공개적으로 대통령을 비판했고 월마트 CEO 더그 맥밀런은 그런 방식을 취하지 않았습니다. 자신을 공개적으로 그렇게까지 비난하는 사람보다는 그렇지 않은 사람과 대화하는 것이 훨씬 더 쉽겠죠. 공개적으로 적대적인 입장인 사람에게 전화를 걸어 솔직한 대화를 나누는 것은 어려운 일입니다."라고 말했다. 이는 베이조스와 그의 경영진이 워싱턴를 얼마나 잘 다루지 못했는지 또 한 번 상기시켜 준다. 타협이나 외교적 수완은 찾아보기 힘들었다. 상황은 계속 악화되었다.

아마존의 한 임원은 이렇게 반박했다.

"조 바이든은 트윗을 올리기 전에 한 번도 제프 베이조스에게 전화를 걸지 않았습니다. 그들은 엘리자베스 워런과 버니 샌더스가 첫 손에 꼽는 공공의 적인 제프를 초대하지 않았습니다."

실제로 CEO직에 있는 동안 베이조스는 바이든으로부터 전화를 받은 적도, 대통령과의 회의에 초대받은 적도 없었다.

2022년 여름으로 향해 갈 때 쯤 기술 기업의 로비는 극에 달해 있었다. 미국 온라인 시장의 혁신 및 선택에 관한 법에 찬성하는 사람들은 8월 휴회 전에 법안이 표결에 부쳐지기를 원했다. 그들은 통과를 위한 충분한 표가 있다면서 표결 일정을 잡으라고 상원 다수당 지도자인 척 슈머Chuck Schumer을 압박했다.

법안 통과까지 시간이 촉박했다. 클로버샤와 그 지지자들은 빠른 행동을 원했다. 중간선거 외에도 우크라이나 전쟁부터 낙태권까지 다양한 사안에 대한 표결이 예정되어 있었기 때문에 정신이 없었다. 슈머가 반독점법안의 여름 표결에 전념하고 있다는 소문이 돌았다. 로비스트들은 이를 저지하기 위해 공을 들였다.

휴즈먼의 "공공정책 3.0"이 전면에 드러났다. 아마존은 제3자 판매자의 성공 사례들을 들고 입법자들을 만나러 의사당을 돌아다녔던 것처럼, 아마존을 대신해 법안에 맞서 싸울 사람들을 구하기 위해 판매자들에게 다시 연락했다. 아마존은 판매자들에게 보낸 게시물에서 상원의원들에게 이 법안이 아마존 제3자 판매자의 생계를 위협할 수 있다는 내용의 이메일을 보내달라고 재촉했다. 아마존은 법안 승인을 저지하기 위한 전용 웹사이트를 개설해 판매자가 상원의원에게 연락해 법안 반대를 촉구하도록 했다.

아이러니한 부분이 많았다. "계약직 노예indentured servitude"라는 용어로 아마존과의 관계를 설명하곤 하는 판매자들이 판매자들로부터 수십억 달러를 벌어들이는 현재 상태를 유지하기 위한 아마존의 명령을 따르라는 요청을 받고 있었다. 많은 판매자들의 생계가 아마존 마켓플레이스에 걸려 있다. 제안된 법안 중 일부는 아마존을 보다 공평한 경쟁의 장으로 만듦으로써 이런 판매자들에게 도움이 될 수 있지만, 아마존에게 그런 것은 중요치 않았다. 아마존은 집요했다. 아마존은 판매자들의 두려움을 이용했다. 법안이 통과되면 아마존의 제3자 마켓플레이스가 문을 닫을 수 있다고 판매자들을 겁주었다.

법안 발의에 참여한 입법자들은 이 법안이 아마존의 제3자 마켓플레이스 운영 능력을 위태롭게 하지 않는다고 말한다. 대신 아마존이 자체 브랜드에 혜택을 줘 제3자 판매자와 불공정하게 경쟁하는 것을 막을 수 있다. 어쨌든 겁을 먹은 판매자들은 의원들에게 연락해 법안을 통과를 막으라고 촉구했다.

카니의 지휘 하에 수년에 걸쳐 공공정책 담당 직원들(그리고 로비스트들)로 구성된 팀을 구축한 덕분에, 아마존은 법안과 관련된 대부분의 상원의원들을 만나 의견과 조사 결과를 공유할 수 있는 위치에 있었다.

재시가 슈머를 비롯한 여러 상원의원에게 직접 전화를 걸어 법안 반대를 요청하기까지 한 것을 보면 아마존 이 법안에 대해 얼마나 걱정하고 있었는지 알 수 있다. 아이러니하게도 아마존의 최고 경영진이 회사가 그리 크지 않다고 주장하는 동안, 내부적으로는 재시는 직원들에게 아마존이 향후 10년 내에 10조 달러 가치(세계 최고의 기업 가치)의 기업이 될 수 있다고 말하고 있었다. 약 9조 달러 규모의 성장 기회를 예상하고 있었던 것이다. 일부 고위 임원들은 이런 아이디어에 우려를 표했다. 한 에스팀 멤버는 "수직적으로 통합된 10조 달러 규모의 기업은 비현실적이고 바람직하지도 않습니다. 모든 사람이 아마존 타운에 살고 싶어 하는 것은 아닙니다."라고 회상한다.(하지만 아마존팀은 밀어붙였고, 경쟁사로부터 점점 더 많은 시장을 빼앗았다. 베이조스의 초기 씨앗 중 또 다른 하나가 완전한 거대 기업으로 성장했다. 2022년 아마존은 택배 물량 기준으로 미국에서 가장 큰 비정부 배송 서비스 업체 유피에스UPS를 앞질렀다. 2020년에는 불과 몇 년 전 아마존이 경쟁자라는 것조차 "허황하다"고 칭했던 페덱스를 능가했다. 아마존을 과소평가한다는 것은 위험을 자초하는 일이다. 아마존은 이런 이정표를 달성한 것을 비밀에 부쳤다. 전직 아마존 물류 담당 고위 임원은 이에 대해 "연방거래위원회의 조사를 생각하면 가장 큰 기업이 되었다고 자랑하는 것은 그만한 가치가 없는 일입니다."라고 말했다. "가장 크다고 떠드는 것은 나쁜 일을 만들 뿐입니다."[19])

6월, 클로버샤, 그래슬리, 시실린, 벅은 공동 기자회견을 열어 가능한 한 빨리 표결 일정을 잡아야 한다고 말했다. 개인적인 호소와 로비 활동은 이들을 단념시키지 못했다.

클로버샤와 그래슬리는 빅 테크들이 법안 부결을 위해 광고에 수백만 달러를 지출하고 있으며, 선출직 공무원들이 법안 통과에 투표하는 것을 막을 수 있는 주에 압력을 가하고 있다고 말했다. 그래슬리는 "우리는 이 법안에 대한 허위 사실을 퍼뜨리기 위한 광고에 수천만 달러를 지출하는 대기업들과 맞서고 있습니다."라고 말했다.

이 회사들은 광고 캠페인에만 도합 1억 달러를 지출할 것이다.[20] 광고의 대부분은 뉴햄프셔와 같은 경합 주를 대상으로 했다. 매기 하산 Maggie Hassan(뉴햄프셔주, 민주당)과 같은 상원의원이 이 법안 지지를 막으려는 의도였다. 효과가 있는 것 같았다. 몇 주 전, 하산 상원의원의 수석 보좌관은 다른 수석 보좌관들에게 중간 선거를 이후로 표결을 연기할 것을 촉구했다.[21] 하산 상원의원은 재선을 앞두고 있었고, 그녀의 수석 보좌관은 이 법안이 논란의 여지가 있다고 말했다. 마이클 베넷 상원의원 Michael Bennet(콜로라도주, 민주당)의 수석 보좌관 역시 표결 연기를 촉구했다.[22] 재선을 위해 경쟁하던 일부 민주당 의원들에게 피해망상이 찾아왔다. 빅 테크가 민주당의 주요 기부자라는 점도 상당한 영향을 미쳤다.

아마존의 로비스트들은 법안이 통과되면 아마존 프라임이 파괴될 것이라는 헛소문을 만들어 냈다. 시실린은 기자 회견 동안 이를 바로잡으려고 노력했다. 그는 "첫째, 이 법안의 어떤 내용도 플랫폼이 아마존 프라임, 구글 맵, 아이폰 등 오늘날 소비자들이 즐겨 쓰는 제품이나 서비스를 제공하는 것을 막지 않습니다."라고 말했다.

하지만 아마존은 이 서사를 고수했다. 아마존의 후원을 받는 한 무역 단체가 대금을 지불한 광고는 아마존을 팬데믹의 영웅으로 묘사했다. 이 광고에서 내레이터는 "워싱턴 정치인들은 프라임의 익일 무료 배송 보장 정책을 없애고 취약한 경제의 회복을 위협하는 법을 만들려한다."고 말한다. 광고는 행동 개시를 요구하며 마무리된다. "상원의원들에게 이야기하십시오. 프라임을 없애지 말아달라고."

아마존 대변인은 이 법안에 사용된 언어가 "모호"하다고 표현하면서, 이 법이 아마존이 다른 물류 제공업체의 프라임 주문 처리를 허용하도록 강제해 프라임 익일 배송 요건을 충족하기 어렵게 만들 것이라고 말했다.

켄 벅은 기자회견에서 눈에 띄게 화가 나 있었다.

제가 왜 여기 있는지 모르겠습니다. 우리는 지난 의회에서 16개월에 걸친 조사를 진행했습니다. 거기에는 독과점 대기업 CEO 4명의 증언이 포함된 청문회도 있었습니다. 지금까지 지도부에서 "이 법안을 추진하지 않겠다, 그렇게 해서는 안 된다."고 말한 적은 한 번도 없었습니다. 오히려 정반대였습니다. 우리를 격려를 받았습니다. 이후 법사위에서 29시간 동안 최종심의회를 진행했습니다. 29시간 동안 말입니다. 모든 법안, 우리가 검토한 6개 법안이 압도적인 양당 다수로 통과되었습니다. 많은 공화당 의원들이 민주당과 함께 찬성표를 던졌습니다. 당시 누구도 "이럴 필요 없어요. 법안들은 절대 표결까지 가지 못해요."라고 말하지 않았습니다. 오히려 정반대였습니다. 미국 국민은 다 보았습니다. 국민들은 좋아했습니다. 그들은 이해하고 있었습니다. 반독점법에 대해서는 알지 못할 수 있습니다. 저도 반독점법에 대해서 알지 못합니다. 하지만 민주 국가에서 이렇게 큰 기업이 공적 담론의 장을 통제하는 상황이 잘못 되었다는 것만 알고 있습니다. 그것이 바로 그들이 얻는 것입니다. 그것이 바로 위협입니다. 그럼에도 불구하고 법안은 아직 표결에 부쳐지지 못했습니다. 1년 전에 우리는 29시간의 최종심의를 진행했습니다. 1년 동안 6개의 법안이 처리되지 못하는 정부 시스템에는 뭔가 잘못 되었습니다.

클로버샤와 법안은 지지하는 다른 사람들에게는 실망스럽게도, 슈머는 8월 휴회 전 표결 일정을 잡지 않았다. 사람들은 긴박감이 없는 그의 태도에 의문을 제기하기 시작했다.

이 다수당 지도자는 샌프란시스코와 시애틀에서 기금을 모금하며 거대 기술 기업들과 우호적인 관계를 유지하고 있었다. 심지어 그의 딸이 아마존의 로비스트로 등록되어 있다는 사실이 유출되었다. 그의 또 다른 딸은 페이스북에서 근무했다. 슈머는 2018년 《뉴욕 타임스》의 페이스북의 로비 활동에 대한 조사에서 중심이었던 인물이다.[23] 이 기사는 슈머 상원의원이 정보위원회의 민주당 최고위원에게 연락해 페이스북에 2016년 대선에서의 역할과 관련한 신랄한 질문을 피해라고 경고했다고 보도했다.

진보주의자들은 표결이 무산된 것에 격분해 뉴욕과 워싱턴 일대에서 슈머를 따라다니며 괴롭히기 시작했다. 7월 슈머의 정치 활동 위원회 모금 행사가 끝난 후, 일단의 시위자들이 나타나 슈머에게 투표 일정을 잡으라고 소리를 쳤다. 한 참석자는 가짜 흰 콧수염과 실크 헤트를 쓴 미스터 모노폴리 차림이었다. 그는 자선 행사에서 흔히 사용하는 대형 수표를 들고 있었다. "빅 테크 보호"라고 적힌 1억 달러의 수표에는 미스터 모노폴리의 서명이 있었다.[24]

한 단체는 슈머의 브루클린과 워싱턴 자택 앞에 HBO의 〈라스트 위크 투나잇 위드 존 올리버Last Week Tonight with John Oliver〉의 반독점 부분을 반복해서 재생하는 TV 스크린을 설치했다. 한 시위자가 척 슈머의 얼굴이 중앙에 있고 양 옆에 하산과 베넷 상원의원이 있는 거대한 프라임데이 광고판으로 이목을 끈 적도 있다. 각 정치인 아래에는 그들을 "매수"할 수 있는 가격이 적혀 있었다. 각 정치인이 빅 테크로부터 받은 돈을 합산한 금액이었다. 슈머의 총계는 48만 7,000달러였다.

유리한 위치를 지키기 위한 워싱턴과의 전투 중에 카니가 아마존을 떠났다. 2022년 초 오바마 전 대통령은 정책과 커뮤니케이션 부문을 이끌 사람을 찾고 있던 에어비앤비 CEO 브라이언 체스키Brian Chesky에게 카니를 소개했다. 7월 말, 카니는 에어비앤비에 합류할 예정이라는 것을 발표했다. 당시 아마존이 발의된 법안을 둘러싸고 큰 싸움을 벌이는 와중이어서 이상적인 타이밍은 아니었지만, 경영진은 이미 조짐이 있었다고 말했다. 카니는 내부 업무에 많이 참여하지 않고 그해 여름 몇 주를 낸터킷에서 일하면서 회사에서의 존재감이 약해졌다고 한다. 여름이 끝나고 카니가 떠날 때는 송별회도 없었다.

한 해가 끝나갈 무렵, 클로버샤와 시실린은 미국 온라인 시장의 혁신 및 선택에 관한 법률 통과에 필요한 60표를 확보했다고 주장했다. 하지만 결국 법안은 표결에 부쳐지지 않았다. 결과적으로 이 법안이 통과되려면 발의부터 다시 시작해야 했다.

빅 테크의 승리였다. 하지만 양측의 사후 관점은 달랐다. 결국 법안의 운명은 득표수에 달려 있었다. 거대 기술 기업들은 법안에 결함이 있으며 통과시킬 만큼의 표를 얻지 못했다고 말했다.

슈머 상원의원은 공개적으로 밝히지는 않았지만 그들이 60표를 확보했다는 데 확신을 갖지 못했다. 몇 달 동안 슈머 의원은 지지자들에게 표를 약속한 사람들의 명단을 요청했지만 한 번도 받지 못했다.

아마존, 구글 등을 대신해 로비를 벌인, 기술 기업이 지원하는 로비 단체 진보 회의소의 설립자 애덤 코바체비치Adam Kovacevich는 "그들은 이 법안에 있어서 단합하지 못했습니다."라고 말했다. "십여 명의 민주당 의원들은 '잘 모르겠는데. 이 법안에 대해 좀 걱정이 되네.'라는 입장이었을 겁니다." 반면에 클로버샤와 시실린을 비롯해 법안을 지지하는 의원들은 표를 얻었다고 주장했다.

한 가지 확실한 것은 빅 테크의 로비력과 자금력, 그리고 아마존의 판매자와 고객 동원이 결과에 큰 영향을 미쳤다는 것이다.

당시 이 법안을 지지하는 입장이었던 검색 엔진 덕덕고DuckDuckGo의 공공정책 책임자 케이티 맥기니스Katie McInnis는 "빅 테크는 압도적인 영향력을 발휘했습니다."라고 말한다. "광고는 물론이고 직원들을 대상의 프레젠테이션을 통해 법안이 자신들의 서비스에 어떤 영향을 미칠지에 관해 거짓말을 하고 있었습니다."

아마존은 아마존 프라임을 사랑하는 수많은 고객과 판매자들을 동원해 이 법안에 반대하는 광범위한 운동을 만들었다. 아마존은 판매자와 고객 이 두 그룹 모두가 마켓플레이스와 프라임이 해체당할 수 있다는 가능성을 믿게 할 만큼 공포를 부추겼다. 그들은 자신들의 대표자에게 전화와 이메일 세례를 퍼부었다. 이렇게 많은 고객과 판매자를 동원하는 능력은 그들의 영향력이 얼마나 큰지를 보여주었다. 아마존 프라임은 2억 명이 넘는 회원을 보유하고 있어 그 중 일부만 의원에게 연락을 취하게 설득해도 엄청난 효과를 불러올 수 있다.

콜로라도주 상원의원 마이클 베넷의 사무실에는 아마존 판매자와 고객들의 전화와 이메일이 물밀 듯 밀려들었다. 사무실 관계자는 법안을 지지하는 지역구민의 메시지 1건당 법안에 반대하는 메시지 5건을 받았다고 말했다. 아마존이 자금 지원을 받는 단체들은 콜로라도에 많은 광고를 했다.

시실린은 아마존이 이 법안이 프라임이나 제3자 마켓플레이스를 없앨 것이라고 주장한 것을 언급하며 "잘못된 정보를 퍼뜨려 허위 주장을 하는 것이 그들의 캠페인의 특징이었다."고 말했다. 그는 빅 테크의 로비가 10년이 넘는 의정 활동 동안 한 번도 본 적 없는 수준으로 강화되었다고 말한다.(2023년 6월, 시실린은 의회를 떠났다.)

"그들 모두는 부당하게 자사 제품과 서비스에 혜택을 주는 일에 관여하지 않는다고 주장합니다. 이 법안이 하는 일은 차별적 행위, 즉 플랫폼들이 하지 않는다고 주장하는 종류의 일을 금합니다. 플랫폼들이 이 법안을 두려워하는 것은 바로 그들이 그런 일을 하고 있기 때문입니다."

18장

연방거래위원회, 아마존을 고소하다

2021년 6월 연방거래위원회의 가장 높은 자리에 앉은 리나 칸은 그리 매끄럽지 못한 이행기를 거쳐야 했다. 힙스터 반독점이 주류가 되고 빅 테크의 힘에 대한 새로운 회의주의가 부상하면서 미국 땅에서 추진력을 얻고 있는 운동의 얼굴이 되긴 했지만, 막상 키를 잡게 된 기관으로부터는 큰 환영을 받지 못했다.

106년 역사의 이 기관은 위험 회피 성향으로 악명이 높았고, 승소 확률이 높은 신중하게 준비된 소송을 제기했다. 한 전직 직원은 연방거래위원회 직원들이 "실적에 집착한다."라고 표현하면서 "패소를 두려워하고 훌륭한 기록을 보유하는 데 매달리는 태도가 기관 전체에 일관되게 나타난다."고 덧붙였다. 또 다른 직원은 뉴욕 남부 지방 검사장이었던 제임스 코미James Comey가 만든 "겁쟁이 클럽the chickenshit club"이라는 좀 더 신랄한 표현을 사용했다. 코미가 우선해야 한다고 생각한 어려운 사건이 아니라 이길 수 있는 사건만 쫓는 변호사들을 묘사하는 데 사용한 단어다.(이 내용은 2017년 발간된 제시 아이싱어Jesse Eisinger 동명의 책 『치킨쉬트클럽』에 담겨 있다.)

이 기관이 이기는 사건에 집중한 데에는 현실적인 이유도 있다. 패소는 향후 사건에 나쁜 선례가 되어 연방거래위원회의 권위를 약화 시킬 수 있기 때문이다. 그들은 연방거래위원회 내부의 문화를 지키고 외부에서의 영향력과 권한을 유지해야 하는 책임을 진지하게 받아들였다. 기회비용도 한 가지 이유다. 자원이 제한되어 있었기 때문에 명백한 반독점법 위반인 핵심적이고 기본적인 사건을 처리하는 데 집중했고 승소 가능성의 기준에 맞지 않는 사건에 자주 자원을 낭비하는 것을 꺼려왔다.

칸은 위원장으로 임명되기 전 이 기관의 접근 방식을 비판했었다. 그녀는 연방거래위원회에 대해 약하고 기업 통합을 지나치게 많이 허용한다고 평가했다. 그녀는 독점 금지법의 다른 해석을, 지난 40년 동안 연방거래위원회가 집행해 온 해석과는 다른 해석을 공개적으로 지지했다.

기관 내의 일부 사람들은 칸이 급진적이라고 생각했다. 한 전직 위원의 설명에 따르면, 이전의 리더십 교체는 마치 떠나는 위원장이 후임 위원장에게 기관의 임무를 이어가도록 바통을 넘겨주는 계주와 같았다고 한다. 하지만 칸은 현상을 유지하는 데 관심이 없었다. 한 전직 연방거래위원회 위원은 "지금 우리는 칸이 와서 '반독점은 재앙이었다. 여기 있는 모든 사람이 끔찍한 일을 해왔고 직무를 소홀히 했다. 이전의 모든 사람들은 비효과적이었고 아무것도 하지 않았다.'라고 말하는 급격한 변화를 마주하고 있습니다."라고 말한다.

이념적 차이 이외에 다른 긴장도 있었다. 칸은 전임자들과 달리 내부 출신이 아니었기 때문에 다양한 직책을 거쳐 최고의 자리에 오른 것이 아니었고 이 점 역시 그녀의 적응에 도움이 되지 않았다. 칸은 정통적인 선택이 아니었다. 시간을 투자한 사람이 아니라 상황을 뒤흔들기 위해 온 외부인에 더 가까웠다. 많은 전임 위원장들은 가장 높은 자리에 앉기 전에 위원으로 활동했거나 기관 내에서 다른 역할을 맡았다. 이로써 리더십이 바뀌어도 문화와 규범이 일관되게 유지될 수 있었다. 연방거래위원회는 폐쇄적이었고, 많은 직원들은 이 기관 역사상 가장 젊은 위원장인 칸이 아직은 자격이 없다고 생각했다.

하지만 칸은 저항을 처음 접해본 것이 아니었다. 칸은 로스쿨을 졸업한 후 법학 교수 자리를 구하기 위해 하버드, 예일, 스탠퍼드에서 면접을 보았다. 그녀의 멘토 중 한 명인 데이비드 싱 그루왈David Singh Grewal은 그녀가 반독점에 대한 전통적인 견해를 위협했기 때문에 교수직 제안이 가로막혔다고 회상한다. "그녀의 아이디어는 40년이나 뒤떨어진 것입니다. 우리는 거기서 벗어났습니다."라는 예일 로스쿨의 반독점 담당 교수 조지 프리스트George Priest의 말로 기존의 반독점계에서 칸을 어떻게 보는지 알 수 있다. 그는 제자의 커리어가 시작된 논문에 대한 반박문을 쓰지 않은 것을 후회한다고 말한다. 하지만 반독점 지식인들의 저항만이 문제가 아니었다. 연방거래위원회의 수장으로서 1,000명이 넘는 직원(그중 많은 사람들이 기존의 견해를 공유한다.)을 이끄는 일은 다른 종류의 문제였다.

초기에는 직원들을 당황하게 만드는 실수도 있었다. 처음에 직원들은 칸 위원장을 연방거래위원회 사무실 내에서 잘 볼 수 없다고 불평했다. 직원들은 칸이 대규모 그룹을 만나 자신을 소개하는 대신 소규모 그룹을 만났다고 말한다. 그녀의 보좌관은 칸의 부임 직후 직원들이 패널이나 콘퍼런스에서 연설하거나 공개석상에 나서는 것을 금하는 함구령을 내렸다. 이런 유형의 활동은 연방거래위원회의 임무 중 큰 부분을 차지하기 때문에 직원들은 이런 활동 중단에 짜증을 냈고 이를 신임 위원장이 그들을 믿지 못한다는 표시로 생각했다.

그러나 문제의 핵심은 반독점법 집행이 너무 느슨했다는 칸의 주장이었다. 그녀는 지난 40년간의 뿌리 내린 사고가 아닌, 그녀가 법의 원래 의도라고 주장하는 것을 통해 변화를 불러오려 했다. 그녀를 비판하는 사람들에게 이것은 급진적이었다. 그러나 칸의 지지자들은 그 정반대라고 주장했다. 칸은 법을 처음에 의도한 방식으로 집행하려는 근원주의자라고 말이다. 그녀는 정부가 민간 부문을 규제하는 방식을 바꾼 1970년대의 패러다임 전환을 유지할 생각이 없었다. 칸이 보기에 그 시대는 다 지나갔다. 기존의 사상이 여전히 반독점 분야 전체를 지배하고 있더라도 말이다. 칸은 수십 년 동안 시행되지 않고 잠들어 있는 법 이론에 근거해 불법 행위들에 대해 소송을 걸고 싶었다. 칸의 눈에는 최근 규제를 받지 않았다고 해서 그 행위의 불법성이 사라지는 것은 아니었다.

휴면 상태인 법 이론을 이용해 어려운 사건을 좇는 것은 공정거래위원회의 안전제일주의 기풍과는 정반대되는 것이었다. 비평가들은 칸이 "패배를 통한 승리"라는 새로운 모토를 지지한다고 비난했다. 칸도 물론 소송에서 이기기를 바랐지만, 한편으로 그녀는 현대 기업들을 더 잘 규제하기 위해서는 반독점법에 변화가 필요하다는 그녀의 주장을 의회에 입증할 수 있기 때문에 패소도 쓸모가 없지는 않다고 생각했다. 패소를 통해 현행 법률의 부적절함을 보여주는 기록이 만들어질 테니까 말이다.

"그들은 이들 소송에서 질 준비가 되어 있습니다."

칸이 재임하는 동안 연방거래위원회의 한 고위 간부였던 사람의 말이다. 칸은 자신이 의도적으로 소송에서 패소했다는 생각을 반박했다. 그럼에도 불구하고 실제 그녀는 본질적으로 승소 가능성이 낮은 어려운 소송을 제기했다.

2022년 연방거래위원회가 메타에 의한 가상현실 스타트업 위든 언리미티드Within Unlimited 인수를 저지하기 위해 제기한 소송은 칸의 지휘 하에서 연방거래위원회가 직면한 내적 긴장을 보여주는 전형적인 사례다. 이 소송은 양측이 어떤 사건을 왜 처리해야 한다고 생각하는지를 드러냈다. 《블룸버그Bloomberg》는 연방거래위원회의 변호사와 전문가들은 사건의 타당성과 기관의 승소 가능성을 근거로 소송을 제기하지 말라고 조언했다고 보도했다.[1] 연방거래위원회는 거의 사용되지 않는 법적 논리에 의존하고 있었다. 메타가 발생기에 있는 분야에서 인수를 진행할 경우 미래의 경쟁을 저해할 것이라 주장한 것이다. 위원들이 투표할 때 두 명의 공화당 위원은 반대표를 던졌다.[2] 그런데도 연방거래위원회는 소송을 밀어붙였고, 이후 연방판사가 거래를 중단하라는 법원 명령을 내려 달라는 연방거래위원회의 요청을 거부하면서 합병을 막으려는 도전은 실패로 돌아갔다.

2022년 말, 연방거래위원회는 마이크로 소프트의 690억 달러 규모의 액티비전 블리자드Activision Blizzard 인수를 막으려 나섰다. 연방거래위원회는 보도 자료에서 이 거래를 통해 "마이크로 소프트가 엑스박스Xbox 게임 콘솔, 빠르게 성장하는 구독 콘텐츠와 클라우드 게임 사업, '콜 오브 듀티Call of Duty'와 같은 블록버스터 게임 프랜차이즈에 대한 경쟁을 억제하게 될 것"이라고 말했다.[3]

2023년 7월, 연방판사는 마이크로 소프트의 거래 성사를 막으려는 연방거래위원회의 시도를 좌절시켰다. 연방판사의 판결문에는 "연방거래위원회는 '콜 오브 듀티'를 플레이스테이션에서 사용할 수 있도록 하겠다는 마이크로 소프트의 공개적인 약속과 모순되는 문서를 단 한 건도 확인하지 못했다."라고 적혀 있다. 이 결정은 연방거래위원회에 큰 타격을 주었다. 많은 반독점 전문가는 물론 기관 내부에서도 칸의 전략이 지속적인 패소로 이어질지 의문을 제기하기 시작했다.

전 공화당 연방거래위원회 위원인 조슈아 라이트Joshua Wright는 "그들은 얻은 것이 별로 없습니다. 오히려 기관의 권위를 잃은 데다 훨씬 더 많은 것을 잃을 위험에 처해 있죠."라고 말한다.

"연방거래위원회 패소 위험은 그 어느 때보다 큽니다. 단순히 소송에서 지는 데에서 끝나는 것이 아닙니다. 나쁜 선례를 남기고 향후 임무를 수행할 수 있는 권한을 잃게 되죠."

같은 달 말 뉴욕 이코노믹 클럽Economic Club에서 사람들과 만난 칸은 자신의 실적에 대한 질문을 받았다.

칸은 "(우리는) 연방법원에서 두 건의 합병 소송에 패소 판결을 받았습니다."라고 말하고 그 기간 동안 연방거래위원회는 13~20건의 소송을 제기했지만 다수의 기업이 인수를 포기했다고 덧붙였다.[4] 법정에서 승소한 것은 아니었지만 연방거래위원회는 기업들이 합병을 포기한 것을 승리로 간주했다.

"우리는 이길 수 있고 이길 수 있다고 생각되는 사건에만 소를 제기합니다. 차질이 있을 때면 우리는 어디에서 더 잘했어야 했는지, 어디가 부족한지 꼼꼼히 살핍니다. 그리고 그것을 앞으로의 접근 방식을 결정하는 데 이용합니다."

칸과 연방거래위원회 직원들 사이의 긴장은 의욕을 떨어뜨렸다. 칸의 취임 첫 해 말, 연방 정부에서 가장 일하기 좋은 직장 순위에서 연방거래위원회의 참여도와 만족도는 전년보다 24점 하락한 64.9점이었다.[5] 연방거래위원회는 보통 이 목록에서 매우 높은 순위를 차지했고, 이것은 기관이 가진 자부심의 원천이었다.

연방거래위원회에는 위원장을 포함한 5명의 위원이 있으며, 이들이 반독점 사건의 진행 여부를 투표로 결정한다. 위원회는 항상 양대 정당으로 구성되어 왔다. 칸 위원장이 취임한 직후 사건에 접근하는 최선의 방법에 대해 당파적 차이가 드러났다. 두 명의 공화당 위원은 종종 칸의 의견에 반대했다. 공화당 위원 중 한 명은 반독점법을 개혁한다는 칸의 목표가 연방거래위원회의 권한을 지나치게 확장한다고 우려를 표했다.

칸 위원장과 함께 공화당 소속인 크리스틴 윌슨Christine Wilson 위원은 칸 위원장의 반독점에 대한 견해를 호되게 비난했다. 그녀는 직장 순위가 발표된 후《워싱턴포스트》에 보낸 성명에서 "칸 위원장이 반독점 분야에서 전면적인 법적 개혁을 추구한다는 것은 이해한다. 하지만 나는 그 목표를 위해 기꺼이 기관에 피해를 입히고, 2012년 이래 이 기관을 가장 일하기 좋은 직장으로 만든 인재들을 몰아내는 데에는 동의하지 않는다."고 말했다.[6]

칸은 트럼프 행정부 하에서 시작된 아마존에 대한 조사를 물려받았다. 칸은 새로운 역할에 적응하면서 사건에 대한 조사를 강화했다. 연방거래위원회가 아마존에 보낸 수많은 증언 요청은 아마존이 과하다고 생각할 정도였다. 아마존 경영진은 몇 시간에 걸친 연방거래위원회 변호사들과의 회의에서 광범위한 질문에 답했다. 많은 사람들은 이 회의에서 연방거래위원회가 소위 "해악 이론"에 따라 특정 비즈니스 관행에 대한 정보를 찾기보다는 "탐사 조사fishing expedition*"를 하는 듯한 느낌을 받았다. 그럼에도 불구하고 아마존은 조사 동안 수백만 페이지에 달하는 문서와 100테라바이트가 넘는 데이터를 연방거래위원회에 제출해야 했다.

이 회의에서 아마존의 변호사들은 연방거래위원회에 회사에 대한 소송의 구체적인 내용을 공유하고 해악 이론의 윤곽을 보여 달라고 요청했다. 하지만 2022년이 다 지나도록 연방거래위원회는 이런 세부 정보를 제공하지 않았다.

연방거래위원회는 결국 2022년 말 워싱턴에서 열린 화상 회의에서 아마존의 변호사들에게 이 소송의 범위를 설명했다. 연방거래위원회

---

*　표적이 된 증거에 집중하기보다 유죄 증거나 유용한 정보를 찾기 위해 광범위한 탐색을 하는 조사 전술.

는 다섯 가지 행위(아마존의 풀필먼트 바이 아마존 서비스와 프라임 프로그램의 연계, 아마존의 데이터 및 제3자 데이터 사용, 아마존의 프라임 프로그램의 고객 이탈 억제, 자체 브랜드에 대한 혜택, 아마존의 가격 책정 전략)를 확인했다.

비슷한 시기에 아마존과 유럽연합집행위원회European Commission는 위원회가 아마존의 제3자 판매자 데이터 사용, 프라임 사업, 바이 박스에 입점할 판매자 선정 방식에 대해 진행하던 여러 조사에 대한 합의 결과를 발표했다.

아마존은 유럽연합집행위원회의 우려를 완화하기 위해 여러 가지를 양보했지만 막대한 벌금을 물거나 잘못을 인정하는 일을 없었다. 아마존은 모든 제3자 판매자 데이터의 사일로화를 시작해 아마존의 다른 팀이 알고리즘을 통해서나 직원이 직접 데이터에 접근해 데이터가 생성한 식견의 혜택을 누릴 수 없도록 하는 데 합의했다. 프라임 프로그램에 대해서는 판매자가 아마존이 운영하는 물류 사업 이외의 물류 회사와 일하는 것을 허용하고 신속한 배송과 관련된 요구 사항을 충족시키는 한 프라임 자격을 유지하게 할 것이라고 말했다. 또한 특정 시나리오에서 바이 박스에 두 번째 경쟁안을 보여주는 데에도 합의했다.

일부에서는 아마존에 대한 처벌이 너무 가볍다고 투덜거렸지만, 유럽연합집행위원회 관리들은 수년간의 전면적인 조사 중에 아마존이 더 많은 권한을 축적하고 긴 법정 소송을 이어갈 가능성과 불법으로 간주 되는 행동에 대한 변경 약속을 신속하게 받아 내는 가능성을 저울질했다. 그들은 후자를 선택했다.

2023년 새해가 다가오면서 소송이 임박했다는 것을 아는 아마존은 규제에 대한 우려를 줄일 수 있는 관행 변화에 나섰다.

아마존닷컴에서 자사 제품에 대한 광고를 구매할 수 없었던 로쿠는 아마존이 이런 관행을 완화하고 있다는 것을 알아챘다. 그해 여름, 아마존은 셀러 풀필드 프라임Seller Fulfilled Prime 을 다시 도입할 계획이라고 발표했다. 판매자가 다른 물류 파트너를 통해 고객에게 제품을 배송하면서도 프라임이 요구하는 속도를 충족하는 한 프라임 프로그램에 참여할 수 있는 프로그램이었다. 아마존은 2019년에 이 프로그램을 중단하고 일부 선택된 판매자만 외부 물류 회사를 통한 주문 처리를 허용했다. 대부분의 판매자는 프라임 자격을 얻기 위해 풀필먼트 바이 아마존을 사용해야 했다.(처음에 아마존은 판매자의 셀러 풀필드 프라임 등록에 2%의 수수료를 부과할 것이라고 발표했지만, 반발이 일자 곧바로 수수료 징수 계획을 철회했다.) 더글러스 파라Douglas Farrar 연방거래위원회 대변인은 "아마존이 셀러 풀필먼트 프라임을 재개하거나 연방거래위원회를 앞질러 어떤 조치를 취하는 것은 마치 아이가 침대 밑에 더러운 옷을 모두 숨기고 방이 깨끗하다고 말하는 것과 같습니다. 아마존의 불법 행위를 종식시킬 수 있는 유일한 방법은 이 소송뿐입니다."라고 말했다.

아마존의 자체 브랜드 사업부 내부에서는 대대적인 개편이 진행 중이었다. 오랫동안 그래왔던 것처럼 맹렬한 속도로 자체 브랜드에 선택지를 추가하는 대신, 이제 제품 구색을 크게 줄이고 있었다. 이런 결정의 부분적인 원인은 경제성이었다. 팬데믹으로 인해 많은 돈이 온라인 쇼핑으로 밀려들면서 급속한 성장을 이루었으나 팬데믹이 끝나면서 아마존의 매출은 일반적인 수준으로 돌아왔다. 팬데믹 기간 동안 늘려

놓은 수용력이 이제는 필요 없어졌고 이는 수익에 타격을 주었다. 게다가 CEO 앤디 재시가 각 부서에 수익성 강화하라는 압력을 가하고 있었다. 아마존은 최근의 역사에서 가장 심각한 재정난을 겪으면서 수천 개의 일자리를 감축하고 수익성이 낮은 사업을 정리했다.

그러나 소식통에 따르면 규제 당국의 압박도 한몫을 했다고 한다. 아마존은 2020년 45개였던 자체 브랜드를 2023년까지 20개 미만으로 줄였다. 30개의 의류 브랜드 중 27개를 정리하고 잘 팔리는 몇 개의 자체 브랜드에 집중하기로 결정했다.[7]

아마존이 향하는 방향은 포르템과 같은 소규모 판매자의 자동차 트렁크 정리함 같은 틈새 제품을 모방하기보다는 자체 브랜드 종이 타월과 같이 수백, 수천 개의 일상화된 제품에 집중하는 소매업체의 전통적인 자체 브랜드 전략에 더 가까운 것이었다. 필수품에 집중함으로써 아마존이 자체 판매자의 제품과 지나치게 비슷한 제품을 출시해 받은 비판을 상당 부분 해소할 수 있을 터였다.

아마존 자체 브랜드의 수익성이 낮아진 또 다른 이유는 아마존이 판매자 데이터를 사용했다는 《월스트리트 저널》의 기사가 나간 후 아마존이 취한 수습책에 있었다. 2020년의 그 기사 이후, 아마존은 자사 브랜드가 사이트의 검색 결과에서 다른 판매자들이 광고를 구매해야만 얻을 수 있는 종류의 우위를 차지하는 해묵은 관행을 제한했다. 이런 변화로 많은 아마존 브랜드 제품이 검색 결과에서 묻히면서 판매가 어려워졌다.[8] 그 모든 재고를 창고에 넣어두는 비용도 상당했기 때문에 비용 절감의 표적이 되었다.

2023년 8월 15일, 아마존의 법률 고문인 데이비드 자폴스키는 법무팀의 동료, 외부 변호사들과 컴퓨터 앞에 앉아 연방거래위원회 위원장 리나 칸을 비롯한 위원들과 "만남"을 가졌다.

이 회의는 연방거래위원회가 소송을 제기하기 전 마지막으로 거치는 공식 절차로, 흔히 "종부 성사last rite" 회의라고 부른다. 이 명칭은 죽음을 앞둔 사람이 죄의 사함을 받고 지옥을 피할 수 있도록 고해성사와 영성체를 하는 가톨릭의 전통에서 비롯되었다.

이런 회의의 목적은 조사 대상 기업이 위원들에게 소송에 대한 자신들의 주장을 내놓는 것이다. 일부 기업은 긴 법적 분쟁을 피하고 문제를 종결짓기 위해 합의안을 제시할 기회로 이용하기도 한다.

회의를 시작하는 아마존 변호사들은 약간 좌절감을 느끼고 있었다. 연방거래위원회는 어떤 종류의 양보를 받아들일 수 있는지를 아마존에 공유해주지 않았다. 칸이 어떤 종류의 합의안도 받아들이지 않을 것이며 소송은 전속력으로 돌진하는 기차라는 것이 아마존의 견해였다.

그날 아마존 법무팀은 위원들을 만났다. 위원들은 칸과 두 명의 민주당 위원. 이렇게 세 명뿐이었다. 칸의 의제를 강력하게 비난하던 공화당 위원 크리스틴 윌슨은 칸의 리더십에 항의해 사임했다.(윌슨은 칸에 대한 자신의 감정에 대해 의심의 여지를 남기지 않았다. 그녀는 기명 논평에서 이렇게 밝혔다. "리나 칸이 연방거래위원회 위원장으로서 연방 독점 금지법을 해석을 크게 바꾸려는 시도에 대해 많은 논란이 있었습니다. 그에 비해 그녀가 법치와 적법 절차를 무시하고 연방거래위원회 고위 관리들이 그녀를 지지하는 방식에 대한 관심은 적었습니다. 저는 칸과 그녀의 조력자들이 적절한 일을 하도록 설득하는 데 계속 실패했으며, 이 자리에 남아서 그들의 노력에 정당성을 부여하는 일을 더 하는 것을 거부합니다. 이에 저는 곧 연방거래위원회 위원직을 사임할 것입니다. 그녀의 연방거래위원회 리더십에 대한 저의 근본적인 우려는 기관 관할권에 대해 의회가 부과한 제한의 고의적인 무시, 법적 선례에 대한 도전, 원하는 결과를 달성하기 위한 권력 남용에 관한 것입니다."[9])

종부 성사 회의 동안 아마존팀은 소비자 후생 기준을 계속 들먹였다. 흥미롭게도 아마존은 2021년부터 고 로버트 보크의 아들 로버트 보크 주니어가 설립한 싱크 탱크, 반독점 교육 프로젝트Antitrust Education Project와 협력해 왔다. 아마존은 소비자 후생 기준의 촉진을 사명으로 하는 이 단체에 자금을 지원했다. 반독점 교육 프로젝트는 칸을 보크의 유산에 대한 위협으로 보았다. 아마존은 종부 성사 회의에서 비즈니스 모델의 변경이 가격의 인상으로 이어질 것이라고 주장했다.

결국 아마존은 어떤 협의안도 제시하지 않았다. 일부 연방거래위원회 직원은 이 거대 기술 기업이 소송을 진지하게 받아들이지 않는다는 인상을 갖고 회의장을 떠났다. 양측은 교착 상태에 빠졌다. 소송이 제기될 것이다.

2023년 9월 20일, 연방거래위원회의 소비자 보호국은 6월에 아마존을 상대로 제기된 별도의 소규모 소송의 일부 내용을 공개했다. 이 소송은 아마존이 의도적으로 소비자가 충분한 이해 없이 프라임 프로그램 가입하도록 유도했고 프라임 멤버십 취소를 매우 어렵게 만들었다고 주장했다. 연방거래위원회는 소송에 아마존 임원 3명(닐 린제이 Neil Lindsay, 러셀 그랜디네티Russell Grandinetti, 자밀 가니Jamil Ghani)을 추가했다. 공개된 내용은 세 임원을 매우 부정적인 방식으로 묘사해 대중적 이미지를 손상시켰다. 소장은 사람들을 속여 그들이 자신도 모르는 사이 원치 않는 프라임 구독료를 지불하도록 하고 있다는 사실을 이 임원들이 알고 있었다는 것을 보여주었다.

이 소비자보호국Bureau of Consumer Protection 소장에서 묘사하는 한 회의에서 당시 아마존 프라임 책임자였던 닐 린제이는 이 행동을 다음과 같이 합리화한다.

"아마존 디자이너들과의 회의에서 피고 린제이는 아마존이 프라임 가입 과정에서의 다크 패턴dark pattern* 사용에 대한 질문을 받았다. 린제이는 소비자들이 프라임 회원이 되면(자신도 모르는 사이 그렇게 되었더라도) 프라임이 얼마나 훌륭한 프로그램인지 알게 되고 회원 자격을 유지하게 되기 때문에 아마존은 이 상황을 '괜찮다'고 본다고 설명했다."(아마존은 연방거래위원회의 주장이 "근거가 없다"고 말했다.)

며칠이 지난 9월 25일, 아마존의 법무팀은 매우 불안한 상태였다. 화상 회의 이후 회사와 연방거래위원회 간에 별다른 소통이 없었지만, 오랫동안 예상되었던 독점 소송이 곧 제기될 것이란 소문이 들려오기 시작했다.

아마존팀은 칸이 제기할 대규모 소송에 대한 대응 계획을 다듬기 위해 노력했다. 아마존팀은 칸이 아마존 프라임의 번들링**을 소송의 주요 쟁점으로 만들 것이라고 생각해 왔다. 프라임 번들링은 연방거래

---

* 웹사이트나 앱에서 사용자를 조종하거나 강요해 그렇지 않으면 하지 않을 선택을 하도록 하는 데 사용되는 디자인 기법.
** 아마존 프라임 멤버십의 일부로 영상과 음악 스트리밍, 음식 배달, 전용 행사 등 여러 서비스 또는 혜택을 함께 제공하는 관행.

위원회와의 심문 과정에서 자주 언급되었고, 연방거래위원회가 아마존에 알려준 내용 중 하나이기도 했다. 연방거래위원회는 무료 배송, 스트리밍, 그럽허브Grubhub의 무료 음식 배달 등 다양한 혜택이 있는 아마존의 프라임 멤버십이 고객을 중심으로 '해자'를 형성했다고 생각했다. 고객은 일단 프라임 비용을 지불하고 나면 아마존에서 쇼핑을 하고 아마존 콘텐츠를 시청하는 등 아마존 생태계 내에 머물렀고 이 모든 일은 아마존의 경쟁업체를 희생시켰다. 실제로 내가 입수한 내부 문서에 따르면 2017년 미국 프라임 고객은 아마존에서 평균 2,250 달러를 지출했다. 연방거래위원회는 2021년 아마존이 프라임을 쇼핑 혜택과 엔터테인먼트 혜택으로 "분리"하는 계획을 고려했지만 받아들이지 않았다는 것도 발견했다. 이 옵션을 제공하면 고객이 넷플릭스나 월마트플러스Walmart+와 같은 경쟁업체로 돌아설 것을 우려해 이를 거부한 것이다.

아마존은 프라임에 대한 공격에서 연방거래위원회가 패소할 것이라고 생각하고 공개적으로 맞설 준비를 했다. 아마존과 로비스트들은 종부 성사 회의와 소송 제기 사이에 지연이 있었던 이유는 연방거래위원회가 프라임의 인기 때문에 주 법무장관을 설득하는 데 어려움을 겪고 있었기 때문이라고 주장했다. 아마존의 대응은 클로버샤와 그래슬리의 미국 온라인 시장의 혁신 및 선택에 관한 법에서와 마찬가지로 프라임의 인기를 이용해 연방거래위원회를 이 서비스를 중단시키려는 적으로 몰아붙이는 것이었다.

그들의 생각은 틀리지 않았다. 아마존은 단서를 기반으로 상황을 올바르게 예측했지만 그것은 결국에는 중요치 않은 문제가 된다.

2023년 9월 26일, 연방거래위원회는 아마존이 불법적인 독점을 유지하고 있다며 아마존을 상대로 소송을 제기했다. 이 소송에는 17개 주 법무장관이 참여했다. 공교롭게도 이 소송이 제기 된 날은 연방거래위원회 창립 기념일이었다.

연방거래위원회의 고발은 대담했다. 아마존은 독과점 기업이며, 아마존이 휘두르는 힘이 소매업 전반의 가격 인상을 불렀다는 것이 요지였다. 이는 대부분 사람들의 예상과 달랐다. 칸은 소비자가 기업을 반경쟁이라고 볼 것인지 판단하는 요체가 되는 소비자 후생 기준에 반대했다. 이렇게 자신의 지위를 이용해 현대 독점 금지 개혁의 한계를 넓힌 여성이 소비자 가격에 초점을 맞춘, 일부에서는 "전형적"이라고 부를만한 소송을 제기한 것이다. 그 소송은 예상만큼 급진적이지 않았고, 심지어 프라임 번들링과 같이 아마존이 소송의 핵심이 될 것으로 생각했던 요소도 빠져 있었다.

성조기를 배경으로 진한 다홍색 정장을 입고 책상 앞에 앉은 칸은 기자들에게 이번 소송에 대해 설명했다.

"우리는 아마존이 미국 소비자와 중소기업이 부담하는 가격을 인상하고 경쟁업체를 불법적으로 배제하고 경쟁을 약화시키는 통합적인 전략에 참여하고 있는 독점 기업인지에 대한 일련의 혐의를 상세히 제시했습니다. 판매자들은 지난 10년 동안 꾸준히 인상되어 사실상 수익의 50%에 이르는 아마존 세금을 지불하고 있습니다. 그 결과 쇼핑객이 지불해야 하는 가격이 인상됩니다. 실제로 판매자는 아마존의 판매자 처벌과 높은 판매자 수수료라는 좌우 연타로 인해 부풀려진 아마존 가격을 다른 곳에서도 하한 가격으로 사용해야 하는 경우가 많습니다. 결과적으로 아마존의 행위로 인해 온라인 쇼핑객은 아마존이 아닌 다른 곳에서 쇼핑할 때에도 인위적으로 높아진 가격을 마주하게 됩니다."

이 소송은 크게 두 가지 주장으로 요약된다. 아마존은 플랫폼 판매자에 대해 갖는 힘을 이용해 판매자들이 성공을 위해 아마존의 다른 서비스를 사용하도록 강제했다. 연방거래위원회는 판매자들이 프라임 자격을 얻기 위해 아마존의 풀필먼트 바이 아마존 프로그램을 사용해 제품을 배송해야 하고, 검색 결과에 노출되기 위해 아마존에서 광고를 구매할 수밖에 없는 압박감을 느꼈다고 주장했다. 기본적으로 아마존은 돈을 내야 이용할 수 있었고, 판매자로서 성공하려면 아마존의 다양한 촉수가 제공하는 다른 서비스에 대한 다양한 수수료를 아마존에 지불하는 것이 기반이 되어야 했다. 이들 서비스에 대한 비용은 상당했다.

실제로 수수료 부담이 너무 커져 판매자가 이윤을 유지하기가 점점 더 어려워지고 있었다. 칸은 기자들에게 "아마존은 이제 판매자가 벌어들이는 2달러당 1달러를 가져갑니다."라고 말했다. 반독점 단체인 지역 자립 연구소에 따르면 아마존이 매출에서 차지하는 비중이 2014년의 19%에서 2023년에는 45%로 증가함에 따라 판매자는 아마존의 수수료를 상쇄하기 위해 제품 가격을 인상해야 했고, 결국 고객이 지불하는 돈이 늘어났다. 이는 연방거래위원회의 두 번째 주장으로 이어졌다.

연방거래위원회는 경쟁 웹 사이트에서 더 낮은 가격에 제품을 판매하는 제3자 판매자에게 불이익을 주는 아마존의 오랜 관행이 인터넷 전체에 가격을 부풀렸다고 주장했다. 수년간 아마존의 판매자는 아마존에서의 제품 가격을 가장 낮게 유지해야 하는 계약상의 요구를 따라야 했다. 이들 판매자 중 일부는 다른 소매업체에서도 제품을 판매했다. 연방거래위원회는 이 계약 위반이 적발되면 아마존은 해당 제품을 검색 결과에서 묻어버리거나, 바이 박스에 노출되지 않도록 하거나, 사이트의 제품 리스트에서 삭제하겠다고 위협했다고 말했다. 이로 인해 판매자는 경쟁 웹사이트에서의 판매에 참여하기 위한 일시적 가격 삭감조차 두려워하게 되었다. 그들은 아마존닷컴에서 퇴출당하거나 보복을 당하는 것을 감당할 여력이 없었다.

아마존은 2019년에 이런 관행의 계약을 폐지했지만, 소장은 여전히 비공식적으로 알고리즘을 통해 시행되고 있다고 주장했다. 연방거래위원회는 아마존이 계약상 가격 균등 요건을 삭제하고 몇 주 후에 작성된 내부 문서를 언급하며, 아마존이 알고리즘을 사용해 "변화가 없는 기준과 정책"을 시행할 계획이었다고 말했다.

이 두 가지 전략, 즉 아마존 "세금"을 상쇄하기 위한 높은 가격과 아마존의 최저 리스팅 가격 요구의 조합으로 판매자의 아마존 가격이 소매업체 전반의 최저 가격이 되는 시나리오가 만들어졌다. 소장은 아마존의 폭등하는 수수료 때문에 판매자가 아마존에서의 사업비용을 상쇄하기 위해 가격을 올리는 것은 월마트닷컴, 타겟닷컴, 심지어 판매자 자신의 웹사이트에서까지 제품 가격이 인상되는 것을 의미한다고 주장했다. 판매자는 다른 소매업체에서 더 낮은 가격으로 더 높은 수익을 올릴 수 있는 경우에도 아마존에서의 가격보다 높거나 같은 가격을 책정해야 하고 그렇지 않으면 처벌에 직면할 가능성이 있었다. 다시 말해, 아마존은 소매업계 전반의 가격을 좌우할 정도로 막강한 힘을 가졌으며, 이는 판매자와 소비자 모두를 희생시키고 있었다.

연방거래위원회는 아마존 판매자들이 아마존 풀필먼트 서비스를 이용해야 한다는 압박감을 느꼈고, 이것이 제품 배송의 대안이 될 수 있었던 경쟁 물류 업체의 성장을 저해했다고 주장했다. 이는 아마존의 경쟁업체들이 이 대기업과 효과적으로 경쟁할 수 있는 규모를 얻지 못하게 막았다.

연방거래위원회는 아마존에 반대되는 자신의 주장을 설명하기 위해 아마존의 커뮤니케이션을 이용했다. 연방거래위원회는 아마존의 일부 최고 경영진들이 교환한 광범위한 내부 이메일들을 인용해 회사가 연방거래위원회가 주장한 일을 하고 있음을 보여주었다. 이는 연방거래위원회가 반경쟁적이라고 주장하는 행동에 아마존이 의도적, 의식적으로 관여했음을 보여주었다.

예를 들어, 아마존 경영진은 내부 커뮤니케이션에서 아마존의 가격이 최저가여야 한다는 요구 사항에 "징벌적 측면"이 있고 판매자가 아마존에 대해 "끊임 없는 두려움 속에 살고 있다"는 것을 인정했다. 심지어 아마존이 2018년에 내부 분석을 진행해 "시간이 지나면서 아마존에서 판매자가 수익을 내기가 더 어려워질" 정도로 판매자 비용이 증가했다는 것을 발견했다는 한 임원의 기록도 있다.

소장의 또 다른 부분은 프로젝트 네시Nessie라는 코드명의 내부 알고리즘의 사용에 대해 상술하고 있다. 연방거래위원회는 이 비밀 알고리즘이 아마존이 판매하는 제품의 가격 인상이 아마존의 이윤 상승과 경쟁업체의 가격 상승에 영향을 미치는지 테스트하는 데 사용됐다고 주장했다. 아마존의 엄청난 힘 때문에 이런 움직임이 파급 효과를 일으켜 전자상거래 환경 전반의 소비자 가격을 올렸다는 것이 연방거래위원회의 주장이다. 경쟁업체가 아마존 수준으로 가격을 올리지 않는 경우에는 이 알고리즘이 자동으로 가격을 내렸다. 이것은 수익성이 높은 사업이었다.[10] 소장은 아마존이 2016년부터 2018년까지 해당 알고리즘으로 10억 달러 이상의 수익을 올렸다고 주장했다. 소장에 따르면 아마존은 본질적으로 가격 담합 카르텔의 역할을 했으며, 카르텔의 다른 구성원들은 자신도 모르는 사이 가격 인상에 동조했다고 설명했다. 결국 대가를 치른 것은 고객이었다.

아마존은 연방거래위원회가 이 알고리즘의 "특성을 심각하게 잘못 묘사"했으며, 네시는 가격이 너무 낮아져 지속 불가능한 상황에서만 사용되었다고 말했다. 아마존은 대변인이 설명한 방식으로 네시를 사용했다. 아마존이 가격을 타겟닷컴과 같은 경쟁업체의 할인 가격에 맞추면 다른 경쟁업체들도 그에 따라 가격을 낮추기 때문에, 아마존과 경쟁업체들은 타겟이 세일을 종료하고 한참 후까지 저가 경쟁에 갇히곤 한다. 이에 직원들은 네시를 사용해 저가 경쟁에서 벗어나고 가격을 정상화했다는 것이 직원들이 해준 이야기다. 연방거래위원회는 이것이 이 알고리즘의 유일한 용도는 아니며, 아마존이 수익을 개선하기 위해 가격 경쟁에 휘말리지 않은 품목의 가격을 인상하는 데 네시를 사용했다고 말했다.

아마존은 2019년에 네시를 중단했다고 말했다. 연방거래위원회의 제소장에 따르면 인플레이션으로 회사의 수익성이 악화되자 2021년과 2022년에 아마존 경영진이 알고리즘을 다시 켜는 것을 고려했다.

2022년 1월, 당시 아마존 북미 소비자 부문 수석 부사장 더그 헤링턴은 고위 경영진에게 이메일을 보내 한 가지 제안을 했다. "새로운 타겟팅 로직으로 우리의 오랜 친구 네시를 켜자."는 것이 그 내용이었다. 이 이메일은 소장에 포함되었다.

연방거래위원회의 소송은 아마존이 전자상거래 업계에서 가진 엄청난 힘과 그 독점력이 자사 웹사이트뿐만 아니라 다른 곳에서 고객에게 피해를 입히는 방식을 총체적으로 보여주었다. 아마존이 가진 힘의 영향은 별개로 존재하지 않는다. 이는 다양한 제품의 가격 상승을 유발하는 등 미국인들에게 실질적인 영향을 준다. 아마존닷컴에서 제품을 구매하지 않는 사람에게까지 말이다. 본질적으로 아마존은 소매업 전반에 걸쳐 불균형적으로 큰 힘을 갖고 있다.

연방거래위원회는 두 가지 주요 주장 외에 독점 기업인 아마존이 고객에 대한 서비스를 저하시켰다고 주장했다. 이 기관은 이 점을 분명히 보여주는 여러 가지 행동을 나열했다. 그 중 하나는 웹사이트 검색 결과에서 나타나는 광고의 수가 너무 많다는 것이었다. 소장에서 인용된 한 아마존 임원에 따르면, 아마존 경영진은 많은 광고가 검색어와 관련이 없으며 "소비자에게 해를 끼쳤다"는 사실을 인정하고 있었다. 그럼에도 베이조스는 내부 이메일에서 이런 관행을 장려했다.

베이조스는 "고객 집착"의 기수이면서도 그의 팀에게 검색어에 관련 없는 광고의 허용률을 더 높이라고 지시했고, 이는 광고의 이윤이 높았기 때문이라는 것이 연방거래위원회의 말이다.(내가 본 내부 문서에 따르면 아마존의 광고 사업은 총 이익률이 약 90%이고 따라서 관련성 없는 광고도 수익성이 있다.)

소장에는 "베이조스는 광고 매출이 소비자의 쇼핑 경험 저하로 인한 매출 손실을 능가하기 때문에 광고팀과 관련 없는 광고를 더 많이 허용해 아마존의 광고 수를 계속 늘리라고 직접 지시했다."라고 적혀 있다. 한 내부 문서에서 아마존의 한 임원은 "사슴 오줌" 광고를 보여주는 물병 검색 결과를 회람시키면서 관련성 없는 광고로 인해 쇼핑객의 경험이 악화되고 있다고 지적했다. 또한 소장은 소송의 핵심은 아니지만 대부분의 판매자가 다루어야 했던 해묵은 문제이며 내 기사에서 여러 번 등장했던 자체 브랜드 우선 관행도 언급했다.

아마존은 규제 관계자들 사이에서 다음과 같은 평판을 얻었다. 하원 법사위원회 반독점 소위원회의 조사에 비협조적이었고, 연방거래위원회가 조사의 일환으로 요청한 문서를 폐기했고, 조사를 피하기 위해 의도적으로 이메일을 기밀로 지정했다. 또한 형사 기소의 위험을 무릅쓰고 내부 조사 결과를 의회 소위원회에 제공하는 것을 거부했다.

최근 아마존은 반독점과 인수합병을 중심으로 한 민감한 논의에 암호화된 채팅 메시징 앱을 주로 사용하기 시작했다. 연방거래위원회는 "아마존 경영진은 시그널 메시징 앱의 '메시지 사라짐' 기능을 이용해 조직적이고 의도적으로 내부 커뮤니케이션을 삭제했다. 아마존은 원고들의 지시에 반해 2년이 넘는 기간(2019년 6월부터 최소 2022년 초까지) 동안 이루어진 이 같은 커뮤니케이션을 체계적으로 파기했다."라고 말했다.

아마존은 블로그에 장문의 답변을 올렸고 법률 고문 자폴스키는 이렇게 말했다. "오늘 연방거래위원회가 제기한 소송은 사실적 근거와 법적 추론 모두에 오류가 있으며, 우리는 법정에서 우리 논거의 정당함을 주장할 수 있기를 기대합니다."

아마존은 프라임 자격을 얻는 데 아마존 풀필먼트 프로그램을 요구한 것은 고객에 대한 빠른 배송을 위해서였고 최근 셀러 풀필먼트 프라임을 다시 도입하는 등 문제가 되고 있는 행위를 정당화시킬 수 있다고 생각했다. 또한 그들은 아마존 가격을 최저가로 하도록 한 것은 고객에게 저렴한 가격을 제공하기 위해서였다고 주장했다. 그러나 소식통의 전언에 따르면 사실 아마존 내부의 고위 경영진들은 이 소송이 제시하는 특정 역학에 대해 오랫동안 걱정해 왔다고 한다.

연방거래위원회는 설명 된 위반 행위에 대한 적절한 구제책이 무엇인지 언급하지 않았다. 칸은 연방거래위원회가 아마존의 해체를 원하느냐에 대한 기자들의 질문을 회피했다. 그러나 소장을 자세히 읽어본 사람이라면 그 안에 "구조적 구제structural relief"라는 표현을 발견할 수 있었을 것이다. 연방거래위원회는 "아마존의 법 위반을 시정하고 재발을 방지하는 데 필요한 구조적 구제를 포함하되 이에 제한되지 않는 모든 예비적 또는 영구적인 공정 구제책"을 모색하고 있다고 말했다.[11] 구조적 구제는 반독점계에서 해체 또는 매각을 의미하며, 연방거래위원회는 이를 하나의 선택지로 고려하고 있었다. 일부 반독점 전문가들은 예를 들어 연방거래위원회가 아마존에 물류 네트워크 분할을 요구할 수 있다고 말했다.

이 소장에 포함되지 않은 내용도 주목을 끌었다. 연방거래위원회의 소송은 그 범위가 매우 좁을 뿐만 아니라 최신의 법 이론을 테스트하지 않았다. 이 소송은 두 가지 주요 전술에 초점을 맞춘 매우 표준적이고 한정적인 소송이었다. 때문에 아마존은 아마존 프라임의 가치에 대한 진부한 주장에 의지해 고객을 동원하고 반감을 불러일으키는 전술을 사용할 수가 없었다.

칸은 이 거대 기업보다 한발 앞서 있는 것처럼 보였다. 불과 한 달 전만 해도 아마존 프라임 번들링은 이 연방거래위원회 소송에서 주요 쟁점이 될 예정이었다. 연방거래위원회는 갖은 특전과 서비스가 따르는 프라임 프로그램이 고객 주위에 해자를 만들어 고객을 아마존 생태계에 가두었다고 주장할 준비를 갖추고 있었다. 하지만 연방거래위원회는 보다 승산이 있는 소송을 위해 이를 버리기로 결정했다.

사실 이전의 패소들은 연방거래위원회 직원들에게 큰 부담이 되었다. 그리고 칸의 흰고래라고 할 수 있는 아마존 사건은 어떤 공격에도 굴하지 않게 만들어져야 했다. 지는 것을 좋아하는 사람은 없겠지만 아마존과의 소송에서 지는 것은 낭패일 것이다. 연방거래위원회가 소송에서 양보한 부분과 소송에서 제외된 부분은 많은 것을 시사한다.

연방거래위원회는 조사 과정에서 소송에 포함시킬 수 있는 반경쟁적일 가능성이 있는 많은 행위들을 발견했다. 하지만 법원의 공감을 얻을 수 있는 응집력 있는 논거가 필요했고 결국 승소할 수 있다고 생각되는 소송을 추진했다.

아마존과 협력하는 기술 지원 무역 그룹, 미국 진보 회의소의 설립자 애덤 코바체비치는 "칸과 의회가 조사한 사항 중 소송에서 빠진 가장 중요한 부분은 자체 브랜드"라고 말했다. 코바체비치는 자체 브랜드를 축소한 아마존의 조치 때문에 연방거래위원회가 이를 소송에 포함시키지 않았을 가능성이 있다고 말한다.

칸의 오랜 협력자는 "아마존은 리나가 새롭고 어려운 소송을 제기하기를 바랐던 것 같습니다. 그들은 그것이 자신들에게 유리하게 작용할 것이라는 기대를 갖고 있었습니다. 그들은 그녀의 모든 독특한 점, 한계를 넓히려는 의도를 모두 이용하고자 했습니다."라고 말했다. "그래서 어떤 면에서는 반독점법 집행의 수용되는 범위 안에 들어온 것이 매우 좋은 아이디어였죠."

그렇기는 하지만, 칸의 비평가들과 반독점 전문가들은 이 소송을 적극적으로 의견을 표명했다. 그들은 칸의 첫 논문과 최종적으로 제기한 소송 사이의 불일치를 지적했다. 칸이 기관에 들어간 이후 가장 가혹한 비판자였던 《월스트리트 저널》의 기명 논평 페이지에는 이런 글이 실렸다.

"연방거래위원회는 광범위한 조사 끝에 화요일 3-0으로 연방법원에 아마존에 대한 소를 제기하기로 결정했다. 혐의는 저렴한 가격과 빠른 서비스를 제공했다는 것이다."[12]

나는 칸의 측근들에게 이번 소송이 칸이 반독점법의 해석을 바꿀 수 없다는 암묵적인 인정인지 물었다. 보크의 반독점법 집행 기준에 따르겠다는 신호일까? 아니면 그저 일회성에 그치는 전형적인 소송이었을까? 그들은 2017년 칸이 언급한 아마존은 경쟁업체가 따라올 수 없는 수준으로 가격을 인하해 경쟁업체를 몰아냄으로써 독점을 구축했다고 말하며 위원장을 옹호했다. 그들은 지금의 아마존은 후기 독점 기업이며, 이미 제거해 경쟁이 없는 상태이기 때문에 고객이 지불하는 가격을 인상하고 품질이 떨어지는 서비스를 제공할 수 있다고 말했다.

지역 자립 연구소의 스테이시 미첼는 "아마존은 자신의 힘을 이용해 소비자의 돈을 우려내고 있으며 이런 행태는 불과 몇 년 전보다 더 심해졌습니다. 이는 독점 기업인 아마존의 발전 단계 중 일부입니다."
라고 설명한다.

초창기 아마존이 밑지는 수준으로 가격을 낮춰 시장을 지배하면서 그 여파로 시장에는 경쟁자들의 무덤만이 남았다. 경쟁자가 줄어들면, 가격을 인상하고 실망스러운 경험(검색 결과에서 광고의 양)을 제공해도 고객은 돌아온다. 아마존은 프라임 프로그램의 가격을 지속적으로 인상할 수 있다.(2022년에는 프라임 가격을 연간 119달러에서 139달러로 인상했다.) 아마존은 이제 최저 가격이라는 이전의 평판을 이용해 "독점 지대monopoly rent"를 부과할 수 있다.

이것이 승소할 수 있는 소송인지 여부는 누구에게 물어보느냐에 따라 달라졌다. 칸이 의장이 된 이후 반독점계는 점점 당파화되었고, 반독점 전문가들은 이 소송에 대해 서로 다른 견해를 가지고 있었다. 우선, 2021년 컬럼비아 특별구는 플랫폼에서 최저 가격을 유지하도록 요구함으로써 가격을 인상했다는 이유로 아마존을 고소했다. 2022년에 아마존은 이 소송을 기각되도록 만들 수 있었다. 연방거래위원회의 제소는 워싱턴의 소송보다 훨씬 더 강력한 하기는 하지만, 둘 사이에는 유사한 점들이 있었다.(DC 소송의 기각은 캘리포니아주가 2022년에 아마존과 제3자 판매자 간의 계약이 가격을 부풀리고, 경쟁을 억압하며, 캘리포니아주의 불공정 경쟁법을 위반한다는 혐의로 아마존에 대한 소송을 제기하는 것을 막지 못했다.)

전 연방거래위원회 정책기획실 책임자 빌랄 사예드Bilal Sayyed는 "아마존이 승소하기 어려운 소송이라고 생각합니다."라고 말했다. "제 생각에는 성공 가능성이 낮습니다."

공화당 소속 전 연방거래위원회 위원장 윌리엄 코바치치William Kovacic는 "이 소장은 이의가 제기된 관행이 아마존 플랫폼에서 판매되는 제품의 소비자가를 인상하는 효과를 가져왔다는 점을 광범위하게 다루고 있습니다. 이런 피해 이론은 '소비자 후생' 프레임워크의 기둥입니다."라고 말했다. "연방거래위원회는 아마존의 행위가 다른 부정적 결과가 없었다고 말하는 것이 아니라 가격 효과가 가장 두드러진 피해라고 말합니다." 그는 이 소송을 "이길 수 있는 소송이지만 이기기 어려운 소송"이라고 불렀다.

소송이 제기된 날 아마존의 에스팀은 시애틀 사무실에서 회의 중이었다. 회의가 끝나자 CEO 앤디 재시는 법률 고문 데이비드 자폴스키를 한쪽으로 불렀다. 그는 아마존의 최고 법률 책임자가 이 소송에 대해 어떻게 생각하는지 물었다. 자폴스키는 연방거래위원회 소송이 잘못된 판단에 근거한다고 생각했다.

온종일 언론 브리핑 일정을 마친 칸은 그날 밤 법조인들과 저녁 식사를 했다. 대법관 후보를 추천하는 데에 중요한 역할을 하는 보수 법률가들의 단체 연방주의협회Federalist Society 구성원들, 전국 사법부의 판사들을 배치하는 판사들이 자리했다.

워싱턴의 한 레스토랑 별실에서 만나 연방주의자 협회와 반독점법에 대해 이야기를 나누자는 초대는 흥미로운 동시에 기이했다. 소송은 궁극적으로 법원에서 결정된다는 점을 인정하는 것이 중요하다. 많은 판사들은 보크 이후의 판례에 영향을 받았다. 하지만 저명한 보수 법률 단체 중 하나가 칸 위원장을 손님으로 초대하고 그녀의 의견을 듣는 데 관심을 가졌다는 사실은 공정거래위원회에 한 가닥 희망을 주었다.

11월 초, 아마존에서는 회사 전체가 참여하는 회의가 열렸다. 이 회의는 1년에 몇 차례 아마존 시애틀 본사 대강당에서 열리며 전 세계 직원들에게 스트리밍된다. 보통 여러 비즈니스 리더가 배송 속도 향상부터 기후 목표의 진전까지 다양한 이니셔티브에 대한 최신 정보를 전달하고 에스팀 멤버가 청중의 질문에 답한다.

회사가 소송을 당한 지 불과 몇 주 후인 시점이었기 때문에, 앤디 재시가 받은 두 번째 질문은 소송에 대한 아마존의 입장에 관한 것이었다. 그는 법률 고문인 자폴스키를 무대로 불러냈다. 버튼다운 셔츠, 올리브색 스웨터, 청바지를 입고 머리가 희끗희끗한 자폴스키가 무대에 올라 자신의 견해를 밝혔다.

그는 "연방거래위원회가 제기한 문제는 새로운 것이 아닙니다. 이전부터 논의되어 왔던 문제들입니다. 이들 문제 중 몇 가지는 이미 법원에서 기각되었습니다."라면서 기각된 DC 법무부 장관의 소송을 언급했다.

자폴스키는 판매자가 다른 곳에서 더 낮은 가격을 제시할 때 아마존이 가하는 징벌적 조치에 대해서는 언급하지 않고 대신 서사를 재구성했다. 그는 청중들에게 "연방거래위원회는 우리가 주요 경쟁업체보다 높은 가격을 제시하는 것을 거부하는 데 이의를 제기하고 있습니다."라고 말했다.

"누군가 아마존에 제품을 등록했는데 월마트가 판매하는 가격보다 더 비싸다면 어떻게 될까요? 그들은 여전히 아마존에서 물건을 팔 수 있습니다. 우리는 그 물건을 고객이 구매할 수 있도록 놓아둡니다. 단 그것을 눈에 띄게 만들지는 않습니다. 매장 쇼윈도 앞쪽에 두지 않는 겁니다. 추천 제품 박스에도 두지 않습니다. 우리는 그것이 전적으로 공정하다고 생각합니다. 고객이 우리가 가격을 책정을 하는 방식에 대한 신뢰를 잃어 고객을 잃게 되는 것보다는 개별 판매를 잃는 것이 낫습니다."

자폴스키는 법정에서 아마존의 변호를 할 수 있기를 고대한다고 말했다. 그는 소송이 진행되는 동안 아마존 직원들이 소송에 대해 어떻게 생각해야 하는지에 대해 몇 가지 흥미로운 조언을 내놓았다.

"아마존은 면밀한 감시를 받는 회사이기 때문에 신문을 읽다가 실망하는 일이 생길 수도 있습니다. 친지가 전화를 해서 '연방거래위원회에 대한 이 기사는 뭐야?'라고 물으면 테일러 스위프트Taylor Swift의 자세를 택해야 합니다."

이렇게 말한 그는 이어서 가사를 읊었다.

"싫어하는 사람은 싫어하라지. 떨쳐버려야 해."

청중은 웃음을 터뜨렸다.

무대에서 내려오기 전, 그는 청중에게 이렇게 말했다.

"우리는 사실을 좋아합니다. 우리는 이 소송이 법적으로나 사실에 있어서나 모두 결함이 있다고 생각합니다. 우리는 법정에서 사실을 보게 될 것입니다."

아마존의 영토 확장은 계속된다

반독점 소송은 빨리 진행되지 않는다. 평결이 내려지기까지 몇 년 씩 걸릴 가능성이 높다. 따라서 판결에 상관없이 이미 피해가 발생하지는 않았는지 궁금증을 갖는 것은 가치 있는 일이다.

아마존 비즈니스 관행은 규제 기관의 수많은 조사에도 불구하고 그 지배력이 감소하지 않았다. 아마존은 더 많은 산업으로 빠르게 나아가면서 더 큰 힘을 얻었다. 내가 이 책을 위한 조사 작업을 하고 있을 때 아마존은 원 메디컬One Medical로 더 잘 알려진 1차 진료 업체 1라이프 헬스케어1Life Healthcare를 인수했다. 이는 진료실과 진료와 관련된 모든 데이터, 검사 결과 및 기타 의료기록을 아마존이 소유한다는 의미다.

아마존의 힘은 계속 커지고 있다. 아마존은 한때 불가능하다고 생각되었던 일도 해냈다. 유피에스와 페덱스를 추월해 미국 최대의 택배 업체가 된 것이다. 이제 아마존은 미국에서 가장 큰 비정부 택배 운송 업체가 되었다. 하지만 회사에 대한 조사가 많아 이런 결과를 예전처럼 미화할 수 없다. 경영진은 조용히 축하하고 다시 일터로 돌아갔다. 조용하든 요란하든, 아마존 택배 운송이 유피에스와 페덱스를 자리에서 몰아낸 것은 연방거래위원회 소송 혐의를 뒷받침한다. 판매자는 아마존의 물류를 사용해야 한다는 부담을 느끼고 아마존 풀필먼트의 일부가 되며 이로써 아마존의 자체 창고에서 더 많은 택배가 처리되는 것이다.

팬데믹 이후 폭발적이었던 온라인의 성장 속도가 둔화하면서 아마존의 시장 가치는 급락했고, 이에 아마존은 수요 감소에 대응하기 위해 과감하게 직원을 해고하고 사업을 조정했다. 하지만 이후 회사는 안정을 찾았다. 이제 기업 가치는 1조 5,000억 달러를 넘어섰다.

일주일 동안 이 복합기업을 피할 수 있을지 생각해 보자. 리프트 Lyft*에 전화를 걸거나 넷플릭스를 시청하려면 아마존의 생태계 안에 들어가게 된다. 두 회사 모두 아마존 웹 서비스를 사용한다. 펠로톤 Peloton 자전거를 산다면 아마존이 배송할 가능성이 높다. 새로운 제임스 본드 영화를 보러 간다면? 아마존은 현재 본드 영화를 포함한 방대한 영화 컬렉션을 보유한 MGM을 소유하고 있다. 북미에서 로봇 청소기를 사용하는 사람의 4분의 3이 아이로봇 iRobot 룸바 Roomba를 사용한다.[1] 아마존은 2022년에 아이로봇을 인수하기로 합의했고, 이는 곧 이 회사가 고객의 집 내부에 대한 상세한 정보를 얻게 될 것이란 우려를 낳았다. 아이로봇의 기술은 작동 공간의 "지도"를 생성하기 때문이다.[2] 알렉사로부터 시작된 침입의 또 다른 버전이다.(유럽연합집행위원

---

*   승차 공유 서비스 업체.

회의 조사로 인해 아마존은 2024년 초 인수를 포기했다.) 아마존은 창립자가 꿈꾸었던 것처럼 일상의 습관이 되었다.

지금의 아마존을 만든 주요 설계자들 중 상당수가 최근 회사를 떠났다. 데이브 림프, 제이 카니, 제프 블랙번, 데이브 클락, 제프 윌크는 모두 다른 일을 하기 위해 떠났다. 제프 베이조스까지도 회장으로 물러나고, 제시가 CEO로 회사를 경영하고 있다. 요즘 이 억만장자는 아마존의 일상적인 업무보다 5억 달러짜리 메가요트에서 더 많은 시간을 보내는 것 같다. 심지어 그는 아마존의 동의어라 할 수 있는 시애틀을 완전히 떠나 마이애미로 이주한다고 발표했다. 그렇기는 하지만 베이조스가 만든 문화는 계속되고 있다. 승리하고자(그리고 생존하고자) 하는 야망은 여전히 다른 어떤 것보다 우선되고 있다. 실수를 허락하지 않는 문화, 인재 평가, 승진 시스템도 그대로 유지되고 있다. 뛰어난 능력을 갖춘 직원들이 매일 일자리를 건 오디션을 보는 것처럼 느끼는 것, 소모품이라는 느낌을 받는 것이 여전히 문제로 남아 있다. 이런 문화는 직장을 잃지 않기 위해 우위를 점하고 절차를 무시하는 나쁜 행위자를 만드는 행동 패턴을 계속 장려한다. 언젠가 아마존의 가치가 10조 달러가 될 수 있다는 재시의 선언은 회사가 여전히 "당신의 이윤이 나의 기회"라는 창업자의 정신을 따르고 있다는 확실한 증거다.

아마존이 더 많은 기회를 찾고 계속 성장하면서 미래가 어느 쪽으로 기울어질지는 아직 알 수 없다. 아마존은 이미 우리의 일상을 재편하고 경제를 뒤흔드는 많은 일을 해왔으며, 메인 스트리트를 바꾸고 우리의 행동 방식을 탈바꿈시켰다. 앞으로 어디로 갈지는 누구도 모르지만, 미래를 생각할 때 아마존이 여러 산업에서 달성한 것, 그것이 우리에게 의미하는 바를 무시하는 것은 불가능하다.

이제 승부는 끝났다. 기업들은 더 이상 아마존의 규모와 힘을 과소평가할 수 없다. 아마존은 잠재적 경쟁자들을 억누르는 강력한 장애물이다. 아마존은 진출하는 모든 산업을 변화시키고, 시장을 선도하며, 다른 기업이 그 분야에 진입하려 하지 못하도록 겁을 줄 수 있다. 아마존과 같은 대기업으로 인해 특정 시장에서의 성공이 어려워지면서 1970년대 이후 미국의 신규 비즈니스 형성률은 거의 50%가 감소했다.[3]

연방거래위원회가 소송에서 승소해 아마존이 해체된다고 해도 개별 기업들이 시장을 선도하는 기업이 된다. 그것도 연방거래위원회가 아마존을 해체할 수 있다는 가정 하의 이야기일 뿐이다. 스탠더드 오일의 해체 후 어떤 일이 일어났는지 생각해 보라. 실제로 분사된 개별 회사의 가치는 증가했다. 개별 기업 가치의 합이 전체보다 더 클 수도 있고, 전체가 계속 성장할 수도 있다. 미래를 예측하는 것은 불가능하지만, 아마존이 우리의 일상(그리고 이번 세기)에 미친 영향은 이미 상당하다. 그들은 지금 전쟁 중이지만, 그들은 더 큰 전쟁에서도 승리했었다.

주해

시작하는 말_독점을 향한 행진

1 Lina M. Khan, "Amazon's Antitrust Paradox," *Yale Law Journal* 126, no. 3 (January 2017): 564–907.
2 Sara Lebow, "Amazon Will Capture Nearly 40% of the US Ecommerce Market," Insider Intelligence, March 23, 2022.
3 Robert H. Bork, *Antitrust Paradox* (Basic Books, 1980).
4 Daniel Yergin, *The Prize: The Epic Quest for Oil, Money, and Power* (Simon & Schuster, 1991).
5 *Standard Oil Company of New Jersey et al., Appts., v. United States*, https://www.law.cornell.edu/supremecourt/text/221/1.
6 Ida M. Tarbell, *The History of the Standard Oil Company*, vol. 2 (Alpha Editions, 2020).
7 Data provided by FactSet, https://factset.com.
8 Daniel Goleman, "The Best-erforming CEOs in the World," *Harvard Business Review*, November 2014.

1장. 메인 스트리트가 미처 보지 못한 것

1 "U.S. Marketplace Count and Gross Leasable Area by Type," International Council of Shopping Centers, January 3, 2023.
2 Jennifer Cheeseman Day, Alex Janus, and Jessica Davis, "Computer and Internet Use in the United States: 2003," US Census Bureau, Current Population Reports P23–08, October 2005.
3 "Amazon CEO Jeff Bezos on *The David Rubenstein Show*," *The David Rubenstein Show*, YouTube, September 13, 2018.
4 "Amazon CEO Jeff Bezos on *The David Rubenstein Show*."
5 "Amazon CEO Jeff Bezos on *The David Rubenstein Show*."
6 Peter de Jonge, "Riding the Wild, Perilous Waters of Amazon.com," *New York Times Magazine*, March 14, 1999.
7 De Jonge, "Riding the Wild, Perilous Waters of Amazon.com."
8 Brad Stone, *The Everything Store* (Little, Brown and Company, 2013).
9 David Sheff, "The Playboy Interview: Jeff Bezos," *Playboy*, February 1, 2000.
10 "Americans Going Online . . . Explosive Growth, Uncertain Destinations," Pew Research Center, October 16, 1995.
11 G. Bruce Knecht, "Wall Street Whiz Finds Niche Selling Books on the Internet," *Wall Street Journal*, May 16, 1996.
12 "Jeff Bezos: 'Cleverness Is a Gift, Kindness Is a Choice,' Princeton —2010," Speakola, May 30, 2010.
13 John Cook, "Jeff Bezos's Mom: 'I Knew Early on That He Was Wired a Little Bit Differently,'" *GeekWire*, May 8, 2011.
14 Sheff, "The Playboy Interview: Jeff Bezos."

15 John Cook, "Jeff Bezos Had to Take 60 Meetings to Raise $1 Million for Amazon, Giving Up 20% to Early Investors," *GeekWire*, December 1, 2013.

16 Tom Alberg, *Flywheels: How Cities Are Creating Their Own Futures* (Columbia University Press, 2021).

2장. 이익보다 성장

1   Robert Spector, *Amazon.com: Get Big Fast* (HarperCollins, 2002).

2   Brad Stone, *The Everything Store: Jeff Bezos and the Age of Amazon* (Little, Brown, 2013).

3   Spector, *Amazon.com*.

4   Spector, *Amazon.com*.

5   Spector, *Amazon.com*.

6   "Amazon.com High on IPO. So Is Its Valuation," *Wired*, March 26, 1997.

7   Kara Swisher, "Amazon.com CFO Sells Investors on the Merits of Losses for Years," *Wall Street Journal*, March 25, 1999.

8   "Special Report —Year-nd Review of Markets & Finance *WSJ* Interactive Edition," *Wall Street Journal*, n.d.

9   Ari Levy, "How Jeff Bezos Convinced Frank Quattrone to Add Another $2 to Amazon's IPO Price, Recalls John Doerr," CNBC, May 15, 2017.

10 Ari Levy, "How Jeff Bezos Convinced Frank Quattrone to Add Another $2 to Amazon's IPO Price, Recalls John Doerr," CNBC, May 15, 2017.

11 "Amazon.com Announces New Pricing and Twice as Many Titles," AboutAmazon.com press release, March 17, 1997.

12 Mathias Dopfner, "Jeff Bezos Interview with Axel Springer CEO on Amazon, Blue Origin, Family," *Business Insider*, April 28, 2018.

13 "Amazon CEO Jeff Bezos on *The David Rubenstein Show*," YouTube, September 13, 2018.

14 Amazon 1998 Annual Report.

15 Doreen Carvajal, "Bookstore Goliaths Fax to the Finish," *New York Times*, November 9, 1998.

16 Hayley C. Cuccinello, "Jeff Bezos through the Ages: The World's Richest Person in Photos," *Forbes*, October 1, 2019.

17 Jeff Bezos, "2020 Letter to Shareholders," About Amazon, April 15, 2021.

18 Andrew Davis, "At One Point, Amazon Lost More Than 90% of Its Value. But Long-Term Investors Still Got Rich," CNBC, December 18, 2018.

19 Swisher, "Amazon.com CFO Sells Investors on the Merits of Losses."

20 Joshua Cooper Ramo, "Jeffrey Preston Bezos: 1999 Person of the Year," *Time*, December 27, 1999.

21 Dawn Kawamoto, "eBay Roars into Public Trading," CNET, January 2, 2002.

22 Mark Leibovich, "Amazon to Offer Auctions," *Washington Post*, March 30, 1999.

23 Joshua Quittner, "Person of the Year: An Eye on the Future," *Time*, December 27, 1999.

3장. MBA의 침공

1   James Marcus, *Amazonia: Five Years at the Epicenter of the Dot.com Juggernaut* (New Press, 2004).

2   "Jeff Blackburn," Concord-arlisle High School Athletic Hall of Fame, n.d., http://www.cchshalloffame.org/blackburn.html.

3   "Jeff Blackburn."

4   James Jacoby, dir., "Amazon Empire: The Rise and Reign of Jeff Bezos," PBS *Frontline*, February 18, 2020.

5   Katherine A. Long, "Internal Amazon Documents Shed Light on How Company Pressures Out 6% of

Office Workers," *Seattle Times*, June 21, 2021.

6   Mylene Mangalindan, "How Amazon's Dream Alliance with Toys 'R' Us Went So Sour," *Wall Street Journal*, January 23, 2006.

7   Mangalindan, "How Amazon's Dream Alliance with Toys 'R' Us Went So Sour."

4장. 촉수를 뻗다

1   "Fireside Chat with Michael Skok and Andy Jassy: The History of Amazon Web Services," Harvard Innovation Labs, October 21, 2013.

2   "Fireside Chat with Michael Skok and Andy Jassy."

3   "Fireside Chat with Michael Skok and Andy Jassy."

4   "Amazon Web Services CEO Andy Jassy, Full Interview, Code 2019," Recode, June 10, 2019.

5   "Fireside Chat with Michael Skok and Andy Jassy."

6   "Fireside Chat with Michael Skok and Andy Jassy."

7   Jake Swearingen, "How Amazon Web Services Reinvented the Internet and Became a Cash Cow," *New York Magazine*, November 26, 2018.

8   Nicholas Gilmore, "The Forgotten History of How 1960s Conglomerates Derailed the American Dream," *Saturday Evening Post*, November 1, 2018

9   "Our History," ITT, n.d., https://www.itt.com/about/history.

10 Thomas Gryta and Ted Mann, "The Long Shadow of GE Capital Looms over GE," *Wall Street Journal*, March 25, 2018.

11 Jason Zweig, "GE and the Belief in Management Magic," *Wall Street Journal*, November 13, 2021.

12 Robert Frank and Robin Sidel, "Firms That Lived by the Deal Are Now Sinking by the Dozens," *Wall Street Journal*, June 6, 2002.

13 "Hedge Fund Third Point Pushes UTC to Split into 3 Businesses — Letter," Reuters, May 4, 2018.

14 Daniel Yergin, *The Prize* (Simon & Schuster, 1991).

15 Matt Stevens, "Samsung Heir Elevated to Chairman after Jail Stint," *New York Times*, October 27, 2022.

16 Thomas Gryta, " 'The End of the GE We Knew': Breakup Turns a Page in Modern Business History," *Wall Street Journal*, November 9, 2021.

17 Thomas Gryta and Ted Mann, "GE Powered the American Century —Then It Burned Out," *Wall Street Journal*, December 14, 2018.

18 "The World's Most Valuable Resource Is No Longer Oil, but Data," *The Economist*, May 6, 2017.

19 Nick Wingfield, "Amazon Opens Wallet, Buys Zappos," *Wall Street Journal*, July 23, 2009.

20 "Amazon Scoops Up High–olume Diaper Company Quidsi," *SFGate*, November 9, 2010.

21 "Internal Report Regarding Marketing to Students and Moms" (internally annotated), 2010, internal Amazon document.

22 "Diapers.com —looked at them ever?" February 9, 2009, Amazon internal email, https://democrats–judiciary.house.gov/uploadedfiles/00151722.pdf.

23 "Benchmarking —Diapers.com," May 12, 2009, Amazon internal email, https://democrats–judiciary.house.gov/uploadedfiles/00142833.pdf.

24 Doug Herrington to Tom Furphy et al., "FW Diapers.com – looked at them ever?," February 9, 2009, https://democrats–judiciary.house.gov/uploadedfiles/00151722.pdf.

25 "FW: Soap.com," June 8, 2010, Amazon internal email, https://democrats–judiciary.house.gov/uploadedfiles/00132026.pdf.

26 "Diaper Customer P&L," Amazon.com internal report, n.d., https://democrats–udiciary.house.gov/uploadedfiles/00000001.pdf.

27 Dana Mattioli, "How Amazon Wins: By Steamrolling Rivals and Partners," *Wall Street Journal*, December

22, 2020.

28 Mark Lore, interview with Tony Gonzalez, *Wide Open with Tony Gonzalez* (podcast), November 11, 2019.
29 Brad Stone, *The Everything Store: Jeff Bezos and the Age of Amazon* (Little, Brown, 2013).
30 Jeff Bezos, *Invent and Wander: The Collected Writings of Jeff Bezos* (Harvard Business Press, 2020).

5장. 아마존, 당신의 집으로 들어오다

1 Danny McLoughlin, "Amazon Kindle, E-book, and Kindle Unlimited Statistics," WordsRated, November 10, 2022.
2 Email chain regarding the acquisition of Ring, released by Congress, November 1, 2017.
3 Janko Roettgers, "Sonos CEO says Amazon Is Breaking the Law by Selling Echo Smart Speakers below Cost," *Protocol*, August 5, 2020.
4 Brad Stone, *Amazon Unbound: Jeff Bezos and the Invention of a Global Empire* (Simon & Schuster, 2021).
5 Sara Perez, "Siri Usage and Engagement Dropped since Last Year, as Alexa and Cortana Grew," *TechCrunch*, July 11, 2017.
6 Sara Perez, "Amazon to Control 70 Percent of the Voice-Controlled Speaker Market This Year," *TechCrunch*, May 8, 2017.
7 Michael Levin and Josh Lowitz, "Amazon Echo — Who Owns How Many?" Consumer Intelligence Research Partners, September 20, 2022.
8 "Amazon Introduces Four All-New Echo Devices; Sales of Alexa-Enabled Devices Surpass Half a Billion," AboutAmazon.com press release, May 17, 2023.
9 Dana Mattioli, Jessica Toonkel, and Sebastian Herrera, "Amazon, in Broad Cost-utting Review, Weighs Changes at Alexa and Other Unprofitable Units," *Wall Street Journal*, November 10, 2022.
10 Spencer Rascoff, "Sonos' John MacFarlane: Never Be Satisfied," *dot.LA*, July 3, 2018.
11 Stone, *Amazon Unbound*.
12 Rob Kuznia, "South Bay's Chet Pipkin May Be the Most Famous Tech Mogul to Come from Hawthorne," *Daily Breeze*, August 8, 2011.
13 Simon Van Dorpe, "Amazon Knew Seller Data Was Used to Boost Company Sales," *Politico*, April 30, 2021.
14 Van Dorpe, "Amazon Knew Seller Data Was Used."
15 Dana Mattioli and Joe Flint, "How Amazon Strong-rms Partners Using Its Power across Multiple Businesses," *Wall Street Journal*, April 14, 2021.
16 Mattioli and Flint, "How Amazon Strong-rms Partners Using Its Power across Multiple Businesses."
17 "FTC Sues Amazon for Illegally Maintaining Monopoly Power," Federal Trade Commission, November 2, 2023, https://www.ftc.gov/system/files/ftc_gov/pdf/1910134amazonecommercecomplaintrevisedredactions.pdf.
18 Dana Mattioli, Patience Haggin, and Shane Shifflett, "Amazon Restricts How Rival Device Makers Buy Ads on Its Site," *Wall Street Journal*, September 22, 2020.
19 Mattioli, Haggin, and Shifflett, "Amazon Restricts How Rival Device Makers Buy Ads on Its Site."
20 Brian Connolly, "Is Selling on Amazon FBA Worth It in 2023?" Jungle Scout, September 27, 2023.
21 Email from Allen Parker to Brian Olsavsky re: Ring and Blink, October 11, 2017, released by Congress, https://democrats-judiciary.house.gov/uploadedfiles/00214132.pdf.
22 Email from Jeff Bezos to Dave Limp re: Ring, December 15, 2017, released by Congress, https://democrats-judiciary.house.gov/uploadedfiles/00173560.pdf.
23 Mattioli, Haggin, and Shifflett, "Amazon Restricts How Rival Device Makers Buy Ads on Its Site."
24 Jack Nicas, "Google Pulls YouTube from Amazon Devices, Saying It Isn't Playing Fair," *Wall Street*

Journal, December 5, 2017.

25 Email chain discussing blocking Groupon and e-commerce competitors, released by Congress, December 20, 2010.

6장. 벤처 캐피탈인가 기업 스파이인가?

1 Ingrid Lunden and Brian Heater, "Alexa Fund's Paul Bernard Talks OpenAI, What's Catching His Eye, and Remaining Relevant as Amazon Restructures," TechCrunch, January 24, 2023.

2 Ryan Lawler, "Sequoia's a Big Winner in Facebook's WhatsApp Acquisition, with Its Stake Worth about $3 Billion," *TechCrunch*, February 19, 2014.

3 Dana Mattioli and Cara Lombardo, "Amazon Met with Startups about Investing, Then Launched Competing Products," *Wall Street Journal*, July 23, 2020.

4 Mattioli and Lombardo, "Amazon Met with Startups about Investing."

5 Mattioli and Lombardo, "Amazon Met with Startups about Investing."

6 Mattioli and Lombardo, "Amazon Met with Startups about Investing."

7 Mattioli and Lombardo, "Amazon Met with Startups about Investing."

8 Will Ahmed, "On Competition," LinkedIn post, 2023, https://www.linkedin.com/posts/willahmed_a-tory-in-4-parts-activity-7058529344142372864-8tHO.

9 Mattioli and Lombardo, "Amazon Met with Startups about Investing, Then Launched Competing Products."

7장. 파워 게임, 그리고 억만장자의 미디어 도박

1 Jeff Patch, "Amazon.com Lobbyist Has Full Cart of Issues," *Politico*, March 19, 2007.

2 William C. Taylor, "Who's Writing the Book on Web Business?" *Fast Company*, October 31, 1996.

3 Stu Woo, "Amazon Battles States over Sales Tax," *Wall Street Journal*, August 3, 2011.

4 Peter Elkind, "Amazon's (Not So Secret) War on Taxes," *Fortune*, May 23, 2013.

5 "State Budgets Basics," Center on Budget and Policy Priorities, revised May 24, 2022.

6 Verne G. Kopytoff, "Amazon Takes Sales Tax War to California," *New York Times*, July 13, 2011.

7 "Texas Sends Amazon.com a $269 Million Tax Bill," Reuters, October 22, 2010.

8 "State and Local Sales Tax Rates, Midyear 2023," Tax Foundation, July 17, 2023.

9 Suzanne Kapner, "Inside the Decline of Sears, the Amazon of the 20th Century," *Wall Street Journal*, October 31, 2017.

10 Greta Cuyler, "Amazon Brings Jobs with New Robbinsville Facility," *Princeton Magazine*, holiday 2014.

11 Mike Davis, "Robbinsville Entices Amazon Intermediary by Upping PILOT Incentive Plan," NJ.com, November 9, 2012.

12 "Amazon, Christie Reach Compromise on Sales Tax Collection," *NJBiz*, May 30, 2012.

13 "Amazon to Open Fulfillment Center in Robbinsville, Creating Hundreds of Jobs," AboutAmazon.com press release, January 8, 2013.

14 "New Jersey's Retail Trade Industry Sector," New Jersey Department of Labor and Workforce Development, Office of Research and Information, Winter 2021-2022.

15 Elkind, "Amazon's (Not So Secret) War on Taxes."

16 Shayndi Raice and Dana Mattioli, "Amazon Sought $1 Billion in Incentives on Top of Lures for HQ2," *Wall Street Journal*, January 16, 2020.

17 Rick Edmonds, "State of the News Media 2013 Shows How Industry Is Responding to 'Continued Erosion' of Resources," Poynter, March 18, 2013.

18 Erin Karter, "As Newspapers Close, Struggling Communities Are Hit Hardest by the Decline in Local Journalism," Northwestern Now, June 29, 2022.

19 Alex Shephard, "Warren Buffett Was a Terrible Newspaper Owner," New Republic, January 31, 2020.

20 William Launder, Christopher S. Stewart, and Joann S. Lublin, "Jeff Bezos Buys Washington Post for $250 Million," Wall Street Journal, August 5, 2013.

21 Jeff Bezos, "Jeff Bezos on Post Purchase," Washington Post, August 5, 2013.

8장. 메시지를 만들다

1 David Streitfeld, "Hachette Says Amazon Is Delaying Delivery of Some Books," New York Times, May 8, 2014.

2 Polly Mosendz, "Amazon Has Basically No Competition Among Online Booksellers," Atlantic, May 30, 2014.

3 "Malcolm Gladwell Criticises Amazon in Hachette Dispute," Financial Times, September 18, 2014.

4 Brad Stone, "Amazon Pulls Macmillan Books over E-Book Price Disagreement," New York Times, January 29, 2010.

5 "Inside Amazon's Warehouse," Morning Call, September 18, 2011.

6 "Top Spenders," OpenSecrets.

7 "Amazon.com Lobbying Spend," OpenSecrets.

8 "Amazon Shows Off Massive, New Warehouse on South Coast," WCVB-V, March 24, 2017.

9 David Streitfeld and Jodi Kantor, "Inside Amazon: Wrestling Big Ideas in a Bruising Workplace," New York Times, August 15, 2015.

10 Jay Carney, "What the New York Times Didn't Tell You," Medium, October 19, 2015.

11 "1.15: Celestial Navigation (with Jay Carney)," The West Wing Weekly (podcast), July 20, 2016.

12 Ali Breland, "How Amazon Bullies, Manipulates, and Lies to Reporters," Mother Jones, June 25, 2021.

13 Jeffrey Dastin, Chris Kirkham, and Aditya Kalra, "The Amazon Lobbyists Who Kill U.S. Consumer Privacy Protections," Reuters, November 19, 2021.

14 "Trump Says Washington Post Owner Bezos Has 'Huge Antitrust Problem,'" Fox News, May 13, 2016.

15 "Jeff Bezos: Peter Thiel Is 'a Contrarian,' and Contrarians 'Are Usually Wrong,'" Vanity Fair, October 20, 2016.

16 Jeff Bezos (@JeffBezos), "Finally trashed by @realDonaldTrump. Will still reserve him a seat on the Blue Origin rocket. #sendDonaldtospace http://bit.ly/1OpyW5N," Twitter, December 7, 2015, 6:30 p.m.

17 "Transcript: Trump's Introductory Remarks with Tech Executives," Wall Street Journal, December 14, 2016.

18 Brody Mullins and Julie Bykowicz, "Florida Lobbyist Thrives in Trump-Era Washington," Wall Street Journal, October 21, 2020.

19 Mullins and Bykowicz, "Florida Lobbyist Thrives in Trump-Era Washington."

20 Martin Baron, Collision of Power: Trump, Bezos, and the Washington Post (Flatiron Books, 2023).

21 Monica Nickelsburg and Todd Bishop, "Q&A: Jay Carney on the Trump White House, Amazon Antitrust Scrutiny, and Working for Bezos," GeekWire, October 10, 2019.

22 Donald Trump Jr. (@DonaldJTrumpJr), "Hey @amazon So is it your companies [sic] official corporate position that the the [sic] thousands of Americans who work in the Trump Administration aren't 'patriots' because that's what your top spokesman (and former Obama hack) @JayCarney just said???" Twitter, October 10, 2019, 11:06 a.m.

9장. 테크래시, 빅테크 견제가 시작되다

1   William Kolasky, "Aaron Director and the Origins of the Chicago School of Antitrust, Part II — Aaron Director: The Socrates of Hyde Park," *Antitrust* 35, no. 1 (Fall 2020): 101- 106.
2   Alan Axelrod, *The Gilded Age: 1876- 1912: Overture to the American Century* (Sterling Publishing, 2017).
3   "Making Artificial Ice," *New York Times*, July 3, 1890, https://timesmachine.nytimes.com/timesmachi ne/1890/07/03/103250764.html?pageNumber=1
4   "Politicians Becoming Alarmed," *New York Times*, July 4, 1890, https://timesmachine.nytimes.com/timesm achine/1890/07/04/103250892.html?pageNumber=1
5   "The Idle Rich," *American Experience*, PBS, n.d., https://www.pbs.org/wgbh/americanexperience/ features/1900-idle -rich.
6   Tim Wu, *The Curse of Bigness: Antitrust in the New Gilded Age* (Columbia Global Reports, 2018).
7   "The Northern Securities Case," Theodore Roosevelt Center, n.d., https://www.theodorerooseveltcenter. org/Learn-About-TR/TR-Encyclopedia/Capitalism-and-Labor/The -Northern-Securities-Case.
8   Wu, *The Curse of Bigness*.
9   Ida M. Tarbell, *The History of the Standard Oil Company*, vol. 2 (Alpha Editions, 2020).
10 Wu, *The Curse of Bigness*.
11 Daniel Yergin, *The Prize: The Epic Quest for Oil, Money, and Power* (Simon & Schuster, 1993).
12 Robert H. Bork, *Antitrust Paradox: A Policy at War with Itself* (Basic Books, 1980).
13 Bork, *The Antitrust Paradox*.
14 Bork, *The Antitrust Paradox*.
15 Bork, *The Antitrust Paradox*.
16 Phillip Longman and Lina Khan, "Terminal Sickness," *Washington Monthly*, March 1, 2012.
17 Ethan Bronner, "Robert H. Bork, Conservative Jurist, Dies at 85," *New York Times*, December 19, 2012.
18 Sheelah Kolhatkar, "Lina Khan's Battle to Rein in Big Tech," *New Yorker*, November 29, 2021.
19 Donald J. Trump (@realDonaldTrump). "I have stated my concerns with Amazon long before the Election. Unlike others, they pay little or no taxes to state & local governments, use our Postal System as their Delivery Boy (causing tremendous loss to the U.S.), and are putting many thousands of retailers out of business!" Twitter, March 29, 2018, 7:57 a.m.
20 "Report of the Select Committee on Intelligence, United States Senate, on Russian Active Measures Campaigns and Interference in the 2016 U.S. Election, Volume 2: Russia's Use of Social Media with Additional Views," Report 116-X, n.d., https://www.intelligence.senate.gov/sites/default/files/documents/ Report_Volume2.pdf.
21 National Intelligence Council, "Background to 'Assessing Russian Activities and Intentions in Recent US Elections': The Analytic Process and Cyber Incident Attribution," January 6, 2017, https://www.dni.gov/ files/documents/ICA_2017_01.pdf.
22 Mike Isaac, "Tech Executives Are Contrite about Election Meddling, but Make Few Promises on Capitol Hill," *New York Times*, October 31, 2017.
23 Jessica Taylor, " 'Lives Are At Risk,' Hillary Clinton Warns over Fake News, 'Pizzagate,' " NPR, December 8, 2016.
24 Jude Dry, "Hillary Clinton: Mark Zuckerberg 'Should Pay a Price' for Facebook Political Ads," *IndieWire*, November 2, 2019.
25 Craig Timberg, Isaac Stanley, and Tony Romm, "Democratic Debate Underscores the Growing Animosity between the Party and Big Tech," *Washington Post*, October 16, 2019.
26 Matthew Rosenberg, Nicholas Confessore, and Carole Cadwalladr, "How Trump Consultants Exploited the Facebook Data of Millions," *New York Times*, March 17, 2018.
27 Chris Hughes, "It's Time to Break Up Facebook," *New York Times*, May 9, 2019.
28 Timberg, Stanley, and Romm, "Democratic Debate Underscores the Growing Animosity."

29 Justice Department Files Antitrust Suit against Microsoft for Unlawfully Monopolizing Computer Software Markets," Department of Justice press release, May 18, 1998.

30 Tim Wu, "What the Microsoft Antitrust Case Taught Us," *New York Times*, May 18, 2018.

31 Matina Stevis, "E.U.'s New Digital Czar: 'Most Powerful Regulator of Big Tech on the Planet,' " *New York Times*, September 10, 2019.

32 Amazon (eCommerce): Revised Redacted Complaint, November 2, 2023, https://www.ftc.gov/system/files/ftc_gov/pdf/1910134amazonecommercecomplaintrevisedredactions.pdf.

33 Jasmine Enberg, "Amazon around the World," Insider Intelligence, November 13, 2018.

34 David Reid, "Amazon Investigated by the German Antitrust Authority," CNBC, November 29, 2018.

35 Yadarisa Shabong, Radhika Anilkumar, Angus MacSwan, and Bernadette Baum, "Amazon Faces UK Probe over Suspected Anti-Competitive Practices," Reuters, July 6, 2022.

10장. 허망한 저항

1 Dennis Green, "Amazon Reputation Falls in Annual Ranking," *Business Insider*, September 8, 2018.

2 Stacy Mitchell and Ron Knox, "Issue Brief: How Amazon Exploits and Undermines Small Businesses, and Why Breaking It Up Would Revive American Entrepreneurship," Institute for Local Self-Reliance, June 16, 2021.

3 Jeff Wilke, "Small Businesses Reaching Customers around the World," AboutAmazon.com, May 3, 2018.

4 "Prime Numbers: Amazon and American Communities," American Booksellers Association and Civic Economics, February 2019.

5 Stacy Mitchell and Olivia LaVecchia, "Amazon's Stranglehold: How the Company's Tightening Grip Is Stifling Competition, Eroding Jobs, and Threatening Communities," Institute for Local Self-Reliance, November 2016.

6 Mark Mathews, "Latest Study Shows Heightened Importance of Retail to the U.S. Economy," National Retail Federation, July 20, 2020.

7 Stacy Mitchell, "Amazon's Monopoly Tollbooth in 2023," Institute for Local Self-eliance, September 2023.

8 Dana Mattioli and Joe Flint, "How Amazon Strong-Arms Partners Using Its Power across Multiple Businesses," *Wall Street Journal*, April 14, 2021.

9 Amazon (eCommerce): Revised Redacted Complaint, November 2, 2023, https://www.ftc.gov/system/files/ftc_gov/pdf/1910134amazonecommercecomplaintrevisedredactions.pdf.

10 Mattioli and Flint, "How Amazon Strong-Arms Partners."

11 Dana Mattioli, "How Amazon Wins: By Steamrolling Rivals and Partners," *Wall Street Journal*, December 22, 2020.

12 Dana Mattioli, "Amazon Scooped Up Data from Its Own Sellers to Launch Competing Products," *Wall Street Journal*, April 23, 2020.

13 Mattioli, "Amazon Scooped Up Data."

14 Mattioli, "Amazon Scooped Up Data."

15 Alfie Kohn, "Why Incentive Plans Cannot Work," *Harvard Business Review*, September – October 1993.

16 "Wells Fargo —A Timeline of Recent Consumer Protection and Corporate Governance Scandals," Congressional Research Service, updated February 27, 2020.

17 Mattioli, "Amazon Scooped Up Data."

18 Mattioli, "Amazon Scooped Up Data."

19 Mitchell, "Amazon's Monopoly Tollbooth in 2023."

20 Sara Lebow, "Shoppers Start Their Product Search on Amazon," Insider Intelligence, August 9, 2022.

21 Jay Greene, "Amazon Tests Pop-p Feature Touting Its Lower-Priced Products," *Wall Street Journal*, March 15, 2019.

22 Dana Mattioli, "Amazon Changed Search Algorithm in Ways That Boost Its Own Products," *Wall Street Journal*, September 16, 2019.

23 Dana Mattioli, "On Orbitz, Mac Users Steered to Pricier Hotels," Wall Street Journal, June 26, 2012.

24 Mattioli, "Amazon Changed Search Algorithm."

25 Mattioli, "Amazon Changed Search Algorithm."

26 Mattioli, "Amazon Changed Search Algorithm."

11장. 아마존의 공습을 막아라

1 Julie Verhage, Muyao Shen, and Justina Lee, "Executives Are More Worried about Amazon Than Trump Setbacks," Bloomberg, July 31, 2017.

2 Todd Wagner and Mark Cuban, "Movie Theater Stocks Drop on Report Amazon Is Going to Disrupt Their Industry Next," CNBC, August 16, 2018.

3 Anita Balakrishnan, "Why Is Blue Apron (APRN) Stock Down? Amazon Files Meal-Kits Trademark," CNBC, July 17, 2017.

4 Rani Molla, "Amazon's Whole Foods Buy Removed Nearly $22 Billion in Market Value from Rival Supermarkets," *Vox*, June 18, 2017.

5 Bob Pisani, "After Its Stock Pop, Amazon Will Get Whole Foods Essentially for Free," CNBC, June 16, 2017.

6 Sharon Terlep and Laura Stevens, "The Real Reason CVS Wants to Buy Aetna? Amazon," *Wall Street Journal*, October 27, 2017.

7 "National Health Expenditures 2017 Highlights," Centers for Medicare and Medicaid Service, n.d.

8 Christina Farr, "Amazon Considering Online Prescriptions," CNBC, May 16, 2017.

9 CVS Health Corporation, "S-, Definitive Merger Proxy," January 4, 2018.

10 CVS Health Corporation, "S-, Definitive Merger Proxy."

11 Glenn Fleishman, "CVS Drops $6 Billion in Value the Day after Its Aetna Merger Was Approved," *Fortune*, October 11, 2018.

12장. 더 적은 마찰, 더 많은 판매자, 더 높은 매출(심지어는 위조)

1 Alexandra Berzon, Shane Shifflett, and Justin Scheck, "Amazon Has Ceded Control of Its Site. The Result: Thousands of Banned, Unsafe or Mislabeled Products," *Wall Street Journal*, August 23, 2019.

2 Alexandra Berzon, "How Amazon Dodges Responsibility for Unsafe Products: The Case of the Hoverboard," *Wall Street Journal*, December 5, 2019.

13장. 정치 권력의 한복판으로 뛰어들다

1 Beckie Strum, "Amazon CEO Jeff Bezos Buys D.C. House, Once a Museum," *Mansion Global*, January 12, 2017.

2 Sam Dangremond, "Jeff Bezos Is Renovating the Biggest House in Washington, D.C.," *Town and Country*, April 4, 2019.

3 Dangremond, "Jeff Bezos Is Renovating."

4 Sara Salinas, "Amazon Narrows the List of Metro Areas for Its New Headquarters to 20," CNBC, January 18, 2018.

5 Donald J. Trump (@realDonaldTrump), "While we are on the subject, it is reported that the U.S. Post

Office will lose $1.50 on average for each package it delivers for Amazon. That amounts to Billions of Dollars. The Failing N.Y. Times reports that 'the size of the company's lobbying staff has ballooned,' and that . . . ," Twitter, March 31, 2018, 8:45 a.m.

6 Damian Paletta and Josh Dawsey, "Trump Personally Pushed Postmaster General to Double Rates on Amazon, Other Firms," *Washington Post*, May 18, 2018.

7 Jonathan Swan, "Trump Hates Amazon, Not Facebook," *Axios*, March 28, 2018.

8 Swan, "Trump Hates Amazon, Not Facebook."

9 *Amazon Web Services,Inc., v. United States of America* bid protest, filed December 9, 2019.

14장. 의회의 출석 요구

1 Rebecca Klar, "David Cicilline Led the Fight against Big Tech. Here's What Comes Next," *The Hill*, March 19, 2023.

2 "Online Platforms and Market Power, Part 2: Innovation and Entrepreneurship," House Judiciary Committee, July 16, 2019, https://www.congress.gov/event/116th-congress/house-event/109793.

3 Jack Brook, "Going Up against Goliath," *Brown Alumni Magazine*, November – December 2020.

4 Ashley Gold, "Cicilline Exit Interview: The Antitrust Champion on Leaving Congress," *Axios*, May 15, 2023.

5 Zachary Block, "On the Campaign Trail," *Brown Alumni Magazine*, September – October 2002.

6 Block, "On the Campaign Trail."

7 Dana Mattioli, "How Amazon Wins: By Steamrolling Rivals and Partners," *Wall Street Journal*, December 22, 2020.

8 Stephie G. Plante, "Democratic Debates 2020: Andrew Yang on Universal Basic Income and Saving Malls," *Vox*, August 1, 2019.

9 Nandita Bose, "Amazon and Big Tech Cozy Up to Biden Camp with Cash and Connections," Reuters, October 1, 2020.

10 Jim Brunner, "Speaking at the 'House of Amazon,' Joe Biden Gently Raises Company's Role in Middle-lass Job Losses," *Seattle Times*, November 15, 2019.

15장. 세계 봉쇄, 아마존을 승자의 자리로

1 Anna Palmer and Jake Sherman, "Politico Playbook: Inside Alfalfa," *Politico*, January 26, 2020.

2 Donald J. Trump (@realDonaldTrump), "Two stone cold losers from Amazon WP. Almost every story is a made up lie, just like corrupt pol Shifty Schiff, who fraudulently made up my call with Ukraine. Fiction!" Twitter, January 20, 2020, 1:48 p.m.

3 Jeff Bezos (@JeffBezos), Instagram, February 6, 2020.

4 Justin Rohrlich, "Coronavirus Forces White House to Send Amazon Millions in New Business," *Quartz*, April 29, 2020.

5 Tom Huddleston Jr., "Jeff Bezos Added $13 Billion to His Net Worth in One Day — and That's a Record," *CNBC*, July 21, 2020.

6 "Unemployment Rises in 2020, as the Country Battles the COVID-19 Pandemic," Monthly Labor Review, Bureau of Labor Statistics, June 2021.

7 Ruth Simon, "Covid-9's Toll on U.S. Business? 200,000 Extra Closures in Pandemic's First Year," *Wall Street Journal*, April 16, 2021.

8 Dana Mattioli, "A Month Ago, They All Had Stable Jobs. Now They Want to Work for Amazon," *Wall Street Journal*, April 9, 2020.

9 Abha Bhattarai, "Kohl's, Macy's, and Nordstrom Have Reported Steep Sales Drops during the Pandemic,

Can They Win Back Shoppers?" *Washington Post*, April 16, 2021.

10 Paul Krugman, "Why Don't All Jobs Matter?" *New York Times*, April 17, 2017.

11 Paul Blest, "Leaked Amazon Memo Details Plan to Smear Fired Warehouse Organizer: 'He's Not Smart or Articulate,'" *Vice*, April 2, 2020.

12 Alexandria Ocasio–Cortez (@AOC), "Amazon's attempt to smear Chris Smalls, one of their own warehouse workers, as "not smart or articulate" is a racist & classist PR campaign. If execs are as concerned abt worker health & safety as they claim, then they should provide the full paid sick leave ALL workers deserve," Twitter, April 2, 2020, 8:42 p.m.

13 William Mauldin and Alex Leary, "U.S. Tags Amazon Sites as 'Notorious Markets,' " *Wall Street Journal*, April 29, 2020.

14 "Questions for the Record for Amazon following the July 29, 2020, Hearing of the Subcommittee on Antitrust, Commercial, and Administrative Law, Committee on the Judiciary," Congress.gov, September 4, 2020, https://www.congress.gov/116/meeting/house/110883/documents/HHRG–116–JU05–20200729–QFR052.pdf.

15 Dana Mattioli, "Amazon Demands One More Thing from Some Vendors: A Piece of Their Company," *Wall Street Journal*, June 29, 2021.

16 Dana Mattioli, "Amazon Demands One More Thing from Some Vendors: A Piece of Their Company," *Wall Street Journal*, June 29, 2021.

17 Mattioli, "Amazon Demands One More Thing."

18 Mattioli, "Amazon Demands One More Thing."

19 Mattioli, "Amazon Demands One More Thing."

16장. 베이조스, (마침내) 워싱턴에 가다

1 Dana Mattioli, "Amazon's Washington Strategy Wins Few New Friends in the Biden Era," *Wall Street Journal*, March 10, 2022.

2 "Lawmakers from Both Sides Take Aim at Big Tech Executives," *New York Times*, July 29, 2020.

3 Ron Chernow, *Titan: The Life of John D. Rockefeller, Sr.* (Vintage, 2004).

4 OpenSecrets, "Top Contributors, federal election data for Joe Biden, 2020 cycle," March 22, 2021, https://www.opensecrets.org/2020–presidential–race/joe–biden/contributors?id=N00001669&src=c.

5 Subcommittee on Antitrust, Commercial, and Administrative Law of the Committee on the Judiciary of the House of Representatives, "Investigation of Competition in Digital Markets," July 2022, https://www.congress.gov/117/cprt/HPRT47833/CPRT–117HPRT47833.pdf.

17장. 가치를 두기에는 독성이 너무 많은

1 Jay Carney (@JayCarney), "Very excited by the fact that I'm going to need a new mousepad! #46, @ JoeBiden!" Twitter, November 12, 2020, 6:56 p.m.

2 Chris Matthews, "Here Are the Fortune 500 Companies Liberals and Conservatives Hate the Most," Yahoo Finance, June 6, 2016.

3 Marco Rubio, "Sen. Marco Rubio: Amazon Should Face Unionization Drive without Republican Support," *USA Today*, March 12, 2021.

4 Dave Clark (@DavehClark), "I welcome @SenSanders to Birmingham and appreciate his push for a progressive workplace. I often say we are the Bernie Sanders of employers, but that's not quite right because we actually deliver a progressive workplace for our constituents," Twitter, March 24, 2021 (since deleted).

5   Bernie Sanders (@BernieSanders), "I look forward to meeting with Amazon workers in Alabama on Friday. All I want to know is why the richest man in the world, Jeff Bezos, is spending millions trying to prevent workers from organizing a union so they can negotiate for better wages, benefits and working conditions," Twitter, March 24, 2021, 9:52 p.m.

6   Mark Pocan (@RepMarkPocan), "Paying workers $15/hr doesn't make you a 'progressive workplace' when you union-ust & make workers urinate in water bottles," Twitter, March 24, 2021, 10:29 p.m.

7   Amazon News (@AmazonNews), "You don't really believe the peeing in bottles thing, do you? If that were true, nobody would work for us. The truth is that we have over a million incredible employees around the world who are proud of what they do, and have great wages and health care from day one," Twitter, March 24, 2021, 10:29 p.m.

8   Amazon News (@AmazonNews), "1/3 You make the tax laws @SenWarren; we just follow them. If you don't like the laws you've created, by all means, change them. Here are the facts: Amazon has paid billions of dollars in corporate taxes over the past few years alone," Twitter, March 25, 2021, 8:46 p.m.

9   Elizabeth Warren (@SenWarren), "I didn't write the loopholes you exploit, @amazon — your armies of lawyers and lobbyists did. But you bet I'll fight to make you pay your fair share. And fight your union-busting. And fight to break up Big Tech so you're not powerful enough to heckle senators with snotty tweets," Twitter, March 25, 2021, 11:09 p.m.

10 "Our Recent Response to Representative Pocan," AboutAmazon.com, April 2, 2021.

11 Joe Biden, "Remarks by President Biden at Signing of an Executive Order Promoting Competition in the American Economy," White House, July 9, 2021.

12 Recusal petition by Amazon.com, June 30, 2021.

13 Dana Mattioli, "Amazon's Washington Strategy Wins Few New Friends in the Biden Era," Wall Street Journal, March 10, 2022.

14 Dana Mattioli, "Amazon Has Been Slashing Private-Label Selection amid Weak Sales," Wall Street Journal, July 15, 2022.

15 Joe Biden (@JoeBiden), "Chris Smalls is making good trouble and helping inspire a new movement of labor organizing across the country. Let's keep it going," Twitter, May 11, 2022, 12:59 p.m.

16 Joe Biden (@JoeBiden), "You want to bring down inflation? Let's make sure the wealthiest corporations pay their fair share," Twitter, May 13, 2022, 6:02 p.m.

17 Jeff Bezos (@JeffBezos), "The newly created Disinformation Board should review this tweet, or maybe they need to form a new Non Sequitur Board instead. Raising corp taxes is fine to discuss. Taming inflation is critical to discuss. Mushing them together is just misdirection," Twitter, May 13, 2022, 10:56 p.m.

18 Joe Biden (@POTUS), "Under my predecessor, the deficit increased every single year. This year, we're on track to cut the deficit by $1.5 trillion — the biggest one-year decline ever. It matters to families, because reducing the deficit is one of the main ways we can ease inflationary pressures," Twitter, May 14, 2022, 3:18 p.m.

19 Dana Mattioli and Esther Fung, "The Biggest Delivery Business in the U.S. Is No Longer UPS or FedEx," Wall Street Journal, November 27, 2023.

20 Rebecca Klar and Karl Evers-Hillstrom, "How Big Tech fought antitrust reform —and won," The Hill, December 23, 2022.

21 Adam Cancryn and Emily Birnbaum, "In Private, Vulnerable Senate Dems Back Off Tech Bill," Politico, May 26, 2022.

22 Adam Cancryn and Emily Birnbaum, "In Private, Vulnerable Senate Dems Back Off Tech Bill," Politico, May 26, 2022.

23 Jack Nicas, "Delay, Deny and Deflect: How Facebook's Leaders Fought through Crisis," New York Times, November 14, 2018.

24 Steven Nelson, "Schumer Confronted in DC by Anti - Big Tech Protesters Calling for Antitrust Vote," New York Post, July 26, 2022.

18장. 연방거래위원회, 아마존을 고소하다

1   Leah Nylen et al., "FTC's Khan Overruled Staff to Sue Meta over Virtual Reality Deal," Bloomberg, July 29, 2022.
2   "FTC Seeks to Block Virtual Reality Giant Meta's Acquisition of Popular App Creator Within," Federal Trade Commission, July 27, 2022.
3   "FTC Seeks to Block Microsoft Corp.'s Acquisition of Activision Blizzard, Inc.," Federal Trade Commission, December 8, 2022.
4   "FTC Chair on Consumer Protection and the Marketplace," C-PAN, July 24, 2023.
5   Cat Zakrzewski, "FTC Plunges in Workplace Rankings during Lina Khan's First Year," Washington Post, July 13, 2022.
6   Zakrzewski, "FTC Plunges in Workplace Rankings during Lina Khan's First Year."
7   Dana Mattioli, "Amazon Cuts Dozens of House Brands as It Battles Costs, Regulators," Wall Street Journal, August 10, 2023.
8   Mattioli, "Amazon Cuts Dozens of House Brands as It Battles Costs, Regulators."
9   Christine Wilson, "Why I'm Resigning as FTC Commissioner," Wall Street Journal, February 14, 2023.
10 Dana Mattioli, "Amazon Used Secret 'Project Nessie' Algorithm to Raise Prices," Wall Street Journal, October 3, 2023.
11 "Amazon, Inc.: Complaint for Relief," Federal Trade Commission, September 26, 2023.
12 "Lina Khan Has a Weak Case against Amazon," Wall Street Journal, September 27, 2023.

맺는말_아마존의 영토 확장은 계속된다

1   Dan Gallagher, "Amazon's Roomba Deal Has Shades of Fitbit," Wall Street Journal, August 5, 2022.
2   https://www.nytimes.com/2017/07/25/technology/roomba-irobot-dataprivacy.html.
3   "Fact Sheet: Executive Order on Promoting Competition in the American Economy," White House, July 9, 2021.

KI신서 13145

모든 것이 전쟁이다

1판 1쇄 인쇄 2024년 12월 2일
1판 1쇄 발행 2024년 12월 18일

지은이 다나 마티올리
옮긴이 이영래
감수 최재홍
펴낸이 김영곤
펴낸곳 (주)북이십일 21세기북스

정보개발팀장 이리현
정보개발팀 이수정 강문형 박종수 김설아
디자인 표지 수란 **본문** 이슬기
출판마케팅팀 한충희 남정한 나은경 최명렬 한경화
영업팀 변유경 김영남 강경남 황성진 김도연 권채영 전연우 최유성
제작팀 이영민 권경민

출판등록 2000년 5월 6일 제406-2003-061호
주소 (10881) 경기도 파주시 회동길 201(문발동)
대표전화 031-955-2100 **팩스** 031-955-2151 **이메일** book21@book21.co.kr

ⓒ 다나 마티올리, 2024
ISBN 979-11-7117-923-7 03320

(주)북이십일 경계를 허무는 콘텐츠 리더

21세기북스 채널에서 도서 정보와 다양한 영상자료, 이벤트를 만나세요!
페이스북 facebook.com/jiinpill21 **포스트** post.naver.com/21c_editors
인스타그램 instagram.com/jiinpill21 **홈페이지** www.book21.com
유튜브 youtube.com/book21pub